Max Aub
Jusep Torres Campalans

Max Aub

Jusep Torres Campalans

Aus dem Spanischen von
Eugen Helmlé und Albrecht Buschmann

Mit einem Nachwort
und einer biographischen Notiz
von Mercedes Figueras

GATZA
bei Eichborn

Der vorliegende Band ist Band 5
der Gesammelten Werke von Max Aub,
herausgegeben von Mercedes Figueras

Das vorliegende Werk wurde übersetzt mit Unterstützung
der Dirección General del Libro, Archivos y Bibliotecas del
Ministerio de Educación y Cultura de España.

Originaltitel: Jusep Torres Campalans

Umschlaggestaltung: Petra Wagner
Redaktionelle Mitarbeit: Rainer Wieland und Michael Hofman
Satz: Fuldaer Verlagsanstalt GmbH, Fulda
Druck und Bindung: Wiener Verlag, Himberg
ISBN 3-8218-0645-1

Verlagsverzeichnis schickt gern:
Eichborn Verlag, Kaiserstraße 66, D-60329 Frankfurt am Main
http://www.eichborn.de

Für
André Malraux

Meiner Feder gänzlich mißtrauend und fürchtend, sie vermöchte das vollkommene Bild der vielen Facetten und heroischen Begabungen, die die wohlmeinende Natur, wetteifernd mit lebhafter Erfindungsgabe, in Euerer Majestät angelegt hat, nicht ans Licht zu holen, habe ich den Entschluß gefaßt, vom Plan jenes findigen Malers Gebrauch zu machen, der, vor die Aufgabe gestellt, ein in jeder Hinsicht vollkommenes Porträt zu verfertigen, jedoch erkennend, daß es ihm selbst bei größter Anstrengung des Pinsels nicht gelingen würde, vier Profile gleichzeitig abzubilden, denn wenn er es von der einen Seite malte, gingen die Vollkommenheiten der andern verloren, sich ein Verfahren ausdachte, wie er es in Gänze zum Ausdruck bringen könnte. Er malte also die Erscheinung mit dem gehörigen Schwung und ersann hinter dem Rücken einen klaren Quell, in dessen kristallenem Glanz der entgegengesetzte Teil in all seiner liebenswürdigen Anmut zu sehen war. Auf die eine Seite setzte er nun einen großen, prächtigen Spiegel, in dessen Tiefe man das Profil zur rechten Hand sah, und auf die andere eine glänzende Rüstung, darin das linke Profil wiedergegeben war. Und vermittels dieser so schönen Erfindung konnte er dem Blick alles für die Schönheit Bedeutsame darbieten. Wo doch für gewöhnlich die Größe des Gegenstands dem Mut des Concepts vorausgeht.

BALTHASAR GRACIÁN,
Criticón oder Über die
allgemeinen Laster des Menschen.
(Zueignung zum
dritten Teil).

Wie kann es Wahrheit ohne Lüge geben?

SANTIAGO DE ALVARADO,
Neue vergängliche Welt und
jugendliche Heiterkeiten der
Jahre 1781 bis 1792.

Jedes Kunstwerk muß als ein Stück aus dem Leben eines Menschen angesehen werden.

JOSÉ ORTEGA Y GASSET,
Anmerkungen zu
Velázquez und Goya.

I

Notwendige Vorbemerkungen

1955 war ich zu einem Vortrag nach Tuxtla Gutiérrez, der Hauptstadt der Provinz Chiapas, eingeladen. »Wo sonst in Mexiko«, sagte ich mir, »ließe sich des dreihundertfünfzigsten Jahrestags des Ersten Teils des *Don Quijote* besser gedenken als hier. 1590 hatte sich Miguel de Cervantes beim König um ›die Statthalterschaft der Provinz Soconusco‹ bemüht. Doch Willkür und Bürokratie, die so gern Hand in Hand arbeiten, hatten anders entschieden. Der *Quijote* hätte jedenfalls aus Chiapas sein können und es vielleicht auch sein sollen, denn für den Roman war er die Neue Welt.«

Als ich eines Abends in der Buchhandlung »De la Plaza« gerade mit einem jungen Dichter dieser Stadt sprach, wurde ich einem tiefgebräunten, einsilbigen Mann vorgestellt, den alle »Don Jusepe« nannten.

»Wo sind Sie her?« fragte er mich ohne Umschweife.

»Ich bin in Paris geboren.«

»Paris... Gibt's das noch?« Er lächelte: »Sie entschuldigen. Hat mich gefreut.«

Kerzengerade, seinen Stock in der Hand, ging er weg. Der Buchhändler, ein gewitzter Mann, Katalane und sympathisch, fragte mich:

»Sie wissen nicht, wer das ist?«

»Nein.«

»Er heißt José Torres Campalans.«

»Noch nie gehört. Aber Sie haben ihn ›Don Jusepe‹ genannt.«

»Die Namen ändern sich eben mit den Jahren. Anfangs, vor gut vierzig Jahren, als er hier ankam, ließ er sich José Torres nennen und unterschrieb mit José T. Man nannte ihn José Te, später Don Jusepe, und dabei ist es geblieben.«

»Lebt er hier?«

»Ach was! In den Bergen, bei den Chamulas. In einem Flecken, wie es heißt. Unter einem Dach aus Palmblättern.«

»Was macht er?«

»Nichts.«

»Katalane?«

»Höchstwahrscheinlich. Er will nicht über die Vergangenheit reden. Seltsamer Kerl. Ein Original. Ab und zu taucht er hier auf und nimmt einige Schulbücher mit, für seine überaus zahlreichen Enkel. Wie er mir sagte, hat ihm Ihr Vortrag gefallen.«

Als ich am nächsten Tag in San Cristóbal las Casas bei Franz Blom und Gertrude Duby zu Gast war, erkundigte ich mich nach dem Mann. Ein gebildeter Mensch aus dem Ort, diesem wunderschönen Ort, steigerte noch meine Neugier:

»Don Jusepe? Ein phantastischer Kerl. Er war Maler. In Paris, vor ewigen Zeiten. Vor dem Krieg 14/18. Er hält sich aus allem heraus. Kommt er wirklich einmal, ganz selten, am späten Nachmittag aus den Bergen herunter, setzt er sich an die Plaza, um einen Tlascalate zu trinken. Warum versuchen Sie nicht, mit ihm ins Gespräch zu kommen? Das würde uns interessieren. Bei uns bleibt er immer sehr verschlossen, aber bei Ihnen vielleicht, weil Sie ja bald wieder abreisen ...«

Tatsächlich, der Mann saß vorm Brunnen und trank eine Erfrischung. Nach den üblichen Begrüßungsfloskeln sprach ich von Picasso.

»Lebt der noch?«

»Und wie.«

Es wäre verfrüht, bereits jetzt, so mir nichts dir nichts,

die beiden Gespräche wiederzugeben, die wir miteinander geführt haben. Ich werde das zu gegebener Zeit nachholen.

Fest steht jedenfalls, daß ich letztes Jahr – 1956 – in Paris Jean Cassou, der gerade aus Mexiko zurückgekommen war, von dieser Begegnung erzählt habe. Er war völlig überrascht.

»Was du nicht sagst, Jusep Torres Campalans? Ein phantastischer Kerl, wirklich!«

Und mit der ihm eigenen großartigen Gebärde hob er die Hände, als wolle er das Leben umarmen. Seine Augen leuchteten:

»Jusep Torres Campalans! Schau her...!«

In einem Zimmer nebenan wühlte er in Papieren herum und zog schließlich triumphierend ein Heft hervor:

»Hier, seine Notizen. Warte!«

Er ging wieder nach nebenan und kam mit einer englischsprachigen Broschüre zurück.

»Schau her, ein Katalog seiner noch existierenden Bilder. Von Henry Richard Town. Kam bei einem Luftangriff in London ums Leben. Wenn Picasso das erfährt, der fällt glatt auf den Arsch. Schade, daß er nicht in Paris ist. Du mußt Sabartés, Camps, Roselló aufsuchen. Ich selber habe eine Menge Aufzeichnungen. Auch Alfonso Reyes muß ihn ziemlich gut gekannt haben. Weißt du wirklich nicht, wer er war?«

»Nein.«

Heute weiß ich es. Ich habe meine Nase tief in seine Lebensgeschichte gesteckt. Dieses Buch ist der Beweis dafür.

Eine Biographie zu schreiben ist für jemanden, der Romancier und Theaterautor ist, eine gefährliche Sache. Die Person ist vorgegeben, und im Hinblick auf die Zeit kann er sich keine Freiheiten erlauben. Damit das Werk zu dem wird, was es sein soll, muß er sich eng an seinen Protagonisten halten, seinen Fall erklären, muß ihn obduzieren, ein Krankenblatt anlegen, die Diagnose stellen. Persönliche Interpretationen, diese Quelle des Romans, sollten nach Möglichkeit vermieden werden. Die Einbildungskraft mit Handschellen fesseln, sich allein auf das beschränken, was war. Einen Überblick geben. Aber kann man einen Menschen allein mit dem Verstand beurteilen? Was können wir Genaues über einen anderen wissen? Wer kann sich, ohne zu irren, alte Dinge und Begebenheiten ins Gedächtnis zurückrufen? An Fäden fehlte es mir nicht, im Gegenteil: So viele Ereignisse kamen zusammen, die irgendwann erhellend zu sein schienen, die aber später, sobald das Überraschungsmoment vorüber war, bedeutungslos wurden.

Wann ist je der richtige Augenblick: gestern oder heute? Wer kann über etwas so Menschlich-Intimes, wie es nun einmal eine Biographie ist, einen vollständigen Bericht ablegen?

Die Dokumente werden zu Nägeln, die die Haut des ausgeweideten Leichnams spannen, während es im wesentlichen doch darum geht, eine lebendige Beschreibungg der Person zu geben. Kein angenehmes Geschäft für jemanden, der die Gewohnheit hat, in den Wolken flüchtigen Mythologien nachzujagen oder sie sich auszudenken.

Ich schrieb meinen Bericht, griff auf andere zurück, sah von mir selber ab und versuchte, soweit das möglich war, die Wahrheit einzugrenzen; was für eine Illusion.

Also teile ich zunächst einmal mit, was ich weiß, und informiere knapp über die Ereignisse, die mir für die Epoche (1886–1914) am bedeutsamsten erschienen.

Dann folgen Leben und Werk, die so eng miteinander verknüpft sind. (Die Bilder und Zeichnungen, notwendiges Beiwerk, werden dort eingeordnet, wo sie die größte Aussagekraft haben.)

Daneben seine Schriften, auch seine Äußerungen sowie die wenigen Artikel, die über sein Werk geschrieben worden sind. Zuletzt die beiden Gespräche, die ich in San Cristóbal mit ihm geführt habe, ohne zu wissen, wer er war.

Das heißt, daß die Person, deren Biographie zu schreiben ist, in Einzelteile zerlegt, aus verschiedenen Blickwinkeln in Erscheinung tritt, gewissermaßen wie ein kubistisches Gemälde, wenn auch unbeabsichtigt.

Wer von denen, die ihn gekannt haben, wird ihn wiedererkennen? Werden die anderen, das heißt alle, ihn sich so vorstellen, wie er gewesen ist? Vielleicht wäre ein persönliches Buch, ein Buch von Mensch zu Mensch, so etwas wie ein Roman, besser gewesen, auch wenn es kein Roman wäre.

»Hinter jeder Sache, hinter jeder Handlung, steht jemand, der die Sache hervorgebracht, die Handlung ausgeführt hat«, schrieb Ortega 1902. Wenn dem so ist, hätte es genügt, für die Sachverständigen einen Bildband ausschließlich mit Reproduktionen, Stichwörtern und Daten herauszugeben. Doch ist ein Künstler unserer Zeit einzig und allein sein Werk? Morgen ja, wenn er gut ist und Bestand hat. Unsicher spiele ich mit verdeckten Karten.

Gleichzeitig mit den Malern dieser Zeit lebten hundert Schriftsteller, von denen heute einige berühmt sind, Kunsthändler, deren

Geschäftssinn ihnen literarischen Ruhm aus zweiter Hand bescherte, tausend Zuschauer, die sich verpflichtet fühlten, ihre Gegenwart öffentlich zu dokumentieren – die Franzosen schwärmen eben für Memoirenliteratur. Die meisten wiederholen lediglich Anekdoten, ganz zu schweigen von den Legionen von Kunsthistorikern. Alles nur Bücher. Klar, daß ich es mit so vielen nicht aufnehmen konnte.

In Paris sprach ich mit einigen schon hochbetagten Leuten, die ihn gekannt hatten, und obwohl sie mir in aller Ausführlichkeit erzählten, was sie wußten, war es doch wenig: »Ach ja, Campalans«... Sie verwechselten ihn mit Casas, mit Nonell, mit allen möglichen anderen Katalanen aus jener Zeit, von denen es auf dem Montmartre nicht wenige gab.

Nehmen Sie, als Beispiel für Verwechslungen und Meinungen, zwei Unterhaltungen mit Leuten, die mir ohne zu zögern versicherten, sie hätten ihn *bien connu.*

Paul Laffitte – der in der Besatzungszeit mit den Nazis kollaborierte, berühmte Maler nach München brachte und heute verfemt ist – empfing mich sofort: zuckersüß.

»Der Kubismus war eine jüdische Bewegung«, sagte er zu mir, wobei die Wörter nuschelnd zwischen seinen wackeligen Zähnen, dem buschigen Schnauzer und dem weißen Bart hervorkamen; gebeugt, kurzsichtig, groß, fett, saß er in einem schmutzstarrenden, düsteren Büro. »Ohne die Steins, ohne Kahnweiler hätte er nicht überlebt. Die drei Steins waren Nordamerikaner, Kahnweiler Deutscher, alle Juden. Die Steins waren reich, Kahnweiler nichts weiter als ein geschickter Händler. Wenn der Krieg nicht gekommen wäre, der von 14/18, wäre er Millionär geworden. Aber sie taten es nicht wegen des Geldes. Im Kubismus steckte auch ein guter Teil Messianismus, die Verheißung einer neuen Welt. Picasso war für sie ein Prophet. Deshalb setzten sie das Gerücht in Umlauf, seine Mutter sei jüdischer Abstammung, und Gertrude betonte immer wieder seine starke spanische Prägung. Ich weiß nicht, aber bei den Spaniern muß man stets auf das Schlimmste gefaßt sein. Dazu kam der für ihn glückliche Umstand, daß Hitler und Stalin diese Art Malerei haßten. Fest steht jedenfalls, daß es ohne Picasso, trotz aller Vorläufer, die man für ihn finden mag, keinen Kubismus gegeben hätte. Braque allein wäre nie so weit gekommen. Dafür lege ich meine Hand ins Feuer. An Campalans erinnere ich mich nur undeutlich. Der tauchte dann und wann auf. Er redete nicht viel und stellte auch nicht aus. Gris redete schlecht über ihn und sagte, er sei ein militanter Anarchist. Ich weiß es nicht, habe es auch nie gewußt. Dann verschwand er, und niemand erinnerte sich auch nur an seinen Namen. Trotzdem habe ich etwas über ihn geschrieben oder abgeschrieben.«

Seine Papiere waren bestens geordnet, und er zog mit einem Griff aus einem der zahlreichen Kartons, die sich an einer der Wände seines Büros mannshoch stapelten, ein paar Manuskriptseiten hervor.[1]

Luis Cuvalier, ein alter Freund von Tristan Tzara, erinnerte mich auf der Terrasse des »Deux Magots« daran, daß Fernande Olivier – Picassos erste Frau – behauptet habe, der Kubismus sei eine aragonesische Bewegung gewesen: »Oder ist man etwa nicht von dort, wo man geboren ist?«, und er sei in Horta de Ebro entstanden.

»Fernande Olivier vertrat aufgrund ihrer Sachkenntnis und mit vollem Recht die Ansicht, daß Picasso in Spanien ein anderer war, und daß er, hätte er sein Vaterland nicht verlassen, glücklicher und ein Maler mit anderen Qualitäten geworden wäre. Es ist einfach, solche Dummheiten zu sagen. Sie sind genauso wahr wie die Aussage, daß alle Menschen sterben müssen oder daß er, wäre er nach China ausgewandert, ein chinesischer Maler geworden wäre. Fernande war sehr schön und sehr faul. Picasso mußte alles machen. Er sagte, er lasse sie aus Eifersucht nicht zum Einkaufen gehen. Ich weiß nicht, ich habe da meine Zweifel.

Was ihr wirklich Spaß machte, war das Nichtstun und das Lästern über andere. Viele Jahre später hat sie ein Buch über jene Zeit geschrieben, die heroische, das nicht einmal schlecht ist. Torres Campalans erwähnt sie nicht. Was die jüdische Herkunft Picassos und des Kubismus angeht, so gilt hierfür dasselbe wie für El Greco, der damals wiederentdeckt wurde. Manche schworen, seine Malerei habe ganz offenkundig jüdische Wurzeln. Das entbehrt nicht einer gewissen Komik: gerade jene, die das behaupteten, rühmten sich ihrer antirassistischen Einstellung. Die Dreyfus-Affäre, die damals noch sehr präsent war, mag das erklären. Als könne die Tatsache, daß man groß oder klein ist, etwas mit der Qualität des Werkes zu tun haben. Solche Spekulationen sind reine Zeitverschwendung... An Torres Campalans erinnere ich mich kaum. Picasso schätzte ihn sehr, blieb aber auf Distanz.

Er gehörte nicht zu seiner Gruppe...«

Genug. Wer Vorworte liebt – und es gibt Leute, die darin das entdecken möchten, was das Buch nie ganz verbirgt, wenn es überhaupt etwas sagt –, sei auf das beste verwiesen, das es gibt: das zum *Quijote*. Kein Wort wäre zu viel, wenn ich es hier vollständig wiedergeben würde, bezogen auf tausend Künstlermonographien, die von so vielen gekauft und von niemandem gelesen werden, weil die Augen nur an den Reproduktionen kleben: Heutzutage werden genauso viele Lebensbeschreibungen von Farbklecksern gelesen wie zur Zeit des Cervantes Ritterromane, weil die Leute dem Ruhm vertrauen, den die hohen Notierungen an der Pariser und New Yorker Börse verheißen, die doch nur von den Agenten jener »Kunstfiguren« geschickt manipuliert werden. Heute gibt es ja nichts anderes. Wenn es etwas anderes gäbe – schön wär's – es wäre für mich ein Geschenk. Auf diesen Seiten findet sich nichts, was sich als Kritik an der modernen Malerei lesen ließe, von der ich nicht mehr kenne als das, was mir gefällt. Nun gut; ich hoffe, daß ich dem Gegenstand meiner Biographie gerecht geworden bin, damit man trotz der wenigen erhalten gebliebenen Bilder erfährt, wer Campalans gewesen ist.

Torres Campalans schrieb seinen Vornamen immer mit *u* – Jusep, nicht Josep, wie es seine Sprache verlangt hätte –, weil er sich in Übereinstimmung mit seiner Sicht der Dinge auf sein Gehör und seinen ureigensten Geschmack stützte. Ich respektierte seine Hartnäckigkeit.

ANMERKUNGEN

[1] *Als er sie wieder las, bekam er glänzende Augen. Ganz offensichtlich hatte er sich nicht mehr an Torres Campalans erinnert bis zu dem Augenblick, als ich ihn dem Vergessen entriß. Nach einigem Hin und Her erlaubte er mir, den Artikel abzuschreiben und zu übersetzen, nicht ohne mich zuvor einen Zettel unterschreiben zu lassen, auf dem ich mich verpflichtete, diesen Artikel nicht ohne seine Genehmigung auf französisch zu veröffentlichen. Er ist von 1912, und Laffitte beabsichtigt – wahrscheinlich war es mein Besuch, der ihn zu dieser Beteuerung veranlaßte –, ihn für seine Memoiren zu benutzen.* – Es sind weiter nichts als Notizen – *sagte er zu mir* –, die ich mir um 1910 gemacht habe. Damals ging ich oft auf den Montmartre, um mit den Malern der Gruppe zu diskutieren. Es ging sehr paradox zu, man wollte die andern in Erstaunen setzen. Und jeder setzte noch eins drauf, nur weil es ihm Spaß machte. Es sind nichts weiter als Notizen – *sagte er noch einmal. Und daran zweifle ich nicht. Laffitte ist ein barocker Schreiber, und das nun folgende ist ziemlich klar und verständlich.*

Heftige Diskussionen zwischen Torres Campalans und Juan Gris bei den Steins – viele Bilder, viele Bücher –, als dieser behauptete: »Damit ein Gefühl in ein Bild übertragen werden kann, muß es vor allem aus Elementen bestehen, die zu einem aus der Epoche hervorgegangenen ästhetischen System gehören.

Die Malerei ist die Malerei, wie der Mensch der Mensch ist oder der Wein Wein. Wer über Malerei redet, weiß nie, was er sagt. Wer glaubt, eine Meinung äußern zu müssen, soll malen. Man kann sagen, ein Wein ist gut oder schlecht, wenn er einem schmeckt oder nicht mehr schmeckt. Meint man aber, das hänge von der Beschaffenheit des Bodens, von der Düngung, vom Regen und vom Wetter ab, dann soll man die Techniker, das heißt die Önologen reden lassen, die nicht trinken. Weil es dann keine Kunst, sondern Wissenschaft ist. Nur Gott kann ein Urteil fällen. In Wahrheit ist es jedoch so, daß jene, die über Malerei reden, sich für Gott halten. Oder diese armseligen Dummköpfe, die glauben, die Kunst kennzeichne den ›Scheideweg, an dem der menschliche Geist steht‹ oder es handele sich um eine ›metaphysische Auseinandersetzung‹. Gerade habe ich den folgenden blühenden Unsinn gelesen: ›Jeder europäische Künstler weiß, daß die Kunst, der er sich widmet, Ausdruck einer vorhandenen Welt ist, die nach Fortdauer strebt, oder einer Welt, die sich ankündigt, und sein ganzes Suchen richtet sich auf die Schaffung einer neuen Formensprache, die, um eine solche zu werden, nicht völlig persönlich sein kann.‹ Ödet euch das nicht an? Hör mal, Juanito, mal du lieber und rede kein dummes Zeug.«

Die Ansicht, die Bilder seien der Spiegel unserer Unzufriedenheit, ist völlig unsinnig. Die Kunst ist weder Bewegung noch Ungestüm. Wenn man erst einmal wiederentdeckt, daß die Erde sich nicht bewegt... Oder weiß man etwa, wenn man ein Werk von Praxiteles oder von Nonell, von Matisse oder von Fra Angelico sieht, ob sein Schöpfer ein Anhänger oder ein Gegner des Galilei war? Alles nur Albernheiten. Was soll das, der Instinkt, die Intelligenz, »die Quellen des ursprünglichen Lebens«, »die lebendigen und die toten Formen« ... Zum Teufel damit! Jetzt sind wir schon bald so weit, daß es linke und rechte Maler gibt. Aber das einzige, was es gibt, sind die Proportionen. Die Proportionen nach dem Maß des Menschen. Matisse erzählte mir neulich, daß die japanischen Künstler der großen Epoche viele Male im Leben ihren Namen änderten, und viele unter den Größten signierten nicht einmal ihre Werke. Heute zählt für alle nur noch die Signatur, sie wollen ihren Namen verkaufen, denn es geht nur noch um das eine, sich zu verkaufen: Deshalb werde ich ein riesiges Bild malen, fünfzig mal sechzig Meter groß, auf dem nur meine Signatur zu sehen ist. Und es wird der Höhepunkt der zeitgenössischen Kunst sein.

Poussins *cogito ergo pingo* konnte nur das Motto eines Malers sein, der sein ganzes Leben damit zubrachte, die anderen zu kopieren. Wer beim Malen denkt oder beim Malen fühlt, wie auch immer, der malt nicht. Der malt nichts.

Man muß nicht Benedetto Croce sein, um zu sagen: »Der ästhetische Akt ist Form und nur Form.« Wie er uns damit angeödet hat.

Oder nehmt den jungen und bereits berühmten Lionello Venturi, der, glücklich über seine Entdeckung, folgende Meinung äußert: »Muß daran erinnert werden, daß der Wert eines Kunstwerkes keineswegs in der gesellschaftlichen oder religiösen Bedeutung seines Inhalts liegt, sondern in der Art und Weise, wie sich die Form einem Inhalt, gleichgültig welchem, anpaßt?« Dieser Venturi hätte auch sagen können, daß »der Wert eines Kunstwerks vor allem in der gesellschaftlichen oder religiösen Bedeutung seines Inhalts liegt«. Denn wenn dies einem Kunstwerk gelänge, würde es durch die Jahrhunderte hindurch verehrt werden.

Die Poesie ist nichts als reines Wort. Die Malerei ist nichts als reine Linien und reine Farben. Je reiner, desto besser. Alles andere sind nur bunte Bilder auf Bonbondosen oder vaterländische Lieder.

Jusep Torres Campalans ist kein Lästerer, auch wenn man das wegen seiner Herkunft, seiner geringen Bildung, seiner schwerfälligen Sprechweise hätte annehmen können. Niemand erinnert sich, von ihm je eine Gotteslästerung gehört zu haben. Man darf annehmen, daß er immer ein praktizierendes Mitglied der heiligen römisch-katholischen Kirche geblieben ist. Nie spielte er darauf an und war auch nicht, wie Claudel und andere Konvertiten, besonders stolz darauf. Treu dem Glauben seiner Väter ergeben, war ihm das Reich des Zweifels fremd, hierin, wie in den anderen Dingen seines Lebens, ein Mensch aus einem Guß. Deshalb hat er sich auch nie um Kritiken oder Kritiker gekümmert.

»Die künstlerische Wahrheit«, sagte er, »ist nie versteckt oder verhüllt. Die Kritiker meinen, sie müßten diese Wahrheit hinter der Formensprache entdecken oder aufdecken. So kommt es, daß sie sich ständig auf Dinge einlassen, denen sie nicht gewachsen sind, und folglich gar nicht wissen, wovon sie reden.«

»Man erfindet immer«, sagte er neulich. »Man braucht keine Vorstellungen von dem zu haben, was man malt. Oder sehr wenige. Wer denken muß, um zu malen, ist kein Maler. Das Denken ist für die Dummköpfe da. Wenn sie denken, verstehen sich die Leute nicht. Oder glaubt ihr etwa, Shakespeare, Velázquez oder El Greco hätten ihre Zeit damit vergeudet, darüber nachzudenken, was sie gerade tun? Dann hätten sie es nämlich nicht getan. Wenn ich Zwiebeln esse, esse ich Zwiebeln und nicht die Vorstellung von der Zwiebel. Vorstellungen zu malen, oder die Vorstellungen, die wir von den Dingen haben, wie das die Kritiker möchten, ist ein Beispiel für die Leere in ihren Köpfen. Eine Zwiebel ist eine Zwiebel und nicht die Vorstellung, die wir von einer Zwiebel haben. Und wenn Picasso eine Zwiebel malt, ob sie nun einer Zwiebel gleicht oder nicht, malt er nicht die Vorstellung, die er von einer Zwiebel hat, sondern eine Zwiebel. Die Vorstellung von einer Zwiebel – ödet euch das nicht an? Die Vorstellung von einer Zwiebel konnte nur jemand haben, bevor es eine Zwiebel gab: Gott.«

Dann wieder hörte ich, wie er die Kunstgeschichte verteidigte: »Das ist etwas anders. Man kann genauso gut die Geschichte der Kunst schreiben, wie man die Geschichte der Automobile oder Heinrichs IV. schreibt, das heißt, die Dinge lagen so oder die Dinge lagen so, es ist dies geschehen oder auch etwas anderes, Tizian lebte in Venedig, ich bin Katalane, mit dem Bau der Kathedrale einer bestimmten Stadt wurde in dem und dem Jahr begonnen, usw. Aber niemand kommt auf die Idee, darüber zu spekulieren, ob Tamerlan oder Fernando VII. dieses oder jenes hätten tun sollen oder daß die gesellschaftlichen und wirtschaftlichen Bedingungen ... Genug! Ich habe gerade, schau her, über ein Bild von Picasso folgendes gelesen: ›Das Volumen, angedeutet durch dicke lineare Zeichen, die ihren Ausdruck in sich selber haben, wird durch die Bewegung zerstört.‹ Ödet euch das nicht an? Alles, was man ist, ist man rein zufällig. Man wird nicht als Maurer oder Hausierer geboren. Als Maler hingegen wird man geboren. Maurer kann man durch beharrliche Anstrengung werden, auch wenn man sich dagegen sträubt und es einem nicht gefällt. Wer nicht zum Maler geboren ist, der kann sich noch so anstrengen, er wird nie Maler werden. Ist er jedoch als Maler geboren, dann ist das, was er macht, Malerei. Die Techniken, die Technik, das kann dazukommen, die Ratschläge jedoch nützen gar nichts. Man ist Maler, wie man dunkelhaarig ist oder hinkt. Das heißt, daß die meisten Maler keine Maler sind. Man merkt das sofort, und das ist genauso schwer zu erklären, wie wenn uns jemand sagen sollte, warum Picasso einen runden Kopf und Glupschaugen hat. Deshalb ist es so dumm, wenn man sagt, daß die Kunst der primitiven Völker Ausdruck einer niedereren Kulturstufe ist. Unter den Schwarzen werden einige als Maler oder als Bildhauer geboren, und andere eben nicht, genauso, wie es bessere und schlechtere Kunstwerke gibt. Wer das nicht spürt, wird nie zwischen einem wirklichen Bild und einer Kopie unterscheiden können.«

II
Danksagungen

Ich habe diese Geschichte wie ein Geduldspiel oder Puzzle zusammensetzen müssen. Allein hätte ich es nie geschafft, alles verdanke ich anderen. Auf Krücken tastete ich mich vorwärts, fragte hier und dort, scheuchte alle Welt auf, wie bei einer Versteigerung. Daher muß ich auch jede Art Hilfe, die mir zuteil wurde, groß herausstellen. Ich werde immer in ihrer Schuld stehen: Alfonso Reyes und Jean Cassou, die das Wild aufspürten. Gouverneur Aranda Osorio, der mich in die Provinz Chiapas einlud, ohne die Folgen vorauszusehen. André Malraux und Jaime Torres Bodet, die mir in Paris mit ihrem Rat zur Seite standen. José María González de Mendoza, der mich an einem lauen Nachmittag in den Tuillerien auf die Spur Odilon Redon hinwies. Meine Frau, die mich – und das nicht nur in Paris – geduldig auf allen meinen Wegen und bei allen Gängen auf der Suche nach Unterlagen und Gewißheiten durch die Gassen von Montmartre und in so viele Geschäfte, zu so vielen Ständen begleitete. Dank schulde ich ferner Daniel-Henry Kahnweiler, François Fosca, Georges Braque, José Renau und Antonina Vallentin für die Unterlagen und Dokumente, die sie mir zur Verfügung stellten.

Wenn ich, so paradox das auch erscheinen mag, über seine Jugendzeit besonders viele Einzelheiten zusammenbringen konnte, so ist das der besonderen und für sie selbstverständlichen Aufmerksamkeit zu verdanken, die die Katalanen allem entgegenbringen, was ihrer Größe dienen kann; die Hinweise auf Gerona, die über das in ihrem Buch

Gesagte hinausgehen, verdanke ich Enrique Beltrán Casamitjana und Enrique Cabot.

Der Maler Juan Castrasana, der augenblicklich in München lebt, brachte mich mit einer Kusine von Anne Marie Merkel aus Düsseldorf in Verbindung. Diese Dame, der ich versprechen mußte, sie nicht namentlich zu erwähnen, erzählte mir Einzelheiten aus dem Leben ihrer Familie. Leider wußte sie nicht das geringste über die Pariser Jahre von Anne Marie. Sie konnte mir auch nichts über ihren gegenwärtigen Aufenthaltsort sagen, falls es einen solchen überhaupt gibt. Sie wurde in einem abgelegenen Winkel alt, höchstwahrscheinlich ist sie gestorben. Über Hanna war kein Wort herauszubringen: Sie haßte sie, doch ich erfuhr nicht warum.

Es wäre ungerecht, würde ich Alicia Pardo nicht für ihre Geduld danken, die sie beim Abtippen meines zehnmal überarbeiteten Manuskripts bewiesen hat, oder wenn ich Francisco Giner de los Ríos übergehen würde, der die letzte Fassung durchgesehen hat.

Und voller Wehmut erinnere ich mich an jenes Mittagessen 1937 – ganz im Zeichen von Velázquez, El Greco und Goya –, bei dem ich, zwischen Bonnard und Vuillard, Maillol gegenübersaß und wir vergeblich auf Picasso warteten, und ich – jetzt kann ich mich wieder genau erinnern – zum ersten Mal den Namen Torres Campalans hörte.

»Was ist aus ihm geworden?«

»Spurlos verschwunden. Er hatte Talent.«

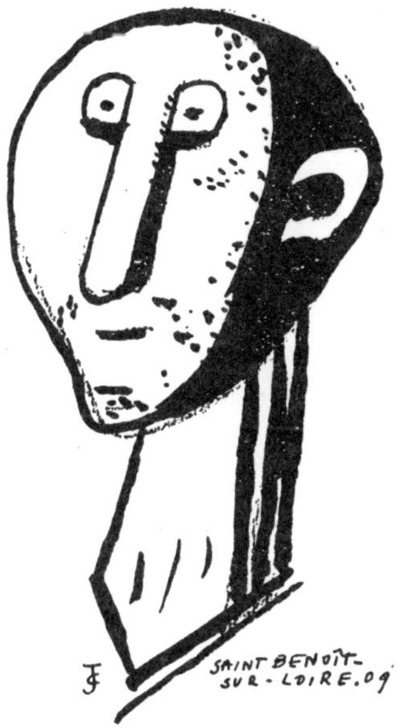
SAINT BENOIT-SUR-LOIRE.09

III
Annalen

Heute berichten fast alle die Geschichte der Malerei betreffenden Bücher sowie manche Monographien über die wichtigsten Ereignisse aus dem Leben und der Zeit des Malers. Ich habe etwas mehr zu leisten versucht, nämlich alle notwendigen Daten zusammenzutragen, damit sich der unvorbereitete Leser das Ambiente vorstellen, Ereignisse mühelos einordnen oder beispielsweise mit dem Alter und den Lebensumständen erwähnter realer Personen etwas anfangen kann. Die Spezialisierung, die uns allen zum Vorteil gereicht oder an der wir leiden, hat mich dazu gebracht, auf verschiedene Fakten hinzuweisen, damit der Liebhaber der Künste, der Literatur, der Wissenschaft (der Geschichte, was wir mehr oder weniger alle sind) einfache Bezugspunkte findet. Viele dieser Fakten gehören zum Bereich der Schönen Künste – wegen des Themas – oder der Literatur – wegen meiner persönlichen Neigung –, denn beide sind die besten Führer durch die Vergangenheit.

Damit bleibe ich auf dem Boden der Tatsachen und vermeide die Kinkerlitzchen, die berühmte wie mittelmäßige Romanciers Seite für Seite in ihre Erzählungen glauben einflechten zu müssen, um über die jeweilige Zeit und ihre Vorkommnisse Rechenschaft abzulegen.

Nachdem die Epoche präsent war, konnte ich anschließend über das Leben Jusep Torres Campalans' berichten, ohne mich bei irgendwelchen Ereignissen aufhalten zu müssen und ohne meine Aufmerksamkeit etwas anderem zu widmen als meinen Vorlieben: auf das Gedächtnis der Leser vertrauend oder auf die Möglichkeit, bei Bedarf diese Seiten zu Rate zu ziehen.

Außer den Werken, Ereignissen, Büchern oder Theateraufführungen, die möglicherweise einen unmittelbaren Einfluß auf Jusep Torres Campalans gehabt haben, erwähne ich noch andere, die er mit Sicherheit nicht gekannt hat, damit man die übrigen besser einordnen kann. In Anbetracht der verworrenen Wirklichkeit wird hier alles bewußt durcheinandergewürfelt. Warum klassifizieren, da es sich doch nicht um ein Lehrbuch handelt? Weit davon entfernt, erschöpfend zu sein, vertraute ich meinem Instinkt. Zwar hätte ich eine noch größere Menge von Ereignissen zusammentragen können, doch glaube ich, daß das Angeführte als Hintergrundinformation ausreicht.

Die Angaben über den Protagonisten, Picasso, sind weggelassen, da sie sich in der Biographie finden. Häufige Angaben gibt es dagegen zum Beispiel zu Mondrian, da er mit diesem erst sehr spät und nicht besonders eng befreundet war. Einige fremde Texte werden kursiv wiedergegeben, sie belegen an Hand von Fakten das, was ich andernfalls vielleicht hätte erfinden müssen.

1886

GEBOREN Jusep Torres Campalans, Oskar Kokoschka, Salvador de Madriaga, Alfonso XIII., Ricardo Güiraldes, Diego Rivera, Ernst Robert Curtius, Constant Permeke, Roland Dorgelès, Oscar Esplá, Delmira Agustini, José María López-Picó, Foujita, Eric Coates.

GESTORBEN José Hernández, Leopold von Ranke, Emily Dickinson, Franz Liszt, José Casado del Alisal.

LITERATUR R. L. Stevenson: *Dr. Jekyll und Mr. Hyde.* Campoamor: *Humoradas.* Zola: *Das Werk.* Emilia Pardo Bazán: *Das Gut Ulloa.* E. de Amicis: *Herz.* Rimbaud: *Illuminationen.* Armando Palacio Valdés: *Riverita.* Benito Pérez Galdós: *Fortunata und Jacinta* (Erster Teil). *Manifest* und Gründung der Zeitschrift *Le symboliste* durch Moréas: *Das Konzept des symbolistischen Romans ist vielgestaltig: voller Verachtung für die kindlichen Verfahren des Naturalismus, errichtet er ein Gebäude subjektiver Deformation, das sich fest auf folgendes Axiom stützt: die Kunst soll im Gegenstand nur einen äußerst knappen Ausgangspunkt suchen.* Am Weihnachtstag bekehrt sich Claudel zum Katholizismus.

THEATER Ibsen: *Rosmersholm.* Echegaray: *De mala raza* (Aus bösem Geschlecht).

SCHÖNE KÜNSTE MALEREI Achte und letzte Ausstellung der Impressionisten. Van Gogh kommt nach Paris. Bilder des *Zöllners* Rousseau, sowie *Ein Sonntagnachmittag auf der Ile-de-la-Grande-Jatte* von Seurat im Salon der Unabhängigen.

MUSIK Gabriel Fauré: *Zweites Klavierquartett.* César Franck: *Symphonie in d-Moll.*

DER FORTSCHRITT Erfindung des Fahrrads. Nadar macht die ersten Luftaufnahmen. Elektrolyse des Aluminiums.

EREIGNISSE In Madrid wird *El Socialista* gegründet. Der Rädelsführer Antonete Gálvez ruft die Republik Cartagena (Spanien) aus. Mit dem Ausruf »Es lebe die Republik!« erheben sich am 19. September die Streitkräfte der San Gil-Kaserne in Madrid. General Villacampa wird im letzten Augenblick begnadigt. Ein Priester ermordet den Bischof von Madrid-Alcalá. Plan, die Gran Vía in Madrid zu bauen. Práxedes Mateo Sagasta wird Ministerpräsident. Am 5. März wirft Carlos Gallo eine Bombe in die Pariser Börse. Erster Raubüberfall mit politisch-anarchistischem Hintergrund.[1] Am 1. Mai beginnt in Chicago der Streik, der zu dem Ergebnis führt, daß im darauffolgenden Jahr Spies, Fischer, Engel und Parsons – die Märtyrer von Chicago – erhängt werden, während sich Lingg – im wahrsten Sinne des Wortes – den Kopf wegpustet. Frankreich besetzt die Wallis-Inseln (Ozeanien). Gründung der Königlich Englischen Niger-Compagny. Die Engländer besetzen Birma und einigen sich mit den Deutschen über die Kolonialisierung der Salomon-Inseln. Die *Freiheit* (Statue von Bertoldi) strahlt zum ersten Mal über dem Hafen von New York. Kropotkin wird begnadigt und läßt sich in London nieder.

1887

GEBOREN Ramón de Zubiaurre, Juan Gris, Marc Chagall, Hans Arp, Carlos Sabat Ercasty, Martín Luis Guzmán, Louis Jouvet, Rupert Brooke, Edith Sitwell, Carl Sandburg, Robinson Jeffers, Gregorio Maranón, José Moreno Villa, Erwin Schrödinger, Le Corbusier, Francisco Villa, Ernst Wiechert, F. Crommelynck, *Rosso di San Secondo*, Héctor Villa-Lobos.

GESTORBEN Kvaszewski, Alexander Borodin, Ros de Olano, Jules Laforgue, Hans von Marées. In Chicago werden Spies, Fischer, Engel und Parsons erhängt.

LITERATUR Mallarmé: *Sämtliche Dichtungen*. Huysmans: *Gegen den Strich*. Georges Meredith: *Balladen und Gedichte vom tragischen Leben*. Robert Browning: *Gespräche mit Hunderten von Individuen*. Eça de Queiros: *Die Reliquie*. F. Nietzsche: *Genealogie der Moral*.

THEATER Antoine gründet in Paris das Théâtre Libre. Bretón: *La bruja* (Die Hexe).

SCHÖNE KÜNSTE MALEREI Toulouse-Lautrec malt seine ersten Bilder über das Leben am Montmartre. Gauguin in Panama und auf Martinique. Francisco Pradilla Direktor des Prado-Museums.

MUSIK Gabriel Fauré: *Requiem*.

DER FORTSCHRITT Daimler baut das erste benzinbetriebene Automobil. Entdeckung der elektromagnetischen Wellen.

EREIGNISSE Besetzung der Elfenbeinküste durch die Franzosen. In Rußland werden fünfzehn Terroristen erhängt. Wiederbelebung des Dreibundes (Deutschland, Österreich-Ungarn, Italien). Deutsches Protektorat über Südwestafrika. Die erste Empire-Konferenz tritt in London zusammen. Guerritas Debüt als Torero.

1888

GEBOREN Giorgio de Chirico, Benjamín Jarnés, Ramón López Velarde, Giuseppe Ungaretti, T. S. Elliot, Eugene O'Neill, Margarita Xirgu, Erich Rothacker, Georges Bernanos, José Eustasio Rivera, Katherine Mansfield, T. E. Lawrence, Maxwell Anderson, Frans E. Sillanpää, Rodolfo Gaona.

GESTORBEN Matthew Arnold, Manuel Fernández y González, Domingo F. Sarmiento, Wilhelm I., Jean Marie Guyau, Eugène Labiche, Theodor Storm, Rafael Calvo.

LITERATUR Verlaine: *Weisheit*. Sudermann: *Frau Sorge*. Rubén Darío: *Blau*. Zorilla San Martín: *Tabaré*. Darío de Regoyos: *España negra* (Schwarzes Spanien). Gründung von *Erde und Freiheit*, dem Organ der anarcho-syndikalistischen Arbeiterbewegung, sowie von *El Diario* in Gerona.

THEATER Ibsen: *Die Frau vom Meer*. Guimerà: *Mar i cel* (Himmel und Erde).

SCHÖNE KÜNSTE MALEREI James Ensor: *Der Einzug Christi in Brüssel im Jahr 1888*. Weltausstellung in Barcelona. Van Gogh in Arles.

MUSIK Rimski-Korsakow: *Scheherazade*. R. Strauss: *Don Juan*. Tschaikowsky: *5. Symphonie*.

DER FORTSCHRITT Erster benzinbetriebener Verbrennungsmotor (Forest). Der Rollfilm von Eastman-Goodwin.

Ereignisse Bergarbeiterstreik in Río Tinto, bei dem zwanzig Bergleute ums Leben kommen und hundertfünfzig verletzt werden. Erster Kongreß der spanischen Sozialisten in Barcelona. Erster Kongreß der spanischen Gewerkschaft Unión General de Trabajadores. Thronbesteigung Wilhelms II. Abschaffung der Sklaverei in Brasilien. Beginn der französisch-russischen Allianz. Die Panamakanalgesellschaft setzt ihre Zahlungen aus.[2]

1889

Geboren Alfonso Reyes, Charlie Chaplin, Adolf Hitler, Arnold Toynbee, Martin Heidegger, Gabriel Marcel, Paul Morand, Gabriela Mistral, Julio Torri, Hart Crane, Conrad Aiken, Lidia Seifulina.

Gestorben Villiers de L'Isle-Adam, Gerard Manley Hopkins, Barbey d'Aurevilly, Robert Browning, V. W. Querol, Antonio de Trueba, Emile Augier.

Literatur Jacobsen: *Niels Lyhne.* D'Annunzio: *Lust.* Yeats: *The Wanderings of Oisin* (Oisins Wanderungen). Ramiro de Maeztu: *Hacia otra España.* (Für ein anderes Spanien) Verlaine: *Parallèlement* (Gedichte). Bergson: *Zeit und Freiheit.* Don Benito: *Torquemada auf dem Scheiterhaufen.* Palacio Valdés: *Die Andalusierin.* Bourget: *Der Schüler.* Verhaeren: *Les débâcles* (Die Katastrophen). Nietzsche: *Götzendämmerung.*

Theater G. Hauptmann: *Vor Sonnenaufgang.*

Schöne Künste MALEREI Lautrec stellt im Salon der Unabhängigen aus. Gesamtausstellung der Gruppe der »Nabis« in der Galerie Durand Durel, als Huldigung an

Odilon Redon. Internationale Ausstellung in Paris. Mondrian gewinnt einen ersten Preis für Zeichnung an der Schule von Winterswijk.

MUSIK Richard Strauss: *Tod und Verklärung.*

DER FORTSCHRITT Test des Unterseebootes von Isaac Peral. Herstellung von Kunstseide (Chardonnet). Der Eiffelturm.

EREIGNISSE Das Verbrechen in der Calle de Fuencarral. Weiterentwicklung der Trade-Unions in England. Rentenversicherung in Deutschland. Erste offizielle Maifeier. Italienisches Protektorat über Abessinien. Gründung der Zweiten Internationalen. Erste Pan-Amerikanische Konferenz in Washington. Sturz des brasilianischen Kaiserreichs.

1890

GEBOREN Ramón Gómez de la Serna, Jacques Ibert, Boris Pasternak, Franz Werfel, Kasimir Edschmid, Victor Serge, Adolfo Salazar, Karel Çapek, Bohuslav Martinu, St. John Perse.

GESTORBEN Van Gogh, Amadeus, Herzog von Aosta, César Franck, Sir Richard Wallace, Julián Gayarre, Camilo Castello Branco.

LITERATUR K. Hamsun: *Hunger.* Tolstoi: *Die Evangelien, Die Kreutzersonate.* J.G. Frazer: *Der Goldene Zweig.* Menéndez y Pelayo: *Antología de poetas líricos castellanos* (Anthologie der spanischen Lyriker, erster Band). Paul Valéry: *Narcisse.* Claudel: *Goldhaupt.* Pérez Galdós: *Angel Guerra.*

James: *Prinzipien der Psychologie.* Luis Taboada: *Madrid en broma* (Madrid im Scherz). Die erste Ausgabe des *Mercure de France* erscheint.

THEATER Ibsen: *Hedda Gabler.* Gründung des Théâtre de l'Art durch Paul Fort. Mascagni: *Cavalleria Rusticana.*

SCHÖNE KÜNSTE MALEREI Ausstellung von Santiago Rusiñol und Ramón Casas in Barcelona; man nennt sie »Modernisten«. Gründung der *Société Nationale des Beaux-Arts* durch Puvis de Chavanne, Rodin und Carrière. Beim Tod von Sir Richard Wallace spricht die Presse vom »unschätzbaren« Wert seiner Sammlung, bestehend aus 19 Meissoniers und 15 Greuzes. In Nordamerika wird Bougueraus *Rückkehr des Frühlings* zerstört, im Salon von 1870 für 90 000 Francs erstanden; für das einzige Bild, das van Gogh zu Lebzeiten verkaufte, wurden 400 Francs gezahlt.

MUSIK Borodin: *Fürst Igor.* César Franck: *Drei Choräle.*

DER FORTSCHRITT Der Branly-Detektor. Felgen für Fahrradreifen.

EREIGNISSE In Paris wird zum ersten Mal der 1. Mai gefeiert. Explosion einer Bombe im Palazzo von Treviso. Pini wird in Paris wegen Diebstahls festgenommen; mit dem Geld wollte er die italienischen anarchistischen Zeitschriften *Il Pugnale* und *Il Ciclone* unterstützen. Wilhelm II. erwirkt Bismarcks Abdankung. Antijüdische Politik in Rußland. Frankreich und England teilen den Niger untereinander auf. Protektionismus in den USA (McKinley). Einführung des allgemeinen Wahlrechts in Spanien.

1891

GEBOREN Max Ernst, Pär Lagerquist, Jean Cocteau, Sergei Prokofjew, Oliverio Girondo, Teresa de la Parra, Francisco Romero, Henry Miller, Ilja Ehrenburg, Arthur Bliss.

GESTORBEN Pedro Antonio de Alarcón, Arthur Rimbaud, Georges Seurat, J. B. Jongkind, Herman Melville, J. R. Lowell, I. A. Gontscharow, Helena P. Blavatsky, Léo Delibes. General Boulanger begeht Selbstmord.

LITERATUR Tolstoi: *Kirche und Staat.* T. Hardy: *Eine reine Frau – Tess von D'Urbervilles.* Jacinto Octavio Picón: *Dulce y sabrosa* (Süß und schmackhaft). Moréas: *Der leidenschaftliche Pilger* (Le pèlerin passioné). Selma Lagerlöff: *Gösta Berling.* In Madrid erscheint die Zeitschrift *Blanco y Negro.*

THEATER Wedekind: *Frühlingserwachen.* Feliu y Codina: *Dolores.* Sardou: *Thermidor.*

SCHÖNE KÜNSTE MALEREI Erstes Plakat Toulouse-Lautrecs für das Moulin Rouge. Van Gogh-Retrospektive bei den Unabhängigen. Monet: *Die Seerosen* (erste Serie). Gauguin bricht nach Tahiti auf.

MUSIK Mahlers *1. Symphonie.*

EREIGNISSE In Fournies (Frankreich) werden acht Arbeiter bei Feiern zum 1. Mai getötet. Dardare und Decamps.[3] Die Enzyklika *Rerum novarum* von Papst Leo XIII., darin Verurteilung der liberal-kapitalistischen Wirtschaft. Beginn von Sven Hedins Reisen durch Zentralasien. Beginn des Baus der Transsibirischen Eisenbahn. Deutsche Kolonialisierung Südwestafrikas. In Deutschland wird das Mindestalter für Fabrikarbeiter auf dreizehn erhöht; Frauen dürfen höchstens 60 Stunden pro Woche arbeiten, außerdem Verbot der Nachtarbeit für Frauen und Kinder; der Sonntag wird für fast alle Arbeiter zum Feiertag.

1892

GEBOREN Darius Milhaud, Arthur Honegger, Alfonsina Storni, César Vallejo, Edna St. Vincent Millay, Richard Aldington, David Garnett, Reinhold Niebuhr, Archibald MacLeish, Constantino Fedin, Pedro Salinas, Louis de Broglie, Francisco Franco, Kuo-Mo-Jo, Juan Belmonte.

GESTORBEN A. Tennyson, Anthero de Quental, Miguel de los Santos Alvarez, Walt Whitman, Ernest Renan, Manuel Silvela; in Barcelona Erschießung Zarzuelas. Der italienische König Umberto I. wird von Gaetano Bresci ermordet. Elisabeth von Österreich in Genf von Luigi Luccheni erstochen.

LITERATUR In Spanien erscheint unter dem Titel *El mal del siglo* und in der Übersetzung von Nicolás Salmerón *Die Krankheit des Jahrhunderts* von Max Nordau. Mariano de Cavia: *Salpicón* (Fleischsalat). Israel Zangwill: *Kinder des Ghettos.* Gabriele D'Annunzio: *Der Unschuldige.* Erste vollständige Ausgabe der *Grasharfe.* Guerra Junqueiro: *Os simples.* Burckhardt: *Geschichte der Renaissance.* Zola: *Der Zusammenbruch.*

THEATER Maeterlinck: *Pelléas und Mélisande.* Hauptmann: *Die Weber.* Ibsen: *Baumeister Solness.* Pérez Galdós: *Realidad* (Wirklichkeit). Wilde: *Lady Windermeres Fächer.* Eugenio Sellés: *Las vengadoras* (Die Rächerinnen). Leoncavallo: *Bajazzo.* Tomás Bretón: *Gavin,* Oper im Liceo von Barcelona.

SCHÖNE KÜNSTE MALEREI Detaille setzt sich gegen Carolus Durand durch und wird Mitglied der französischen Akademie der Schönen Künste. Munch muß seine Bilder in der Ausstellung der Vereinigung Berliner Künstler abhängen. Matisse kommt nach Paris. Mondrian wird Mitglied der Akademie der Schönen Künste in Amsterdam.

MUSIK Debussy: *Prélude à l'après-midi d'un Faune.*

EREIGNISSE Fünfhundert Bauern ziehen unter dem Ruf »Es lebe die Anarchie!« in Jerez ein. Generalversammlung der Delegierten der Unión Catalanista in Manresa. Ravachol legt im Haus des vorsitzenden Richters der Kammer, die Dardare und Decamps verurteilt hatte, eine Bombe. Einige Tage später eine weitere im Haus des Staatsanwalts. Ravachol wird im Restaurant »Véry« verhaftet. Das Restaurant »Véry« fliegt in die Luft. Ravachol wird zum Tode verurteilt und hingerichtet. In Frankreich »Panama«-Skandal, Wahlkampf General Boulangers. Einführung des Zwölfstundentags für Männer und des Elfstundentags für Frauen und Kinder in Frankreich; Kinder dürfen frühstens ab 13 Jahren arbeiten. Subskription für den Sohn eines Komplizen von Ravachol.[4] 1123 Sprengstoffanschläge in Europa. Beginn der Industrialisierung in Rußland (Witte). Französisch-russischer Beistandspakt. Frankreich in der Sahara und in Dahomey.

1893

GEBOREN Rolf Nesch, Jorge Guillén, Ernst Toller, Eugène Goossens, Vicente Huidobro, José María de Cossío, Carles Riba.

GESTORBEN Guy de Maupassant, Ignacio Altamirano, Charles Gounod, José Zorilla, Julián del Casal, Antonio Cánovas, Hyppolite A. Taine, Concepción Arenal, Peter Tschaikowsky.

LITERATUR Verhaeren: *Les champs hallucinés* (Die gebannten Felder). J. María de Hérédia: *Trophäen.* Mallarmé: *Verse und Prosa.* Azorín: *El buscapiés* (Der Schwärmer). A. France: *Die Bratküche zur Königin Pédauque.* José Zorilla: *Concepción Arenal.*

THEATER Lugné-Poe gründet das Théâtre de l'Oeuvre in Paris. Verdi: *Falstaff.* Sardou: *Madame Sans-Gêne*

SCHÖNE KÜNSTE MALEREI Vollard eröffnet seine Galerie. Degas stellt im Haus von Durand-Ruel dreißig Landschaften aus. Gauguin kehrt nach Tahiti zurück. Die symbolistischen Maler stellen in der Galerie Le Bare de Toutteville in der Rue Le Péletier aus; die Neo-Impressionisten im Palais Brabant am Boulevard Poissonnière. (Seurat, Signac, Pissarro, Luce, Gross bei den Neo-Impressionisten; Denis, Sérusier, Bonnard, Toulouse-Lautrec bei den Symbolisten.)

MUSIK Dvořák: *Symphonie aus der Neuen Welt.* Tschaikowsky: *6. Symphonie.* Sibelius wird Professor am Konservatorium von Helsinki.

DER FORTSCHRITT Edisons Filmprojektor. Die Photogravüre von F. E. Ives. Der Dieselmotor.

EREIGNISSE Aufruhr in San Sebastián, weil die städtische Kapelle nicht die »Guernikako Arbola« gespielt hat. Pallás wirft in Barcelona eine Bombe auf Martínez Campos. Santiago Salvador legt eine Bombe im Liceo.[5] Beide werden erschossen. Krieg in Melilla. Paris: Prozeß der »Dreißig«, darunter Sébastien Fauré und Félix Fenéon; Mallarmé sagt zu Gunsten Fenéons aus. Achtundvierzig sozialistische Abgeordnete im französischen Parlament. 25 000 Bergarbeiter streiken in Larre. In Rußland und Sibirien wird die Prügelstrafe für Frauen abgeschafft. Zustimmung des französischen Parlaments zu repressiven Polizeigesetzen. Maura vertritt zunehmend eine autonomistische Kuba-Politik. Beginn der »Dreyfus-Affäre«. Cleveland wird zum zweiten Mal Präsident der Vereinigten Staaten. Schreckliche Massaker der Türken an den Armeniern. Nansen bricht zum Nordpol auf. Die Hawaii-Inseln kommen unter das Protektorat der USA. Internationale Ausstellung in Chicago. Antonio Fuentes' Debüt als Torero.

1894

GEBOREN Chaim Soutine, J. B. Priestley, Aldous Huxley, Mao-Tse-Tung, Charles Morgan, Wladimir Majakowski, Boris Pilnjak, Isaak Babel, Antonio Espina, Pedro Garfias E.E. Cummings, José María de Sagarra, Emiliano Barral.

GESTORBEN Alexander III., Emilio Arrieta, Federico Asenjo Barbieri, Federico de Madrazo, Leconte de Lisle, W.H. Pater, J. A. Symonds, Robert L. Stevenson, H. von Helmholtz, Cirilio Villaverde, Chabrier, J.P. Oliveira Martins.

LITERATUR Blasco Ibáñez: *Arroz y tartana* (Reis und Tartane). Jules Renard: *Rotfuchs*. Kipling: *Das Dschungelbuch*. Durkheim: *Die Regeln der soziologischen Methode*. D'Annunzio: *Der Triumph des Todes*. José López Silva: *Los barrios bajos* (Die anrüchigen Viertel).

THEATER Benavente: *El nido ajeno* (Das fremde Nest). Ricardo de la Vega y Bretón: *La verbena de la Paloma.* Ibsen: *Klein-Eyolf.*

SCHÖNE KÜNSTE MALEREI Ausstellung von Odilon Redon. Rodin: *Die Bürger von Calais.* Sorolla: *Rückkehr vom Fischfang.*

DER FORTSCHRITT Impfung gegen Pest und Diphterie. R. Koch entdeckt die Antitoxine.

EREIGNISSE Pi y Margall gründet die Föderale Partei. Um Ravachol zu rächen, wirft Vaillant eine Bombe in die französische Abgeordnetenkammer. Am Tag nach der Hinrichtung Vaillants läßt Emile Henry eine weitere Bombe im Café Terminus hochgehen; er wird guillotiniert, worauf Caserio, um ihn zu rächen, in Lyon Präsident Carnot ersticht. Kaum ist die Nationalität des Attentäters bekannt, werden die italienischen Geschäfte geplündert. Der Belgier Puwels stirbt durch eine Bombe, die er in der Madeleine-Kirche in Paris legen wollte. Eine weitere, von der Polizei gelegte Bombe explodiert im Restaurant Foyab und verletzt den anarchistischen Literaten Laurent Tailhade. Hauptmann Dreyfus wird verurteilt. Gobineau in Deutschland. Nikolaus II. Zar von Rußland. Chinesisch-japanischer Krieg; die Japaner besetzen Korea und dringen in die Mandschurei ein. England besetzt Uganda. Martínez Campos wird Sonderbotschafter beim Sultan von Marokko. John Dewey wird Professor an der Universität von Chicago.

1895

GEBOREN Lázaro Cárdenas, Paul Hindemith, Carl Orff, Juana de Ibarbourou, Sergei Jessenin, Wjatscheslaw Iwanow, Juan Larrea, Mauricio Bacarisse, Paul Eluard, E. Jünger, *Joselito.*

GESTORBEN T.H. Huxley, Friedrich Engels, Pasteur, Pitarra, Manuel Guitiérrez Nájera, Jorge Isaacs, José Martí, Manuel Ruiz Zorilla, Alexandre Dumas d.J., Eduardo Escalante, João de Deus, Franz von Suppé.

LITERATUR Jean Grave: *Die Gesellschaft der Zukunft.* Rimbaud: *Gesammelte Lyrik.* Azorín: *Literarische Anarchisten.* Pereda: *Hoch in den Felsen.* Sienkiewicz: *Quo vadis.* Valera: *Juanita la larga* (Juanita die Großzügige). Pérez Galdós: *Nazarín, Halma.* T. Hardy: *Juda, der Unberühmte.* J. Conrad: *Almayers Wahn.* Unamuno: *Um das Problem der Sprachreinheit.*

THEATER Tolstoi: *Macht der Finsternis.* Joaquín Dicenta: *Juan José.* G.B. Shaw: *Candida.* Wilde: *Ernst sein ist alles.* Bretón, Feliu y Codina: *La Dolores.*

SCHÖNE KÜNSTE MALEREI Cézanne-Austellung in der Galerie Vollard; Rouault stellt im Salon des Artistes Français aus. Gauguins zweite Reise nach Tahiti. Picasso in Barcelona. Sorolla: *Und da heißt es immer noch, der Fisch sei teuer.*

DER FORTSCHRITT Röntgen entdeckt die nach ihm benannten Strahlen. Der Cinematograph der Brüder Lumière; bei der ersten Vorstellung werden 35 Francs Eintritt erhoben.

EREIGNISSE In Madrid wird der Botschafter des Sultans

von Marokko geohrfeigt. Félix Faure wird Präsident der Französischen Republik. Gründung der CGT. China erkennt die Unabhängigkeit Koreas an und tritt Formosa an Japan ab. Frankreich erobert Tonking und Madagaskar. Martí verlangt in Baire die Unabhängigkeit. Kuba-Krieg. Máximo Gómez überfällt Camagüey. Abessinien-Krieg. Kongreß von Limoges: Gründung der (anarchistischen) Internationalen Arbeiterkonföderation. Rosa Luxemburg kommt nach Deutschland. Kongreß der sozialistischen Internationalen in London.

1896

GEBOREN Manuel Rodríguez Lozano, André Breton, Gerado Diego, Margaret Kennedy, John Dos Passos, Francis Scott Fitzgerald, Nicolai Tichonow, Alfonso Caso.

GESTORBEN Antonio Maceo, Paul Verlaine, José Asunción Silva, Isaac Albéniz, Anton Bruckner, Conventry Patmore, E. von Treitschke, W. Morris, Ermordung Magred Dins, Schah von Persien.

LITERATUR Max Beerbohm: *Werke*. Eliseo Reclus: *Die Anarchie*. P. Valéry: *Der Abend mit Herrn Teste*. Gorki: *Erzählungen*. Proust: *Tage der Freuden*. Rubén Darío: *Profane Prosa, Die Außenseiter*. Ganivet: *Granada la bella* (Schönes Granada). Schnitzler: *Liebelei*. D. Mereschowski: *Julia Apostata*. Menéndez Pidal: *La Leyenda de los Infantes de Lara* (Die Legende von den Infanten von Lara).

THEATER Ibsen: *John Gabriel Borkmann*. A. Jarry: *König Ubu*. Puccini: *La Bohème*. Galdós: *Doña Perfecta*.

SCHÖNE KÜNSTE MALEREI Bonnards erste Einzelausstellung. Lautrecs Reise nach Spanien. Picasso in Madrid. Alexej Jawlensky kommt nach München und trifft mit Kandinsky und Klee zusammen. Villon in Paris.

MUSIK Sidney Jones führt in London *Die Geisha* auf. Brahms: *Elf Präludien für Chor.* Vincent d'Indy: *Istar.*

DER FORTSCHRITT Berliner erfindet die Schallplatte, Marconi die Radiotelegraphie. Becquerel entdeckt die Radioaktivität.

EREIGNISSE Die Provinz Cavite erhebt sich unter Emilio Aguinaldo. Erschießung Rizals, Demonstrationen in Barcelona, Zaragoza, La Coruña, wo die Menge bei der Einschiffung der nach Kuba entsandten Truppen ruft: »Auch die Reichen sollen mit!« Bei einer Fronleichnamsprozession in Barcelona explodiert eine Bombe. Acht Angeklagte werden erschossen. Asierini, Nogués und andere sterben unter der Garotte. Maurice Beaubourg, Camille Mauclair und André Gide schließen sich dem »culte du moi« des Maurice Barrès an. Madagaskar wird französische Kolonie. Italienische Niederlage in Addis Abeba; Abessinien wird unabhängig. Weyler wird Generalkapitän in Kuba. Präsident Cleveland bietet die Vermittlung der Vereinigten Staaten an, die zurückgewiesen wird. Pi y Margall schlägt die Gewährung der Autonomie vor. Als Maceo stirbt, begeht sein Adjudant, ein Sohn Máximo Gómez', an seiner Seite Selbstmord. Eloy Gonzalo durch seine Haltung in Cascorro Volksheld. Aufstand auf den Philippinen. Bonifacio ruft zwischen Novaliches und Calvocán zur Unabhängigkeit auf. Kongreß der sozialistischen Internationale in London.

1897

GEBOREN Jean Cassou, Luis Alvarez Petreña, William Faulkner, José Bergamín, Henry de Montherlant, Luis Aragon, Thornton N. Wilder, Aneurin Bevan, Jiddu Krishnamurti.

GESTORBEN Alfonse Daudet, Pascal de Gayangos, Johannes Brahms, Enrique Pérez Escrich, Henry George, José Feliu y Codina. Ermordung Juan Idiarte Bordas, Präsident von Uruguay.

LITERATUR James: *Der Wille zum Glauben.* Gauguin: *Noa Noa.* Azorín: *Charivari.* Unamuno: *Frieden im Krieg.* Don Benito: *Der Großvater, Misericordia.* Maragall: *El sentimento catalanista* (Das katalanisch-nationalistische Empfinden). Ganivet: *Spaniens Weltanschauung und Weltstellung.* André Gide: *Uns nährt die Erde.* Bergson: *Materie und Gedächtnis.* Barrès: *Les déracinés* (Die Entwurzelten).

THEATER Die Brüder Alvarez Quintero: *El ojito derecho* (Das rechte Auge). E. Rostand: *Cyrano de Bergerac.* Chapí, López Silva, Fernández Shaw: *La revoltosa* (Die Ungebärdige). Javier de Burgos und J.Giménez: *La boda de Luis Alonso* (Die Hochzeit des Luis Alonso). Echegary übersetzt *Tiefland* von Guimerà.

SCHÖNE KÜNSTE MALEREI Rousseau: *Schlafende Zigeunerin.* Picasso, »Schüler von Muñoz Degrain«, stellt bei der Nationalausstellung in Madrid *Wissenschaft und Barmherzigkeit* aus und gewinnt einen Preis.

MUSIK Dukas: *Der Zauberlehrling.*

DER FORTSCHRITT Drahtlose Telegraphie.

Ereignisse In Barcelona wird das Kabarett »Els IV Gats« gegründet. Beim Kongreß der französischen Anarchosyndikalisten in Toulon entsteht die Idee, die Sabotage als Waffe im Kampf der Arbeiterschaft zu gebrauchen. Im Dreyfus-Prozeß wird ein Wiederaufnahmeverfahren beantragt. McKinley Präsident der Vereinigten Staaten. Griechisch-Türkischer Krieg, Grenzkorrekturen zugunsten der Türkei. Die Deutschen in Kiautschou (China). In den Vereinigten Staaten Kampagne für einen Krieg gegen Spanien. Polavieja auf den Philippinen. Cánovas' Autonomiedekret für Kuba. Miguel Angiolillo ermordet Cánovas. Im Westen Amerikas werden Goldminen entdeckt. Angesichts einer Aussperrung durch die Arbeitnehmer streiken die englischen Schlosser und Mechaniker sieben Monate lang für die Einführung des Acht-Stunden-Tages. Manifest der Professoren der Universität Oxford zugunsten der Arbeiter. Verbannung Lenins nach Sibirien.

1898

Geboren Juan José Domenchina, Salvador Bacarisse, Dámaso Alonso, Federico García Lorca, Vicente Aleixandre, David Alfaro Siqueiros, Bertolt Brecht, Erich Maria Remarque, George Gershwin, Luys Santa Marina, Alexander Calder, Enrique Lafuente Ferrari, Javier Zubiri.

Gestorben Gladstone und Bismarck, Puvis de Chavannes, Aubrey Beardsley, Th. Fontane, Carl Haes, Manuel Tamayo y Baus, *Frascuelo*, Stéphane Mallarmé, Ermordung J. María Reina Barrios', Präsident von Guatemala, und Elisabeths von Österreich. Colonel Henry begeht Selbstmord und liefert damit den unwiderlegbaren Beweis für die Unschuld von Hauptmann Dreyfus.

LITERATUR Blasco Ibañez: *Valencia*. Ganivet: *Die Arbeiten des unermüdlichen Schöpfers Pío Cid*. Amado Nervo: *Perlas negras* (Schwarze Perlen). Wilde: *Die Ballade vom Zuchthaus von Reading*. D'Annunzio: *Das Feuer*.

THEATER Stanislawski und Nemirowitsch-Dantschenko gründen das Theater der Kunst in Moskau. Benavente: *Der Fraß der wilden Tiere*. Arniches: *El santo de Isidra* (Isidras Namenstag). D'Annunzio: *Die tote Stadt*.

SCHÖNE KÜNSTE MALEREI Eröffnung des Museums für Moderne Kunst in Madrid. Sorolla: *Ankunft eines Bootes am Strand*.[6]

BILDHAUEREI Rodins *Balzac* von der *Société des Gens de Lettres* abgelehnt.

EREIGNISSE Sprengung des US-Kreuzers »Maine« vor der Küste Havannas. Die Vereinigten Staaten erklären Spanien den Krieg. Das spanische Geschwader unter Admiral Cervera wird in Santiago zerstört. Friedensvertrag von Paris.[7] Zolas *J'accuse* (Ich klage an) schafft ein Klima der Gewalt um die Affäre Dreyfus. Landung der Yankees in Puerto Rico. Rußland bekommt von China Port Arthur, England Weihaiwei. Togo wird deutsch. Annexion der Hawaii-Inseln durch die Vereinigten Staaten. Puerto Rico und die Philippinen werden an die Vereinigten Staaten abgetreten. Internationale Kampagne, um die Wiederaufnahme des Prozesses von Montjuich zu erreichen. Baler leistet auf den Philippinen bis zum Juni 1899 Widerstand. Aufbau der sozialdemokratischen Partei in Rußland. Gründung der »Liga zur Verteidigung der Menschenrechte« in Paris.

1899

Geboren Rufino Tamayo, Emilio Prados, Carlos Pellicer, Ernest Hemingway, Silvestre Revueltas, Carlos Chávez, François Poulenc, Georges Auric, Miguel Angel Asturias, Jorge Luis Borges, Noel Coward, Leónidas Leonov, Ernesto Giménez Caballero, Hart Crane.

Gestorben Paul Janet, Alfred Sisley, Henry Becque, Emilio Castelar, Georges Rodenbach, Richard Congreve, Fustel de Coulanges, Johann Strauß, Ernest Chausson. Ermordung General Ulises Heareux', Präsident der Dominikanischen Republik.

Literatur Gorki: *Foma Gordeev.* Azorín: *La sociología criminal* (Die Kriminalsoziologie). Maeztu: *Zu einem anderen Spanien.* Unveröffentlichte Briefe des Marquis de Sade. Francis Jammes: *Clara d'Ellébeuse.* Gide: *Der schlecht gefesselte Prometheus.*

Theater Ibsen: *Wenn wir Toten erwachen.* Aufführung von *La dame de Chez Maxim.* Cassive inszeniert als erster *La Môme Crevette.* Arniches: *Das Antlitz Gottes.*

Schöne Künste MALEREI Gemeinschaftsausstellung der *Nabis* in der Galerie Durand-Ruel. Nonell-Ausstellung im Haus Vollards. Mondrian entdeckt für sich die Theosophie.

Bildhauerei Rodin: *Eva.*

Musik Ravel: *Pavane pour une infante défunte.* Debussy: *Trois nocturnes.* Elgar: *Enigma variations.*

Der Fortschritt H. Dresser erfindet das Aspirin. Entdeckung des Radiums. Elektrische Straßenbahnen.

Ereignisse Angesicht der Entscheidung der spanischen Integristen, an Türen und Fassaden der Häuser der Gläubigen Tafeln mit dem Bild des Heiligen Herzens Jesu anzubringen, bewerfen die Antiklerikalen diese Tafeln mit Steinen oder reißen sie ab. Die Kampagne zur Wiederaufnahme der Terroristenprozesse von Barcelona, bei denen die Geständnisse durch Folter erpreßt worden waren, geht weiter. Vortrag von Dr. Robert im Ateneo in Barcelona über *Die katalanische Rasse*. Unruhen in Madrid, Barcelona, Reus, Valencia und Alicante nach einer Kundgebung von Pablo Iglesias und Lerroux. E. Loubet französischer Präsident. Dreyfus wird nach Wiederaufnahme seines Prozesses verurteilt und begnadigt. Trotzki nach Sibirien deportiert. Internationale Friedenskonferenz (Den Haag). Beginn des Krieges zwischen England und den Buren. Guinea wird französische Kolonie. Deutschland kauft von Spanien die Karolinen und die Marianen. Englisch-deutsch-amerikanische Übereinkunft über die Samoa-Inseln. Die Firma Maxim testet ihr Maschinengewehr in dem Hindu-Dorf Dumdum. Die Engländer beginnen mit der Herstellung von Explosivgeschossen. *Bombita chicos* Debüt als Torero.

1900

Geboren Guillermo de Torre, Juan Chabás, José Gaos, Luis Buñuel, Daniel Cosío Villegas, Antoine de Saint-Exupéry, Kurt Weill, Rodolfo Halffter, Aaron Copland, Richard Hughes, Thomas Wolfe, Paulino Masip, Vsevolod Vishnewski, Julien Green, Hermann Kesten, Anna Seghers, Alexander A. M. Stols.

Gestorben Wilhelm Liebl, Oscar Wilde, Wilhelm Wundt, A. Samain, Friedrich Nietzsche, Eça de Queiroz, Stephen Grane, Manuel Fernández Caballero, *Lagartijo*. Umberto I. von Italien wird von dem Anarchisten Gaetano Bresci ermordet.

LITERATUR Leon Brunschvig: *Einführung in das Leben des Geistes*. Pío Baroja: *Vidas sombrías* (Düsteres Leben). *La casa de Aizgorri* (Aizgorris Haus). Blasco Ibañez: *Entre naranjos* (Zwischen Orangenbäumen). Unamuno: *Tres ensayos* (Drei Essays). Tolstoi: *Auferstehung*. Juan Ramón Jiménez: *Alma de violeta* (Veilchenseele). Edmund Husserl: *Logische Untersuchungen* (Band eins). Freud: *Traumdeutung*. *Les cahiers de la Quinzaine*, herausgegeben von Charles Péguy.

THEATER Echegaray: *El loco Dios* (Der wahnsinnige Gott). Die Brüder Alvarez Quintero: *El patio* (Der Hof). Charpentier: *Louise*.

SCHÖNE KÜNSTE MALEREI Weltausstellung in Paris. Die Großen Preise gehen an Sorolla, Zorn und Lenbach. Erste Aufenthalte Picassos, Dufys und Braques in Paris. Gaudí errichtet das Labyrinth im Parque Güell in Barcelona und die Villa *Bellesguard* in San Gervasio.

BILDHAUEREI Maillol: *Sitzende Frau*.

DER FORTSCHRITT Wiederentdeckung der Mendelschen Theorien. Zeppelin erfindet das starre Luftschiff. Quantentheorie (Planck).

EREIGNISSE Schwere Wirtschaftskrise in Katalonien. Aufruhr in Manlleu, Ripoll, Torelló. Schaffung des Bischöflichen Museums in Vich. In Frankreich Zehnstundentag für Frauen und Kinder. Die Franzosen im Tschad. Erster Internationaler Philosophie-Kongreß in

Paris. Beginn der republikanischen Reformen in Frankreich. Vittorio Emmanuele III. König von Italien. Krieg in Transvaal. Die Trade Unions planen die Gründung einer Partei. Lenin gründet in München die Zeitung *Iskra*. *Machaquitos* Debüt als Torero.

1901

GEBOREN Juan A. Zunzunegui, José Gorostiza, André Malraux, Enrico Fermi, Julián Bautista, Mariano Picón-Salas, E.O. Lawrence, W. Heisenberg, N. Abbagnano, Walt Disney.

GESTORBEN Arnold Böcklin, Juan Maragall, Henri de Toulouse-Lautrec, Ramón de Campoamor, Giuseppe Verdi, Clarín, Queen Victoria, Theodore Roosevelt, Emile Gisbert, Ermordung W. McKinleys, Präsident der Vereinigten Staaten.

LITERATUR Manuel Machado: *Almar.* Samuel Butler: *Erewhon,* überarbeitete Fassung. Maeterlinck: *Das Leben der Bienen.* O. Merejkowski: *Leonardo da Vinci.* Pío Baroja: *Aventuras, inventos y mistificationes de Silvestre Paradox* (Abenteuer, Erfindungen und Schwindeleien des Silvestre Paradox). Gabriel Miró: *La mujer de Ojeda* (Die Frau aus Ojeda). Salvador Díaz Mirón: *Lascas.* Moréas: *Die Stanzen.* Sigmund Freud: *Zur Psychopathologie des Alltagslebens.* Thomas Mann: *Buddenbrooks.* Kipling: *Kim.* *Arte Joven* (von Picasso herausgegebene Zeitschrift) erscheint in Madrid. Erster Nobelpreis für Literatur an Sully Prudhomme.

THEATER Pérez Galdós: *Elektra.* Die Brüder Alvarez Quintero: *Las Flores* (Die Blumen). Arniches: *Doloretes.*

SCHÖNE KÜNSTE MALEREI Picasso stellt in Barcelona und gemeinsam mit Iturrino in Paris aus, wo sie Max Jacob kennenlernen. Ankunft Apollinaires in Paris.

EREIGNISSE Die Premiere von Pérez Galdós' *Elektra* im *Teatro Español* in Madrid, das dann in ganz Spanien gespielt wird, erregt großes Aufsehen und ist der Beginn von Aufruhr und Versuchen, Klöster anzuzünden oder zu stürmen. Hochzeit der Fürstin von Asturien, die innerhalb des Königlichen Palastes gefeiert werden muß. Revolutionsstreiks. Auf die Kirche del Pilar in Zaragoza werden Steine geworfen. Katalanisch-nationalistische Demonstrationen. Diskussionen über die religiösen Orden. Die Regierung unterstützt Lerroux, um der katalanisch-nationalistischen Bewegung Einhalt zu gebieten. Burenkrieg. Gründung des Stahlmonopols in den Vereinigten Staaten (Morgan, Carnegie). Edmund Husserl erhält an der Universität Göttingen eine Professur. In England wird das Mindestalter für Kinderarbeit auf elf Jahre angehoben; für Frauen und Kinder tritt das Verbot der Sonntagsarbeit in Kraft. Erlaubte Arbeitszeit zehneinhalb Stunden. In Rußland wird die sozial-revolutionäre Partei ins Leben gerufen, die entschlossen ist, Methoden der direkten Aktion anzuwenden. Edward VII. König von England.

1902

GEBOREN Lawson Hughes, E. Glaeser, Ramón J. Sender, Rafael Alberti, Jaime Torres Bodet, José Antonio Primo de Rivera, Nicolás Guillén, Roy Campbell, John Steinbeck, José María Quiroga Pla, Angela Figuera Aymerich, H.K. Laxness.

GESTORBEN Francisco Masriera, Jacinto Verdaguer, Arturo Mélida, Emile Zola, Samuel Butler, Javier de Burgos, Bret Harte, Antonio Vico.

LITERATUR B. Croce: *Filosofía come Scienza dello spirito* (erster Band) (Philosophie als Wissenschaft vom Geist), *Ästhetik als Wissenschaft des Ausdrucks.* Kipling: *Nur so Märchen.* Gide: *Der Immoralist.* H. Poincaré: *Wissenschaft und Hypothese.* Azorín: *Der Wille.* Valle-Inclán: *Herbstsonate.* José Manuel Othón: *Poemas rústicos* (Ländliche Gedichte). Pío Baroja: *La busca, Mala hierba, Aurora roja* (Die Suche, Unkraut, Morgenröte). In Barcelona erscheint *La huelga general* (Der Generalstreik), die Tageszeitung Francisco Ferrers. Nobelpreis für Mommsen.

THEATER J. M. Barrie: *Zurück zur Natur.* Arniches: *El puñado de rosas* (Die Handvoll Rosen).

SCHÖNE KÜNSTE MALEREI Picassos dritter Aufenthalt in Paris, wo er mit Matisse in der Galerie Berta Weil ausstellt. *Die Bürde* von Ramón Casas. Rückkehr Picassos nach Spanien. Kandinsky eröffnet in München eine Kunstschule.

MUSIK Béla Bartók: *Scherzo.* Debussy: *Pelléas et Mélisande.*

KINO Méliès: *Reise zum Mond.*

EREIGNISSE Alfonso XIII. wird König von Spanien. Streik in Barcelona, an dem sich mehr als 50 000 Arbeiter beteiligen. Der Stadtrat von Barcelona einigt sich darauf, nicht an der Vereidigung des Königs teilzunehmen. Sabino Arana, Führer der Baskischen Autonomisten, beglückwünscht den Präsidenten der Vereinigten Staaten zur Ausrufung der Republik Kuba. Streiks in Andalusien. Zahlreiche republikanische Versammlungen. In der Calle de Tallers (Barcelona) wird das »Zentrum für Sozialstudien« unter Leitung von Francisco Ferrer gegründet. Ankunft Gertrude Steins in Paris. Frieden zwischen England und dem Burenstaat; England annektiert Transvaal und den Oranjefreistaat. Kolonisierung Nigerias. Inbetriebnahme der Transsibirischen Eisenbahn. Vicente Pastor und Rafael Gómez, *El Gallo,* debütieren als Toreros.

1903

GEBOREN Erskine Caldwell, José Medina Echevarría, Xavier Villaurrutia, Max Aub, Eduardo Mallea, Juan de la Cabada, George Orwell, Evelyn Waugh, Cirill Connoly, Aram Chatschaturian.

GESTORBEN Hubert Spencer, Ch. Renouvrier, Paul Gauguin, Camile Pissarro, James Whistler, Gaspar Núñez de Arce, Leo XIII., Práxedes Mateo Sagasta, Theodor Mommsen, J.W. Gibbs, Hugo Wolff. Ermordung des serbischen Königspaars Alexander und Draga.

LITERATUR Morre: *Widerlegung des Idealismus.* W. James: *Humanismus.* Ramón Pérez de Ayala: *La paz del sendero* (Der Friede des Pfads). Antonio Machado: *Soledades* (Einsamkeiten). Max Jacob: *Le roi Kaboul et le marmiton Gauvin.*

C. Belmont: *Seien wir wie die Sonne*. V. Brussov: *Urbi et Orbi*. Azorín: *Antonio Azorín*. Pío Baroja: *El tablado de arlequín* (Harlekins Bühne). J. Conrad: *Taifun*. Russell: *Principia mathematica*. Erste Nummer von B. Croces Zeitschrift *Critica*. Erster Band von D'Annunzios *Laudi*. Nobelpreis für Björnstjerne Björnson.

THEATER G.B. Shaw: *Mensch und Übermensch*. Gorki: *Nachtasyl*. Benavente: *La noche del sábado* (Samstagnacht). Ignacio Iglesias: *Ells Vells*.

SCHÖNE KÜNSTE MALEREI Gründung des Pariser Herbstsalons, zu dem Marcoussis nach Frankreich kommt. Klee stellt in Bern aus.

MUSIK Béla Bartók: *Burleske und Kossuth*. Debussy: *La mer*.

EREIGNISSE Die republikanische Union wird gebildet, Costa tritt ihr bei. In Valencia Straßenschlachten zwischen den Anhängern von Blasco Ibáñez und Rodrigo Soriano. Zahlreiche Streiks. Schaffung des Instituts für soziale Reformen. Maura organisiert ehrliche Wahlen, die Republikaner ziehen ihre Kandidatur in Madrid, Barcelona und Valencia zurück. Gründung der Ford Motors Co. Inthronisierung von Pius X. Gründung der Labour Party. Formierung der liberalen Partei in Rußland, während sich die Sozialdemokraten in London in Menschewiken und Bolschewiken teilen. Die USA provozieren die Gründung der Republik Panama.

DER FORTSCHRITT Amundsen zum Nordpol. Wilbur Wright unternimmt einen Flug mit dem Motorflugzeug. Charles Pathé macht das Kino zu einer Industrie.

1904

GEBOREN Salvador Dalí, Luis Cernuda, Salvador Novo, Pablo Neruda, I.R. Oppenheimer, Luigi Dallapiccola, Alejo Carpentier, Celestino Gorostiza, Agustín Yáñez, Graham Greene, Nicolás Guillén, Dimitri Kabelevsky.

GESTORBEN F. von Lenbach, Anton Tschechow, Anton Dvořák, Elisabeth II., Ermordung Bobrikoffs, Generalgouverneur von Finnland.

LITERATUR Blondel: *Geschichte und Dogma.* A. Sorel: *Europa und die französische Revolution.* Pirandello: *Mattia Pascal.* Romain Rolland: *Johann Christof.* Lévy-Bruhl: *Moral und Wissenschaft der Sitten.* John Galsworthy: *Auf Englands Pharisäerinseln.* J. Conrad: *Nostromo.* Hermann Hesse: *Peter Camenzind.* Die erste Nummer von *ABC* in Madrid. Federico Mistral und José Echegaray teilen sich den Nobelpreis.

SCHÖNE KÜNSTE MALEREI Ausstellung Kandinskys in Paris und Cézannes in Berlin. Braque bleibt in Paris.

MUSIK Bloch: *River-Printemps.* Bartók: *Rapsodie für Klavier und Orchester.*

BILDHAUEREI Rodin: *Der Denker.* Ankunft Brancusis in Paris.

THEATER Pérez Galdós: *Der Großvater.* Synge: *Reiter ans Meer.* M. Barrie: *Peter Pan.* Arniches: *Der arme Valbuena.* Janáček: *Jenufa.* Puccini: *Madame Butterfly.* D'Annunzio: *Die Tochter Jorios.*

EREIGNISSE In Spanien häufen sich die Streiks. Gesetz

der Sonntagsruhe. Antiklerikale Unruhen. Joaquín Miguel Artal ersticht in Barcelona Maura mit dem Ruf »Es lebe die Anarchie«. Attentat auf Alfons XIII. in Paris. Antiklerikale Gesetze in Frankreich: Bruch mit dem Vatikan. Französisch-Spanisches Abkommen über Marokko. Russisch-Japanischer Krieg. Französisch-Britische Entente. Mit dem Bau des Panamakanals wird begonnen. Jack London Kriegsberichterstatter in der Mandschurei.

1905

GEBOREN Alejandro Casona, Jean-Paul Sartre, André Jolivet, Emilio García Gómez, Ernestine de Champourcin, Manuel Altoaguirre, M. Scholochow.

GESTORBEN Guillaume Bouguerau, Juan Valera, Francisco Balart, Eliseo Reclús, José María Gabriel y Galán, J.M. Heredia, Jules Verne, Máximo Gómez. Ermordung des Großfürsten Sergei von Rußland.

LITERATUR George Santayana: *The Life of Reason.* (Das Leben der Vernunft). H. James: *Die goldene Schale.* W. James: *Does consciousness exist?* (Gibt es Bewußtsein?). Dilthey: *Das Erlebnis und die Dichtung.* Freud: *Sexualtheorie.* Kuprin: *Das Duell.* Azorín: *Die Völker.* Rubén Darío: *Cantos de vida y esperanza* (Lieder des Lebens und der Hoffnung). Unamuno: *Das Leben Don Quijotes und Sancho Pansas.* Menéndez y Pelayo: *Die Ursprünge des spanischen Romans* (erster Band). *L'Anarchie,* von Alberto Libertad herausgegebene Zeitschrift in Paris. Nobelpreis für Henryk Sienkiewicz. Francis Jammes bekehrt sich zum Katholizismus.

THEATER Benavente: *Oktoberrosen.* Stanislawski gründet

das experimentelle Theater des Kunsttheaters von Moskau.

SCHÖNE KÜNSTE MALEREI Gründung der Künstlergemeinschaft *Die Brücke* in Dresden (Heckel, Kirchner, Schmidt-Rottluff). Freundschaft zwischen Picasso und Apollinaire, Beginn der »Rosa Periode«. Vauxcelles nennt einige ausstellende Maler des Herbstsalons »Fauves«. Vollard kauft für zweitausend Francs dreißig Bilder von Picasso. Ausstellung Seurats und van Goghs bei den Unabhängigen.

MUSIK de Falla: *La vida breve.*

KINO Erster Film von Max Lindner.

DER FORTSCHRITT Erste Arbeiten Einsteins über die Relativität.

EREIGNISSE Verschärfung des katalanischen Nationalismus in Barcelona. Überflutung des Wasserspeichers am Kanal von Lozoya, die zum Anlaß für revolutionäre Kundgebungen in Madrid wird. Francisco Ferrer und die Anarchisten seiner Gruppe werden angeklagt. Eine Gruppe von Offizieren greift die Redaktionen von *Cu-cut* und von *Veu* an. Auf der Rambla de las Flores explodiert eine Bombe. Reise des Königs nach Paris und Bombenattentat, dem er nur durch Zufall entgeht. Aufbau der französischen Sektion der Arbeiter-Internationale. Prozeß der von Alexandre Jacob angeführten »Bande von Abbéville« wegen 150 Raubüberfällen.[8] In Frankreich Trennung von Kirche und Staat. Achtstundentag für Bergarbeiter. Revolutionskrise in Rußland. »Roter Sonntag«. Der Zar kündigt Reformen an. Norwegen trennt sich von Dänemark. Niederlage Rußlands im Krieg gegen Japan; es tritt Port Arthur ab. Japanisches Protektorat über Korea.

1906

GEBOREN Rodolfo Usigli, Mauricio Magdaleno, Dimitri Schostakowitsch, Gustavo Pittaluga, Jorge Icaza.

GESTORBEN Georges Sorel, Pierre Curie, Paul Cézanne, Henrik Ibsen, Pedro A. de Alarcón, José María de Pereda, Bartolomé Mitre, Manuel José Othón, L. von Hartmann, Manuel del Palacio, Luis Taboada.

LITERATUR Ors: *Glossari.* Upton Sinclair: *Der Dschungel.* Galsworthy: *Die Forsyte Saga.* Bergson: *L'évolution créatrice* (Die schöpferische Evolution). Barbusse: *Die Hölle.* O'Henry: *Die vier Millionen.* V. Rozanow: *Bei den Kirchenmauern.* Enrique de Mesa: *Erde und Seele.* Nobelpreis für Giosuè Carducci.

THEATER Andrejew: *Das Leben des Menschen*

SCHÖNE KÜNSTE MALEREI Gauguin im Herbstsalon. Braque bei den Unabhängigen. Begegnung zwischen Picasso, Derain und Matisse, der Negerplastiken sammelt. In Munchs Bühnenausstattung *Die Gespenster* von Ibsen unter der Leitung von Max Reinhardt in Berlin. Torres Campalans, Gris, Modigliani und Severini kommen nach Paris, wo Sorolla ausstellt. E. Nolde und M. Pechstein treten der Künstlergemeinschaft »Die Brücke« bei.

MUSIK Alban Berg: *Sonate für Klavier op. 1.*

KINO Der erste Film von Antonio Ambrosio.

EREIGNISSE Zustimmung zu dem Gesetz, das Straftaten gegen Vaterland und Heer unter Strafe stellt. Gründung der Katalanischen Solidarität, die bei einer Versammlung in Gerona, bei der sich Prat de la Riba und Cambó[9] hervortun, ihren Anfang nahm. Hochzeit Alfons XIII. Attentat Mateo Morrals in der Calle Mayor; als er verhaftet wird, begeht er Selbstmord. Beginn der revolutionären französischen Gewerkschaftsbewegung (Kongreß von Amiens). Konferenz von Algeciras über Marokko. Wahl, Versammlung und Auflösung der ersten Duma. In Frankreich: obligatorische Sonntagsruhe. Beginn der deutsch-englischen Flottenrivalität.

1907

GEBOREN W.H. Auden, Luis Felipe Vivanco, Carmen Conde, B. Verbitzky, Christoper Fry, José Renau.

GESTORBEN Giosuè Carducci, Julio Ruelas, E.H. Grieg, Joris Karl Huysmans, Fermín Salvoechea, D.I. Mandelejev, Lord Kelvin (William Thomson), E. Wyspiański.

LITERATUR Karl Liebknecht: *Militarismus und Antimilitarismus.* A. Blok: *Die unverhoffte Freude, Die Schneemaske.* Léon Blum: *Über die Ehe.* W. James: *Der Pragmatismus.* Meyerson: *Identität und Wirklichkeit.* Jacobi: *Die Ästhetik Herders und Kants.* Gorki: *Die Mutter.* Unamuno: *Poesías.* Rubén Darío: *El cante errante* (Unsteter Gesang). Ramón Pérez de Ayala: *Tinieblas en las cumbres* (Nebel auf den Höhen). Nobelpreis für Literatur an Rudyard Kipling.

THEATER Synge: *Der Held der westlichen Welt.*

SCHÖNE KÜNSTE MALEREI Chagall malt seine ersten Bilder. Gedenkausstellung für Cézanne beim Herbstsalon. Picasso stellt *Les Demoiselles d'Avignon* fertig. Ausstellung Kandinskys in Frankfurt. Apollinaire stellt Picasso Braque vor. Kahnweiler macht eine Kunstgalerie auf.

MUSIK Ravel: *Spanische Rapsodie.* Ankunft de Fallas in Paris.

KINO Méliès: *20000 Meilen im Unterseeboot.* England: Erster Gaumont-Film. Erste Trickfilme. Erste abendfüllende Spielfilme.

DER FORTSCHRITT Die Telephotographie.

EREIGNISSE Die Katalanische Solidarität siegt bei den Wahlen in Barcelona. Maura stellt seinen Plan einer Lokalverwaltung vor, um Klüngelwirtschaft und Separatismus ein Ende zu setzen; es ist »die Revolution von oben«. Er stößt damit in den Kammern auf einen solchen Widerstand, daß er keine Zustimmung findet. Attentate auf Salmerón und Cambó. Die katalanischen Arbeitgeber stellen eine Privatpolizei auf, um die anarchistischen Attentate zu bekämpfen. Gründung der

Arbeitersolidarität. Schaffung der *Junta zur Studienerweiterung*, unter dem Vorsitz von Ramón und Cajal. Wahl, Versammlung und Auflösung der zweiten Duma. Versammlung der dritten, mit Regierungsmehrheit. Streiks in Frankreich. Enzyklika *Pax cendi*, die den Modernismus verurteilt. Frankreich und England verbünden sich. Bildung des neuseeländischen »Dominions«. Die Shell. In Amsterdam Gründung der anarchistischen Internationalen. Kamo und Stalin überfallen in Tiflis eine Kutsche, in der Staatsgelder transportiert werden. Die Beute beträgt 341 000 Rubel für ihre Partei. In Österreich werden zum ersten Mal die neuen Arbeitsgesetze in Kraft gesetzt.

1908

GEBOREN Pedro Laín Entralgo, Olivier Messiaen, Raimundo Lida, W. Saroyan.

GESTORBEN Rimski-Korsakow, Becquerel, Alberto Libertad, Federico Chueca, Nicolás Salmerón, Pablo Sarasate, François Coppée, Victorien Sardou. Ermordung Carlos I., König von Portugal.

LITERATUR *Personalistischer Idealismus* von acht jungen englischen pragmatischen Philosophen. Alexei Remisow: *Die Uhr.* Pío Baroja: *La dama errante* (Die unstete Dame; worin das Attentat Morrals auf das Königspaar erzählt wird). Sorel: *Reflexionen über die Gewalt.* Valle-Inclán: *Romance de lobos* (Wolfsromanze). Doña Emilia: *Die schwarze Sirene.* Manuel Bartolomé Cossío: *El Greco.* Lenin: *Materialismus und Empiriokritizismus.* Jules Romains: *Das einmütige Leben.* Anatole France: *Das Leben der Pinguine.* Thomas Hardy: *Die Dynasten.* Gorki: *Eine Beichte.* Andrejew: *Die Erzählung von den sieben Gehenkten.* Valéry Larbaud: *Poèmes par un riche amateur* (Gedichte eines reichen Amateurs).

THEATER Lenormand: *Das Erwachen des Triebs.* Benavente: *Die Herrin.*

SCHÖNE KÜNSTE MALEREI Ablehnung der Bilder Braques durch die Jury des Herbstsalons. Sie werden in der Galerie Kahnweiler ausgestellt. Bankett in Picassos Atelier zu Ehren von Henri Rousseau. Ausstellung Sorollas in London, Cézannes auf dem Herbstsalon. Das Wort »Kubismus« taucht zum ersten Mal auf. Reise Mondrians nach Belgien.

MUSIK Ravel: *Ma mère l'oie.* Bartók: *Zwei Porträts.*

KINO Ambrosio: *Die letzten Tage von Pompeji.* Erster Film D.W. Griffiths in Nordamerika. *Die Ermordung des Herzogs von Guise,* mit Le Bargy und der Musik von Saint-Saëns.

EREIGNISSE Lerroux gewinnt die Wahlen in Barcelona. Streiks in Frankreich. Angliederung von Bosnien-Herzegowina an Österreich-Ungarn. Bulgarien unabhängig. Gandhi veröffentlicht sein Programm. Der Kongo wird belgische Kolonie. In Persien wird Erdöl gefunden. In England Achtstundentag für Bergarbeiter.

1909

GEBOREN Victorien Crémer, Ciro Alegría, Stephen Spender, Frederic Prokosch, Richard Wright, José Ferrater Mora, José Luis Aranguren.

GESTORBEN Leopold II., George Meredith, A.C. Swinburne, Charles Louis Philippe, Isaak Albéniz, J.M. Synge, I.F. Armenski, Detlev von Liliencron, Cesare Lombroso, Ermordung des Prinzen Ito von Japan. Erschießung Francisco Ferrers.

LITERATUR Gertrude Stein: *Drei Leben.* Gorki: *Ein Sommer.* Claudel: *Fünf große Oden.* Maeterlinck: *Der blaue Vogel.* Puig y Cadafalch: *Die romanische Architektur in Katalonien.* Croce: *Logik.* Erster Band der gesammelten Werke Kierkegaards. Gide: *Die enge Pforte.* Pío Baroja: *London, die Stadt des Nebels.* Leopoldo Lugones: *Lunario sentimental* (Mondphasen des Gefühls). Enrique González Martínez: *Silenter.* José Enrique Rodó: *Gedanken über Proteus.* Ramón Gómez de la Serna: *Das Konzept der neuen Literatur.* Nikolai Hartmann: *Die Logik des Seins bei Platon.* J. H. Breasted: *A History of Egypt.* Nobelpreis für Literatur an Selma Lagerlöf. Erstes futuristisches Manifest in Frankreich.

THEATER Galsworthy: *Strife* (Kampf). Benavente: *Der tugendhafte Glücksritter.* Andrejew: *Anatema.* Die Verbindung zwischen Eleonora Duse und Gabriel D'Annunzio geht in die Brüche.

SCHÖNE KÜNSTE MALEREI Picasso bezieht eine Wohnung am Boulevard Clichy Nr.11 und verbringt seinen Sommerurlaub in Horta de Ebro. Larionow malt seine ersten futuristischen Bilder. Ausstellungen: Sorolla in New York, Mondrian, mit Spoor und Sluijters, in Amsterdam.

BILDHAUEREI Bourdelle: *Herakles mit Bogen.*

MUSIK Die *Ballets russes* von Diaghilew im Théâtre du Châtelet. Fokine bringt die Tänze aus *Fürst Igor* von Borodin auf die Bühne. *Der Feuervogel* von Strawinsky. R. Vaughan Williams: *The Wasps.* Debussy: *Images.*

KINO Capellani: *L'assomoir.*

EREIGNISSE Um den Betrieb der im Besitz französisch-spanischer Gesellschaften befindlichen Gruben von Beni-Ifrur zu schützen, stellt der Militärgouverneur von Melilla einige Posten auf, was zum Aufstand der Rifkabylen führt. Katastrophe in der Wolfsschlucht. Entsendung eines Expeditionskorps. Kampagne der Sozialisten, Anarchisten und Radikalen gegen den Krieg. Pablo Iglesias spricht von der Rechtmäßigkeit der Marokkaner. Kundgebung in Madrid. Generalstreik in Barcelona. Erschießung José Miguel Bazós, Antonio Mallet Pujols, Eugenio del Hoyo, Ramón Clemente Garcías und Francisco Ferrer Guardias (13. Oktober). Sturz der Regierung Maura. Protestkundgebungen und -versammlungen in der ganzen Welt.[10] Futuristisches Manifest Marinettis. Blériot überquert den Ärmelkanal mit einem Eindecker. Einführung der Altersrente in England. Lloyd George versucht die Einkommensteuer einzuführen und setzt zum ersten Mal Mindestlöhne fest. Taft Präsident der Vereinigten Staaten. Peary erreicht den Nordpol. Gründung der Anglo-Persian Oil

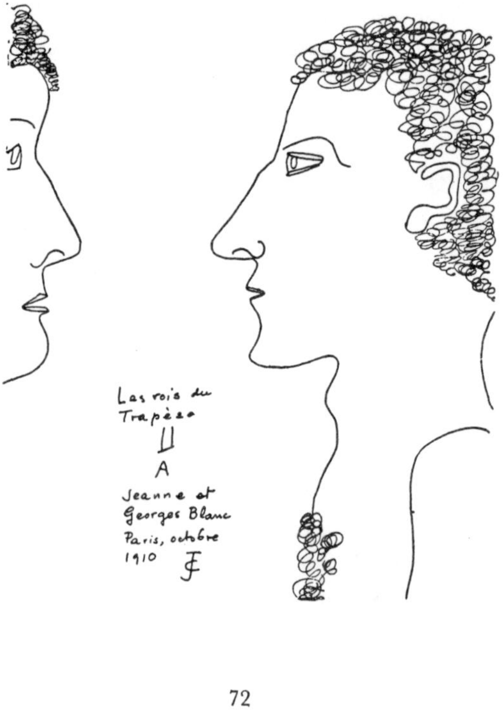

Co. Der frühere anarchistische Räuber Delaunay tötet Inspektor Blot sowie einen anderen Polizisten, die ihn verhaften wollten, und begeht anschließend Selbstmord. Albert I. König von Belgien.

DER FORTSCHRITT Das Duralumin.

1910

GEBOREN Luis Rosales, Emilio Ballagas, Francisco Ayala, Miguel Hernández, Arturo Serrano Plaja, Jean Anouilh, Jean-Louis Barrault, Samuel Barber.

GESTORBEN Henry Rousseau, Emilio Sala, Leo Tolstoi, Edward VII., Maestro Valverde, M.A. Balakirew, Lagartijo, Ricardo de la Vega, Björsterne Björnson, Florencio Sánchez, Mark Twain, William James, Jules Renard, Jean Moréas, Julio Herrera-Reissig, Florence Nightingale, Robert Koch.

LITERATUR Scheler: *Der Formalismus in der Ethik,* erster Band. Gabriel Miró: *Las cerezas del cementerio* (Die Friedhofskirschen). Juan Ramón Jiménez: *Laberinto* (Labyrinth). Ramón Pérez de Ayala: *A. M. D. G.* Péguy: *Jeanne d'Arc.* Dilthey: *Der Aufbau der geschichtlichen Welt in den Geisteswissenschaften.* Unter dem Einfluß José Ortega y Gassets Gründung der Zeitschrift *Europa* in Madrid. Erste Nummer der Zeitschrift *Der Sturm* in Berlin. Nobelpreis für Literatur an Paul von Heyse.

THEATER Galsworthy: *Justiz.*

SCHÖNE KÜNSTE MALEREI Ankunft Chagalls in Paris. Erste Vorträge Marinettis in Moskau und Sankt Petersburg. Picasso in Cadaqués. Ausstellung Klees in Zürich. Erste nicht-figurative Aquarelle Kandinskys. Ausstellung Rouaults in Paris. De Chirico malt seine ersten Bilder mit Wüstenstädten. Demonstration der futuristischen Malerei in Mailand. Léger lernt Picasso, Braque und Jusep Torres Campalans kennen.

MUSIK Die russischen Ballette führen *Scheherezade* und *Sadko* auf. Alban Berg: *Drittes Quartett*. R. Vaughan Williams: *Phantasie über ein Thema von Tallis*.

KINO D. W. Griffith: *Ramona*.

DER FORTSCHRITT Pawlow: *Die bedingten Reflexe*. Claude erfindet das Neonlicht. Paul Ehrlich entdeckt das Salvarsan.

EREIGNISSE Attentat auf Maura im Bahnhof von Barcelona. Streiks und Unruhen. Bildung der C.N.T. (Nationale Konföderation der Arbeit). In Madrid wird mit dem Bau der Gran Vía begonnen. Vierundsiebzig sozialistische Abgeordnete in Frankreich und Verbot, den Tagelohn in Naturalien auszuzahlen. Pablo Iglesias erster sozialistischer Abgeordneter in Spanien. George V. besteigt den englischen Thron, 43 Labour-Abgeordnete. Ausrufung der Republik in Portugal. Konstituierung des englischen Dominions Südafrikanische Union. Korea japanische Kolonie. Porfirio Díaz wird gestürzt. Tod Aquiles Serdáns und tatsächlicher Beginn der mexikanischen Revolution. Zwei anarchistische Räuber leisten in der Sidney Street in London 700 Mann einen ganzen Tag lang Widerstand; um ihn zu brechen, muß Artillerie eingesetzt werden. F.D. Roosevelt Gouverneur des Staates New York.

1911

GEBOREN Rafael Mújica (Gabriel Celaya), Luis Landínez, María Zambrano, Antonio Tovar, Kenneth Patchen, Gian Carlo Menotti.

GESTORBEN Fritz von Uhde, Rufino José Cuervo, A. Fogazzaro, Joaquín Costa, Wilhelm Dilthey, Gustav Mahler, Carolina Coronado, Juan Maragall, Francis Galton. Ermordung Stolypins, russischer Premierminister. Ermordung Ramón Cáceres', Päsident der Dominikanischen Republik; Selbstmord von Paul und Laura Lafargue, Tochter und Schwiegersohn von Karl Marx.

LITERATUR Andrejew: *Sacha Jegulew*. Alexandr Blok: *Die nächtlichen Stunden*. P. Natorp: *Philosophie. Ihr Problem und ihre Probleme*. B. Russell und A.N. Whitehead: *Principia mathematica*. I. Bunín: *Das Volk*. Xenios: *Die Verwurzelte*. H.H. Munro (Saki): *Chronik Chlodwigs*. George Moore: *Ave atque vale*. Max Jacob: *Saint Matorel*. Alfonso Reyes: *Fragen der Ästhetik*. Claudel: *Mariä Verkündigung*. Valéry Larbaud: *Fermina Márquez*. G.B. Shaw: *Pygmalion*. Der Taylorismus. Nobelpreis für Literatur an Maurice Maeterlinck.

THEATER Martínez Sierra: *Wiegenlied*.

SCHÖNE KÜNSTE MALEREI Picasso und Braque fügen Buchstaben und Aufschriften in ihre Bilder ein. Kubistische Säle bei den Unabhängigen und im Herbstsalon. Ankunft de Chiricos, Mondrians und Soutines in Paris.

BILDHAUEREI Brancusi: *Neugeborenes*.

MUSIK Schönberg: *Pierrot lunaire*. Ravel: *Daphne und Chloé*.

Strawinskys *Petruschka* wird vom russischen Ballett in Paris uraufgeführt.

KINO Ambrosio: *Quo vadis?* Tschardinin: *Anna Karenina.* Erste Filme von Thomas Ince.

DER FORTSCHRITT Entdeckung der Vitamine.

EREIGNISSE Blutiger Streik in Zaragoza. Meuterei von zwölf Matrosen an Bord der *Numancia.* Generalstreik in ganz Spanien. Ermordung des Richters Sueca, seines Amtsschreibers und des Gerichtsdieners in Cullera. Reise Alfonso XIII. ins Rifgebirge. Spanisch-französischer Vertrag über Marokko. Französisches Protektorat über Marokko. Besetzung von Fez durch französische Truppen. Auf einer Landstraße erschießt Bonnot, selbst durch einen Schuß schwer verwundet, José den Italiener. Garnier, Valey und drei Kameraden überfallen in Paris einen Bankkassierer. Sozialversicherung in England. Feministische Agitation in England. Deutschland schickt ein Kriegsschiff nach Agadir. Italienisch-türkischer Krieg. Die Italiener erobern Tripolis. China wird Republik. In Sabadell Attentat auf Lerroux. Ein Artikel Mussolinis in den *Pagine Libere,* in dem er die toten Anarchisten in London verherrlicht. In Brüssel Versammlung der katholischen Ligen für den Frieden.

1912

GEBOREN José Luis Cano, Dionisio Ridruejo, Igor Markewitsch, Terence Rattigan, Enrique Azcoaga, Leopoldo Zea.

GESTORBEN Giacomo Pascoli, Menéndez y Pelayo, Wilbur Wright, José María Velasco, Justo Sierra, August Strindberg, Jules Massenet, Aureliano de Beruete, Vital Aza, Alfredo Fouillé, José Lister, H. Poincaré. Ermordung Canalejas' durch den Anarchisten Manuel Pardinas. Ermordung Eloy Alfaros, Präsident von Ecuador.

LITERATUR Gleizer und Metzinger: *Über den Kubismus.* G. Marcel: *Dialektische Bedingungen der Philosophie.* Max Scheler: *Das Ressentiment im Aufbau der Moralen.* Antonio Machado: *Campos de Castilla* (Felder Kastiliens). Eugène Noel: *Was ich im Krieg sah.* Luigi Pirandello: *Der Schraubstock.* Ramón Pérez de Ayala: *La pata de la raposa* (Die Pfote des Fuchses). Péguy: *Das Mysterium der unschuldigen Kinder.* J. Joyce: *Jugendbildnis.* Ivan Bunin: *Das trockene Tal.* A. Remisow: *Die fünfte Plage.* R. Rolland schließt die Veröffentlichung von *Johann Christof* ab. Nobelpreis für Literatur an Gerhart Hauptmann.

SCHÖNE KÜNSTE MALEREI Ausstellung Légers in der Galerie Kahnweiler. Erste »geklebte« Papiere von Picasso und Braque. Erste Reise von Klee und Marc nach Paris. Picasso in Sorgues. Ausstellung futuristischer Maler in Paris. Mondrian nimmt seinen Bart ab und ändert seine Malweise.

MUSIK Fokine tanzt *Daphne und Chloé* von Ravel. Nijinski: *Prélude à l'après midi d'un faune* von Debussy. Mahler: *Neunte Symphonie.*

KINO Erster Film von Abel Gance. Erste Komödie *Keystone* von Mack Sennet. Max Lindner: *Max, verlobt; Max, verheiratet.* Max Urban: *Das Ende der Liebe.* Tschardinin: *Krieg und Friede.*

EREIGNISSE Eisenbahnerstreik in ganz Spanien. Zustimmung zum Gesetz der Zweckverbände. Schaffung des Amts für Öffentliche Sicherheit. Die Bonnot-Bande tötet den Polizisten Garnier, überfällt ein Notariatsbüro in Pontoise, ein anderes in Montgeron sowie die Bank der *Société Générale* in Chantilly. Auf den Kopf Bonnots wird ein Preisgeld von 100 000 Franc gesetzt. Er erschießt den stellvertretenden Polizeidirektor, als dieser ihn zu verhaften versucht. Bei Choisy-le-Roi verteidigt er sich heldenhaft gegen hundert Polizisten. Tage später wiederholt sich der Fall mit seinen Kameraden Garnier und Valet in Nogent-sur-Marne. Védrines gewinnt den Flug Paris-Madrid. Streik der australischen Bergarbeiter. Einführung des obligatorischen Militärdienstes und der »Quoten«-Soldaten in Spanien. Es folgt der Krieg in Marokko. Gründung der bolschewistischen Partei in Prag.

1913

GEBOREN Albert Camus, Benjamin Britten, Hyman Bloom, José Luis Gallego, Ramón de Garcíasol.

GESTORBEN José Ruiz Blanco, Picassos Vater. Darío de Regoyos, Isaak Bebel, José Guadalupe Posada. Es werden ermordet: Mazin Pascha, türkischer Kriegsminister, Francisco I. Madero, José María Pino Suárez, König Georg von Griechenland.

LITERATUR Husserl: *Ideen zu einer reinen Phänomenologie und phänomenologischen Philosophie*, erste *Jahrbücher zur Philosophie und zur phänomenologischen Forschung*. Croce: *Brevier zur Ästhetik*. Jaspers: *Psychopathologie*. Martin du Gard: *Jean Barrois*. Jules Romains: *Kumpane*. Alain Fournier: *Der große Meaulnes*. Unamuno: *Das tragische Lebensgefühl*. Freud: *Totem und*

PICASSO
1912

Tabu. Azorín: *Klassiker und Moderne*. D.H. Lawrence: *Söhne und Liebhaber*. Apollinaire: *Die kubistischen Maler*. Larionow: *Das rayonnistische Manifest*. Apollinaire: *Alcools*. Ramón Pérez de Ayala: *Kokotten und Tänzerinnen*. Valéry Larbaud: *A. O. Barnabooth, seine gesammelten Werke*. Nobelpreis für Literatur an Rabindranath Tagore.

THEATER *Le vieux Colombier*, dirigiert von Copeau. Benavente: *Die Ungeliebte*.

SCHÖNE KÜNSTE MALEREI Erste Ausstellung Utrillos. Große Ausstellung moderner Kunst in New York. Picabia stellt abstrakte Werke aus. Malewitsch stellt in Moskau ein vollkommen schwarzes Quadrat auf weißem Untergrund aus, und Tatlin begründet dort den Konstruktivismus. Picasso in der Rue Schoelcher Nr. 5 und in Céret. Foujita kommt nach Paris.

MUSIK Nijinski tanzt *Le sacre du printemps* von Strawinsky. Milhaud: *Erste symphonische Suite*. Bloch: *Drei Gedichte*.

KINO Pastrone: *Cabiria*. Max Lindner: *Max Torero*. Caserini: *Die letzten Tage von Pompeji*. Ambrosio verfilmte den gleichen Stoff. Feuillade: *Fantômas*. Cecil B. de Mille: *The Squaw Man*. E.S. Porter: *Der Gefangene von Zenda*. Sjöstrum: *Ingeborg Holm*.

EREIGNISSE Rafael Sancho verübt ein Attentat auf Alfonso XIII., um Ferrer zu rächen. Gerichtsverhandlung gegen die Überlebenden der *Bonnot-Bande*, vier Todesurteile. Poincaré Präsident der französischen Republik. Unruhen in Irland. W. Wilson Präsident der Vereinigten Staaten. Die Türkei wird besiegt und behält auf dem europäischen Kontinent nur noch Istanbul. Schaffung des Fürstentums Albanien. Zweiter Balkankrieg.

Niederlage Bulgariens. Gründung der Federal Reserve Bank in den Vereinigten Staaten. Besuch von Präsident Poincaré in Spanien.

1914

GEBOREN Octavio Paz, Dylan Thomas, José Revueltas, Tennessee Williams, Efraín Huertas, Howard M. Fast, Concha Zardoya, José García Nieto.

GESTORBEN F. Jodl, Sherwood Anderson, Paul von Heyse, Francisco Martínez Cubells, Frédéric Mistral, Pius X., Ermordung von Erzherzog Franz Ferdinand und Jaurès.

LITERATUR J.G. Watson: *Behaviorismus*. Heidegger veröffentlicht in Freiburg seine Doktorarbeit. Ortega y Gasset: *Meditationen über Don Quijote*. M. Proust: *In Swanns Welt*. Juan Ramón Jiménez: *Platero und ich*. Rubén Darío: *Canto a la Argentina und andere Gedichte*. G. Miró: *Die Friedhofskirschen*. Saki (H.H. Munro): *Tiere und Übertiere*. Carl Sandburg: *Chicago Poems*.

SCHÖNE KÜNSTE MALEREI In Berlin erste Ausstellung Chagalls. Erste kubistische Skulpturen von Lipchitz. Mondrian malt seine ersten abstrakten Bilder und kehrt wegen der Krankheit seines Vaters nach Holland zurück; Chagall und Kandinsky in Rußland. Pascin geht nach New York. Picasso in Avignon.

BILDHAUEREI Bourdelle: *Tod des Kentaurs, Denkmal in Alvear.*

MUSIK Manuel de Falla in Spanien, mit seinen *Sieben*

spanischen Volksweisen. Vaughan Williams: *A London Symphony*. Prokofjew: *Skythische Suite*.

KINO Griffith: *Der Kampf der Geschlechter*. Ch. Chaplin: *Der Lebensunterhalt*. M. Sennett: *Der Liebesroman von Charlot und Lolotte*. Ince: *Die Schlacht von Gettysburg*. Joe May: *Die Pagode*. Max Lindner: *Max der Ordensträger*.

THEATER O'Neill: *Bound East for Cardiff*.

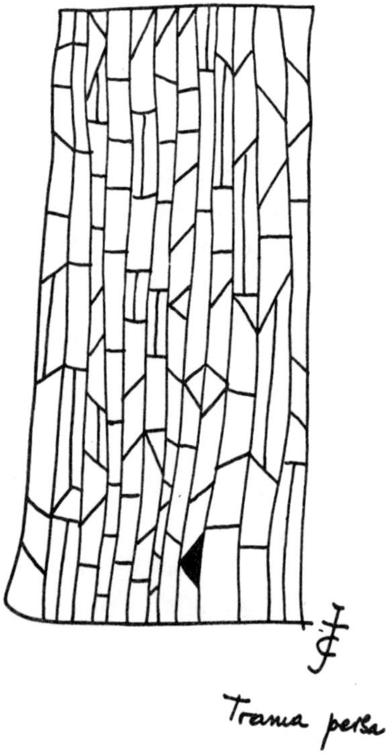

Persisches Raster

EREIGNISSE Ortega y Gasset gründet die Liga für politische Bildung in Spanien, in der Manuel Azaña, Salvador de Madariaga, Ramiro de Maeztu, Ramón Pérez de Ayala, Américo Castro, Fernando de los Ríos als Lehrer wirken. Attentat in Sarajewo. Der Krieg: Spanien bleibt neutral. Wahl von Benito XV. Kropotkin ist für ein Eingreifen der Anarchisten in den Krieg. Malatesta, der ihn als den »klassischen Kampf des Kapitalismus« versteht, verteidigt die Enthaltung. Permeke wird in Antwerpen verwundet. Hundertundvier sozialistische Abgeordnete in Frankreich. Bürgerkrieg in Ulster: die Sinnfeiners treten erstmals in Erscheinung. Große Streiks in Rußland. Einweihung des Panamakanals. Jack London in Mexiko.[11]

ANMERKUNGEN

[1] Überfall der Gruppe *Die Panther von Batignolles* auf das Haus der *berühmten Malerin* Madeleine Lemaire. Als der Anarchist Duval von einem Polizeibeamten mit den Worten: »*Im Namen des Gesetzes, Sie sind verhaftet*« festgenommen werden soll, zieht er ein Messer und gibt zur Antwort: »*Im Namen der Freiheit, du bist tot.*«

[2] Der Zustand Europas ist Ende 1888 ausgesprochen schlecht, so daß man mit an Sicherheit grenzender Wahrscheinlichkeit davon ausgehen kann, daß der Konflikt zwischen den Großmächten jeden Augenblick zum Ausbruch kommt und daß wir in Kürze den schrecklichsten Krieg des Jahrhunderts erleben werden. Alle europäischen Nationen könnten gezwungen sein, in dieser Auseinandersetzung Partei zu ergreifen, ausgenommen die auf den beiden Halbinseln, der skandinavischen und der iberischen, liegenden Länder, nämlich Schweden und Norwegen sowie Spanien und Portugal. Alle andern, selbst die kleinsten, werden sich dem Konflikt nicht entziehen können, entweder, weil sie dem Kriegsschauplatz zu nahe sind oder weil ihre territorialen Interessen auf dem Spiel stehen.

Wenn der Krieg ausbricht, wird er wegen der umstrittenen Einflußsphären auf dem Balkan nicht auf Rußland und Österreich beschränkt bleiben. Vor allem der rassische Gegensatz zwischen Deutschland und Rußland, tragischster und schlimmster Teil des Problems, wird sofort im Vordergrund stehen, und weil Italien gezwungen ist, Deutschland zu unterstützen, wird das Heer Umbertos I. die französische Grenze angreifen, um die Flanke seines Verbündeten zu schützen. In dem Augenblick, in dem die französische Republik den Kampfplatz betritt, um Rache zu nehmen für die Schmach von 1871 und um Elsaß-Lothringen zurückzugewinnen, wird sich mit Sicherheit auch England ins Getümmel stürzen, um auf der Seite des Dreibundes gegen Rußland und Frankreich zu kämpfen. Die Engländer werden den Krieg vermutlich auch zur See führen, und wir werden dem Zusammenstoß der mächtigsten Flotten beiwohnen, die es je gegeben hat. Gleichzeitig werden auch die Türken und die Griechen in die Schlacht eingreifen, die Türken, um das Wenige, das ihnen in Europa geblieben ist, nicht zu verlieren, die Griechen, um sich auf der Mittelmeerkarte ein weiteres Stück herauszubrechen.

Benito Pérez Galdós (*Unveröffentlichte Schriften:* Vol. IV. *Spanische Politik*, Vol. II. Madrid 1923, S. 145-146.)

[3] Staatsanwalt Boulet beantragte dreimal die Todesstrafe für die leichten Verletzungen, die ein Polizist durch die Anarchisten davongetragen hatte. Dies war im darauffolgenden Jahr der Grund für Ravachols Bomben: »*Sie sagen, wir seien verrückt. Was würden sie heute von Jeanne d' Arc sagen?*«

[4] Auf der Unterschriftenliste sind die folgenden Namen zu lesen: Bernard Lazare, 5 Francs. Lucien Descaves, 5 FF. Romain Coolus, 5 FF. Lucien Muhfeld, 5 FF. Octave Mirbeau, 20 FF. Pierre Quillard, 5 FF. Félix Fenéon, 5 FF. Ferdinand Herold, 5 FF. Michel Zévaco, 3 FF. Camille de Saint-Croix, 5 FF. Séverine, 20 FF. Henri de Régnier, 5 FF. Camille Pissarro, 20 FF. L. Pissarro, 20 FF. Zo d' Axa, 5 FF. Jules Huret, 5 FF. Saint-Pol-Roux, 1 FF. Van Rysselberghe, 5 FF. Paul Signac, 5 FF. P. V. Stock, 20 FF. G. Rhandon (Jehan Rictus), 0,50 FF. Gustave Charpentier, 1 FF. Emile Verhaeren, 2 FF. Tristan Bernard, 10 FF. Léon Cladel, 2 FF, usw.

[5] Als er Monate später festgenommen wurde, hatten bereits zehn andere unter grausamer körperlicher Folter die Verantwortung für das Attentat übernommen. Grund für die Ermordung Cánovas'.

[6] DIE KUNST IN SPANIEN

Allgemeine Zustandsbeschreibung der Künste

Auch wenn es den Pessimisten nicht gefällt und trotz der traurigen Ereignisse, die die Nation heimgesucht haben, befindet sich die Kunst in Spanien auf einem Höhepunkt der Entwicklung. Man könnte sogar sagen, daß der Schönheitskult diesem Land der Träume eine Hoffnung und eine Glücksverheißung beschert. Die früher im Dreijahresrhythmus ausgerichteten Ausstellungen finden nun alle zwei Jahre statt, und die Anzahl der beteiligten Künstler wächst unablässsig, so daß es bei der letzten Ausstellung mehr als siebenhundert waren. Der *Círculo de Bellas Artes* in Madrid und die Stadtverwaltung von Barcelona richten abwechselnd Frühjahrssalons aus (der eine national, der andere international), und die Hauptstadt kann voller Stolz auf das vergangene Frühjahr zurückblicken. Weitere Ausstellungen haben in Sevilla, San Sebastián und Bilbao stattgefunden, nicht zu vergessen die beiden andern, die in Madrid großen Erfolg hatten, eine mit Zeichnungen und Aquarellen, die andere vom *Heraldo* zugunsten der Kriegsversehrten organisiert. Abgesehen von diesen Äußerungen künstlerischen Schaffens entwickelt sich der Geschmack zunehmend weiter, dank kleiner illustrierter Zeitschriften, die seit dem Erscheinen von *Blanco y Negro* (Weiß und Schwarz) im Jahr 1891 immer zahlreicher werden. Die Leser ziehen die wöchentlich erscheinenden Zeitschriften der gehobenen Preisklasse, in denen viele Stiche, Reproduktionen von Gemälden und Plastiken sowie Photos zu sehen sind, die Augen und Geist eine genaue Vorstellung der augenblicklichen Ereignisse bieten, der Lektüre von Tageszeitungen und selbst Büchern vor.

Die Architektur versucht die ausgefahrenen Wege zu verlassen, die Bauindustrie erneuert sich und verlangt von den Künstlern neue Modelle. Barcelona ist zum Zentrum des Kunsthandwerks geworden, das bei der Nationalaustellung von 1897 erstmals offiziell zugelassen wurde. Zahlreiche Dinge des Alltags sind schöner geworden. Ein kürzlich von einem Handelshaus ausgeschriebener Wettbewerb hat den Fortschritt des Werbeplakats in Spanien deutlich gemacht. Im Theater werden sogar die Vaudeville-Einakter, die dort sehr beliebt sind, in einer Bühnenausstattung dargeboten, die dem Text entspricht und eine genaue Wiedergabe der Realität darstellt. Die öffentlichen Sammlungen antiker Kunst werden in prachtvollen Neubauten gezeigt, und im Sommer 1898 wurde in Madrid, mit mehr Glück als in Paris, ein Museum für moderne Kunst eröffnet; Kunstliebhaber, Kopisten, Studenten finden dort alles, um sich zu bilden und ihren Neigungen nachzugehen. Hinzuzufügen ist, daß ein »Verein für Exkursionen« die Reiseleidenschaft wachhält, und daß bereits vor Jahren an der Privathochschule des Ateneo Lehrstühle für Archäologie, klassische Kunstgeschichte und Malerei eingerichtet worden sind. Noch erfreulicher ist, daß mit Dekret vom vergangenen September an den weiterführenden Schulen der Unterricht in Kunstgeschichte ins Lehrprogramm aufgenommen worden ist. Die verschiedenen Aktivitäten, die wir gerade aufgezählt haben, bestätigen die weiter oben geäußerte Auffassung, daß die Bedingungen für die Künste im alten Iberien günstig sind.

Die Malerei

Verweist diese Situation auf eine Wiedergeburt des spanischen Geistes? Nein, antworten wir. Die Kunst folgt auf der anderen Seite der Pyrenäen ihrer normalen Entwicklung. In Paris ließ sich während der Weltausstellung von 1889 bei den spanischen Malern das Erbe der romantischen Tradition beobachten, sie bezogen ihre Inspiration fast ausschließlich aus historischen Episoden. Das Publikum wiederum verlangte seit vielen Jahren eine Rückkehr zur Beachtung volkstümlicher Gebräuche und zu jener Genremalerei, die in Spanien schon immer bevorzugt worden ist. Weil aber die Anregungen des Staates nur den Historiengemälden galten, gefiel sich die offizielle Kunst stets in jenen zumeist hohlen und falschen Beschwörungen der Vergangenheit. Gott sei Dank hat die spanische Regierung erkannt, daß die Maler die Geschichte eines Landes besser beschreiben, wenn sie das Leben abbilden, das sich vor ihren Augen abspielt, als wenn sie sich der Wiederbelebung vergangener Epochen verschreiben. So kam es, daß man dem Triumph der Moderne beiwohnen konnte, und daß die höchsten Auszeichnungen schließlich Werken zuerkannt wurden, deren Motive Szenen am Strand, auf dem Land, in den Dörfern, in der Hauptstadt oder in anderen Städten des Landes betrafen. Dennoch haben die spanischen Maler eine Gewohnheit beibehalten, die sie ablegen müssen: besessen von den Vorgaben der offiziellen Preise, malen sie nach wie vor riesige Bilder, deren Ausmaße es unmöglich machen, sie in Privathäusern an die Wand zu hängen, falls ihnen nicht die Ehre eines Museums zuteil wird. Bei der letzten Nationalausstellung standen die Leute dichtgedrängt vor einem Bild mit dem Titel *Das menschliche Tier.* Das Werk, von A. Filliol, das durchaus seine Qualitäten hat, war eine so rätselhafte Komposition, daß viele sich fragten, wer das »menschliche Tier« eigentlich sei. War es der Mann, der gerade die für ein ausschweifendes Gelage bereitete Festtafel betrachtete oder die weinende Frau, oder die schreckliche Matrone, die die Weinende zu beruhigen versuchte? Kurzum, es schien die Illustration eines Romankapitels zu sein. Eine Kunstauffassung dieser Art sowie andere, nicht weniger befremdende verweisen auf eine Zeit des Tastens und Suchens. Sehen wir uns die Werke dieser Übergangsphase an.

Die spanischen Maler lassen sich, wenn nicht in vier Schulen, so zumindest in vier Gruppen einteilen: kastilische, andalusische, valencianische und katalanische. Bei den Kastiliern findet sich, stark abgeschwächt, die akademische Tradition; zwei puristische Meister, beide verstorben, nämlich Federico de Madrazo und José Antonio Rivera, gaben das Beispiel für eine Veränderung der Zeichnung, während Eduardo Rosales, ein anderer großer Künstler, sich durch kräftig schimmernde Farben empfahl; doch unter den Lebenden müssen in erster Linie F. Pradilla und José Jiménez Aranda genannt werden; sie sind auch außerhalb ihrer Heimat berühmt, haben beide im Ausland gelebt, ohne daß ihre Kunst ihre spanischen Wurzeln verloren hätte. Heute lebt Pradilla in Madrid, und José Jiménez Aranda ist in seine Geburtsstadt Sevilla zurückgekehrt, wo ihn die Illustration des *Don Quijote* vollkommen in Beschlag nimmt; einige dieser Zeichnungen wurden beim letzten Pariser Salon ausgestellt. In Rom lebt ein anderer Meister, J. Villegas, dessen Gemälde und Aquarelle immer wieder an Fortuny erinnern, der bekanntlich bei unseren Nachbarn Schule machte. Villegas, ebenso wie der Wahlpariser Raimundo Madrazo oder Alvarez, der augenblickliche Direktor des Prado, einer der Führer der modernen Bewegung, haben sich ungeachtet ihrer langen oder häufigen Auslandsaufenthalte ihren im wesentlichen hispanischen Geist bewahrt. Unter den Kastiliern sind es die beiden ehemaligen Preisträger des Prix de Rome, Domínguez und Ferrant, die erfolgreich die große Malerei pflegen, wobei der eine den Reichtum der Farbtöne für sich verbuchen kann, während der andere wegen seiner Leichtigkeit und seiner Phantasie an Luca Giordano erinnert, wie die Ausschmückung der Kuppel des Treppenhauses im Bauministerium bezeugt. Einige hochbetagte Künstler nehmen nicht mehr an Ausstellungen teil und widmen sich am Ende ihres Lebens der Erziehung der Jugend; dies gilt für Puebla, den Direktor der Hochschule für Bildende Kunst, und für A. Vera, der die Nachfolge von Villegas als Direktor der Spanischen Akademie in Rom angetreten hat. Die neue Generation strebt mit Macht nach einer vor Leben und Wahrheit strotzenden Kunst. Als erfolgreiche Porträtisten und Maler religiöser und historischer Themen müssen Checa, Marcelino Santa María, Alcázar Tejedor, Luis Menéndez Pidal, César Alvarez Dumont, Bertodano, Cutanda, Pelayo, Ricardo Madrazo (der Bruder Raimundos und Sohn Don Federicos), E. Oliva, Armesto, José Benlliure hervorgehoben werden. Ihnen stehen die Unabhängigen gegenüber: Hernández Nájera, Schüler des Valencianers Sala, wie sein Meister Guinea, der hochgeschätzte Impressionist, und der Pointillist Regoyos, ein kühner Kolorist; Morelli und Aguado malen Militaria. Die Landschaftsmaler spielen eine wichtige Rolle in der Gruppe, deren unbestrittener Kopf Carlos Haes kürzlich verstorben ist. Sein Lieblingsschüler war übrigens Morera. Ein schönes Buch über Velázquez, das wir an dieser Stelle bereits erwähnt haben, hat in Frankreich den Namen Beruetes bekannt gemacht, der nicht nur Schriftsteller, sondern auch ein höchst begabter Maler ist; alljährlich im Herbst kehrt er nach Toledo zurück, um an den pittoresken und charakteristischen Ufern des Tajos zu malen. Espina, Ferriz, Lahardy, Arredondo und Avendaño bevorzugen die Gipfel des Guadarrama oder die Umgebung der Hauptstadt, Campuzano und Caula malen Seestücke und von den Tiermalern fällt mir nur Federico Jiménez ein, der der Erinnerung wert wäre. Andererseits scheint die Zeit für das Stilleben günstig zu sein, und wie üblich nehmen die Frauen in diesem Genre eine überragende Stellung ein, so daß die Auszeichnungen, die der Malerin und Bildhauerin Adela Ginés zuteil geworden sind, daher nur gerecht waren, ebenso wie die für Fernande Francés, Julia Alcayde und María Luisa de la Riva, die beide auch mit großem Erfolg Blumen gemalt haben. In diesem Genre hat sich ein andalusischer Maler ausgesprochenen Ruhm erworben, und die jungen Mädchen träumen davon, bei ihm Unterricht zu nehmen, sie streiten sich um seine Gemälde, er ist im Augenblick der Modemaler. Die Radierungen Mauras (Porträts), Galváns, Lemus' und Campuzanos machen ihren Schöpfern alle Ehre, Aznar beweist mit seinen Zeichnungen eine genaue Kenntnis der an der Vergangenheit orientierten Künste, Arija und Camba haben in Madrid gültige Werke als Dekorationskünstler geschaffen, der erste im Festsaal des Círculo de Bellas Artes, der andere im Finanzministerium.

Die andalusischen Maler verdanken die deutliche Vorliebe für glühende Farben zweifellos der geographischen Lage ihrer Provinzen. Die beiden bekanntesten Meister sind: Bilbao, dessen *Siega* im Pariser Salon von 1886 sehr gefiel und Moreno Carbonera, der sich für seine Arbeiten vom *Quijote* und anderen Klassikern der spanischen Literatur inspirieren läßt. Neben ihnen treten andere Genremaler hervor, wie etwa García Ramos, Viniegra, Muñoz Lucena, Ruiz Luna, Parladé, Hidalgo Caviedes, dazu Ocón, ein Maler von Seestücken.

Die Valencianer bilden heute die interessanteste, originellste und brillanteste Gruppe innerhalb der spanischen Kunst: die Sonne und die Strände der Levanteküste haben sie vor allem für die Farben sensibilisiert. Wenn sie auch die Zeichnung, das Ruhmesblatt der Kastilier, vernachlässigen, so besitzen sie doch die magische Kraft, die lebhaften Effekte der sie umgebenden Natur darzustellen. Vor zwanzig Jahren galt Sala als der erste unter den valencianischen Malern, und seine Handschrift ist nach wie vor brillant, kühn, elegant, wirklich einzigartig, doch die Vorrangstellung gebührt heute Joaquín Sorolla, dem genialen Interpreten des Lichts, dessen Ruhm sich in Paris bestätigt hat. Beim letzten Salon der Gesellschaft der französischen Künstler hat das Bild eines anderen Valencianers, José Soriano Fort, mit dem Titel *Desgraciado*, zum einen wegen seiner dramatischen Gliederung, zum anderen wegen seiner kraftvollen und sicheren Ausführung, für tiefe Ergriffenheit gesorgt. Unter den Porträtmalern weisen wir noch auf José Pinazo und Martínez Cubells hin, schließen jedoch Muñoz Degrain, der sich in phantastischen Erfindungen gefällt, sowie zwei Maler von Seestücken aus, Abril und Monleón, zumal dies ein Genre ist, das auch die meisten der anderen Maler pflegen: Cecilio Plá, Plá y Rubio, Francés, Simonet, Fillol, Pinazo der Jüngere, Garnelo Alda, Borrás etcetera.

Fast alle Valencianer leben in Madrid und arbeiten in ihrer Provinz. Die Katalanen verlassen die ihre fast nie, und sie scheinen sich dem Einfluß der französischen Kunst weniger entziehen zu können. Wenn auch Masriera nicht sehr bekannt ist, so sind Rusiñol und Casas in den Pariser Ausstellungen doch gängige Namen. Cusachs, ein Maler von Militaria, sowie die beiden Landschaftsmaler Urgel und Meifrén bilden mit den zuvor genannten den Kern der katalanischen Gruppe, in der sich auch gute Zeichner wie Pellicer, Apeles Mestres, Xumetra und Riquer, nebenbei Schöpfer eigenartiger dekorativer Werke, finden.

Fast alle illustrieren jene Bücher und Zeitschriften, auf die wir zu Beginn dieses Aufsatzes hingewiesen haben. In Madrid arbeiten Navarrete, Marín u.s.w. für *Blanco y Negro*, für die *Revista Moderna*, für *Nuevo Mundo* und die *Revista Literaria*. Moya, seines Zeichens Karikaturist, hat seine ironische Ader in der satirischen Zeitschrift *Gedeón* zu erkennen gegeben.

Derzeit erregt eine Ausstellung des Werks von Casimiro Saínz, eines sehr verdienten Landschaftsmalers, die Aufmerksamkeit von ganz Madrid; er war ein Bohemien, und alle seine Bilder bezeugen seinen Kampf ums Überleben, der für den spanischen Künstler in der Regel immer noch hart ist. Man frage nur die Leute, die Bilder für die Nationalausstellung im kommenden Frühjahr zusammenstellen. Ob auch weiterhin das wunderbare Kolorit der Valencianer triumphieren wird? Wir werden sehen.

José Ramón Mélida, *Revue Encyclopédique*, Ausgabe vom 25. Februar, Paris 1899, S. 152-54, Übersetzung P. Barjau.

[7] »So schnell und entscheidend war die Niederlage, daß in Spanien blankes Entsetzen herrschte. Selbst diejenigen, die sich für Pessimisten hielten, hatten sich nicht vorstellen können, daß wir so leicht zu besiegen wären. Wie es unserem südländischen Charakter entspricht, ging die Mehrheit der Spanier übergangslos von den verrücktesten Illusionen zu einer nicht weniger verrückten Niedergeschlagenheit über: Bevor wir besiegt wurden, zählten die Vereinigten Staaten für uns wenig, hinterher waren wir es, die nichts mehr galten, wir waren in der Welt eine Null links vor dem Komma, denn so, wie uns die Yankees geschlagen hatten, hätten uns auch die Portugiesen oder die Andorraner schlagen können. Es war, als seien wir von nun an keine Nation mehr, als gäbe es kein Heer mehr, keine Marine, kein Volk, kein Geld und keine Scham, nichts mehr.*

Es kam zu dem höchst unerfreulichen Fall, daß die Soldaten, die, der Anstrengungen und der Gefahren müde, von den Antillen zurückkehrten, auf der Straße angepöbelt wurden: Aufs

* Wir schreiben in diesen Annalen nichts aus dem Gedächtnis auf, sondern studieren aufmerksam die sich auf unserem Tisch stapelnden Dokumente, auf die sich jede unserer Behauptungen stützt: die unvermeidliche Kürze der Annalen zwingt uns dazu, die Zitate zu unterschlagen. Über den Stand der öffentlichen Meinung, der sich in diesem Absatz spiegelt, stand uns eine ganze Bibliothek sowie ein Archiv zur Verfügung, die wir ebenso wie die im eigenen Besitz befindlichen Bücher durchgearbeitet haben. Vgl. beispielsweise die Rede, die Sol y Ortega am 24. Februar 1899 im Kongreß gehalten hat und wo er unter anderem sagte: »Das Land hat den Glauben an die Fähigkeit, die Redlichkeit und die Moral des Heeres verloren… Es hat den Glauben an die Marine verloren, von der es sich immer, wenn schon nicht einen Sieg, so doch zumindest eine Stunde des Ruhms erhoffte…« etc. In diesem Tenor geht es weiter.

dümmlichste beschimpfte man sie als Feiglinge, Unfähige oder gar als Diebe.* Manch einer hoffte, das Heer würde sich sofort nach seiner Rückkehr auf die Halbinsel entweder zugunsten der Republik oder zugunsten Don Carlos' erheben, um mit einem Aufstand die nationale Würde wiederherzustellen. Eine Anzahl junger und begabter Schriftsteller wie Maeztu, Bueno, Pío Baroja, Azorín, Valle-Inclán usw., die für die Einführung der letzten philosophischen, sozialen und literarischen Neuerungen in Spanien, für den Modernismus in all seinen Formen und Ausprägungen stritten, fand hier Gelegenheit, die »Berichtigung der Werte« auf unsere Geschichte und unsere Gegenwart anzuwenden: Wir hatten verloren, weil wir uns an Werte gehalten hatten, die keine waren; und diese falsche Einschätzung der Dinge mußte berichtigt, jedem Ding der ihm angemessene Wert zugesprochen werden. Das war, etwas akademisch ausgedrückt, das, was viele andere der Allgemeinheit in leichter verständlichen Worten sagten: daß wir uns »regenerieren« müßten. Nach und nach ersetzte die Rede von der »nationalen Regeneration« die von der »moralischen Verwaltung«, die in der Zeit vor dem unglückseligen Krieg so oft im Munde geführt worden war. Wie sollten wir uns regenerieren? Mit diesem neuen Etikett wurde die große Schicksalsfrage des Jahrhunderts vorgestellt: Für die einen mußte diese Erneuerung im Inneren unseres nationalen Seins und innerhalb der vaterländischen Traditionen gesucht werden, für die anderen in den neusten Strömungen des modernen Europa. Diese letztere Auffassung wurde von Don Joaquín Costa als »Europäisierung« Spaniens bezeichnet. Es war notwendig, daß wir uns »europäisierten«.

Angel Salcedo Ruiz, *Geschichte Spaniens*, Madrid 1914, S. 855-56.

[8] Unter anderem raubten sie die Wandteppiche aus der Kathedrale von Tours. Jacob, ein anarchistischer Einbrecher, gab vor den Geschworenen eine berühmt gewordene Erklärung ab, die

---

* »Das Volk hat festgestellt«, sagte Sol y Ortega in der erwähnten Rede, »daß die Ankunft der Generäle, Heerführer und Offiziere vor den Toren des Landes zusammenfiel mit dem Verfall des Wechselkurses und der Goldentwertung wegen des großen Zuflusses dieses Edelmetalls.«

von den anarchistischen Zeitungen immer wieder abgedruckt wurde. (Er diente Maurice Leblanc als Modell für seinen *Arsène Lupin*.)

[9] Es ist nach wie vor bezeichnend, daß sich Prim und Pi y Margall, die beiden wichtigsten katalanischen Vertreter des öffentlichen Lebens der Nation, gegen die bourbonischen Gesetze wandten. Hinzu kommt, daß die Katalanen in der Zeit der Restauration und der Regentschaft nicht nur in viel geringerem Maße an der Herrschaft oder auch nur an der öffentlichen Verwaltung teilnahmen als die Kastilier, Galicier oder Andalusier, sondern daß man sie auch häufig auf der anderen Seite der Barrikade wiederfindet, wo sie den Protest in all seinen Facetten verkörpern: Anarchismus, Streiks, *Lliga Regionalista*, Revolutionsversuch von 1909, Verteidigungskomitees, Versammlung der Parlamentarier, Syndikalismus... Bewegungen, die sich zwar gegenseitig widersprechen, sich aber doch unschwer auf die gemeinsame Ablehnung von Vaterland, Staat oder Herrschaft zurückführen lassen. Von daher ein beachtlicher Unterschied gegenüber dem Konformismus der übrigen Regionen.

Mit Costa scheiterte die Revolution: Wer, wenn nicht dieser geniale und verbitterte Mensch, hätte sie ins Werk setzen können? Und mit Silvela zerschlug sich die Möglichkeit einer geordneten Erneuerung. So wie sich Silvela und Costa einst ihren Illusionen hingegeben hatten, so waren sie jetzt ganz und gar Gefangene ihrer Enttäuschung. Beide zogen sich in ihre Häuser zurück: der Aragonese weiterhin jähzornig und aggressiv, der Madrider voller Verachtung und melancholisch. *Ciascuno a suo modo.* Das Exemplarische an Silvelas Rückzug besteht darin, daß es die Vorwegnahme und die Wiederholung dessen war, was wir zuvor und später auch bei anderen Enttäuschten beobachten können. Denn traurig lang ist die Liste der gemeinhin einsamen spanischen Dissidenten, von Jovellanos bis auf den heutigen Tag.

Katalonien verlor seine potentiellen Beschützer und mußte sich auf seine eigenen Werte besinnen, mußte seine Kräfte aus sich selbst schöpfen. Die Männer der *Unió*, Domènech, Permanyer, Guimerà, hatten, von der bereits erwähnten Versammlung von Manresa und den nachfolgenden in Reus, Balaguer und Olot ausgehend, ihren Auftrag, einen Weg zu weisen, längst erfüllt. Nun mußte unbedingt eine neue politische Kraft in Erscheinung treten. Unter den jüngeren Jahrgängen der Universität, des Ateneo und der Presse gab es vielversprechende Namen. Die nach

Paris orientierten Künstler bemühten sich um eine neue Sichtweise der Dinge. Andere Einflüsse, die aus dem Norden oder dem Mittelmeerraum zu uns kamen, bestimmten die Entwicklung einer katalanischen Literatur, die sich außerhalb der vom allgemeinen Geschmack der Spanier vorgegebenen Grenzen bewegte. Das katalanische Fin de Siècle wird geprägt von den Namen Maragall, Rusiñol, Gaudí, Iglesias, Casas, Morera... Der Kunst- und Literaturkritiker wird an dieser Auflistung gewiß vieles differenzieren und zurechtrücken wollen – Verdaguer, hier nicht erwähnt, steht in Wirklichkeit ganz oben, weit über allen andern –, wer jedoch den Katalanismus, diesen katalanischen Separatismus, historisch betrachtet, muß notwendigerweise die Äußerungen einer Region berücksichtigen, die um ihre Eigenständigkeit kämpft. Politisch bedurfte es bei dieser Aufgabe einer noch größeren Gewissenhaftigkeit und Strenge. Erfüllt wurde dieser Anspruch von der Generation, auf die wir uns hier beziehen und die in der gleichen Linie stand wie etwa Durán Ventosa, der Autor von *Regionalisme i Federalisme* sowie Prat de la Riba, Autor von *La Nacionalitat Catalana*. Prat de la Riba, der in außerordentlicher Weise die öffentliche Meinung prägte, verkörpert für sich allein eine ganze Phase katalanischer Wirklichkeiten, Träume und Wahnvorstellungen.

Wir schreiben das Jahr 1906. Vierzehn Jahre nach der Versammlung von Manresa. Die damals angenommenen Grundlinien und das Programm von Tívoli, ein Programm der Solidarität, unterscheiden sich weniger in der Sprache als in ihrem Echo. 1892 war die Resonanz sehr schwach. 1906 übertraf sie alles. Was in der Zwischenzeit geschah, wissen wir bereits: die Niederlage und der Wahlsieg von 1901. Genau das, das Scheitern der historischen Institutionen und das Streben Kataloniens, sich seine eigene zu schaffen oder sie wiederzugewinnen.

Aus der Sicht Barcelonas war Spanien nicht nur die unfähige Autorität. Es war auch nicht der radikale Pöbel, den Lerroux für den Anarchismus begeisterte, auch nicht die »jungen Wilden«, vom *Emperador* dazu aufgerufen, die Grundbücher zu verbrennen und den Novizinnen die Schleier herunterzureißen. Es waren vor allem die maßlosen, außer Kontrolle geratenen Militärs, die im November 1905 die Redaktionen der Zeitschriften *La Veu* und *Cut-cut* stürmten. Und es war auch die Regierung, die sich zwar liberal nannte, aber willkürlich das schändliche Gesetz über die juristischen Zuständigkeiten durchsetzte... Logischerweise führte das spanische Übel gerade in der Region, die überempfindlich reagiert und so leicht aufbegehrt, wieder zum üblichen Widerspruch und Protest. Die *Solidaridad* entstand, und mit der feierlichen Umarmung vom Mai 1906 zwischen dem Republikaner Salmerón, Rusiñol von der *Lliga* und dem Karlisten Herzog von Solferino, vor einer einmütigen Menge, bot sich das Bild einer Politik und eines Stils, deren Reichweite und Effizienz bis dahin unbekannt gewesen waren.

Aus den vier Abgeordneten von 1901 wurde 1907 ein halbes Hundert.

Aus der *Solidaridad Obrera*, 1908 mit einigen hundert eingeschriebenen Mitgliedern gegründet, wurde zehn Jahre später die machtvolle *Confederación Nacional del Trabajo*, die jedoch eine völlig andere Entwicklung genommen hatte als die vergleichbaren spanischen Bewegungen um die sozialistische Partei und ihrer Gewerkschaft Unión general de Trabajadores.

Melchor Fernández Almagro, *Catalanismo y República Española*, Madrid, Espasa-Calpe, 1932.

[10] Der legale Mord an Ferrer führte innerhalb von 24 Stunden von einem Ende des Kontinents zum anderen – außer in Rußland und der Türkei – zu wütenden Protesten weiter Bevölkerungskreise. In Paris war die Erhebung spontan. Getrieben von maßloser Empörung strömten Hunderte und Tausende von Arbeitern und Angestellten aus ihren Vierteln in die Stadtmitte. Die revolutionären Gruppen folgten den Massen eher als daß sie sie steuerten. Die Redakteure der revolutionären Zeitungen, überrascht von ihrem unerwarteten Einfluß, gaben die Losung aus: »Auf zur spanischen Botschaft!« Die Botschaft wäre dem Erdboden gleichgemacht worden, hätte nicht Lépine, der Polizeipräfekt, die Zugänge zum Boulevard Malesherbes gesperrt, wo es auf diesen bürgerlichen Verkehrsadern zwischen Banken und vornehmen Stadtpalais zu heftigen Zusammenstößen kam. Der Strom der Menschenmenge trug mich von brennenden Zeitungskiosken zu umgestürzten Pferdebussen, deren ordnungsgemäß ausgespannte Pferde stumpfsinnig auf die leeren Wagen starrten. Die Polizisten auf Fahrrädern schlugen auf die Demonstranten ein und kurvten um die Menge herum. Lépine wurde beinahe von einem Pistolenschuß getroffen, der aus der Journalisten-

gruppe der Zeitungen *Guerre Sociale*, *Libértaire* und *L'Anarchie* abgefeuert worden war. Die Erschöpfung und die Nacht wurden Herr über den Aufruhr, der beim Volk von Paris das aufregende Gefühl von Macht hinterließ. Die Regierung genehmigte für den übernächsten Tag eine angemeldete Demonstration unter Führung von Jaurès, bei der wir, von berittenen *Gardes Républicaines* eskortiert, zu fünfhunderttausend Mann durch die Straßen zogen und anschließend, als wir uns beruhigt hatten, den Aufstieg einer neuen Macht besprachen...

Victor Serge, *Mémoires d'un Révolutionnaire*, Paris 1951, S.35.

[11] Was das europäische Milieu betrifft, in dem sich Jusep Torres Campalans bewegte, so scheint es mir unabdingbar, die folgenden Artikel und Aufsätze wiederzugeben, die in jüngster Zeit veröffentlicht wurden und die mein Interesse für den katalanischen Maler sicherlich wach hielten.

EIN MITBEGRÜNDER DES KUBISMUS: JUSEP TORRES CAMPALANS

von Miguel Gasch Guardia

(*L'Abat-Jour,* August 1957)

Spanien, das Land der Conquistadoren, bringt neben seinen großen Heerführern eine Vielzahl unbekannter Fähnriche und Unteroffiziere hervor, die in ihrem Leben ebenfalls Großartiges vollbringen. Spanien, dieses unwegsame Land mit seinen Gebirgen und Schluchten schenkt mit Velázquez, El Greco, Goya und Picasso universale Gipfel. Kein Land drückte der Welt einen unauslöschlicheren Stempel auf. Goya ist für das 19. Jahrhundert das, was Picasso für das 20. ist, Anlaufstelle und natürliches Eingangstor. Allerdings gilt in der Malerei die zweite Garnitur nicht viel. Jeder kennt, zumindest vom Hörensagen, den Namen des sagenhaften Malers aus Málaga – wer aber kennt den Jusep Torres Campalans'?

Der Kubismus ist alt, er feiert gerade seinen fünfzigsten Geburtstag. Viel für eine Schule, denen in der Regel ein kurzes Leben beschieden ist. Er war der Versuch, sich nach einer Zeit, in der die Malerei mit Manet, Degas, Renoir, van Gogh, Gauguin zu Hochform aufgelaufen war, in der Welt durchzusetzen.

Leidenschaft und Aufrichtigkeit seiner Gründer stehen außer Frage, und nicht nur die der Gründerväter, sondern all derer, die sich von der Bewegung mitreißen ließen. Was in der Kunst allerdings nichts Außergewöhnliches ist.

Die abstrakte Kunst, das uneheliche und anerkannte Kind des Kubismus, ist Kunst, keine Malerei: eine Art und Weise, die Welt zu sehen und zu begreifen, ein Morsealphabet zur Verständigung unter Eingeweihten. Keine Malerei im eigentlichen Sinne: Hsu Hsí, Pompeia, Raffael, Goya, Cézanne, oder, wenn man so will, auch Mengs, van Loo, David, Rose Bonheur, Zuloaga.

Es ist höchst bezeichnend, daß so viele Bücher über moderne »Malerei« verkauft werden. Fünfhundert über Picasso, wenige über Domingo, Solana, Zuloaga, Sorolla, um nur einige spanische Beispiele zu nennen. Das hängt vor allem damit zusammen, daß die Werte, denen darin nachgespürt wird, keine malerischen, sondern intellektuelle sind. Den Käufern geht es um den *Text*, der hinter der Leinwand steht.

Torres Campalans, ein Name, der langsam wieder auflebt, hat das klar gesehen: »Wenn von Gris oder Gleizes etwas bleibt«, formulierte er in einem furchtbaren Satz, »dann ihre Theorien.« Lassen wir einmal die persönliche Abneigung beiseite, die er gegen den Madrider Maler empfand, so besaß der Katalane doch etwas, das ihn die Grenzen des Kubismus erkennen ließ. Aber ob gewollt oder ungewollt, er gehörte dazu. Warum? In dieser Entwicklung steckt ein Großteil dessen, was an seinem hierzulande unbekannten Werk von Interesse ist und in jüngster Zeit der Grund für eine Reihe von Aufsätzen in Pariser Zeitschriften war.

Nonell wurde 1873 geboren, Picasso 1881, Gutiérrez Solana 1886 wie Torres Campalans. Allen gemeinsam ist die Prägung durch die Generation von 1898: die Anteilnahme am Los der Armen, der Entrechteten. Was für den 1870 geborenen Zuloaga, der so sehr vom wirtschaftlichen Erfolg verwöhnt war, wie man es sonst nur bei den privilegierten Klassen antrifft, lediglich mit Einschränkungen gilt. Und genau das ist der Grund, weshalb er nicht zu dieser Gruppe gezählt werden kann.

Auch wenn die Generation von 1898 das *Schwarze Spanien* bekämpft, gehört sie doch dazu. Der Schock der militärischen Niederlage, der Sturz aus dem vertrauten Leben zwischen den Resten einer ruhmreichen Vergangenheit in die Erkenntnis eines totalen Bankrotts, gnadenlos besiegt von einem jungen Land, das man abschätzig als ein Land von »Schweinemästern« behandelt hatte, alles das führte dazu, daß sich die Schriftsteller und Maler den Ausgestoßenen zuwandten, die sie als ein Symbol für das betrachteten, was in ihren Augen aus ihrem Land geworden war. Einzige Hoffnung für eine Erneuerung. Der Anarchismus entsprach ganz und gar dieser Haltung und »Azorín«, Maeztu, Bueno, Baroja und viele andere, unter ihnen Torres Campalans, waren Anarchisten.

Dies erklärt zum Beispiel auch die übereinstimmende Vorliebe für alte, ausgefallene Dinge, wie Ramón Gómez de la Serna sie auf dem *Rastro* oder Picasso bei den Trödlern auf der *Butte* kauften. Das Vergnügen bestand nicht darin, das Notwendige billig zu kaufen, sondern die verschiedensten und absurdesten Gegenstände aufzustöbern, ein Gipfel an schlechtem Geschmack bisweilen, was aber einen Eindruck von dem anarchistisch und irrational geprägten Chaos geben kann, in dem die meisten von ihnen lebten.

Man könnte dies den Einfluß des Abfalls nennen, den man bei Ganivet oder Baroja ebenso findet wie bei Gutiérrez Solana oder Picasso. Doch wie kein anderer zu Beginn des Jahrhunderts vermenschlicht Picasso ihn in seinem Werk. Wer die Vorliebe des Malers aus Málaga für traurige und melancholische Wesen mit dem Hunger erklären will, den er angeblich in diesen Jahren leiden mußte, ist ganz und gar auf dem Holzweg. Nein, die »Blaue Periode« trägt das Etikett dieses allgemeinen spanischen Grundempfindens. Deshalb überraschte er zwar im kolonialen Frankreich des Jahres 1900, stimmte aber weitgehend mit den Themen der repräsentativsten spanischen Maler dieser Zeit überein: Nonells Malerei vollzieht zwischen 1897 und 1898 diesen Sprung »in die Hölle«.

Der heute höchst offizielle Kritiker und Maler Benet sagt, daß er Nonell und Picasso den Ruhm nicht neidet: »Und man tritt niemandem zu nahe, wenn man behauptet«, schreibt er, »daß der heftige Stil, den Nonell besonders bis 1899 pflegte, bereits 1898 vollkommen durchgeformt war, während sich zur gleichen Zeit der Expressionismus bei Picasso weitaus weniger überzeugend darstellt.«* Und er fragt weiter: »Wer war der Großmeister der Rebellion, Picasso oder Nonell?«* Heute scheint Rebellion für Rafael Benet einen schlechten Beigeschmack zu haben, obwohl

* Isidro Nonell und seine Zeit, Ed. Iberia, Barcelona 1948, S. 44.

die Rebellion das Markenzeichen der spanischen Kunst jener Jahre war. Später ließ das ziemlich nach, was vielen sehr schlecht bekommen ist. Nicht nur Rafael Benet hebt flehend die Hände zum Himmel, wenn er die Motive Nonells oder Picassos – die der Generation der 98er – sieht: arme Leute, Schmutz, Heimkehrer aus dem Kubakrieg, Straßenjungen, Prostituierte. Der nicht weniger offizielle J.F. Ráfols schreibt: »Der Fall Nonells ist im moralischen Sinne ähnlich gelagert wie der Toulouse-Lautrecs. Sie waren beide Herolde des Unrats...« »Die Bettelei, die hoffnungslose Armut, die traurige Fröhlichkeit des Freudenhauses...« Die Zigeunerinnen und Dorftrottel Nonells, dieses großen Malers weniger Themen und weniger Bilder, ein kurzes, intensives, »ausschweifendes« Leben, wie es leider immer noch heißt, sie haben »Statur«, eine Pranke, sind zupackend.

Picasso und Nonell brachten – ich wiederhole es noch einmal – das spanische Weltbild jener Jahre zum Ausdruck, so wie es Azorín, Baroja, Maeztu, Noel usw. sahen.

Etwas später wird die Malerei Jusep Torres Campalans' repräsentativ für die Epoche. Vergeblich reagiert der Kubismus auf die Anarchie, die nicht sein Weg war und der er sich auch nicht verschrieben hatte. Er war eine infernalische Suche und ist trotz allem eine der aufrichtigsten Ausdrucksformen jener Jahre.

Es ist schwierig, eine Schule zu beurteilen, die uns zeitlich so nahe ist und deren vielleicht nicht einmal letzte Zuckungen wir heute erleben. Der Irrationalismus war eine lebenswichtige Reaktion gegen die allzu engen Verflechtungen des Positivismus in der Philosophie, des Naturalismus in der Literatur, des Impressionismus in der Malerei, und ihnen allen gemeinsam war der feste Glaube an die Beherrschbarkeit der Natur durch den Menschen.* Einige Schwarmgeister wie Rostenscher (*Die Wiederkunft des Dionysos. Der naturmystische Irrationalismus in Deutschland*, Frankfurt 1947) glauben heute an das Wiedererwachen eines dionysischen Lebensgefühls, als ob das 19. Jahrhundert etwas anderes gewesen wäre. Das erneute Auftreten des Irrationalismus im europäischen Denken war etwas Normales: der menschliche Geist ist arm. Ist er einer Haltung überdrüssig und möchte eine andere einneh-

* »Was sind wir in der Welt? Weniger als Ameisen. Und wir machen uns Illusionen. Haben wir denn jedes Gefühl für die Proportionen verloren? Mit Gott auf dem Rücken konnten wir uns noch anmaßen...« Henry Halévy, *Briefe*, Paris 1897.

men, fällt ihm nichts anderes ein als sich für das Gegenteil zu entscheiden. Schwarz oder weiß, dazwischen nur sehr schwache Abtönungen. Wenn wir der Söhne Lawrences, Husserls, Freuds, Novalis', Nietzsches, Rilkes, Bergsons, Schelers, Ortegas überdrüssig sind, kehren wir ganz selbstverständlich zu Descartes, Diderot, Kant, Voltaire, Darwin oder wie jene heißen, die früher bevorzugt wurden, zurück. Der Mensch ist ein arg beschränktes Tier, doch das Gute an ihm ist seine Kreativität. Davon und dafür leben wir.

Unter diesem Aspekt ist die Malerei des Katalanen sehr aufschlußreich. Seine ersten Pariser Jahre (1906–1907) zeigen einen deutlichen Einfluß der *fauves*, so wie er in den folgenden Jahren, bis hin zu den »Rastern« (1913–1914), vor den Karren des Kubismus gespannt ist. Aus diesen Jahren (1908–1912) stammen die interessantesten Bilder dieses unerbittlich Suchenden. Ihm fehlt zwar die Qualität eines Matisse, eines Picasso, eines Mondrian (um auf Gipfel aus der Zeit unseres Mannes hinzuweisen), doch seine Absichten, und nur die zählen hier, auch wenn sie ihn bis heute nicht vor der Hölle des Vergessens bewahrt haben, waren ebenso rein wie die der anderen.

Jedes Bild war für ihn ein Problem, er muß Tausende von Enttäuschungen durchlitten haben, weil ihm seine ungeschickte Hand nicht folgen wollte. Dennoch gibt es in seiner Malerei keinen Strich, der sich nicht dem Streben verdankte, bis an die Grenzen zu gehen.

Im gleichen Jahr geboren wie Oskar Kokoschka und Permeke, gehört er zur Generation der Epigonen der 98er: der Generation Azañas – 1880 – der vielleicht mehr 98er ist als andere, die älter sind. Wer wird wohl morgen einen Unterschied machen wollen zwischen Pérez de Ayala, Ortega oder gar *Ramón* und Baroja, Azorín und den Machados?

Die Generation von 1898 ist mehr als nur die Erfindung einer kahlen Landschaft. Sie bedeutet Interesse für die Provinz, sowie die Enttäuschung, die auf den Glauben an die erlösenden Kräfte der Wissenschaft folgte. Die Literatur der 98er ist traurig und bedrückend, und genauso sind auch die Bilder Picassos aus der Zeit zwischen 1900 und 1905. Das gilt für »Der Arm« (1900) ebenso wie für den »Harlekin und seine Gefährtin« (1900), für »Beschwörung« (Casagemas Begräbnis) (1901), für sein Selbstbildnis von 1901, die blauen Akte, die »Schlafende Trinkerin« (1902), die »Zwei Frauen in einer Bar« (Dirnen in einer Bar)

(1902), die »Büglerin« (1902) ebenso wie für die Bilder von 1903: »La Vie«, »Die Armen am Meer«, »Celestina«, »Alter Jude«, »Alte mit Hut«, oder die von 1904: »Frau mit Krähe«, »Die beiden Brüder«, »Paar«, »Der Tod des Harlekin«, »Frau im Hemd«, bis hin zur »Akrobatenfamilie mit Affen« aus dem Jahr 1905.

Wie alle andern änderte sich dann auch Picasso. Hervorzuheben ist hier jenes »tragische Lebensgefühl«, das Picasso und Torres Campalans, Vertreter der 98er-Generation, in sich tragen, und das sie im Grunde nie aufgeben. Spanier zu sein, das ist seit Jahren eine Tragikomödie in vielen Akten.

Im Jahr 1886, als Torres Campalans geboren wird, schreibt Zola: »Die Strömung der Epoche ist realistisch und positivistisch.« »Diese klaren Worte fielen zusammen mit dem Beginn einer grundsätzlichen Gegenbewegung.«*

Aber Unamuno ist nicht Bergson, die Brüder Machado sind keine Söhne Mallarmés, und weder bei Zuloaga noch bei Sorolla finden wir Spuren van Goghs oder Gauguins. Es war etwas anderes. Das Häßliche und das Leid gewinnen in dem Maße natürliches Heimatrecht in den Künsten, in dem die Achtung vor dem Göttlichen, und das heißt in Spanien vor dem Herz Jesu, schwindet. Das Schöne (sei es nun griechisch, römisch, Botticelli oder Carolus Durand) leidet unter einer gewissen Renaissance des Manichäismus.

Der ethische Überschwang, so bestimmend in den Werken der Schriftsteller der 98er-Generation, zeigt sich im Werk Picassos (und seiner entsprechenden politischen Überzeugung) ebenso deutlich wie in den Anfängen Torres Campalans', auch wenn er das nie zugeben wollte: das Werk beider Maler ist Ausdruck der gleichen Ängste. Nach Paris übergesiedelt (die Malerei erhebt nicht den nationalen Anspruch der Literatur) ruft der Kubismus – manchmal zeternd – laut das »Herein« Unamunos, so wie die Wut in *Guernica* den letzten Versen Antonio Machados entspricht.

Ich weiß nicht, ob Picasso oder Torres Campalans in den ersten Jahren des Jahrhunderts Ortega y Gasset gelesen haben, der 1906 das vernichtende Urteil fällt: »die Dekadenzliteratur, die alle menschlichen und nationalen Interessen mißachtet und allein nach Virtuosität strebt, wird doch nur von den Eingeweihten, den Initiierten und Künstlerkollegen geschätzt«. Ortega, der

* Enrique Lafuent Ferrari, *Die visuellen Künste und ihre Geschichte im Denken Ortegas*, in: La Torre, Puerto Rico, 15-16 (1948).

damals schreibt: »Ich wage die Aussage, daß jede Kunst tragisch sein muß, weil die höchste Form der Wirklichkeit der Schmerz ist.«

Was tun Picasso und Torres Campalans anderes, als diesem Prinzip zu gehorchen? Dabei verstand Ortega y Gasset damals nichts von Malerei und glaubte sogar, gerade der Maler, der dazu am wenigsten geeignet war, nämlich Zuloaga, der Virtuose, sei in der Lage, seine Vorstellungen umzusetzen. Es war nicht die Malerei des Basken, die damals den Aufwallungen des Essayisten entsprach, sondern die des ihm unbekannten Picasso. Hier begegnen wir seinem grandseigneuralen Geschmack, der ihn so oft ins Stolpern bringen sollte. Und seinem Spaniertum, das er wie eine Fahne vor sich herträgt. Aber Zuloaga war nicht »der spanische Maler, der in dieser Generation, der Generation Ortegas, wirklich den Versuch unternommen hat, den Realismus zu erneuern«.* Dieser 1911 erschienene Artikel ist, ohne daß der Autor es weiß, eine brillante Verteidigung des Kubismus.

Diese Kluft zwischen Wirklichkeit und Urteil sollte für Ortega y Gasset verhängnisvoll sein, und das nicht nur im Hinblick auf die Malerei.** Seine präzisen, realen Denkgebäude sind vom Grundsatz her falsch. »Was ist ein Ding?«, fragt er. »Für den Menschen sind die Dinge Werte, und Werte wechseln je nach Standpunkt. Es gibt so viele Wirklichkeiten, wie es Standpunkte gibt.«*** Der Kubismus? Nein, sondern er meint wieder einmal seinen Freund, den aristokratischen Maler Ignacio Zuloaga!

»Keine Kunst stirbt. Wenn unterschieden werden muß, unterscheiden wir zwischen Kunst und Nichtkunst, zwischen Schaffen und Streben«, sagt Enrique Díez-Canedo, der Bescheid wußte. Es ist leicht, wie X oder Y zu malen. Von diesem nimmt man die

---

* Lafuente Ferrari, op. cit.

** Etwa, wenn er die Musik Debussys als Beispiel anführt für eine der Masse des Volkes fremde Musik. Lafuente Ferrari sagt, er hätte besser Strawinsky zitiert, womit er sich allerdings genauso irrt, und das aus den gleichen Gründen, denn *Petruschka* ist volkstümlich und wird es immer mehr, ganz zu schweigen von der *Psalmensymphonie*. Andere Werke, wie etwa die *Soledades* von Góngora, werden es niemals sein, doch was soll's? Oder ist das Beste von Góngora etwa nicht volkstümlich? Oder sind einige Werke Picassos nicht volkstümlich beziehungsweise werden es einmal sein? Die Zeit trifft ihre Wahl und für jeden ist etwas dabei.

*** Lafuente Ferrari, op. cit.

Farbe, von jenem die Zeichnung, von einem anderen das Motiv, eine Skizze, eine Perspektive, was uns schließlich zu der Feststellung führt, »wie gut in Italien die schlechten Maler sind«. Bei der heutigen Kunst, die leichter zu kopieren ist, sind die Nutznießer Legion. Das »Nutznießen«, dieser Feind des menschlichen Geistes, der voranschreitet, ist notwendig für die Befriedigung jener, die nur folgen können.

Was Picasso und Torres Campalans besitzen und was so vielen Künstlern aller Zeiten abgeht, ist Poesie. Picasso ist in jeder Hinsicht ein Poet. Daher sein ungeheuerer Einfluß auf die Kultur seiner Zeit. Es ist keine ins Auge springende, von allen *geliebte* Poesie wie die Chagalls, oder die unzumutbar schlechte Literatur Dalís. Es ist echte, ursprüngliche Poesie, die in keinem seiner Werke fehlt.

Einige Frühwerke Jusep Torres Campalans' zeigen eine Beeinflussung durch die symbolistische Malerei Odilon Redons. Als Beweis genügt die *Kopie einiger Rosen von Odilon Redon*. Zwar ist uns das Original unbekannt, doch kann die Wertigkeit der Rosa- und Blautöne der Vorlage nicht suggestiver gewesen sein, und die hier erreichte Samtigkeit ist ganz erstaunlich. Wohin wäre Jusep Torres Campalans auf diesem Weg wohl gelangt? Wie ist es möglich, daß ein so manierierter Maler in einem bodenständigen jungen Burschen, einem Sohn der katalanischen Scholle, lebendig geworden ist? Vielleicht auf die gleiche Weise, die Pasteur meinte, als er zum bordelaiser Meister über dessen Monster sagte: »Sie sind lebensfähig.« Andererseits ist »die Kunst etwas mehr als das, was man sieht«, wie Jusep Torres Campalans 1910 sagen sollte und damit ein Urteil fällt, das auch von Redon hätte sein können. »Die Malerei ist entweder Literatur, oder sie ist nichts«, schreibt er bei anderer Gelegenheit. Vergessen wir nicht, daß Redon als Maler bei den Freunden Mallarmés Anerkennung fand, nicht aber bei denen Renoirs oder Monets, für die er ein »Mann der Feder« war.

»Warum muß es diese Trennlinie geben zwischen der Malerei und dem, was keine Malerei ist, wenn man nicht weiß, wo die Literatur beginnt?« fragte er eines Morgens Ozenfant. Es ist der Weg des Surrealismus, der sich bereits in *Die Träne vor dem Spiegel* erahnen läßt. Es wird eine andere Zeit sein, die der katalanische Maler nicht mehr in Europa erlebte: jene Zeit, die aus dem ersten europäischen Krieg entstanden ist. Auf einem anderen Blatt steht die Wirkung Picassos auf Torres Campalans: Er wirkte durch seine Art zu sein. Doch welchen Einfluß hatte Campalans auf das Genie aus Málaga? Ein Problem, dem ich ein andermal nachgehen werde.

Barcelona 1957

EIN UNBEKANNTER MALER
von Paul Derteil
(*Arts et littérature*, August 1957)

Keine Schule hat in unserer, der für uns wahrnehmbaren Welt, eine solche Bedeutung gehabt wie der Kubismus.

Der Impressionismus, um gleich die Antwort zu geben, bevor sich ein Geschrei erhebt, war eine Sichtweise, die sich letztlich nicht allzu sehr von der seit der Renaissance gewohnten unterschied. Der Kubismus ist eine neue Art des Fühlens, eine neue Art des Denkens.

Der Weg von Veronese zu Lawrence ist nicht weiter als der von Teniers zu Renoir oder der von Raffael zu Goya, von Mengs zu Monet. Doch von Velázquez zu Picasso, von Turner – ich gebe alle Trümphe aus der Hand – zu Braque? Von Seurat zu Gris, von Bouguerau zu Mondrian? Dazwischen liegen Welten. Genauso wie zwischen Cimabue und Raffael, zwischen der Venus von Medici und einer Skulptur in der Kathedrale von Chartres, zwischen einem Cánova und einem sudanesischen Fetisch.

Es ist eine andere Welt, eine andere Art und Weise, die Welt auszuleuchten. Diese Welt entsteht nicht, wie so viele möchten, mit Goya, obwohl Goya eine neue Epoche einleitet, die der »modernen« Malerei, die Picasso abschließt, mit der Picasso abschließt. Heute sehen wir mit der Atomkraft eine neue Kraft entstehen, zerstörerischer als jede andere Kraft, doch zugleich auch produktiv wie jede Kraft.

Ihren großen Ausdruck findet diese Welt nicht im Marxismus, wie man vielleicht glauben könnte, sondern im Anarchismus, der die Grundlage alles Neuen in diesem Jahrhundert ist (des Kubismus': Picasso, Torres Campalans, Braque; des Romans: Dos Passos, Hemingway, Orwell; der Lyrik: Pound, George, Paz, Larrea, León Felipe, Char; der Musiker: Schönberg, Strawinsky, Berg, Bartók).

All das gärt im Europa zwischen 1890 und 1910. Danach kommt nichts mehr, das der Rede wert wäre, jedenfalls nicht bis heute, wo wir noch immer unter dem Eindruck der Folgen dieser

Erschütterung, dieses Erdbebens stehen. In der Welt der Kunst setzen sich Emotion und Expression entschieden gegen das rationale Denken durch, das, durch das Scheitern der Wissenschaft in den Abgrund gestürzt, mit wissenschaftlicher Sicherheit nicht weiß, wohin es führt.

»Das deutsche Wort *Erlebnis*«, sagt Daniel Kahnweiler (*Juan Gris,* 1946), »scheint mir am besten das Wesen der ›gelebten Erfahrung‹ auszudrücken, die meiner Meinung nach die Grundlage des Kunstwerkes ist: Jedes *Erlebnis* enthält ›Gegenstände‹, ob sie nun als ›real‹ empfunden werden oder einen eindeutig subjektiven Charakter haben.«

»Der Maler«, führt Kahnweiler weiter aus, »ist ein Mensch, der den machtvollen Wunsch verspürt, seinen Eindruck vermittels Linien und ein- oder mehrfarbigen Figuren auf einer ebenen Fläche festzuhalten. Ich sage sein *Empfinden* und nicht einen Gegenstand außerhalb von ihm. Dieser Gegenstand aus der Welt der Empfindungen existiert nämlich für ihn nur durch sein Empfinden, dem er einen beispielhaften Wert beimißt, und ausschließlich ihn will er allen Menschen mitteilen, damit alle an ihm teilhaben können.«

Geht das, läßt sich eine Empfindung malen? Kann man sie sehen? Van Dongen versicherte 1918, daß er in dem Augenblick, in dem er zu malen begann, genau wußte, wo er hinwollte: er sah sein Bild. Picasso hingegen hat gesagt, daß man, wenn man vor der Leinwand steht, zwar »eine Vorstellung von dem haben muß, was man machen wird, doch nur eine vage Vorstellung.«

Allein den Nichtkünstlern (das betrifft gleichermaßen Dichter, Erzähler, Dramatiker, Maler, Musiker) bleibt dieses Werden des Werkes im Augenblick des Machens fremd. Und genau das ist, behaupte ich, der grundlegende Unterschied zwischen dem Künstler und denen, die keine sind, zwischen den Schönen Künsten und denen, die das nicht sind. Deshalb ist ein Porträt bisweilen kein Kunstwerk, und deshalb ist ein Film in der Regel kein Kunstwerk. Ihnen fehlt die Freiheit. Ein Kunstwerk muß in Freiheit geschaffen sein, geschaffen werden. Wenn es das nicht ist, kann es ein gut gemachtes Werk sein, ein schätzenswertes Werk, aber kein Kunstwerk.

Jedes Kunstwerk ist eine Entdeckung. Das bedeutet, daß es nur in groben Zügen, träumerisch, prophetisch vorhergesehen werden kann. Jedes Kunstwerk entsteht tastend, zwischen Prinzipien und Zweifeln. Es wird berichtigt, bestätigt, kehrt zum Ausgangspunkt zurück, schwankt, zerbricht oft angesichts der Schwierigkeiten, kommt nur unsicher Schritt für Schritt voran. Manchmal springt es, wie ein Blitz, von Überraschung zu Überraschung. Wer das Kunstwerk wissenschaftlich exakt schaffen will, kann ruhig schlafen: er träumt.

Selbstverständlich können sich gegen diese Kunstauffassung alle jene auflehnen, die das Lob von Velázquez' Geschicklichkeit singen, mit der er soviele Vorlagen für Tapisserien gemalt habe. Das heißt allerdings, die wirtschaftlichen und sozialen Bedingungen vergessen wollen, unter denen er gearbeitet hat. Die Verpflichtung ist das eine, die Hingabe das andere. Schließlich hat auch Goya die königliche Familie porträtiert.

Nun, auch die Freiheit ist nicht alles. Zuerst einmal muß man Maler sein und dazu ein guter. Ich schreibe den vorliegenden Text unter dem Eindruck der Reproduktionen eines spanischen Malers, die ich mir gerade sehr eingehend angesehen habe, eines Malers, der mir, wie ich gestehen muß, völlig unbekannt war... (*Es folgen Einzelheiten über Torres Campalans' Leben und Wunderwerk, die ich ihm zur Verfügung gestellt habe. Abschließend schreibt er:*)

Von nun an wird man sich seinen Namen merken müssen, wenn man ehrlich die Geschichte dieser erstaunlichen Luftsprünge beschreiben will, die die Künste zu Beginn unseres Jahrhunderts gemacht haben.

JOSÉ TORRES CAMPALANS

von Juvenal R. Román

(*Le Syndicaliste*, Paris, 18. und 25. Mai 1956)

Juvenal R. Román, um 1930 in Madrid geboren, hat seine Ausbildung in Frankreich erhalten. Er schreibt auf französisch und arbeitet derzeit in einem großen Pariser Verlag.

In welcher Atmosphäre, in welchem Klima, in welchem Milieu wuchsen Picasso und Jusep Torres Campalans zu Männern heran? Wie war das damalige Spanien? Welche Luft atmeten sie, als sie nach Frankreich kamen? Heute nennt man diese Jahre »La Belle Epoque« und vergißt dabei, nicht absichtlich, was diese Jahre in Wirklichkeit waren. In Spanien: die Niederlagen von 1898 und, für Torres Campalans bedeutsam, die Unruhen, die 1906 in Morrals Attentat auf das Königspaar gipfeln. In Frankreich die Nachbeben der Dreyfus-Affäre, der Antiklerikalismus Combes' und seiner Gesinnungsgenossen. In beiden Ländern die blutigen anarchistischen Demonstrationen jener Jahre. Die

»Belle Epoque« war, warum auch nicht, eine harte, unruhige Zeit, deren einzig sichtbarer Liebreiz die triumphierende Malerei des Impressionismus war, van Goghs dunkle Strenge, Cézannes grobe Axthiebe, Gauguins koloniale Flucht, Lautrecs dekorative Wildheit, alles Dinge, die ausreichen, um die rauhe Kehrseite dieser Jahre aufscheinen zu lassen. Die Illusionen, die Lamarck und Darwin Jahrzehnte zuvor geweckt hatten, verschwinden (und werden wiederkommen), die Reaktion auf die positiven Religionen traf zusammen mit einer Erneuerung des Katholizismus, für den der europäische Krieg – so viele Kreuze! – wie gerufen kam.

Und dieses Klima, diese Atmosphäre sollen nicht auf das Werk Picassos, Zuloagas, Sorollas, Nonells, Solanas abgefärbt haben? Zuloaga und Sorolla wollen den Schwierigkeiten aus dem Weg gehen, sie klettern über die Gitter und flüchten sich in die Salons. Picasso bleibt auf der Straße. Er ist kein gelackter Maler und auch kein Speichellecker. So wenig wie das Jusep Torres Campalans sein wird. Es geht hier nicht um technische Fähigkeiten, die individuell sind und die Qualität bestimmen; Antrieb, Wesensart, Seele jedoch können nicht losgelöst betrachtet werden vom jeweiligen Tag, vom Augenblick, in dem der Mensch arbeitet. »Die Belle Epoque«! Ja, gewiß, die Jugend eines jeden einzelnen. Jede Zeit ist für die zuletzt Geborenen, die die Lust am Leben entdecken, immer die »Belle Epoque«.

Der große Umschwung kam mit dem Sieg des Bürgertum, das den Künstler zum Außenseiter machte. Früher waren sie in der Mehrzahl Diener des Staates, der Fürsten, der Könige. Umgekehrt verwandelten sie sich mit der französischen Revolution und dem Triumph der Romantik in Lästerer und Kritiker der Gesellschaft. Warum waren sie nicht mehr mit ihr einverstanden? Vielleicht aus diesem, vielleicht aus jenem Grund, möglicherweise war es aber etwas viel Tiefgehenderes: Der Künstler wurde aus dem Staat vertrieben – wie Adam aus dem Paradies – , woraus sich auch die Bedeutung der *Erbsünde* in der Literatur unserer Zeit erklärt. Das Bürgertum brauchte ihn nicht, weil Ruhm und Unsterblichkeit, religiöser oder aristokratischer Firlefanz es nicht interessierten. Der Radikalsozialismus erreicht seinen Höhepunkt mit Boldini.

Mit Napoleon III. fühlt sich das Bürgertum als Herr der Welt, dem nichts und niemand zu widerstehen vermag, dessen Sicherheit durch nichts mehr bedroht ist. Der Bürger der Gründerzeit, der Gute, er glaubt, daß er dank der Vervollkommnung der Reproduktionsmittel den Künstler nicht mehr braucht. Er interessiert ihn nicht, ihm fehlt das Bedürfnis der ägyptischen, griechischen, christlichen, persischen, moslemischen Fürsten, ihre Höfe mit Kunst vollzustellen. Der Positivismus ist an diesem Verhalten nicht ganz unschuldig. Wir dürfen nicht vergessen, daß es die Zeit der literarischen Prozesse ist, der Prozesse gegen Baudelaire, Flaubert, Wilde, und nicht etwa aus politischen Gründen, das steht auf einem ganz anderen Blatt, sondern wegen Verstößen gegen die Moral. Siehe auch die Schriftsteller des 18. Jahrhunderts. Die Künstler rächen sich durch das, was man ganz allgemein als Modernismus bezeichnen könnte. Der »Modernist« malt nicht mehr für alle, sondern für Maler. Er schafft keine Werke mehr, er macht Versuche. Und das gilt für alle Künste und Literaturen.

»Meine Altersgenossen«, schreibt Silverio Lanza kurz vor der Jahrhundertwende, »machten Kunst, um von den Banausen verstanden und bewundert zu werden, ihr hingegen (die Modernisten) macht Kunst, um von den Künstlern verstanden und bewundert zu werden. Dieser Weg führt in die Hölle.«

An den Rand gedrängt, rächt sich der Künstler an der Gesellschaft mit einer kritischen und verrätselten Kunst, die für die Mehrheit unverständlich ist. Von daher die *Ismen*.

Am 21. September 1908 hielt sich der nordamerikanische Flugpionier Wilbur Wright eine Stunde, einundzwanzig Minuten und achteinfünftel Sekunden in der Luft; am 28. flog er über achtundvierzig Kilometer weit. Die Entwicklung der Fliegerei hatte Jusep Torres Campalans schon seit langem beeindruckt. »Damit habe ich eine neue Perspektive: die Häuser werden wie Kuben aussehen, die Felder wie Rechtecke«, hatte er einige Monate zuvor gesagt. Diese neue Sichtweise führte zur Entstehung des Wortes »Kubismus«. Picasso malte in diesem Jahr sein »Stilleben mit Broten«, »Der Hut«, »Landschaft mit zwei Frauen«, »Harlekinfamilie«. Der Einfluß der neuen Sichtweise, der Fliegerei, beeindruckte mit Sicherheit die wichtigsten Freunde der entstehenden Schule.

Den *braven Leuten* kann diese Kunst, die für sie unverständlich ist, nicht gefallen. Wer das Gegenteil behauptet, macht sich Illusionen. Das gute Publikum muß sich, um ein Werk der Phantasie zu schätzen, an die Stelle des oder der Dargestellten versetzen können (»Wenn mir das passieren würde. Wenn ich das Modell wäre. Wenn ich das gesehen hätte« usw.) und sollte nicht gezwungen werden, die Feinheiten einer Interpretation zu beurteilen, die oft selbst für aufgeklärte Geister unverständlich bleibt. Vielleicht gilt immer noch das Wort John Porters, der einmal behauptet hat, »daß es zu nichts führt, wenn man die Fetische Afrikas oder der Südsee oder die Höhlenmalerei als Beispiel heranzieht, höchstens dazu, sich selbst zu betrügen. Die Naturvölker gingen an das *trompe l'oeil* auf gut Glück heran. Das Publikum muß sich, um Publikum zu sein, in den Personen, in der Landschaft, in der Blume fühlen. Alles andere heißt schauen, interpretieren, spielen, sich unterhalten, sich lustig machen, nicht aber teilhaben. Eine trügerische Kunst. Eine Sekundärkunst, dazu verdammt, ebenso schnell zu verschwinden wie die Überraschung, die sie hervorgerufen hat, vergessen wird. Sie baut allein auf die Intelligenz. Eine unausgegorene Kunst folglich, eine Kunst kurz vor ihrem Niedergang.«*

Andererseits ist es für jede Kunst von grundlegender Bedeutung, mit welchem Material man zu arbeiten gedenkt. Der wesentliche Unterschied zwischen der römischen und der romanischen Plastik ergibt sich aus dem benutzten Material, ob Marmor oder Stein, denn als sich mit der Renaissance die Verkehrswege wieder öffnen, kehren die Bildhauer zum Marmor zurück. Ebenso wäre González nicht der, der er ist, hätte er nicht das Eisen als sein Ausdrucksmittel entdeckt, so wie Calder das Zink oder die Blechplatte für sich entdeckt hat. Deshalb konnten sie auch nur von denen nachgeahmt werden, denen diese Materialien ebenfalls zur Verfügung standen.

Die Byzantiner verdanken das, was sie sind, zum Teil dem Mosaik, die Araber dem Gips. Die großen literarischen Epochen entsprechen den Glanzzeiten der Sprache, die den Schriftstellern das Instrument an die Hand geben, das sie benötigen. Zeiten der Dekadenz sind nicht deshalb dekadent, weil sie mißachten, was in goldenen Zeitaltern gemacht wurde, sondern einzig und allein deshalb, weil diese Meisterschaft nicht mehr »in Mode« ist. Natürlich spielen auch andere Faktoren eine wichtige Rolle.

Picasso, Torres Campalans hätten wie Murillo oder David malen können – wer hätte es ihnen verwehrt? –, doch sie wollten es nicht.

---

* John Porter, *A Short History of the Modern Art*, New York, Random House 1947.

MOISSAC 09

IV
Biographie

1

Jusep Torres Campalans wurde am 2. September 1886 in Mollerusa geboren, wie aus den 1936 verbrannten Geburtsregistern der Pfarrei San Esteban hervorging. Diese Daten, auf Blatt 17 des Bandes von 1886 verzeichnet, habe ich von Jean Cassou. Juseps Eltern waren Genaro Torres Moll und Vicenta Campalans Joffre. Sie stammten beide aus einem nahegelegenen Dorf, Bellpuig, und zogen später nach Mollerusa, um dort in einer ziemlich bekannten Schnapsfabrik zu arbeiten. Mollerusa ist ein Dorf in der Provinz Lérida, gehört aber zur Diözese Vich, wo Jusep, fünftes von sechzehn Kindern, aufs Priesterseminar ging. Allerdings nur für einige Monate. Mit zwölf Jahren, 1898, brannte er nach Gerona durch, niemand weiß warum. Wenn er sich an seine Jugend erinnerte, erzählte er von einer Lehrzeit als Kellner in einem Gasthaus, oder von einer Zeit als Briefträger, als Schreiber in einer Notariatskanzlei oder im Büro einer Bergwerkgesellschaft in San Juan de las Abadesas. Fest steht, daß er einige Monate in Palamós verbracht hat, wo er in einem Betrieb arbeitete, der mit dem Meer und der Fischindustrie zu tun hatte, denn er wartete manchmal mit Geschichten aus diesem Dorf auf, die zeigten, daß er ein ganz und gar nicht trockenes Bücherwissen über die Fische des Mittelmeeres besaß, das nur noch seinem Wissen über Pilze vergleichbar war, mit dem er – gastronomisch gesprochen – gern angab: »Wenn er über *muxarnóns* sprach, lief uns allen das Wasser im Mund zusammen«, erzählte mir Enrique Cabot. Einziger Hinweis auf Schlemmerei.

An Gerona hatte Torres Campalans eine unauslöschliche Erinnerung.[1] Nicht die Seine, sondern der Ter und der Oñar waren die Flüsse, die er im Herzen trug. Er muß in der Gegend des Mercadal gelebt haben, wie ich von Rafael Solonsa weiß, der aus Gerona stammt und in seinen letzten Pariser Jahren ein wenig Umgang mit ihm hatte; jedenfalls findet sich die Erinnerung an die engen, steil ansteigenden Gassen in vielen seiner Bilder wieder. Die in seinem Werk ganz eindeutig vorhandene Obsession für das Hochformat rührt sicherlich vom Anblick der traurigen, einsamen Gassen Geronas her, deren Häuser seiner Phantasie bereits einen Rahmen gaben. (Auf die gleiche Weise übrigens, wie sich bei Dalí Spuren der Unterrichtsbilder finden, die im Haus seines Vaters an den Wänden hingen.) Dort lebt er, immer wieder den Beruf wechselnd, von 1898 bis 1905, nachdem der Kontakt zu seiner Familie abgebrochen war, wahrscheinlich eher aus Faulheit als aus einem anderen Grund.

»Was sein Verschwinden angeht«, schreibt mir Enrique Cabot[2], »so hatte ich damals, als ich mich auf Einladung Salvador Alberts, des vortrefflichen Poeten und Ibsen-Kommentators, in Ampurdán aufhielt, Gelegenheit, in Gerona Nachforschungen anzustellen: niemand erinnerte sich an ihn als Maler. Dank der Bemühungen Enrique Turs, damals Archivar bei der Stadtverwaltung, konnte ich mit zwei Damen sprechen, die ihn um 1900 gekannt hatten.

Er war zu jener Zeit – mit vierzehn Jahren – wegen seiner schönen Schrift Angestellter in einem Notariatsbüro. Er schrieb. Verse. Ich kann versichern (ich habe die Manuskripte zweier Sonette und eines Chansons gesehen), daß der katalanischen Literatur durch seine Hinwendung zur Malerei kein großer Verlust entstanden ist. Fest steht jedenfalls, daß er sogar eine Komödie zustande gebracht hat.

Bereits damals wirkte er durch seine Größe und sein Gewicht wie ein Mann. Wenn sie gut geraten, sind die Bauern aus meiner Heimat häufig so: wie Bäume, als seien sie Korkeichen mit ihren ausladenden Flanken. Und das, obwohl seine Mutter, mit ihrem zarten, intelligenten Gesicht, eher schmächtig war. Anders der Vater: eine Eiche. In der Stadt sind die Leute eher *esquifida*, also schmal, vermutlich, weil die Wände sie nicht wachsen lassen. Jusep Torres war ein gutaussehender junger Mann, und er wäre es erst recht gewesen, wenn er nicht aus Gründen der Hygiene, die ihm ein Pater im Priesterseminar eingetrichtert hatte, auf die Schnapsidee gekommen wäre, sich den Kopf zu rasieren.

Sein Zähneputzen wurde unter seinen Bekannten geradezu berühmt, nicht etwa wegen der Häufigkeit, sondern wegen der Dauer. Stellen sie sich vor, diese Frauen erinnerten sich noch fünfzehn Jahre später daran! Er drückte die Zahnpasta auf die Bürste, von einem Ende zum anderen, und begann dann zu schrubben, von oben nach unten, von unten nach oben, von vorne, die linke Seite, die rechte Seite, jede Stelle fünfundzwanzigmal. Das hatte er in einem Prospekt gelesen, und er glaubte felsenfest an diese Art von Literatur. Einige Broschüren der Art »Wie man ein hohes Alter erreicht«, »Das Eheleben«, »Wie man ein gesunder Mensch wird« waren für ihn Orakel, während ihm beispielsweise gute Manieren, über die es Handbücher zur Genüge gibt, nicht wichtig waren. Er tauchte sommers wie winters regelmäßig ins kalte Wasser, was die meisten erschreckte oder empörte.

Die guten Damen, vertrauenswürdige Quelle dieser Informationen, erinnern sich noch mit Entsetzen, wie er eines Tages in Begleitung des Sohns der Familie, des späteren Abgeordneten der Lliga, in das herrschaftliche Hause von Doña Prudencia Beltrán y Amigó gekommen war und als erstes fragte, wo er sich die Hände waschen könne. Nachdem er das getan hatte, bat er um ein sauberes Handtuch, um sie abzutrocknen. Solche Anschläge auf die guten

Umgangsformen zerstörten bald seinen Ruf als junger Mann mit geordneter Lebensführung und guter Zukunft. Er versicherte jedem, der es hören wollte, daß er noch unberührt sei und sich nicht vorstellen könne, diese Tugend anderswo als in der Ehe zu verlieren.

Er war groß, kräftig, hatte große, dunkle Augen, riesige Hände und ebensolche Füße, und in ihm steckte die Kraft, die nur die Erde dem verleiht, der in unmittelbarer Beziehung zu ihr lebt oder gelebt hat. Ein ›Bauer‹, Sohn von ›Bauern‹, so sehr ihn zu jener Zeit auch ›die Schreiberei‹ bereits verfeinert haben mag. Erstaunlicherweise behauptete er, er sei nicht in der Lage, das, was er abschrieb, zu verstehen; seine Schönschrift, mit der er glänzte und sich hervortat, war ein ästhetisches Produkt, das jenseits seines Verständnisses blieb. Meiner Meinung nach entstand aus dieser Situation heraus seine Begeisterung für die Malerei, die schließlich zu dem Weg führte, den er mit ihr, durch sie, gegen sie gegangen ist. Daran kann, wie ich glaube, kein Zweifel bestehen. Für mich ist hier die Wurzel für seine formalen Vorstellungen von der Kunst zu suchen. Reines Zeichen. Seine Auffassung vom Leben war genauso: reduziert auf Zeichen und Zahlen und von starrer Logik. Hatte er für seine Lebensführung einmal eine Linie gezogen, und das galt später auf der Leinwand genauso, hielt er unter völliger Mißachtung aller anderen Möglichkeiten daran fest. Nie zog er den Rat anderer auch nur in Betracht. So kam es schließlich, daß er bei denen, die ihn nicht kannten und nicht mochten, in dem Ruf stand, ein grober Klotz zu sein. Viele hielten ihn wegen seiner Starrköpfigkeit für einen Aragonesen. Es ist eine bäuerliche Charaktereigenschaft. Er machte nicht viele Worte, zumindest nicht, seit er französischen Boden betreten hatte, vielleicht, weil er die Sprache nie völlig beherrschte. Über seine Kunst sagte er wenig oder nichts, und wenn einige Kritiker sein Werk interpretierten, hörte man ihn nie widersprechen. Es freut mich, daß er geschrieben hat, wie Sie sagen. Es ist sicherlich interessant. Er war intelligent.

Mit fünfzehn Jahren, 1902, verliebte er sich in eine blutjunge, appetitliche Schauspielerin, die in Pérez Galdós' *Elektra* das Dienstmädchen Patros spielte. Wie so viele andere spielte auch diese Truppe nichts anderes. Der Skandal um das Stück, das im Januar davor in Madrid uraufgeführt worden war, hatte im Verlauf eines Jahres etwas nachgelassen. Der Rechtsstreit mit Señorita Ubao, vertreten durch ihren Rechtsanwalt Antonio Maura, war beigelegt worden, und die Aufführung des berühmten Werkes führte zu keinen weiteren Unruhen. Wie Sie wissen, war *Elektra* seinerzeit ein Stein des Anstoßes. Die Zeiten waren jetzt liberaler geworden.

Torres Campalans, überzeugter katalanischer Separatist und fanatischer Katholik, war sich unschlüssig, was er tun sollte. Die Politik brach über Gerona wie über jede andere spanische Stadt herein; ein Streik folgte auf den andern. Auf Anweisung aus Madrid versuchten Lerroux' Radikale, die katalanisch-separatistische Front zu brechen. In Gerona wolllten sie sich, allerdings erfolglos, des Theaterstücks von Pérez Galdós für ihre eigenen Zwecke bedienen. Die Leute schauten sich haßerfüllt an. Die Diskussion um die religiösen Orden endete in einem Klima allgemeiner Spannung.

Meine Informantinnen führten damals eine Pension, in der die Nebendarsteller und Statisten der Theatergruppen oder die Chorsänger der Operettenensembles abzusteigen pflegten.

Diese junge Schauspielerin, die in der Geschichte des spanischen Theaters keine Spuren, und seien sie auch nur anekdotischer Art, hinterlassen hat, hieß Juana Muñoz. Jusep, der sein Alter verschwieg und sich überall älter machte, wollte sie heiraten, denn seine angeborene Ernsthaftigkeit erlaubte ihm nicht, davon auszugehen, daß er auf andere Weise in den Genuß der ins Auge fallenden Reize des Mädchens kommen könne. Juana Muñoz vertraute sich ihren Pensionswirtinnen an. Der ebenso junge wie selbstsichere Verehrer schüchterte sie durch seine in der Tat wunderlichen Vorstellungen von der Liebe ein, die sie, wie sie sich ausdrückte, unverschämt fand, sprach er doch ohne rot zu werden über ihr zukünftiges Sexualleben, schon im voraus ebenso vollkommen festgelegt, wie er mit buchhalterischer Genauigkeit sein jetziges und künftiges Gehalt einteilte. Er war immer ein Freund von »Zeitplänen und Haushaltbudgets«, an die er sich damals genau zu halten pflegte. Die kleine Schauspielerin, die ihre Truppe verließ, hatte in Barcelona einen Verlobten, was unser Notariatsschreiber zwar wußte, was ihn aber nicht weiter kümmerte, weil es für ihn eine ausgemachte Sache war, daß das Mädchen ihn mit Sicherheit dem andern vorziehen würde; und tatsächlich war sie nahe daran, sich umstimmen zu lassen.

Als aber die Künstlerin durch die Indiskretion eines Freundes, den er, als er es herausbekam, verprügelte, das Alter ihres Freiers erfuhr, nahm sie den ersten Zug nach Barcelona und kehrte zu ihrer alten Liebe zurück. Jusep Torres Campalans fuhr ihr hinterher. Nebenbei bemerkt, dieser Freund war ich.«

2

Als er aus dem Hauptbahnhof Estación de Francia trat, nahm er die erste Avenida, die sich ihm anbot, ging dann über die Straße, die damals noch Calle de Comercio hieß, gelangte zur Calle de la Princesa, überquerte die Plaza Jaime I, erreichte die Calle Fernando VII und entdeckte darauf die Rambla del Centro. Er fand problemlos die Calle de la Unión, die er nur zu überqueren brauchte, dann in deren Verlängerung die Calle de Santa Bárbara und gelangte schließlich in die Calle San Olegario, wo in Hausnummer 22 das Ziel seiner Sehnsüchte wohnte. Sie öffnete ihm höchstpersönlich die Tür, sah ihn entschlossen an, trat einen Schritt zurück und rief: »Dionisio, da ist *aquest minyó* (dieses Bübchen), der mich belästigt hat.« Heraus kam ein lang aufgeschossener, ungepflegter Lulatsch mit schwer verständlichem Madrider Akzent: »Womit kann ich dienen, Grünschnabel?«

Jusep machte auf dem Absatz kehrt und löste damit umgehend das Problem, das andererseits auch keinen Raum für Zweifel ließ. So war er: ernst und kurz und bündig. Ohne Eigenliebe. Langsam ging er auf die Ramblas zurück.

Barcelona war so, wie er es sich vorgestellt hatte: so viele Häuser, so viele Menschen, soviel Bewegung. Nachdem die junge Muñoz abgehakt war, gab es noch viel zu sehen, bevor er nach Gerona zurückkehrte, das zwar auch nicht schlecht, aber mit Barcelona doch nicht zu vergleichen war. Die Welt war größer, als er sich das vorgestellt hatte. Zurück blieb nur der Kummer, daß er die junge Muñoz nach den Regeln des Gefühls und nicht auf dem Weg der Logik aus seinem Leben gestrichen hatte. Als er sich im Schaufenster eines Waffengeschäfts in der Calle de Fernando betrachtete, warf er sich diese Schwäche vor. Gewiß, er war in Barcelona. Aber was sollte er jetzt tun? Er setzte sich auf eine Bank an den Ramblas, nahm für seine Schlußfolgerungen Notizbuch und Bleistift zur Hand, und ohne etwas niederzuschreiben entschied er, daß es wohl nichts besseres gab als eine Besichtigung der Stadt, um ihre Denkmäler, Museen und berühmtesten Stätten kennenzulernen. Auf den Gedanken, sich einen Fremdenführer oder einen Stadtplan zu kaufen, kam er erst gar nicht, weil er nicht wußte, daß es solche Annehmlichkeiten gab. Nach reiflicher Überlegung gelangte er zu dem Schluß, daß es das Beste – das Logischste – sei, sich an die regionale Kunstakademie zu wenden und dort um Rat zu fragen. Er erkundigte sich nach dieser Akademie und erfuhr, daß sie im Lonja-Viertel lag, und als er sie geschlossen fand, gelangte er unter allerhand Mühen in die Calle de la Merced Nr. 3, ins Haus eines Señor José Ruiz, Professor an jener Lehranstalt. Der gute Mann, aus Mallorca gebürtig, nahm dem *Bauernjungen* seinen Wunsch nicht übel (ganz im Gegenteil, sein natürlicher Mutterwitz gefiel ihm), und er bat seinen Sohn Pablo, der, ohne um Erlaubnis zu bitten, gerade ins Zimmer gekommen war, Jusep Torres zu begleiten und ihm die bedeutendsten Sehenswürdigkeiten der Stadt zu zeigen. Dieser Sohn, *El Pau Ruiz,* war ein schlanker, kräftiger junger Mann, ziemlich extravagant gekleidet, kleinwüchsig, mit rundem, braungebranntem Gesicht, vorstehenden Augen, die vor Vitalität funkelten, einem verschmitzten Ausdruck im Gesicht, der sagen wollte »vielleicht, vielleicht auch nicht«, ziemlich breiten Augenbrauen, die mit zwei Falten begannen und – so jung schon – seine schmale Stirn prägten. Zwei andere Falten führten in langen Bögen von den Nasenflügeln zu den Winkeln seines ganz und gar nicht kleinen Mundes, der von einem schlaffen Schnurrbart eingerahmt wurde. Eine Geheimratsecke über dem rechten Teil seiner Stirn bildete den Ausgangspunkt für den Scheitel, von dem eine lange, schwarze Strähne über seine Stirn führte, und, in gehörigem Winkel an den harten Schädel geklebt, fast am linken Ohr endete, das groß war. In den vorstehenden Augen des jungen Mannes lag soviel Leben, in der Art, wie er sich gab, so viel Natürlichkeit, daß sich die beiden trotz der unterschiedlichen Körpergröße auf Anhieb gut verstanden.

»Möchtest du nicht einen Kaffee trinken?«

»Gern.«

Sie setzten sich auf die Terrasse eines Cafés an der Rambla de los Estudios.

»Was machst du beruflich?«

»Ich arbeite bei einem Notar.«

»Das ist bestimmt nicht lustig.«

Jusep faßte sofort Vertrauen zu dem jungen Mann. Das sind Dinge, die keiner Begründung bedürfen. Außerdem explodierte er fast, es war, als dränge die Stadt von allen Seiten auf ihn ein und triebe ihn aus sich heraus. Es gibt Leute, mit denen spricht man so, und andere, mit denen spricht man ganz anders. Es kommt immer auf das Gegenüber an. Er erzählte ihm den Grund für seine Reise. Pablo Ruiz zog die Augenbrauen hoch, er war ganz Ohr, als er hörte, daß Jusep mit seinen achtzehn Jahren noch unberührt war und zu heiraten gedachte.

»Du bist verrückt.«

Jusep ließ ihn an seinen Theorien über das Sexualleben teilhaben, die den Ratschlägen aus Pater Garibays Buch *Das Eheleben* und dem Aufklärungunterricht im Priesterseminar entsprachen.

SEINE ELTERN:
VICENTA CAMPALANS JOFRE
GENARO TORRES MOLL

PABLO PICASSO UND JOSEF TORRES CAMPALANS,
BARCELONA, 1902. PHOTO JOSÉ RENAN

»Und was tust du solange?«

»Ich beherrsche mich.«

»Du bist verrückt. Weißt du überhaupt, was dir entgeht? Was dir entgangen ist? Hast du noch nie eine nackte Frau gesehen?«

»Auf Photos.«

Der junge Maler begann zu lachen. Ihm kamen Zweifel an Juseps Männlichkeit, er sah ihn genau an. Er verwarf den Gedanken: Jusep strotzte vor Gesundheit.

»Warst du auf dem Priesterseminar?«

»Das sagte ich dir schon.«

»Unglaublich!« sagte Pablo mit einer gewissen Bewunderung. »So etwas gibt es doch gar nicht. Magst du keine Frauen?«

Er hatte immer noch Zweifel.

»Sehr. Aber wenn die Frau jungfräulich in die Ehe kommt, ist nicht einzusehen, warum ...«

»Hör schon auf mit diesen Geschichten! Warst Du nie in einem ...«

»Die sind doch alle verkommen!«

»Nein, Mann, nein.«

Er erzählte ihm ausführlich von Geschlechtskrankheiten, die sich allerdings leicht vermeiden ließen, wenn man gewisse elementare hygienische Vorsichtsmaßregeln beachtete, die er ihm in allen Einzelheiten schilderte.

So landeten sie in dieser Nacht in einem Bordell in der Calle de Aviñó. Unter den fünf verfügbaren Mädchen wählte Jusep eine Dunkelhaarige aus, deren Art, den Haarknoten zu tragen, ihn an seine entflohene Juana erinnerte.

»Ich möchte dich gleich darauf hinweisen«, sagte er zu ihr, nachdem sie sich in das winzige Zimmer mit dem eisernen Bettgestell, den roten Fliesen, dem Waschbecken, dem Zinnbidet sowie den zwei zusammengefalteten winzigen Handtüchern auf dem Nachttischchen zurückgezogen hatten: »Es ist das erste Mal.«

Die junge Frau, sie war wirklich jung, mit festem Fleisch, wollte es nicht glauben, doch als er beharrlich bei seiner Behauptung blieb, bekam sie mütterliche Gefühle und war voller Begeisterung. Jusep Torres, immer er selbst, versuchte genau mitzubekommen, was mit ihm geschah. Er fand es höchst angenehm und erfreute sich an seinem Glück, ohne allzuviel an die Frau zu denken.

Jahre später, als er 1906 Pablo Ruiz in Paris wiedertraf, erinnerten sie sich in einem Bistro an diese alten Geschichten, die ihnen so weit zurück zu liegen schienen. Aus dieser Erinnerung entstand eines der berühmtesten Gemälde der zeitgenössischen Kunst: »Les Demoiselles d'Avignon«.

Pablo Ruiz, der in Spanien wie üblich seinen Vor- und seine beiden Nachnamen benutzte, gewöhnte sich daran, in Paris in der Regel mit einem Namen gerufen zu werden, und zwar dem Nachnamen seiner Mutter. Um Verwechslungen beim Hausverwalter, beim Briefträger, bei der Portiersfrau auszuschließen, entschied er sich schließlich ganz für den zweiten Namen: Picasso.

Catedral de Gerona – 1906–1907

KATHEDRALE VON GERONA

3

Pablo brachte seinen zwar neuen, aber vertrauenswürdigen Freund, so etwas hat man im Blut, in sein Atelier in der Calle Ribera de San Juan, das er sich mit Soto, einem Bildhauer, teilte, auch er klein und ständig mit einer Pfeife im Mund. Es machte ihm Vergnügen, »einer Jungfrau« seine Bilder zu zeigen. Mal sehen, was ein *Bauernjunge* ohne jegliche Vorbildung davon hält.

An die Wand gelehnt standen dort »Zwei Schwestern«, »La Vie«, »Die Parias«, »Ein alter Jude«, »Krankes Kind«, »Der Asket«, »Das Mahl des Blinden«, »Der alte Gitarrenspieler«, das Bildnis des »Sebastià Junyer«; auf einer Staffelei stand, fast vollendet, »Die Familie Soler«, ferner gab es zahlreiche Zeichnungen und Gouachen.

Torres Campalans hatte nie zuvor solche Bilder mit traurigen, hungrigen Personen gesehen, eingetaucht in eine seltsame Atmosphäre. Blutleer. Es ging ihm durch und durch, wie damals, als er zum ersten Mal das Meer sah. Da er nur Heiligenbildchen kannte, dachte er nicht, daß die Malerei etwas anderes sein könnte.

»Und das malst du?«

Pablos Vitalität und seine Bilder paßten für ihn nicht zusammen.

»*Què et sembla*? Wie findest du sie?« fragte ihn Soto.

»*Fantàstic*. Phantastisch.«

Er kam aus dem Staunen nicht heraus. Daß das Elend Thema von etwas anderem als von Gesprächen sein konnte, machte ihn sprachlos. Die traurige, bläuliche Atmosphäre, das Alter einiger Modelle, ihr vergehungertes, mageres Aussehen, die Kraft und Menschlichkeit von so viel Trostlosigkeit traf ihn völlig unvorbereitet und machte ihn stumm vor Begeisterung.

»Wie malst du?«

»Mit dem Kopf.«

Er wunderte sich darüber, daß er ohne Modelle malte.

»Es ist gut, wenn man sich von der Natur anregen läßt. Sich Notizen macht, fürs Gedächtnis. Aber danach muß man allein im Atelier malen. Oder glaubst du etwa, Galdós schreibt in den Häusern, die er schildert? Nein, er gibt acht, beobachtet, dann arbeitet er zu Hause. Man malt mit dem Kopf. In Madrid habe ich Baroja kennengelernt. Ein junger Schriftsteller. Hast du nichts von ihm gelesen? Er ist gut, er gefällt mir. Ich werde ein Buch von ihm illustrieren: ›Las Mixtificaciones del Paradox‹.[3] Wir haben eine Zeitschrift herausgebracht, aus der etwas hätte werden können. Aber ich wurde krank. Madrid liegt mir nicht. Ein absurdes Kaff. Baroja ist Baske, ein Anarchist. Er wird gute Sachen machen. Er wäre gern Pirat geworden. Er sieht überall Piraten. Hast du nicht ›La busca‹ (Die Suche) gelesen? Es ist gut; ein bißchen wie Galdós, aber lebendiger, nicht so weitschweifig, ohne so viele überflüssige Beschreibungen. Er kommt auf den Punkt. Es sind Alltagsmenschen, keine Ausnahmetypen. Ein wenig wie diese hier, auf meinen Bildern. Das Thema ist das wenigste. Was zählt sind die Menschen. Früher war es umgekehrt, da malte man ›Historienschinken‹, Szenen aus der Geschichte.«

»Deshalb sagst du auch immer: ›Hör auf mit den Geschichten!‹«, meinte Soto, »und malst ohne Hintergrund.«

Torres Campalans empfand große Bewunderung für seinen Freund. Am Abend ging Pablo mit ihm ins Paralelo, um die *Chelito* zu sehen, die ihn begeisterte. In dem winzigen Theater hätte, wenn man so sagen kann, nicht einmal mehr eine Stecknadel Platz gehabt. Dem Bauernjungen kam es vor, als habe er jeden Halt verloren und stiege in die Hölle hinab. Die Wirkung, die das alles auf ihn hatte, war genauso stark wie die der Bilder am Vormittag. Der Rauch, das Geschrei, das mal gelangweilte, mal entfesselte Publikum, die süßliche, vulgäre Musik, das grelle Licht auf der Bühne, auf der sich, als sie eintraten, gerade zwei Frauen in kurzen, flitterbesetzten Röcken verrenkten, verwirrten ihn. Wie betäubt blieb er am Eingang zum Parkett stehen, wo statt der Bestuhlung lange Bänke standen, so daß Soto, der sie begleitete, wieder zurückkommen und ihn am Arm ziehen mußte. Die beiden Frauen verschwanden unter Pfiffen.

Die *Chelito* war großartig. Reizend, schelmisch, lässig und keck in ihrer Schamlosigkeit, unbekümmert in der Dreistigkeit, geschickt in der nur angedeuteten Obszönität, kokett bei ihrem nie anstößigen Umhertollen, eine Sumpfblüte, wie man damals sagte, nie derb, wohl aber freimütig, ausgelassen, witzig, verlieh sie ihren Couplets tausenderlei Untertöne, die Barcelona aus dem Häuschen brachten. »Der Floh« war damals ihr größter Erfolg und wurde in ganz Spanien begeistert gesungen.[4]

Pablo Ruiz kam jeden Tag, um sie auf der Bühne zu sehen, und zeichnete sie wie wild. An anderen Tagen stieg er mit ihr ins Bett, ohne es zuzugeben.

Anschließend schlenderten sie im Mondschein durch Poble Sec. In den Augen Jusep Campalans' schimmerten die ärmlichen Häuser im Blau der Bilder seines Freundes. Sie kehrten durch die Calle de Conde de Asalto zurück und gingen in eine Kneipe im Barrio Chino. Weder Soto noch Ruiz hatten Geld, so daß Jusep den Wein und die Schnecken bezahlte.

Am darauffolgenden Tag wurde in der Galerie Leruvier in Paris eine Ausstellung mit Bildern von Pablo Ruiz Picasso eröffnet. Der Maler glaubte nicht an den Erfolg.

»Solange die *Chelito* hier ist, bleibe ich auch.«

Torres Campalans blieb in Barcelona, bis er kein Geld mehr hatte; er war kein Mann, der borgte und Schulden machte. Es gab auch keine Sehenswürdigkeiten, keine Museen mehr zu besichtigen, die Zeit verging mit langen Gesprächen in den Kaffeehäusern, auch nahm er häufig an zwei oder drei Stammtischenrunden teil, bei denen er, wenn er reden mußte, was nicht oft vorkam, mit seinem klaren, vernünftigen Urteil einen guten Eindruck machte. Immer wieder kreuzten sie in dem Bordell in der Calle de Aviñó auf, wo Pablo Jusep dazu ermunterte, es einmal mit einer anderen zu versuchen, als er sah, daß der Freund, wie er meinte, aus Schüchternheit, in Wirklichkeit jedoch nur aus seiner Logik heraus immer wieder mit derselben nach oben ging.

»Man muß alle ausprobieren.«

»Aber wenn die mir doch gefällt.«

»Was weißt du von Mariana? Mit der lohnt es sich.«

Er ließ sich überzeugen und überzeugte sich selbst.

Bis zum Morgengrauen spazierten sie über die Ramblas, die Gaslaternen beleuchteten von unten die kahlen Bäume, die sich weiter oben im Dunkel verloren. Die Cafés verliehen den Bürgersteigen Glanz. Es war ein mildes Jahr, man spürte nichts vom Winter.

»Was wirst du tun?«

»Nach Gerona zurückkehren. Was bleibt mir sonst schon übrig?«

»Warum bleibst du nicht?«

»Wovon soll ich leben?«

»Von irgendwas.«

»Dort habe ich meine Arbeit.«

Sein Sinn für Ordnung leitete ihn.

»Hast du etwa die Absicht, dein ganzes Leben ein Federfuchser zu bleiben?«

»Das wird man sehen.«

Er hätte gern gemalt, aber er hütete sich, das zu sagen. Ruhig gingen sie dahin und ließen die Zeit sachte die Ramblas hinunterfließen.

Um diese Zeit trafen sich gewöhnlich einige Journalisten und Zeichner um Jordi Avellac im Café Suizo.

»Der Mensch ist das einzige Tier, das malt.«

»Ja, und das den Stein behaut.«

»Und das den Hein beklaut, oder etwa nicht?!«

»Genug damit, es reicht! Das einzige auch, das weiß, daß es sterben wird etcetera, etcetera. Nein, Kinder, nein: das alles führt doch zu etwas, das noch viel schlimmer ist. Der Mensch ist das einzige Tier, das für etwas arbeitet, das nichts mit seiner Arterhaltung zu tun hat. Dies war Gottes Fluch: Im Schweiße deines Angesichts sollst du dein Brot essen. Deines Angesichts! Das heißt mit deinem Grips. Alles andere war schon alt: Auch Hunde und Raben schwitzen, um an ihr Essen oder ihr Weibchen zu kommen. Neu ist das Arbeiten um des Arbeitens willen, damit etwas bleibt. Es klingt wie ein Lüge, aber wir arbeiten, um noch zu sein, wenn wir schon tot sind. Gibt es einen besseren Beweis für die Kurzsichtigkeit der Atheisten?«

Torres Campalans bemühte sich, die neue Welt zu begreifen.

Jordi Avellac war ein schon alter Mann mit breitkrempigem Schlapphut und einem feinem Halstuch, der zum Sterben nach Barcelona zurückgekehrt war. Er hatte fast sein ganzes Leben in Paris zugebracht und sich für die letzten Jahre, die wegen einer Alterstuberkulose bitter zu werden drohten, in das Haus seines Sohnes geflüchtet, eines Papierwarenhändlers in der Ronda de San Antonio, der sich nicht einmal mehr an sein Gesicht erinnern konnte. Wie er erzählte, war er ein bedeutender Journalist bei *L'Opinion* gewesen, einer Tageszeitung, über die niemand je etwas Näheres herausbekommen konnte. Fest steht jedenfalls, daß Avellac mit seinem weißen Bärtchen und seinem graumelierten Haar unaufhörlich seine verlorene Stadt pries, für seine Zuhörer das Paradies. Böse Zungen behaupteten, Schnorren und »Erpressen« seien seine besten Waffen gewesen. Er war von zwitterhaftem Charakter, was man, bei einiger Boshaftigkeit, schon an seinem schlaffen Händedruck feststellen konnte. Seine alten Tage verbrachte er anspruchslos und ohne Bedürfnisse in der Ecke eines Cafés, wo er, wenn er nicht gerade Domino spielte, Vorlesungen über längst vergangene Theaterereignisse hielt. Scribe war sein Gott, mit Echegaray war er zufrieden, auf Benavente schimpfte er, Galdós war in seinen Augen ein Grobian. Die französischen Schauspielerinnen hingegen . . . : »Sarah Bernhardt sagte zu mir: ›Hör mal, Avellac, was hältst du von . . . ?‹ und Coquelin . . . « Manchmal, wenn er zwei Absinth *bien tassé* getrunken hatte, wurde er lyrisch.

Er war freier Mitarbeiter bei der Zeitung *La Vanguardia*, für die er Artikel »über Ästhetik« schrieb, in denen er Erinnerungen und jüngst geschehene Ereignisse in einem modernistischen Stil, ein wenig in der Art D'Annunzios, der unter Schriftstellerlehrlingen jener Zeit großen Erfolg hatte, miteinander verschmolz. Gewöhnlich schrieb er sie an einem Kaffeehaustisch, und bevor er sie mit einem Schuhputzer, den er eigens für diese Obliegenheit angestellt hatte, in die Zeitungsredaktion schickte, las er seine Manuskripte einem halben Dutzend »Künstlern« vor, die ihn auf dem Sofa unter dem Spiegel des Cafés umringten; Torres Campalans hörte ihm neugierig zu, während Pablo, taub, sein Bild auf den Marmor kritzelte.

»Der Artikel hat zwar noch keinen Titel, aber, ihr illustren jungen Leute, gebt acht:

›Wo auch immer du sein magst, stets erinnerst du dich an Paris. Nicht wegen der Seine, nicht wegen Nôtre-Dame, nicht wegen der Flußtäler von Passy, nicht wegen der Cafés, nicht wegen des guten Essens, nicht wegen der großen Boulevards, und nicht einmal wegen der Theater. Nein, weder die Geschäfte noch die Arkaden der Rue de Rivoli, weder die Place de la Concorde noch die Champs-Elysées, sind auch nur einen Pfifferling wert. Und auch wegen der Metro nicht mehr. Ist es der Duft der Lilien? Der milde Frühling? Die Unmenge grauer Gebäude? Nein. Was hat das »Madrid«, was andere Cafés nicht auch hätten? Oder das Efeu von Saint-Germain? Die Straßen kreuzen und überschneiden sich, die Pferdebusse werden immer mehr und an den Haltestellen bilden sich lange Warteschlangen, überall gibt es Buchhandlungen. Weder die Madeleine noch die Avenue de l'Opéra noch die Oper selbst. Sicher, der Bois de Boulogne ist der Bois de Boulogne, aber es gibt hundert Wälder wie den Bois de Boulogne. Das Panthéon ist kein Schmuckstück, schon eher der Jardin du Luxembourg, aber, es lassen sich auch andere Parks, andere Gärten nennen, die sich hinter ihm nicht zu verstecken brauchen. Auteuil ist gut, Menilmontand ist es nicht ganz so. Montmartre. Habt ihr Montmartre bei Tag gesehen? Es ist traurig, trotz der Aussicht. Die Außenboulevards überqueren, bis zur Rue Lafayette hinuntergehen? Das ist genau wie alles andere, nur vielleicht noch etwas häßlicher. Der graue Himmel kriecht über die Schornsteine, aus denen er zu kommen scheint. Ja, ich weiß: die Ausstellungen, der Louvre, etc. Na und? Immerhin sind da noch die andern Museen in aller Welt, und die sind auch nicht ohne. Die Tuilerien, gut, beinahe ein Wunder, vor allem, wenn man ein Kind mit einem kleinen Segelboot ist (die Gitter mit ihren vergoldeten Speerspitzen, und, ganz hinten, der Arc de Triomphe, dessen Farbe und Lage ihn wie eine ins Futteral ihrer Avenuen eingefaßte Perle erscheinen läßt). Die Frauen sind in der Regel alt, schlecht gekleidet und tragen lächerliche Hüte aus Omas Zeiten, die Kutscher sind schlecht erzogen, die Postämter sind entsetzlich, sie stinken und sind endlos. Hin und wieder ein junges Mädchen, aber auf seinen Vorteil bedacht. Die Hotels dunkel und verdreckt, mit ihren Toiletten auf halber Treppe. Lauter schlechtgelaunte Menschen, die dir keinen Centime erlassen. Gut. Na und? Du kannst sein, wo du willst, du erinnerst dich immer wieder an Paris. Nicht, daß ich dort die besten Jahre meines Lebens verbracht hätte, aber... Sicher, die Umgebung: Saint-Cloud, Versailles, Fontainebleau und all die Angler an den Ufern der Marne. Und die Impressionisten und die Kassierer der Banque de France mit ihrem Zweispitz, die Place de la Victoire, das Haus Victor Hugos, die Stände der Bouquinisten an der Seine. Ich weiß schon: die Restaurants, die Bistros, die Butter und die endlose und unvergleichliche Galerie von Käsen. Bestimmte Alkohole, aber die sind nicht einzigartig: es gibt überall auf der Welt etwas Gutes zu trinken. Der Jardin des Plantes, Vincennes, die Geschichte, die große und die kleine. Na und? Hat nicht auch Rom, oder ...? Das abgefallene Laub, braun, trocken, sanft, mit seinem dumpfen Geräusch wie von gebrochenen Knöchelchen, wenn man drüber geht, und die Sonne, die über die Türen und Eingänge der Stadt wandert. Aber der deutsche Wald ... Sollen diese breiten Avenuen etwa modern sein, die Straßenbahnen, die Droschken, die alten, verrauchten Bahnhöfe, die Festungsanlagen, das Gußeisen der Metroeingänge? Der Milchkaffee und die goldgelben *Croissants*? Wo gibt es das nicht? Zählen wir doch auf: Berlin, Warschau, Sankt Petersburg, New York, Moskau, London, Wien, was immer ihr wollt.

Der Zeitungsstand, die Litfaßsäule mit den Theaterplakaten – die Revuen[!] –, die Straßenverkäuferin mit ihren gerösteten Kastanien, die Veilchensträußchen. Das Wasser, das in den Rinnsteinen neben den Bürgersteigen fließt, das Musée Grévin, die falsche Klassik von Nôtre-Dame de Lorette, der Parc Monceau. Noch mehr Namen? Das alles, ist das Paris? Die alten Häuser um die Hallen, von Schmutz zerfressen, grau, klein, dunkel, voller Portiersfrauen, Orangenverkäufern, Kaldaunen à la mode de Caen. Die Brücken, die Ile Saint-Louis, die Seine mit ihren Lastkähnen. Die Kais. Das gedämpfte Licht, malvengrau, wie Perlmutt: das Licht von Brüssel, von Amsterdam. Kann man es mit dem von Barcelona, von Lissabon oder Florenz vergleichen? Nein.«

Avellac machte eine Pause, setzte auf Wirkung, trank einen Schluck grünen Anisschnaps. Er hob die Stimme: »Es geht einfach darum zu zeigen, daß Paris keine Stadt, sondern eine Lebensart ist, ein Art und Weise, das Leben zu begreifen. Du bist dort auf eine andere Art Mensch, auch wenn du genauso oder noch schlechter lebst als anderswo.«

»Paris ist eben eine Stadt nach menschlichem Maß, wie Galdós gesagt hat«, bemerkte Julián García Meneses, um ihn zu ärgern.

Avellac zuckte die Achseln und fuhr fort.

»Ihr müßt wissen, daß in Paris alles in Reichweite ist. Alles ist alt, verbraucht, bekannt, aber stets gleichbleibend, seit jeher und für immer da. In Paris hast du Vertrauen in das Werk des Menschen. Nicht in das Geschaffene oder das noch zu Schaffende. Du kannst dich im Bett hin- und herwälzen mit der Gewißheit, daß es existiert, daß es alles ist und daß es erprobt ist, und falls nicht, es eines Tages sein wird, und daß dich die Ärmellöcher deiner Jacke nie stören werden, alles maßgeschneidert. Paris ist eine Art und Weise, das Leben zu begreifen, eine glückliche Art und Weise, da zu sein, sich wohl zu fühlen. Altes, abgelagertes Leben, Geruch von Wein eines guten Jahrgangs, von Käse mit dem richtigen Reifegrad. Es ist der Wein, der Käse schlechthin. Alles andere, die Eleganz zum Beispiel, sind nur Zugaben. Wer beklagt sich? Wer möchte nicht wieder dorthin zurück? Wer erinnert sich nicht? Wer sehnt sich nicht? Nicht nach Frankreich, das ist ein anderes Lied, sondern nach Paris, nur nach Paris: eine andere Welt. Die andere Welt ...«

Ein zustimmendes Murmeln umgab den »Chronisten«. Paris bedeutete diesen Grünschnäbeln alles. Jordi Avellac war kein katalanischer Separatist, sondern ein Anhänger der Idee, daß Katalonien ein französisches Département werden sollte. Spanien, nein, sagen wir Madrid, gab es für ihn überhaupt nicht. Außerdem war er Antisemit, *Dreyfusard* aus tiefstem Herzen und erzreaktionär.

Jusep Torres Campalans war tief beeindruckt von dieser Lobrede. Er nahm sich vor, so schnell wie möglich nach

Paris zu fahren. Er fragte seinen jungen Freund, ob er dem zustimme, was der alte Journalist gesagt hatte.

»Paris?« wiederholte Pablo. »Paris? Ja, für eine Weile ist es nicht schlecht.«

Noch stärker berührte ihn das, was er in dieser Nacht erleben sollte. Sie kamen über die Boquería aus dem Bordell in der Calle de Aviñó zurück und gingen über die Plaza del Pino, und weil die Kirche offen stand – es war Samstag – warfen sie, angelockt von der Kirchenmusik, einen Blick hinein. Torres Campalans hatte in Anbetracht des Ortes, von dem sie kamen, gewisse Bedenken einzutreten. Er bat gerade um Vergebung für seine Lüsternheit, als er Avillac entdeckte, der mit gekreuzten Armen vor einem Seitenaltar kniete. Als der Alte seinen Blick bemerkte, drehte er sich um. Tränen verloren sich auf seinen bärtigen Wangen.

Sie gingen hinaus.

»Gib nicht auf ihn acht. Jedesmal wenn er ›sündigt‹, kommt er hierher, um zu beichten, die kennen ihn schon. Und wie der sündigt.«

Auch das machte großen Eindruck auf Torres Campalans.

»Gibt es in Paris viele?«

»Keine Ahnung.«

»Widern sie dich nicht an?«

»Mich? Das ist doch ihre Sache.«

»Ich dachte, es wäre nur Gerede.«

»Was?«

»Das mit den Schwulen.«

4

Als er nach Gerona zurückkam, sah er sich wegen der unerlaubten Abwesenheit von seinem Arbeitsplatz im Notariat gezwungen, sich nach einer anderen Stelle umzusehen. Er wurde für kurze Zeit Briefträger, und zwar Aushilfsbriefträger, bevor er als Gepäckträger am Bahnhof anfing, um dann später in der gleichen Kategorie, nämlich als *Dienstmann*, in der Pension del Comercio zu arbeiten. Es wollte ihm nie in den Kopf, daß die unterschiedlichen Arbeitskategorien eine Bedeutung für die gegenseitige Wertschätzung der Menschen haben könnten. Aus dieser Zeit, den letzten Monaten des Jahres 1904, datiert seine Liebe zu Pepita Romeu, der einzigen Tochter des Steueramtmanns von Flaçà, Don Miguel, gleichen Nachnamens selbstverständlich, der in Gerona wohnte, weil er sich gern in der Öffentlichkeit zeigte und repräsentierte.

Jusep Torres kannte sie aus der Zeit, als er noch Schreiber im Notariat war, und grüßte sie auch weiterhin sehr freundlich. Pepita war sechzehn oder siebzehn Jahre alt. Im Unterschied zu der Schaupielerin war sie blond und schwächlich, hatte sehr schöne blaue Augen und sittsame kleine Brüste, die sich, als seien sie ungeliebt, hinter dem gut gestärkten Pikee ihrer makellosen Blusen versteckten. (Was Frauen anging, war Torres Campalans eklektizistisch, ganz im Unterschied zu seiner Haltung in ästhetischen Fragen.)

Enrique Beltrán, der künftige Lliga-Abgeordnete, erzählt diese seltsamen Liebesgeschichten folgendermaßen:[5] »Damals verliebte sich mein Freund Torres Campalans in Pepita Romeu. Señor Romeu, der Steueramtmann, war in Gerona eine sehr angesehene Persönlichkeit. Als ernsthafter, allen gesellschaftlichen Konventionen treu ergebener Mensch zog er selten das Jackett aus oder nahm den Zylinder ab. Seine Frau verließ selten das Haus, um das sie sich bis zur Entkräftung und unter ständigen Klagen über das Leben und die Gesundheit der andern kümmerte. Alle ihre Sätze begannen stets mit einem ›Ach, mein Kind...!‹, das ihr üppiges, nur von grauen oder schwarzen, billigen, nie neu aussehenden Woll- oder Nankingstoffen notdürftig zusammengehaltenes Fleisch zum Zittern brachte. Um das

Feiern der Geburtstage zu vereinfachen, brachte sie ihre Kinder alljährlich im Mai zur Welt. Pepita und ihr siebter Bruder Joaquín waren am 22. geboren, Miguel, der Erstgeborene, am 21., Juan am 17., María am 14., Nuria am 8., Enrique am 5., Manuel am 3., Teresa am 2. und José María ausnahmsweise am 18. September, weil die gute Frau als Folge einer aufsehenerregenden Überschwemmung eine Fehlgeburt gehabt hatte.

Wenn es auch nicht allgemein bekannt war, so wußte man doch, daß Don Miguel Romeu, ohne besonderen Luxus, im dritten Stock eines Neubaus am Ufer des Oñars eine vierundzwanzigjährige Witwe aushielt. Sie war eine hübsche, zurückhaltende Frau, und die Liebesaffäre der beiden blieb lange Zeit mehr oder weniger unbemerkt, da im Erdgeschoß eine Apotheke eröffnet worden war, die Don Juan María Mussot gehörte, einem alten Hagestolz, der in seiner Wohnung, die der von seinem Freund, dem Steueramtmann, angemieteten gegenüber lag, ein duckmäuserisches Leben als Leisetreter führte. Unter dem Vorwand, mit seinem Freund ein Schwätzchen zu halten, betrat Don Miguel die Apotheke, stieg dann heimlich zwei Stockwerke höher, um unter Beachtung der üblichen Vorsichtsmaßregeln und mit Bedacht seinem regelwidrigen Tun nachzugehen. Doch in einer Provinzhauptstadt mit fünfzehn- oder achtzehntausend Einwohnern kann man bei Sündengeschichten, und seien sie auch so unbedeutend wie diese, noch so gut aufpassen, am Ende wissen alle, die wollen, Bescheid. Sicherlich auch jene, die es am meisten anging: Nach so vielen Sprößlingen empfand Señora Romeu die relative Ruhe, zu der ihr Montserrat Gómez, die Witwe Adriaséns', verhalf, vielleicht als Segen.

Ganz anderer Auffassung war mein Freund Torres Campalans, als er, geleitet von seiner Liebe zur jungen Pepita, von dem Fehltritt Kenntnis erhielt. Rein wie das reinste Wasser und unduldsam, wie er es sein ganzes Leben lang bleiben sollte, zudem unfähig, sich jemals umstimmen zu lassen, sobald er sich seiner Sache einmal sicher war, was bei ihm immer der Fall war, in einer strengen, kinderreichen Familie auf dem Land aufgewachsen und der alten, katholischen Moral verpflichtet, geriet dieser junge Mann in heftigen Zorn. Eines Abends, als der Stammtisch der Honoratioren zur üblichen Zeit zusammengekommen war und im Casino, in dem sie sich trafen, Hochbetrieb herrschte, erschien er dort, ließ Don Miguel rufen und erhob im Vestibül der höchst ehrenwerten Institution mit lauter Stimme Einspruch gegen das, was in seinen Augen ein ruchloses Verhalten war. Die Szene, an die man sich in Gerona noch lange erinnerte, war in höchstem Maße absurd und lächerlich. Der Grünschnabel, der da im Namen der Moral sprach, machte dem rechtschaffenen Steueramtmann lautstark Vorhaltungen, und der angesehene Bürger, fein herausgeputzt in seinem Gehrock, eine Blume im Knopfloch, graumelierter Bart, zusammengewachsene Augenbrauen, dichte Haarpracht, wußte erst gar nicht, was er antworten sollte, bis ihm der gesunde Menschenverstand befahl, die verzerrte Stimme zu erheben und den Burschen anzuschreien, daß er ihn erstens nicht kenne und daß er zweitens seine Nase gefälligst nicht in anderer Leute Angelegenheit stecken solle, um schließlich den Portier und den Dienstmann herbeizurufen und sie anzuweisen, den Eindringling hinauszuwerfen. Der drehte sich mit der Kraft seiner noch nicht vollendeten zwanzig Jahre um, schimpfte ihn einen Feigling und forderte ihn zum Duell.

Außer ihm selber und mir wußte niemand von seiner ungestümen und feurigen Liebe zu Pepita, der Tochter des Geschmähten, und alle glaubten, sein offenkundiger Eifer sei der Ausfluß eines heftigen Gefühls für die von dem ehrenwerten Herrn versteckt gehaltene und mit regelmäßigen Zahlungen ausgehaltene Witwe. Die Provokation zeitigte Folgen, einmal abgesehen davon, daß sie monatelang das Stadtgespräch in Gerona war, nämlich das Ende der zwar intimen, jedoch nicht weniger respektvollen Beziehungen zwischen dem Steueramtmann und seiner Geliebten, die daraufhin nach Olot verzog, wo sie mit der Zeit die angesehene Chefin und Prinzipalin eines gut beleumundeten Bordells und obendrein eine tüchtige Pfandleiherin wurde.

Manche werden sich wundern, daß ich mit dem Dienstmann einer Pension befreundet war. Das heißt, Katalonien und Spanien nicht zu kennen. Jusep wurde mein Freund, als er Angestellter bei einem Notar war, der uns als entfernter Verwandter meiner Familie häufig besuchte und immer wieder von Juseps Mutterwitz und seiner Geschicklichkeit schwärmte. Außerdem hatte er etwas an sich – vielleicht war es sein Geschmack, seine Neugierde für kulturelle Dinge –, das alle Vorurteile entkräftete, die ich zum andern auch nie hatte. Die hohe Meinung, die ihm die Geistlichkeit entgegenbrachte, trug zu dieser allgemeinen Wertschätzung bei. Ich müßte lügen, wenn ich behaupten wollte, daß der Skandal im Casino seinem Ruf nicht geschadet hätte, obwohl ihn die meisten, wenn auch hinter vorgehaltener Hand, als einen Beweis seiner Männlichkeit ansahen. Er wurde allerdings wütend, wenn ihm neidische Seitenhiebe, in der Regel in Form von Glückwünschen aus dem Munde junger Männer unseres Alters zu Ohren kamen. Er war verliebt in Pepita, Pepita würde ihn eines Tages ebenfalls lieben, er sah sich schon mit ihr verheiratet und konnte daher nicht zulassen, daß sein zukünftiger Schwiegervater fremdging. Er war stolz auf das Ergebnis seiner Einmischung. Allerdings wußte Pepita nicht das mindeste von den Gefühlen, die sie wachgerufen hatte. Jusep Torres achtete sehr darauf, seine Gefühle nicht zu offenbaren, ihm war nur seine Liebe wichtig, er hegte und pflegte sie mit den Augen, wenn er den Gegenstand seiner stummen Bewunderung auf der Straße sah, sonntags zum Beispiel, nach der Elf-

Uhr-Messe, am Ausgang der Kirche, von der Freitreppe aus, oder mit den Ohren, wenn er gut versteckt in einer dem Haus des Steueramtmanns gegenüberliegenden Toreinfahrt stand und hörte, wie sie mühsam das Andante der fünften Symphonie von Beethoven einstudierte. Das genügte ihm, um sein Feuer lebendig zu halten. Jeden Samstag, nach der Abfahrt des Expreßzugs und vor der Ankunft des Postzuges, wenn wir von dem langen Spaziergang, den wir an diesem Tag über die Felder und Weiden machten, zurückkamen, gingen wir zum Postamt, wo Jusep Torres mit einer gewissen Feierlichkeit eine unbeschriebene, an den Erzeuger seiner Geliebten adressierte Postkarte in den Briefkasten warf: ›Señor Don Miguel Romeu, Plaza del Aceite, 6, Gerona.‹

Achtzehn Monate lang bekam der Herr Steueramtmann von Flaçà jeden Montag mit der Morgenpost diese Karten. Seine Empörung wurde bekannt und der Spott allgemein.

»Und?« fragten ihn seine Freunde jeden Montag nachmittag beim Kartenspiel. »Heute auch?«

»Meine Herren, darüber sollte man schweigen. Wenn ich je den Verantwortlichen für diesen makaberen Scherz finde«, und er betonte das Wort ›makaber‹, und seine Stimme wurde noch schneidender, »breche ich ihm jeden Knochen einzeln.« Hierzu bekam er jedoch keine Gelegenheit.

Jusep Torres erklärte: »Schriebe ich ihm jeden Tag, wäre es einfach, mich nicht zu vergessen. Ebenso sähe es aus, schriebe ich ihm jeden Monat an einem bestimmten, leicht zu merkenden Tag. Aber jede Woche, das ist ein positiver Beweis für die Beständigkeit meiner Liebe.« Als ich ihm klarmachte, wie absurd es sei, dem Vater des geliebten Wesens diese Nachrichten zu schicken, gab er mir zurück, daß auf diese Weise keine Zweifel an der Lauterkeit seiner Absichten aufkommen könnten. Ich drängte ihn, dem Mädchen seine Gefühle zu entdecken, doch er zuckte nur die

Achseln, als sei das ohne Bedeutung für ihn, weil er sich sicher war, daß das Opfer an dem Tag, an dem es von seiner Beständigkeit erfahren würde, und dazu schickte er ja diese postalischen Beweise, nichts anderes tun könne, als seinen Heiratsantrag anzunehmen. Und tatsächlich heiratete Pepita Romeu auch, allerdings nicht ihn, sondern einen jungen Notar aus Villanueva y Geltrú. Die Verlobung war aus politischen Gründen geheimgehalten worden: Der Verlobte stammte aus Murcia, und Don Miguel war ein glühender katalanischer Nationalist. Er wollte nach Möglichkeit vermeiden, daß man ihm etwas vorhalten könnte, was in diesen Tagen als Fahnenflucht erscheinen mochte. Die Besuche von Don Luis Padrón wurden immer mit offiziellen Anlässen begründet.

Die Nachricht über die Verbindung wurde im gleichen Augenblick bekannt, in dem Jusep Torres Campalans einrücken sollte, um ›dem König zu dienen‹. Ob wegen der einen oder der anderen Sache, oder wegen beiden, jedenfalls verschwand mein Freund nach reiflicher Überlegung, denn er tat nie etwas auf gut Glück, eines Nachmittags, und ging über Puigcerdá, das damals fast völlig von der Außenwelt abgeschlossen war, nach Frankreich. Er kehrte nie wieder nach Spanien zurück.«

5

Die beiden Jahre zwischen seiner Reise nach Barcelona und seiner Ausreise nach Frankreich verbrachte Jusep Torres Campalans in Gerona. 1905 unternahm er eine weitere, sehr kurze Reise in die katalanische Hauptstadt in der Hoffnung, Pablo Ruiz wiederzusehen. Er traf ihn nicht an: Pablo war in Paris.

Wahrscheinlich begann er in dieser Zeit zu malen. Ermuntert wurde er dabei von Domingo Foix, dem Gepäckmeister des Bahnhofs von Gerona. Dieser redliche

Beamte der Eisenbahn von Barcelona nach Port-Bou war Sonntagsmaler und an allen Wochentagen überzeugter Anarchist und Bewunderer von Pfarrer Jacinto Verdaguer. Sein gesundes Auge (das andere war durch den weißen Fleck eines grauen Stars erblindet, der sich so weit verschlimmert hatte, daß er nicht mehr operiert werden konnte) wurde immer feucht, wenn er rezitierte:

A Montserrat tot plora
tot plora d'ahir ençà
que ahí a l'Escolania
s'és mort un escolà...

Alles weint in Montserrat
alles weint seit gestern
denn dort im Kirchenchor
verstarb ein Sängerknabe...

Er lernte Torres Campalans als Laufbursche der Pension del Comercio kennen, wenn dieser Gepäckstücke, Musterkoffer, Warenballen als Expreß- oder Normalgut aufgab oder abholte. Domingo Foix war ein kleiner, kränklicher Mann, geboren in Collbató bei Montserrat. Vielleicht kam von daher seine Leidenschaft für Verdaguers Gedichte. Er kannte ganze Gesänge aus dem *Canigó* auswendig:

Plora el Conflent, sos pagesius i pobles,
plora en son niu la tórtora soliua,
e el cel, a on esclata la tempesta
és, com sos ulls, de llàgrimes font viva.

Es weint der Fluß Conflent, seine Bauern und Dörfer,
Es weint in ihrem Nest die einsame Turteltaube,
und wo das Gewitter ausbricht ist der Himmel,
wie seine Augen, eine lebendige Quelle von Tränen.

Auch ihm kamen beim Aufsagen die Tränen. Er war Witwer und Vater von drei noch kleinen Kindern. Seine Schwester Pilar – *die Pili* – führte den Haushalt in dem winzigen, direkt an den Bahngleisen liegenden Haus. Praktisch veranlagt, war sie ein richtiges Mannweib, das keine Einmischung duldete und dafür sorgte, daß ihr die Kinder widerspruchslos gehorchten. Gerade dreißig Jahre alt, hatte sie ihren Mann im Kubakrieg verloren, so daß ihr Haß auf die Regierung verständlich und gerechtfertigt war. Ebenso ihre heimliche Leidenschaft für Jusep, der ihr nicht widerstehen wollte oder konnte. Nachts, wenn der Schnellzug durch war, paßte sie ihn zwischen den Gepäckstücken ab, die sich auf dem Bahnsteig oder im Lager türmten, um sich, die Röcke hochgerafft, mit ihm rasch zu vereinen. Ihr Stöhnen und Seufzen verdarben dem ehrbaren Gepäckmeister, der hundert Meter entfernt in anarchistischen Büchern oder Broschüren blätterte, das Abendessen.

Domingo Foix' Anarchismus war insbesondere durch Francisco Ferrer gefördert worden, der damals auf der Strecke Barcelona–Port-Bou Schaffner war. Mehr als einmal hatte er sich zwischen zwei Zügen stundenlang im Haus des Eisenbahners aufgehalten. Der hielt ihn für ein Genie. Ferrer gab ihm Broschüren, einige Bücher, die er auswendig lernte und die ihm dazu dienten, jeden möglichen Einwand restlos auszuräumen. Auf die Rückwand einer Speisekammer, die er für seine Genossen wie einen Altarschrein öffnete, hatte er das Motto Blanquís gemalt: »Weder Gott noch Herrn«. Über alles aber schätzte er Kropotkin.

Der erste Teil seines knappen Credos führte ihn zu endlosen Diskussionen mit Jusep, der allerdings nicht klein beigab. Keiner der Beweise des guten Gepäckmeisters, der nicht glaubte, daß man sich der sozialen Gerechtigkeit widersetzen könne, nicht einmal mit den radikalsten Methoden, brachte seinen Glauben ins Wanken. Im Gegenteil. Die Unvereinbarkeit ihrer Ansichten, mit denen sie Tag für Tag aus den unterschiedlichsten Gründen aufeinander losgingen, tat ihrer Freundschaft keinen Abbruch. Mehr schmerzte den Gepäckmeister die Lüsternheit seiner Schwester, so sehr er andererseits auch ein Verfechter der freien Liebe war, die seine eifersüchtige Frau im jedoch nie gestattet hatte.

»Ich habe nichts gegen Gott«, sagte Domingo zu Jusep, »im Gegenteil. Wenn es ihn gegeben hat, wenn es ihn gibt, dann ist er der Großanarchist, der Oberste Individualist.«

Foix hatte sich eine »persönliche Philosophie« zusammengeschustert.

»Alles, was von philosophischen Schulen gesagt wird, sind Märchen. Jeder hat seine eigene Philosophie. Jeder Mensch ist ein Philosoph, nur weiß er es nicht. Man muß sich kennenlernen, nachdenken. Ich denke, also bin ich, hat ein berühmter Philosoph gesagt. Man kann den anderen helfen, so wie ich es mit dir versuche. Man muß den anderen helfen. Aber Schulen gibt es keine. Jeder ist wie er ist. Beeinflussen, gut, aber befehlen, nein. Wenn jemand befiehlt, sind die anderen verloren. Deshalb hat uns dein Gott konsequenterweise hilflos zurückgelassen.«

Domingo Foix hatte durchaus Sinn für Humor.

»So wie die Welt organisiert ist, muß es jemanden geben, der befiehlt. Aber genau das muß geändert werden. Und als erstes die Kirche.«

»Sie hat nichts mit dieser Welt zu tun.«

»Glaubst du das wahrhaftig?«

»Alles, was ich glaube, glaube ich ›wahrhaftig‹.«

Bei solchen Argumenten verschlug es dem alten Anarchisten die Sprache.

»Du wirst es einmal zu etwas bringen. ›Die Erlösung liegt in uns selber‹.«

»Das hat Tolstoi gesagt«, versicherte Torres Campalans, der zeigte, daß er belesen war.

»Ja, warum nicht? Ist es deshalb vielleicht falsch?«

Der junge Mann war ein großer Bewunderer Tolstois,

teilte jedoch, trotz der Gebote seiner Religion, nicht dessen Auffassung, man dürfe dem Bösen nicht mit Gewalt widerstehen. »Auch zerstören heißt erschaffen.«

»Ich werde dir mal was sagen, Jusep, ich werde dir mal was sagen ...«

In Domingo Foix' Anarchismus war alles Liebe.

»Warum müssen die Ideen oder Gefühle, die die Menschen bewegen, rational begründbar sein? Als seien wir Maschinen... Keine der großen Bewegungen, die der Menschheit Impulse gegeben haben, sind das bis heute gewesen. Warum malt er so, wie er malt?« fragte ihn Torres Campalans, der sich an Picassos Werk erinnerte.

Foix wußte nicht, was er darauf antworten sollte.

»Vielleicht hast du recht, aber ich empfinde es nun einmal so.«

»Daß die Sozialisten eine Malerei dieser Art wollen, kann ich mir durchaus erklären, es ist normal, für sie ist alles wissenschaftlich, sie haben, wie wir sehen, keine Phantasie, die wird von ihnen gekappt. Für sie muß ein Brot ein Brot sein, und daß es vor allem auch so aussieht. Aber wir?«

»Du möchtest wohl gern, daß meine Kaninchen Flügel hätten?«

»Warum nicht?«

Der gute Gepäckmeister war entrüstet.

Wenn er sich mit Beltrán Casamitjana unterhielt, der für den Anarchismus nur Spott übrig hatte, so argumentierte er auf eine Art und Weise, wie er es später, als er reifer war, nicht mehr tat. Die Freundschaften der Jugendjahre führen zu solchen Extremen.

»Ich weiß, der Anarchismus ist nicht so wissenschaftlich wie der Sozialismus, aber er ist menschlicher. Er wird zwar nichts nützen, aber er ist gegen alles, und das ist gut. Kämpfen und Sterben für eine vernünftige Utopie. Du sagst, die Anarchisten seien alle Tollhäusler. Es wäre doch gut, einmal die Tollheit regieren zu lassen, nur um zu sehen, was passiert. Schlimmer als das, was wir heute haben, und was du so hoch achtest, wird es nicht sein.«

»Die Anarchisten wollen doch, daß alles für alle taugt. Und das ist absurd.«

»Der gute Wille ...«

»Und damit haben sie schon alles durchschaut und begriffen.«

»Die Anarchie ist eine poetische Theorie, sonst nichts. Man muß die Poesie ins Leben hereinholen ...« (Zu jener Zeit schrieb Torres Campalans noch Gedichte.)

»Wenn ihr so Revolution machen wollt, können wir im Sitzen drauf warten. Wenn man alle lieben will, endet es damit, daß man alle haßt, wenn man wirklich will, daß alles eins ist. Wladimir Louis oder wie er heißt ging neulich aus dem Haus und schoß wahllos mit seiner Pistole in der Gegend herum (er verletzte drei Frauen und einen Polizisten), dann schoß er sich eine Kugel durch den Kopf. Man hielt ihn für verrückt, weil er bei der Polizei nicht aktenkundig war.«

Ich weiß nicht, wie Torres Campalans dazu kam, Anarchist zu werden. Sicherlich spielte die enge Freundschaft mit den Foix' eine Rolle, die Lektüre der Bücher, die ihm damals in die Finger kamen, der katalanische Nationalismus und die ganze Stimmung, die damals solche Theorien begünstigte. Aber es muß noch etwas anderes gegeben haben. Es sei denn, daß diese Mischung aus Liebe und Haß die normale Einstellung bei einem jungen Arbeiter war, der sich hier und jetzt Gedanken über seinen Platz in der Welt machte. Und genau genommen, was für eine andere Lösung bot sich ihm schon?

Damals zeichnete und malte Torres Campalans zum ersten Mal. Domingo Foix hatte Geschick. Zwischen ihm und dem Zöllner Rousseau gab es keine Gemeinsamkeiten außer der Tatsache, daß sie als einfache Soldaten in Amerika gekämpft hatten: der Franzose in Mexiko, unter

Bazaine, der Katalane 1868 in Kuba unter Weyler. Der brave Gepäckmeister malte ausschließlich Blumen und tote Kaninchen. In keinem Bahnhof auf der gesamten Strecke zwischen Grenze und katalanischer Hauptstadt fehlte im Eßzimmer des jeweiligen Bahnhofsvorstehers ein Beispiel für seine autodidaktische Geschicklichkeit.

Vor oder nach seinen kurzen und heftigen Begegnungen mit *der Pili* steuerte Jusep ihr Haus oder besser gesagt das ihres Bruders an, wo es immer einen Kaffee und sonntags ein Glas Cognac für ihn gab. Die Nickelbrille vor den dichten Augenbrauen, las Domingo Foix bedächtig die subversivsten Texte. Als die anarchistische Bewegung zu Mitteln der Gewalt griff, versteckte Domingo in seinem Haus oder in Waggons auf Abstellgleisen mehr als einen Gleichgesinnten.

Was zeichnete, was malte Jusep Torres Campalans im Bahnhof von Gerona? Ich fürchte, man wird es nie erfahren. Sicher ist jedoch, daß er dort anfing, mit Stift und Pinsel zu hantieren. Ob er bereits vor seiner Flucht nach Frankreich den Entschluß faßte, sich ganz der Malerei zu widmen, oder ob diese Entscheidung Folge zufälliger Umstände in Paris war, habe ich nicht in Erfahrung bringen können. Wahrscheinlich spielt aber, wie bei allem, das eine eine ebenso große Rolle wie das andere. In den Tagen um Pepita Romeus Hochzeit fand in Gerona die erste Versammlung der *Solidaridad Catalana* statt. Sie war ein großer Erfolg für Prat de Riba und Cambó, und Jusep Torres Campalans war auf Vorschlag Beltrán Casmitjanas Mitglied des von den Organisatoren eingerichteten »Ordnungsdienstes« geworden. Der Gepäckmeister, der das Wort Regierung nicht hören konnte, ob es sich nun um eine revolutionäre oder eine katalanische handelte, war empört:

»Daß Revolutionäre aus der Mittelklasse solche Ansichten vertreten, kann ich noch begreifen, denn wir wissen nur allzugut, was sie unter Revolution verstehen«, rief er und

Calle – 1906

STRASSE

RETRATO DE MUJER – 1906

FRAUENBILDNIS

Retrato de Ana María – 1907

BILDNIS ANNE MARIES

El Marino Bisco – 1907

DER SCHIELENDE MATROSE

folgte dabei Wort für Wort seinen Klassikern. »Ich wußte schon immer«, fuhr er fort, »daß du keiner von uns bist und keiner von uns sein kannst. Zwar glaubte ich, daß du eines Tages von selbst zu der Überzeugung kommen würdest, daß das ganze Geschwätz von Gott und diese Geschichten nur Märchen sind, um Leichtgläubige zu umgarnen. Aber nein, dir ist nicht zu helfen. Am besten, du setzt keinen Fuß mehr hierher.«

Pilar schluckte, aber in dieser Situation, zudem in Gegenwart ihres Bruders, wagte sie nicht, sich zu widersetzen. Trotzdem sagte sie noch: »Was hat denn das damit zu tun...?«

»Was das damit zu tun hat? Entweder ist man einer oder man ist es nicht. Und er ist keiner. Er wird einmal als Bankier enden. Genau! Als Bankier, der seinen Brüdern das Blut aussaugt! Aber wir werden dich hängen, Jusep, wir werden dich hängen!«

Beschämt ging der junge Mann hinaus. Noch am selben Abend zerriß Domingo Foix, um den Bruch unumkehrbar zu machen, was er sich in seiner Gutmütigkeit sogleich wieder vorwarf, sämtliche Zeichnungen Torres Campalans', obwohl seine Schwester alles versuchte, um das zu verhindern:

»Die nicht! Die nicht! Die *machts* so hübsch!«

Die Last der ganzen Welt auf dem Rücken, ging Jusep Torres Campalans zwischen den Gleisen dahin. Die Hochzeit der von ihm Geliebten, die Reaktion Domingo Foix', dem er, genau jetzt, gern Punkt für Punkt geantwortet hätte, denn er stand felsenfest zu seinen katholischen und anarchistischen Vorstellungen, die in seinem Kopf bestens zusammenpaßten; die Trennung von Pilar... Auch wenn er es sich nicht eingestand, dämmerte ihm doch allmählich, daß er dem alten Freund für seine harte Reaktion dankbar war, denn von der Liebesglut der Schwester hatte er die Nase gestrichen voll... Und nächste Woche sollte er zur Musterung. Dem König dienen... Die Uniform anziehen...

6

Als er im September in Paris ankam, führte ihn sein erster Weg in die Metro. Die Erinnerung an den unterirdischen Zug, der Bittermandelgeruch des Desinfektionsmittels, die warmen und kalten Luftströme hüllten ihn ebenso unauslöschlich ein wie die Einsamkeit: Der Unfall in der Station Couronnes, bei dem wenige Tage zuvor achtzig Menschen erstickt waren, hielt die Fahrgäste davon ab, die Metro zu nehmen.

Er landete in einer feuchten Kellerwohnung, die auf einen engen, zweigeteilten Hof ging, in den nur deshalb Licht einfiel, weil die umliegenden Häuser höchstens anderthalb- oder zweigeschossig waren. Genau gegenüber, in zwei Meter Entfernung, führte ein mit vier soliden Eisenstäben vergittertes, bis auf halbe Höhe zugenageltes Fenster zu einem Schreib- und Papierwarenlager – Umschläge, Hefte, Papier, Heiligenbildchen –, dessen Eingang in der Rue des Prêcheurs lag. Er war mitten im Markthallenviertel im Haus eines valencianischen Ehepaares gelandet, das in der Rue Rambuteau, zwischen der Rue Saint-Denis und der Rue Pierre-Lescaut, einen Orangengroßhandel betrieb, ein beleibtes, friedfertiges Ehepaar aus Cullera, dem die Tatsache, daß der Neuankömmling katalanisch sprach, eine ausreichende Garantie zu sein schien. Er war zufällig an sie geraten, als er nach Bekannten aus Figueras fragte, die sich, weil die beiden Töchter in Montpellier und Bordeaux gut verheiratet waren, gerade dazu entschlossen hatten, »nach Hause« zurückzukehren.

Oberhalb des Gitters, unter einem Vordach, verlief eine Regenrinne aus Zink, die in einem Fallrohr endete, das hinter der niedrigen Mauer verschwand, die einen anderen halben Innenhof abschloß. Von seinem Fensterloch aus konnte Jusep dort drei Viertel eines hohen Fensters mit Vorhängen aus mattem Seidenstoff sehen, das dem trostlosen Hof ein gewisses bürgerliches Aussehen verlieh. Über dieser vornehmen Öffnung war eine andere, kleinere zu sehen, und zwar ein Dachfenster. Die Mauer, an der das Gitter befestigt war, versperrte nicht die Sicht auf den Giebel eines zweiten, ganz ähnlichen Fensterchens. Genau gegenüber zeichnete sich eine quadratische Dachluke ab, hinter der ein japanischer Bambusvorhang hing, der irgendwann einmal grün gewesen, inzwischen aber durch den Staub dunkelgrau geworden war. Diese Mauer schien neuer zu sein als die, die den winzigen Innenhof zur Linken abschloß, wo ein ähnliches Fenster wie zuvor mit hochgezogener Jalousie zu sehen war. In der Ecke hatte gerade ein Blumentopf Platz, in dem eine kümmerliche Geranie vor sich hin vegetierte, auf die in diesen Tagen um zwei Uhr nachmittags für eine Viertelstunde ein blasser Sonnenstrahl fiel, falls der Himmel es erlaubte. Die beiden Wände sahen mit ihren schmutzigen Wasserschlieren wie verschimmelt aus, während die anderen Mauern, noch höher, noch älter, ohne jede Scham an allen Ecken und Enden ihren abblätternden Putz mit den großen Schorfflecken, Pusteln und Tumoren zeigten, der das schäbige Gerippe mit einem undefinierbaren Etwas bedeckte, einem aufgequollenen Kalkanstrich, der vom Weiß über alle erdenklichen Grautöne bis zum schmutzigsten Schwarz changierte und nun Blasen geworfen hatte, die zum Teil geplatzt und heruntergefallen oder halb am Fallen waren. Der durch dicke, mit Schmutzklumpen verzierte Kabel dreigeteilte Himmel wurde von sieben Kaminen gekrönt, die dann und wann Rauch ausstießen. Wenn es nieselte, blühten auf dem Glas des Fensters dicke Regentropfen, die in ihren Bäuchen das glänzende, allmählich blasser werdende Licht sammelten, das durch die im Innern des Zimmers aufgestaute Dunkelheit noch verschönt wurde. Wenn es stärker regnete, vertrieb sich Torres Campalans die Zeit damit, daß er Berechnungen anstellte, wohin die ersten Tropfen laufen würden. Wenn sie dem durch Scharfsinn und Berechnung vorgezeichneten Weg folgten, freute er sich; wenn nicht, zuckte er die Achseln. Meistens lag er richtig.

In das Zimmer paßte mit Mühe ein altes Bett aus hellem Holz mit einer dreiteiligen Matratze, guten Decken und sauberen Leintüchern. Auf einem mit gelbem Stroh bezogenen Stuhl stand ein Kerzenständer aus Zinkblech mit blauen Rändern, in dem, mit einem Stück Papier verkeilt, eine gelbliche Kerze steckte, daneben eine bräunliche Schachtel mit rauhen Schwefelhölzern. An der Wand gegenüber dem Fußende des Bettes hing ein vergilbter Kalender der Firma Mirabet aus Valencia mit der Abbildung zweier Bäuerinnen, die sich Luft zufächeln. Er war schon einige Jahre alt und vergilbt, geblieben aber waren die hübschen Gesichter und das offene Lächeln der beiden dunkelhaarigen Mädchen. Daneben streckte ein Kleiderständer seine drei schwarzen Stangen aus. Für mehr war kein Platz. Jusep hatte seinen zimtfarbenen Ziehharmonikakoffer unters Bett geschoben, wo er mühelos Platz fand.

Dieses erste Bild von Paris, so ganz anders als das des alten Avellac, an das er sich in allen Einzelheiten erinnerte, ging ihm nie wieder aus dem Sinn.

In jener Zeit war die Rue Rambuteau eine Ansammlung von Obst- und Gemüseständen, wo sich die Farben und die mal von hier, mal von dort kommenden Rufe miteinander vermischten. Wo auch immer die Geräusche herkamen, sie schienen ihm ganz selbstverständlich zum Marktbetrieb zu gehören.

Zuerst arbeitete er als Lastträger in den Hallen, wo er Orangenkisten, Zwiebelzöpfe und andere, von seinen Hauswirten importierte Waren durch die Gegend schleppte. Diese Art Arbeit war nichts Neues für ihn, und er fand sich vorläufig damit ab, bis sich etwas Besseres bieten würde. Mit der ihm eigenen Ruhe beschloß er, die Stadt methodisch kennenzulernen.

Am ersten Sonntag führten ihn seine Schritte zum Haus

Victor Hugos, das er dadurch fand, daß er erst seiner Straße, der Rue Rambuteau, und dann der sich anschließenden Rue des Francs-Bourgeois folgte (er ging aber nicht ins Musée Carnevalet, weil er damals noch nicht wußte, was es war). Es bereitete ihm Vergnügen, in eine Straße namens *Du-pas-de-la-mule* zu gelangen, fast genau gegenüber vom Haus Victor Hugos, dessen Name immer noch einen besseren Klang in der Welt hatte als jeder andere. Das erst kürzlich eröffnete Museum überraschte ihn. Er sah zum ersten Mal einen Carrière, einen Fantin-Latour, einen Rodin, einen Besnard, einen Steinlein. Am selben Morgen gelangte er, wieder über die Rue Du-pas-de-la-mule, in die er wegen ihres Namens zurückkehrte, und den Boulevard Beaumarchais zur Place de la Bastille. Er ging hinunter, um der Opfer vom Juli 1830 und von 1848 zu gedenken. Anschließend ging er die lange, gewundene Treppe hinauf, um Paris zu sehen, das nun vor seinen Füßen lag. 1789... 1830... 1848... 1870... Die Rue Saint-Antoine... Von der Höhe der Julisäule aus betrachtete er die Vergangenheit. Als ihm klar wurde, daß er die Geographie und die Geschichte der nicht nur für ihn, sondern auch für Katalonien heiligsten Stätten überblickte, wäre er gern ergriffen gewesen. Die französische Revolution..., 1830, die Revolution von 1848, die Kommune. Er erinnerte sich an das Haus Victor Hugos: der Kampf gegen die Tyrannen... Napoleon, der kleine, die *Geschichte eines Verbrechens*... Warum nur überkam ihn keine innere Ergriffenheit? Warum traten ihm nicht die Tränen in die Augen? Warum empfand er die milde Temperatur, das weiche Licht viel deutlicher, warum war die Erinnerung an die seltsamen Gemälde, die er gerade im Haus des Autors der *Elenden* gesehen hatte, stärker? Trotzdem, Gavroche...

Der Eiffelturm machte allerdings einen großen Eindruck auf ihn.[6]

7

Den folgenden Sonntag widmete er dem Louvre. Er fühlte sich wie erschlagen. Zuerst die Gewölbe, die ihm fast auf den Kopf fielen, dann die nicht zu überblickende Anzahl der Werke, die sich ihm von allen Seiten darboten. Er reagierte, indem er einen Franc zwanzig für den Katalog ausgab und sich vornahm, alles zu sehen: er hatte das ganze Leben vor sich. Er begann, und nach zwei Monaten hatte er, Sonntag für Sonntag, systematisch die zweitausend und etwas numerierten Bilder betrachtet, worauf er noch einmal von vorne anfing, aber diesmal ausschließlich zu seinem Vergnügen. Zunächst einmal ließ er die Riesengemälde außer acht, die ganze Wände bedeckten: sie kamen ihm falsch vor, voller hohlem Pathos, schulmeisterlich, mit einem Blick unmöglich zu erfassen. Ebenso die Miniaturen, an die man zu nahe herantreten mußte, um etwas zu erkennen. Ihm gefielen die Bilder in natürlicher Größe, die nach seinem Maß gemacht waren, und die man aus zwei, drei, vier Metern Entfernung betrachten konnte, genauso wie man auch einen anderen Menschen sah.

Sein Geschmack war schnell festgelegt, wie aus der ersten Seite des *Grünen Hefts* hervorgeht: ›Erster Eindruck: Luca Signorelli, Mantegna (Die kleine Kreuzigung), Cosimo Tura (Pietá) (*Merkwürdigerweise muß darauf hingewiesen werden, daß die Mona Lisa durchgestrichen war.*) Cosimo Tura (Jupiter und Antiope). Ribera, Goya, Maria de Medici, oder wie sich Wahrheit und Lüge, Allegorien und Porträts vermischen können. Teniers. Saal fünf: Antonio Mora. Der Salon Carré: Giorgione, Tizian. Wie kann einem nur Poussin gefallen? Saal sieben: alles. Die Große Galerie: wieder Signorelli, wieder Mantegna, Der Kalvarienberg von Veronese, Susanna und die Alten, Tizian, Der Heilige Hironymus. Caravaggio, Ribera, Zurbarán, Goya, Breughel. Van Dyck, für den, der so was mag; so viel bescheidene Eleganz. Die Flamen sind gut, aber sie sind alle gut. Nur Breughel ist mehr.

Wo werden diese unglückseligen Rousseaus, Daubignys, Díaz' oder Corots enden, oder dieser Schwachkopf Millet? Gott vergebe Cabanel, Baudry, Meissonier, Puvis de Chavannes, Moreau. Haben die Leute denn keine Augen im Kopf? Gehen sie denn nicht von einem Saal in den andern? Ist das überhaupt noch Malerei, verglichen mit den Italienern oder den Flamen? Gott möge ihnen vergeben. Courbet, nein. Courbet ist gut. Auch die Corots aus dem zweiten Saal sind nicht schlecht. Die 2805, 2803, 2801, 2809 bleiben in einem drin.‹

›Kaufe fünf Stifte und drei Blatt Papier‹, schreibt er eine Zeile weiter unten. ›Mal sehen, was ich zustandebringe.‹

»Ein Maler erschafft sich immer selber«, sagte er Jahre später. »Ein Maler und«, fuhr er fort, »ein Dichter. Wenn dem nicht so ist, soll man mir sagen, wo sie gemacht werden.«

Im Louvre wie in vielen anderen Museen pflegt man das nicht sehr angesehene Handwerk der Miniaturenmaler, die mit ihrem Kästchen und ihren Pinseln über einem Zeichenbrett sitzen, falls sie sich nicht sogar vor eine Staffelei wagen. Meistens sind es ältere Frauen. Sie stehen vor den berühmtesten Bildern, je nach Laune der Wächter oder Aufseher, die ihre Kommission einstreichen, und tun so, in Erwartung von Touristen, als würden sie malen. Es ist ein schwieriges Geschäft, zwar einfach zu handhaben, aber nicht sehr lukrativ. Doch in Paris, in Florenz oder in Rom kann man davon leben. Die Preise schwanken je nach den persönlichen Bedürfnissen, folgen in der Regel jedoch einem Kurs wie an der Börse, je nach Saison und Besucherstrom.

Vor fünfzig Jahren hatte die Organisation dieses Handwerks noch nicht die heutige Perfektion erreicht, so daß die angebotenen Reproduktionen von besserer Qualität waren. Die Kopisten sind wieder ein anderer Schlag: einige stört es, wenn man ihnen bei der Arbeit zuschaut, die Miniaturisten hingegen wollen genau dies, weil sie ja nur so tun als ob; sie arbeiten zu Hause oder werden von Bilderhändlern beliefert.

Im Salon Carré, in der Nähe der Tür, die zur Apollogalerie führt (in der der *Regent* mit seinen 136 Karat glänzte), gegenüber Leonardo da Vincis *Heilige Anna Selbdritt*, das heißt an einem der strategisch günstigsten und begehrtesten Plätze, stand seit etwa zehn Jahren Luisa Kahn, eine Berlinerin, die dort alt geworden war. Sie hatte Courbet zu einem Bild Modell gestanden, das er für die Ausstellung von 1864 vorgesehen hatte, das aber unvollendet blieb, weil die Leinwand auf einen Stuhl fiel, als eine Hintertür des Ateliers geöffnet wurde, die der Maler für geschlossen gehalten hatte. Das war sie auch, doch sein Nachbar, ein Bäcker aus Ornans, war von der Schönheit des damals jungen Modells so angezogen, daß er, um ins Atelier zu kommen, die Tür mit den bekanntermaßen betrüblichen Folgen aufbrach[7]; der Stuhl drang durch die Leinwand, Courbet gab das Bild auf. Es wäre sicherlich sehr berühmt geworden; bekannte französische Dichter jener Zeit waren um die nackte Luisa Kahn gruppiert.

Schon alt und durch ihr Gelenkrheuma gesundheitlich angeschlagen, schaffte sie es an manchen Tagen nicht einmal bis ins Museum, geschweige denn die Treppen hinauf, um ihren Platz einzunehmen. Das, was man Malen nennen könnte, simulierte sie nur mit angeberischen Gebärden, das allerdings meisterlich. Monsieur Roger Reglade, der »Chefaufseher«, versah sie mit Leonardos und Tizians – das also, was sich im Großen Saal am besten verkaufte. Mit dem, was ihr nach Abzug der Kommission blieb, schlug sie sich gerade so durch. Sie hatte damals am Montmartre eine Malerin zur Untermiete, um die sowieso schon billige Miete besser bezahlen zu können, eine Deutsche wie sie, ebenfalls aus Berlin, für die es keine andere Malerei gab als die, der Vauxelles gerade den Namen *fauve* gegeben hatte.

Anne Marie Merkel war dreiunddreißig Jahre alt, hatte wenig Fleisch auf den Knochen und kleine grüne Augen, die neugierig und intelligent blickten. Ihr dunkler, gut gezeichneter Mund über dem deutlich gespaltenen Kinn zog die Aufmerksamkeit auf sich. Anne Marie war groß und sehr schlank – unter anderem auch, weil sie Hunger litt. Ab und zu vertrat sie, durch Freundschaft verpflichtet und durch Mangel gezwungen, das alte Modell bei der Arbeit als Miniaturenverkäuferin vor dem Leonardo, den der junge Katalane allen anderen vorzog. So wurden sie erst Freunde, dann ein Liebespaar. Einen Monat später, als Torres Campalans an der Place Blanchot in einer Kneipe saß und auf Anne Marie wartete, traf er ganz unerwartet seinen Bekannten Pablo Ruiz Picasso. Die Freundschaft lebte wieder auf, und sie sollte lang und fruchtbar werden.[8]

Anne Marie war eine liebenswerte, melancholische Frau mit einem bitteren Schicksal. Einzige Tochter einer gut situierten bürgerlichen Familie, hatte sie früh ihre Mutter verloren. Ihr Vater heiratete wieder, gründete eine neue Familie, die Anne Marie nicht mochte. Ihre Pubertät verlief schwierig, und sie sah sich gezwungen, einer Hausangestellten lang andauernde, periodisch wiederkehrende Schmerzen anzuvertrauen, die sie schließlich zu einem mit der Familie befreundeten Gynäkologen führten. Dieser mußte einen chirurgischen Eingriff vornehmen, um ihr die Menstruation zu erleichtern. So verlor Anne Marie auf einem Operationstisch ihre Jungfräulichkeit. Zurück blieb bei ihr das dumpfe und möglicherweise grundlose Gefühl, daß der Chirurg sich die Situation zunutze gemacht haben könnte. Diese Unterstelllung verbitterte ihr viele Stunden ihres Lebens.

»Was hätte ich nicht alles geben können, mit meiner ganzen Liebe . . . «

Dieses Minderwertigkeitsgefühl führte dazu, daß sie, gegen den Willen ihres Vaters, einen jungen Freund des

Hauses heiratete, der für seine Extravaganzen bekannt war. Adrian Merkel wurde nach nur zwei Jahren Ehe, in denen seine Frau Unmenschliches durchmachen mußte, verrückt. In einer Hamburger Irrenanstalt vegetierte er dahin. Es hätte Anne Marie sicherlich viel geholfen, wenn sie Mutter geworden wäre, denn das war ihre natürliche Bestimmung, und nichts wünschte sie sich sehnlicher. Doch eine Mißbildung der Gebärmutter ließ das nicht zu. Unter diesen Umständen war sie schließlich, mit einer kleinen Pension, die ihr Vater ihr ausgesetzt hatte, durch Paris streifend eine *fauvistische* Malerin geworden.

Sie hatte »Freunde«, nicht viele und alle aufs Geratewohl, weil sie, unfähig auszuwählen, auf das Schicksal vertraute, das ihr, wie sie glaubte, irgendwann einmal ihr Liebesleben ordnen würde. Sie war sehr gutmütig und vermochte sich nicht vorzustellen, daß jemand schlecht handeln könne, es sei denn, er hätte keine andere Wahl.

Sie erfüllte Jusep Torres Campalans' Wünsche, weil sie die Männer mochte und weil sie sich unsterblich in die Reinheit des jungen Mannes verliebt hatte.

Sie war zwölf Jahre älter und um Jahrhunderte erfahrener als er. Jusep ließ sich lieben. Anne Marie litt furchtbar bei dem Gedanken, ihrer Beziehung sei allein wegen des Altersunterschiedes ein baldiges Ende beschieden. Sie tat, was sie konnte, um ihren Geliebten zu halten. Das gelang ihr auch, doch konnte sie ihr Glück aus Angst vor dem Morgen nie voll auskosten. Aus dieser Zeit – 1908–1914 – stammen fast alle Zeichnungen und Bilder, die wir zufälligerweise von Jusep Torres Campalans kennen.

8

Am letzten Oktobersonntag, Monate vor seiner Verbindung mit Anne Marie, war Campalans in den Herbstsalon gegangen. Gezeigt wurden drei Retrospektiven: Courbet,

Gauguin, und Carrière sowie zwei Gruppenaustellungen, eine schwedische und eine russische. Alles sah er zum ersten Mal. Vor allem – Renoir. Wie gebannt blieb er vor zwei seiner Akte (einem stehenden und einem sitzenden) stehen. Dem Bildnis eines Kindes von Odilon Redon, das er später sehr bewundern sollte, schenkte er keine Beachtung. Er lächelte einigen Canals' zu, wegen des Namens des Malers, den er kannte. Gut gefielen ihm einige Zeichnungen von Dethomas sowie andere von Francis Jourdain. Courbet fand er gut, aber mehr nicht; für Carrières »Schokolade« hatte er wegen der Vorliebe des Malers für das Dunkel, die er nicht teilte, nur ein Achselzucken übrig. Gauguin verblüffte ihn. Was für eine Malerei war das? Mit Tahiti im Kopf kehrte er in seine Behausung zurück. Eine neue Welt hatte sich ihm aufgetan, seine Welt. Diesen Weg mußte er gehen, alles andere war alt. Er starrte auf die Fensterscheibe, an der der Regen herunterlief, alles war von Gauguins Licht erfüllt.

Damals muß er das *Grüne Heft* gekauft haben, wo es in der ersten Zeile heißt: »Nicht kopieren«. Es war die Grundlage für das, was einmal das Rückgrat seines Werkes werden sollte, das leider zum größten Teil verschollen ist. Vermutlich stammte das »nicht kopieren, verdauen«, wie er später sagte, vom Herbst 1906.

Aus dieser ersten Phase stammen die Porträts seiner Wirtsleute, die diese, wie ich annehme, nicht gesehen haben. Er malte mit handelsüblicher Tusche und zwei schlechten Pinseln. Mehr hatte er nicht.

Monate später sah Weil diese Porträts in Picassos Atelier und interessierte sich für sie. Jusep Torres Campalans zuckte mit den Achseln: »Wenn das gut ist«, gab er ihm zur Antwort, »bin ich ein Genie. Und ich weiß genau, daß ich das nicht bin. Also irren Sie sich.«

»Bei wem haben sie studiert?«

»Bei Salomon.«

Er wandte ihm den Rücken zu und zündete sich die Pfeife mit dem Porträt des Mannes an. (Sie waren beide auf Büttenpapier gemalt).

»Nun benimm dich mal nicht wie ein Wilder«, sagte Max Jacob zu ihm.

»Wenn ich doch nur einer wäre.«

Stunden später, als er mit dem befreundeten Paul Girardin in einer billigen Kneipe saß, fragte er ihn:

»Glaubst du wirklich, ich könnte Maler werden?«

»Das mußt du selber wissen.«

»Ich weiß es eben nicht.«

»Dann denk darüber nach.«

Nie sprach er mit Anne Marie über solche Dinge, der doch nichts lieber gewesen wäre. Sie hatte sich mit Haut und Haaren ihrer Liebe hingegeben, tat aber alles Menschenmögliche, damit es niemand merkte. Da sie nicht weiter abnehmen konnte, leuchteten ihre kleinen grünen Augen noch mehr: sie konnte bei Nacht sehen. Sie war von Eifersucht verzehrt, hielt aber an sich. Sie kaufte Tusche, Temperafarben, Leinwand, Pinsel, wobei sie in der Angst lebte, Jusep Torres könnte all das ablehnen. Was er aber nicht tat. Anne Marie verstand nie die Lebenseinstellung ihres Geliebten und wußte nie, woran sie mit ihm war. Es wollte ihr auch nicht in den Kopf, daß es ihm gleichgültig war, von ihr ausgehalten zu werden. In dieser Hinsicht ist die Amoral des Malers stets absolut gewesen. Er war immer der Auffassung, daß der, der hat, dem geben soll, der nichts hat. Geld zu verdienen für etwas anderes als das Notwendigste wollte ihm nicht einleuchten. Er kleidete sich immer ganz einfach, trug meistens einen Rollkragenpullover unter einem Cordanzug, den er erst ablegte, wenn er völlig verschlissen war. Sich wie Arbeiter anzuziehen war damals für einige Künstler, nicht nur für Picasso und Campalans, mehr als nur eine Frage der Not oder des Geschmacks, sondern Ausdruck einer politischen Überzeugung, Parteinahme für die Klasse der Entrechteten, Protest gegen die herrschende Ordnung. Keine Mode, denn romantische Extravaganz war einzig und allein Sache des Bürgertums, und das Dandytum einiger Schriftsteller der Jahrhundertwende deckte sich mit dem, was in Spanien als Modernismus bezeichnet wird. Unamunos puritanischer Anzug, Barojas schlampige Nachlässigkeit, Azoríns roter Regenschirm, die Arbeiterkleidung Picassos und Torres Campalans' stehen für bestimmte Aspekte der Generation von 1898.

Den Kopf trug er aus Bequemlichkeit kurz geschoren, nur hin und wieder rasiert; mit Wein oder Tabak hatte Campalans nie Probleme gehabt, das einfachste genügte ihm immer, da ihm alles recht war. Annehmlichkeiten hatte er noch nie gekannt und auch nie vermißt, und kam er zufällig einmal in ihren Genuß, nahm er sie ohne große Umstände und ohne ihnen eine Bedeutung beizumessen an. In dieser Hinsicht war ihm alles gleich, ganz im Gegensatz zu Anne Marie, die in einem bürgerlichen und außerdem deutschen Milieu aufgewachsen war und für Annehmlichkeiten wie feinen Tee oder guten Kaffee, für ein gut geschnittenes Kleid von der Schneiderin alles gab. Weil sie wenig Geld hatte, begnügte sie sich zwar mit dem Vorhandenen, doch war es ihr unbegreiflich, daß die anderen nicht so empfanden wie sie. Sie glaubte immer, J.T.C. verberge seine Vorlieben vor ihr. Aber er hatte keine. Das gleiche in der Liebe: Anne Marie stellte ihn völlig zufrieden, auch wenn sie es nicht glaubte, umgekehrt erwartete sie immer mehr. Die Wahrheit ist, daß sie aus dem Mund ihres Mannes nie ein Wort des Dankes gehört hat – und auch nicht viele andere. Ständig quälte sie die Vorstellung, Jusep liebe sie nicht, eine Hölle, durch die sie Tag und Nacht ging, ohne je Ruhe zu finden. So ganz falsch lag sie nicht: Neben der Malerei interessierten ihn nur soziale Fragen. Die Gerechtigkeit hielt ihn in ihren straffen Netzen gefangen.

Da er die Dummheit anderer nicht ertragen konnte, sprach er seit seinen Tagen in Gerona über diese Fragen mit niemandem mehr, von dem er wußte, daß er nicht seiner Meinung war. In den ersten Jahren auch nicht mit Anne Marie, die, protestantisch erzogen und wohl wissend, daß er Katholik war, bei ihren meist belanglosen Gesprächen immer darauf achtete, keine Themen anzuschneiden, die sie für gefährlich hielt.

In der Rue Ravignan, in Juan Gris' oder Picassos Atelier war er ganz anders, dort diskutierte er über alles.[9]

»Ihr wißt wahrscheinlich nicht, daß euer Landsmann Ignazius von Loyola hier am Montmartre die Gesellschaft Jesu gegründet hat... Nur deshalb werden wir erlöst werden...«

Jusep schaute Orléans böse an.

»Entschuldige bitte, ich vergesse immer wieder deine orthodoxe Einstellung. Meinst du nicht, daß du nur deshalb verdammt bist, weil du so malst, wie du malst? Deine Malerei kann den Priestern einfach nicht zusagen. Für die meisten von ihnen riecht sie nach Schwefel.«

»Warum kümmerst du dich nicht um deine eigenen Angelegenheiten und läßt die anderen in Frieden?«

»Christus kam, um Krieg zu bringen.«

»Du bist nicht Christus, sondern ein Hurensohn.«

Benjamin Orléans hatte schon sein Messer in der Hand, das damals zur Essenszeit oft benutzt wurde, um Brot zu schneiden. Ruhe zu bewahren war nicht gerade Torres Campalans' große Stärke. Man trennte sie rechtzeitig. Orléans setzte nie wieder einen Fuß in Juan Gris' Atelier.

Dieses gewalttätige, rücksichtslose Verhalten trug Torres Campalans viele Feindschaften ein. Es nützte gar nichts, daß Anne Marie ihm in einem, wie sie meinte, günstigen Augenblick liebevoll und geschickt Vorhaltungen darüber machte.

»Warum soll ich mich verstellen?« gab er ihr zur Antwort.

»Was oder wem nützt das? Mir etwa? Und an den Dummköpfen liegt mir sowieso nichts. Zum Teufel mit ihnen! Ich sehe nicht ein, warum ich mit Leuten verkehren soll, die mich nicht interessieren. Das wäre ja noch schöner. Das nähme nie ein Ende.«

Anne Marie schwieg und nahm es als Liebeserklärung. Was es auch war.

Eine andere Besonderheit des Malers war sein Widerwille gegen Schwule. Sie waren Legion und bereiteten ihm physisches Unbehagen. Und umgekehrt. Auch das ein weiterer Grund für das Schweigen, das um ihn herum entstand. Jusep Torres kämpfte gegen dieses Gefühl an, weil er sich schuldig wußte.

»Ich komme einfach nicht dagegen an. Sie sind mir unerträglich. Bei ihrem Anblick sträubt sich mir alles.«

Deshalb bekam er später auch keine Aufträge von Diaghilew.

»Was kümmert's dich?« sagte Pablo zu ihm.

»Ich kann sie nicht ausstehen.«

»Die haben doch schon Ärger genug.«

»Sie stinken.«

»Wonach?«

»Keine Ahnung. Nach Verderbnis.« (Was auf Katalanisch noch überzeugender klang: *A pudrit*, und dazu führte, daß einige die Homosexuellen »Verderbte« nannten. Viele Jahre später übernahm eine Gruppe von Schriftstellern und Malern in Madrid diese Bezeichnung, kehrte sie aber merkwürdigerweise um: »verderbt« war für sie das Bürgerliche, das Normale, das Mittelmäßige.)

Als das Verhältnis zwischen Anne Marie und Jusep zu einer festen Beziehung wurde, suchten sie nach einer Wohnung, obwohl Luisa Kahn ihnen angeboten hatte, weiterhin bei ihr wohnen zu bleiben. Sie fanden eine düstere Kammer am Boulevard Clichy, eine Portierswohnung, die frei geworden war, weil die Concierge gerade den Mieter im Erdgeschoß geheiratet hatte, ihre Stelle aber behielt. Dort, in der Hausnummer 168, lebten sie mehr schlecht als recht, in der Hoffnung, zum gleichen Preis etwas Besseres zu finden.

Das Leben eines Menschen kann, ja müßte nicht nur nach den Städten, sondern auch nach den Häusern, in denen er gelebt hat, beschrieben und eingeordnet werden. Der Alltagsrhythmus beginnt und verläuft anders, je nach dem, ob man, selbst im gleichen Viertel, in der einen oder der anderen Wohnung wohnt, die Gewohnheiten ändern sich, auch wenn man es nicht will, bis man sich dem Ort angepaßt hat.

Das Leben Jusep Torres Campalans' in Paris könnte nach seinen Wohnungen unterteilt oder, wie man eigentlich nicht sagen kann, verkapitelt werden: 117, Rue Rambuteau; 168, Boulevard de Clichy; 48, Rue Caulaincourt; 16, Place Dancourt (außer dem in der Rue Caulaincourt sind alle diese Häuser verschwunden).

In der Rue Rambuteau lernte er Paris systematisch kennen, arbeitete in den Hallen, malte nachts mit schlechten Farben, machte die Bekanntschaft von Anne Marie Merkel, entdeckte Gauguin und die *Fauvisten*. In der Zeit am Boulevard Clichy ließ er seine Bewunderung für Picasso wieder aufleben. In der Rue Caulaincourt, von Ende 1907 bis Juli 1909, war er ein Teil des großen Abenteuers Kubismus und trat mit einigen Anarchisten in Kontakt. An der Place Dancourt, wo er bis August 1914 wohnte, schloß er Freundschaft mit Mondrian, entwarf die *Raster*, und dort kam es auch zum endgültigen Bruch.

Der Montmartre gefiel ihm, der von damals, traurig und arm, mit seiner Schmutzkruste, seinen ungleichmäßig gepflasterten abschüssigen Straßen, seinen wurmstichigen, mit halb abgerissenen Plakaten bedeckten Holzzäunen, seinen von Feuchtigkeit und Alter gezeichneten Mauern, seinen Gaslaternen in den oberen Straßenzügen. Der Verfall, der Schmutz, die Höhe: die Stadt, die plötzlich von jeder

Straßenecke aus offen vor einem lag. In der Ferne, ganz weit unten, der Gürtel der Seine und die zarte Feder des Eiffelturms, so daß kein Zweifel aufkommen konnte. Die Häuser, in der Regel nicht höher als zwei oder drei Stockwerke, mit ihren ungleichen Schornsteinen wie Finger. Drei, vier, fünf, sechs Finger, die auf den Himmel zeigen, manchmal einer oder zwei, die länger waren, mit einem Fingerhut als Schutzhaube. Der milde, graue Himmel, so ganz anders als der heimatliche, und vor allem das perlmuttfarbene, sanfte, gemäßigte Licht, wie geschaffen für die Augen und nicht zu grell wie das in Barcelona. Ein Licht für alles, eins mit sich selbst, an den meisten Tagen gedämpft wie zum Träumen, ein Licht ohne Schmerz, nie überraschend neu, ein zivilisiertes Licht, sanft und weich, das nichts verbietet, alles erlaubt, ein dienendes Licht, *bonne à tout faire,* nie lästig, von Gott dorthin geschickt, auf die Butte, in den Dienst der Maler. So sah es wenigstens aus.

Das Paris der Rive droite, das für Torres Campalans zählte, ist so, wie Napoleon III. und seine Stadtplaner es geschaffen haben. Die meisten seiner Kirchen, klassische, romanische oder griechische, byzantinische oder gotische, sind aus jener Zeit. Paris gefällt, weil es eine respektable Stadt im Alter unserer Urgroßeltern ist, die jeder begreifen kann.

»Du behauptest, Luce sei ein großer Maler, weil er Anarchist ist.«

»Stimmt. Ja und? *Ara sí que m'has ben f...* Man ist gut oder schlecht, je nach dem, was man ist. Oder glaubst du, Detaille oder Meissonnier könnten je aufhören, konservativ zu sein?« (Er wußte es nicht.)

»Es gab auch rückständige Genies.«

»Nein, mein Junge, da hat man dich belogen.«

»Velázquez ...«

»Kanntest du ihn?«

»Diese Vorstellung, daß das Genie nur fortschrittliche Ideen hat, ist von gestern.«

»Hör doch auf, Geschichten zu erzählen: gestern war gestern. Ich rede von heute. Oder kennst du jemanden, der die Mühe lohnt und zu den Rückständigen, den Vorgestrigen gehört?«

»Barrès.«

»Wer ist denn das? Außerdem, einer oder zwei, das zählt nicht. Schau dir doch die an, die du schätzt: wer von ihnen ist ein Reaktionär? Keiner, Mann, keiner. Mach dir doch nichts vor: entweder stehst du auf der Seite der Armen oder du bist ein ...«

Das stimmte zwar nicht, aber er war stur.

9

Jusep Torres Campalans hat nie eine Einzelausstellung seiner Bilder gemacht und ist auch nie öffentlich hervorgetreten. Als er ein einziges Mal die Aufmerksamkeit auf sich zog, war es wegen einer Geschichte, die mit seiner Kunst nichts zu tun hatte. Anne Marie und er waren entschlossen, ihre Kammer am Boulevard Clichy aufzugeben, und verbrachten daher ihre Sonntagvormittage mit der Suche nach einer anderen Wohnung. Wichtig war vor allem, daß sie in der Nähe einer Metrostation lag.

Als sie die Rue Caulaincourt hinaufgingen, stießen sie auf der linken Seite hinter der ersten Straßenbiegung auf ein Haus, dessen Dachkammern nach Auskunft der Concierge sehr geräumig waren und als Atelier genutzt werden konnten. Sie wunderten sich über die bescheidene Miete, denn das Haus war neu, sechs Stockwerke hoch wie auch andere auf der linken Straßenseite. Sie fuhren mit dem hydraulischen Fahrstuhl hinauf und lächelten sich zu, sprachlos angesichts der Möglichkeit, ein solches Gerät nutzen zu können. Allerdings fuhr es nur bis zum fünften

Stock. Schnell und fröhlich stiegen sie die Treppe hoch, bis sie zu dem Flur mit schräger Decke kamen, an dem eine lange Reihe von Türen lag. Die Concierge, eine kleine, wortkarge Frau, öffnete eine von ihnen.

Das Zimmer war geräumig und luftig: von der Dachluke aus konnte man unzählige Kamine erkennen, und bei gutem Wetter, so die Portiersfrau, waren Charenton und Ivry, Malakoff und Issy-Ies-Moulineaux zu sehen.

Anne Marie öffnete die Tür eines Wandschranks, hinter der sie die Küche vermutete, trat einen Schritt zurück und erstickte einen Aufschrei, der nun sie zu ersticken drohte. An einer Kleiderstange hing die Leiche eines Mannes.

Damit ging der Ärger los, die ganze Nachbarschaft geriet in Aufruhr: Hilferufe, Schreie, Seufzer, Gerenne treppauf, treppab, Fragen, Meinungen, Gedränge, Kommentare und die Polizei.

Niemand kannte den Toten, an dessen Schulter man, als er abgenommen wurde, eine Verletzung entdeckte, die er sich kaum selbst hatte beibringen können. Also handelte es sich um ein Verbrechen, und sowohl die Concierge als auch unsere Maler mußten mehrere Male den Weg ins Kommissariat antreten.

Das Paar führte lange Gespräche über die Frage, ob es die Wohnung mieten sollte oder nicht. Obwohl vorurteilslos, hatten sie doch wenig Lust, dort zu leben. Allerdings gefiel ihnen die Lage und der Preis sowie die Aussicht, dort ihre Ruhe zu haben. Sie mieteten die daneben gelegene Wohnung, die im Zuge des Skandals frei wurde.

Unterdessen hatten die Ermittlungen ihren Lauf genommen. Der Tote war ein unauffälliger Mensch, ein Nachbar aus der Straße, verheiratet, kinderlos, ein ehemaliger Büroangestellter, pensioniert, vielleicht ein kleiner Wucherer. Der Verdacht fiel auf seine Frau, die zwanzig Jahre jünger war als er. Ein Strohhalm zu Füßen der Leiche belastete den mutmaßlichen Liebhaber, Verkäufer in einem Milchladen gegenüber des Hauses, in dem die Leiche gefunden worden war. Es waren genau die gleichen Strohhalme, die in der Milchhandlung dazu dienten, die angeblich tagfrischen Eier in Kisten aufzubewahren. Da nicht anzunehmen war, daß der Tote, der den besagten Laden nie betreten hatte, ihn mit nach oben genommen oder die Concierge ihn in die zu vermietende Wohnung gebracht haben könnte, kam die Polizei zu dem Schluß, daß es einen Streit zwischen Gatte und Liebhaber gegeben haben mußte. So landete der stattliche junge Bursche im Gefängnis. Acht Tage später fand Jusep zwei Strohhalme auf seiner Fensterbank: genau die gleichen wie jene, die als fast unwiderlegbarer Beweis für die Schuld des Festgenommenen dienten. Es waren Tauben, die mit diesen Strohhalmen ihre Nester unter dem Vordach bauten.

Anne Marie war es, die mit der Geschichte zum Kommissariat ging. Sie wurde unfreundlich empfangen, unter anderem auch deshalb, weil sie Deutsche war, und man ließ durchblicken, daß sie sich wegen ihres Interesses für den Angeklagten, der alle erforderlichen Verdachtsmomente erfüllte und kein Alibi hatte, verdächtig mache.

In Picassos Atelier erzählte Jusep von dem Vorfall, und Apollinaire sprach mit einigen Journalisten. Ohne eine wirklich große Bedeutung zu erlangen, erregte der »Taubenmord« doch genügend Aufmerksamkeit, um vorübergehend wichtig zu sein. Jedenfalls wurde die Angelegenheit nie restlos geklärt und der Angeklagte zu zwanzig Jahren Zwangsarbeit verurteilt.

Torres Campalans kochte vor Empörung, denn er war von der Unschuld seines »Schützlings«, wie sie Francisco Romay, den Verkäufer, nannten, überzeugt. Der Maler, der mehr freie Zeit hatte als Anne Marie, stellte auf eigene Faust Ermittlungen an. Das einzige, was er erreichte, war, daß er mit der Witwe ins Bett stieg, die aber ansonsten, vielleicht, weil sie darüber froh war, ihren Liebhaber losge-

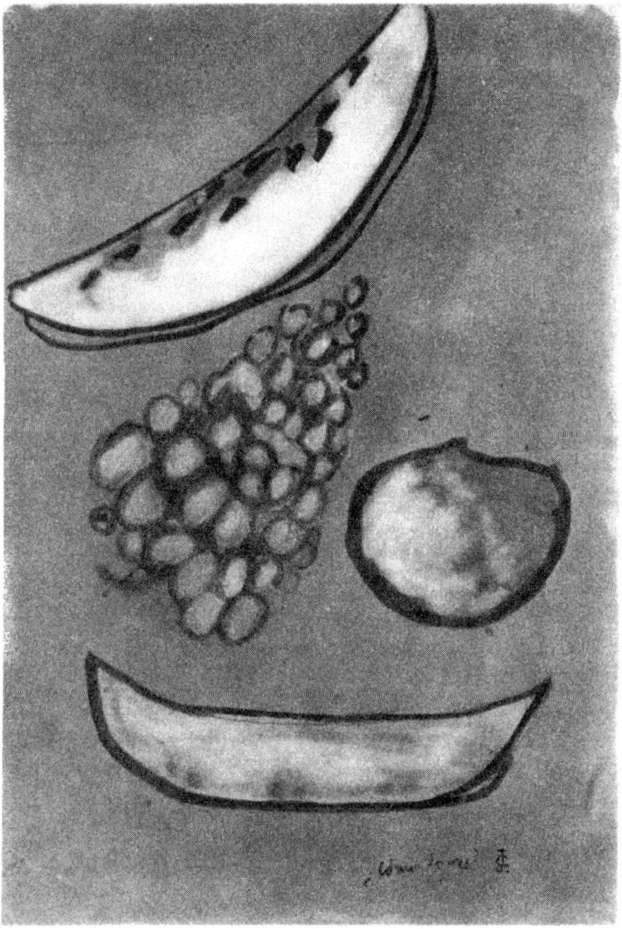

COMO LO VES – 1907–1908

WIE SIEHST DU DAS?

Cabeza de Cristo – 1907–1908

CHRISTUSKOPF

NEPTUNO - 1907-1908

NEPTUN

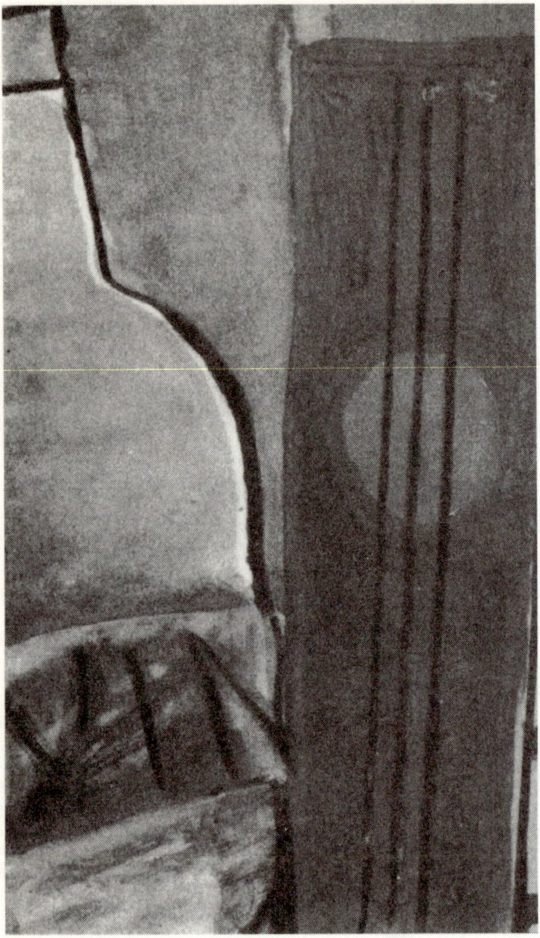

ESTUDIO XVI: EL RABANO POR LAS HOJAS – 1908

STUDIE XVI:
WIE MAN DAS PFERD BEIM SCHWANZ AUFZÄUMT

worden zu sein, sehr zugeknöpft blieb, falls sie überhaupt etwas wußte. Anne Marie bekam Wind von der Sache und schwieg, wie immer. Das in den Augen Jusep Torres' offensichtliche Unrecht vergrößerte seinen Haß auf die Welt, so wie sie eingerichtet war, und ließ seine anarchistischen Regungen wieder aufleben.

Aus dieser Zeit stammen die meisten seiner *fauvistischen* Bilder; das Bildnis »Der Wirt aus der Eckkneipe« verdankte sich seinen detektivischen Spielereien. Er machte auch eins von der Witwe, von dem jedoch jede Spur fehlt.

»Ihr wißt nichts über Frauen, nichts«, sagte Anne Marie. »Ihr glaubt, sie seien wie ihr, dabei lassen sie sich nicht im mindesten miteinander vergleichen, wie sollten sie auch? Wir Frauen beschäftigen uns viel mehr mit den Männern als die Männer mit den Frauen. Ihr seid alles für uns. Von klein auf zieht ihr uns viel stärker an als wir euch. Ihr merkt das gar nicht. Ihr könnt das nicht einmal merken.«

Sie hatte die schlechte Angewohnheit, ihre Ansichten ständig zu wiederholen, dazu noch wortwörtlich. Er warf ihr das vor.

»Jeder redet wie er kann. Mich kostet das Arbeit, vielleicht klammere ich mich deshalb an den Anfang. Wahrscheinlich. Ihr wißt nicht, was ein Mann für eine Frau bedeutet.«

»Nein. Das wissen wir nicht.«

Anne Marie schaute ihn an, als hätte er ihr eine Ohrfeige gegeben. Und das war es auch.

»Für euch sind alle Frauen gleich. »

»Das ist ein Vorteil.«

Jusep machte sich deswegen Vorwürfe. Aber sobald ein solches Gespräch einmal begonnen hatte, war es ihm nicht mehr möglich, einen anderen Ton anzuschlagen. Am besten, alles auf sich beruhen lassen, aber das schaffte er nicht immer.

»Du magst niemanden.«

»Das sagst du ...«

»Nicht einmal dich selbst. Nur die anderen, aber auch nur so, ganz allgemein.«

(›Wie intelligent diese Frau ist!‹ dachte der Mann. ›Sie errät es. Oder sie weiß es, was noch schlimmer ist. Sie sagt die Wahrheit und verletzt mich damit. Vielleicht merkt sie es gar nicht. Wenn sie es wüßte, würde sie den Mund halten oder lügen: so machen es die anderen.‹)

»Und das ist genauso, wie niemanden mögen.«

Einmal hatten sie einen ernsthaften Streit wegen nichts und wieder nichts: ein paar Knöpfe. Schneidend rieb sie ihm einige Wahrheiten unter die Nase:

»Weißt du, was dein Problem ist? Daß du nichts zu sagen hast. Deshalb wirst du auch nie etwas Großes zustande bringen.«

Torres Campalans spürte, wie das Schwert durch ihn hindurch ging. Das verzieh er ihr nie, weil er den Satz nie vergaß. Schon die geringste Schwierigkeit reichte aus, damit diese bittere Arznei wieder in ihm hochstieg: ›Sie hat recht. Na und? Muß ich mich damit abfinden, Mittelmaß zu sein?‹

Dies ist einer der Gründe für die Kraft, die Kompromißlosigkeit seines Werkes und für seine Anhänglichkeit gegenüber Anne Marie. Er wollte ihr beweisen, daß er in der Lage war, ein gültiges Werk zu schaffen, wollte es ihr ins Gesicht schleudern. Niemals wollte er sich seine Dankbarkeit und schon gar nicht seine Zuneigung zu ihr eingestehen; trotzdem gab es sie. Alle, die die beiden kannten, bestätigten das.

Als Torres Campalans Picasso in Paris wiedertrifft, hat sich dessen wirtschaftliche Lage gebessert. Es gibt keinen Grund mehr, wegen seiner Zwangslage Soulier, den Trödler, aufzusuchen. Die Steins und Vollard kaufen einige seiner Bilder, bis Vollard eines Tages für zweitausend Francs alles mitnimmt, was im Atelier steht. Im Besitz dieser unvorstellbaren Summe beschließt Picasso, eine Zeitlang nach Spanien zu gehen.

»Geh nach Gosol, nach Sorribas, nach Aspar oder nach Mirapol. Das ist nicht weit von La Seo entfernt. Eine Ebene umgeben von Bergen. Das Paradies«, sagte Torres Campalans zu ihm, der die Gegend als Kind durchstreift hatte.[10]

Sobald Picasso etwas Geld hatte, stieg er noch öfter den Frauen nach, doch Fernande drückte ein Auge zu. Als er aber anfing, berühmt zu werden, sammelte er so viele er konnte. Max Jacob behauptete eines Abends – es war in der Zeit, in der sie sich im *Lapin à Gill* trafen –, für Pablo sei das der wahre Ruhm. Ein deutscher Jude, sehr jung, ein Maler in guten Verhältnissen, Heinrich Schiller, von dem man später nichts mehr hörte, protestierte: Ruhm sei es, wenn man überdaure, im Bewußtsein künftiger Generationen bleibe, noch nach Jahrhunderten genannt werde; alles andere lohne nicht. Torres Campalans zuckte die Achseln. Ihm war das künftige Leben sicher, und mit Kunst hatte es nichts zu tun. Aus Egoismus lehnte er das Mönchsleben ab (vielleicht war seine Flucht aus dem Priesterseminar von Vich der wahre Grund dafür, ohne daß ihm das bewußt geworden wäre), die Erlösung der eigenen Person ohne Bezug zu den andern war ihm offensichtlich zu wenig. Besessen von der Liebe zu den Menschen, trennte er diesen *élan vital* völlig von seinem künstlerischen Werk, in seinen Augen hatte das eine mit dem anderen nichts zu tun. Noch waren die Zeiten nicht gekommen, in der die Diktaturen, die sich alle und alles zunutze machen wollten, verfügten, daß die Kunst vor ihren Siegeswagen gespannt werden mußte. Für T.C. hatte die Kunst nichts mit Gerechtigkeit zu tun. Wie in allem versuchte er einfach einen Schritt weiter zu gehen, und weil Picasso der Königsweg war, der direkt vor seinen Augen lag, folgte er ihm blind, vielleicht ohne es zu wissen. Der Kubismus war sein natürlicher Weg, die schwierigste und engste Pforte zur Wahrhaftigkeit. Ob man sein Werk verstehen würde oder nicht, das kümmerte ihn in seiner amoralischen Reinheit nicht. Sein politisches Handeln wiederum war eine Sache für sich. Wenn man heute zwischen ihm und seiner Ästhetik eine Verbindung herstellen will, so hat das mit dem Maler nichts zu tun.

»Es gibt schöne Blumen, die geruchlos sind oder stinken«, erklärte Anne Marie, die, ohne zu wollen, hierin die Theorie Balzacs vertrat.[11] »An dem Tag, an dem du mir erklären kannst, warum die Orangenblüte göttlich duftet, die Füchsin hingegen stinkt, beginne ich die Welt zu verstehen.«

Torres Campalans zuckte nur die Achseln. Das waren Probleme, die sich für ihn nicht stellten.

10

Ungezählte Bücher handeln von der Entstehung der »Demoiselles d'Avignon«, von der Geburt des Kubismus. Diese Ereignisse, so eng mit dem Leben Jusep Torres Campalans' verknüpft, zwingen mich, hier einige Gespräche aus jener Zeit einzufügen.

»Der Mensch muß auf schnellstem Wege zum Maß der Dinge zurückkehren, und die Dinge zum Maß des Menschen. Denn die Dinge entgleiten uns, deshalb müssen wir sie, um sie messen zu können, zerbrechen, zerstören, zerschlagen, müssen mit der Wüste beginnen.«

Pablo sah ihn mit seinen vorstehenden Teufelsaugen an, ohne sich voreilig festzulegen.

»Es muß eine Malerei erfunden werden, hörst du, ›erfunden‹ werden, die wirklich nach dem Maß des Menschen ist. Was die anderen tun, ist doch nur ein sinnloses Kopieren, das gilt selbst für Vlaminck, Matisse oder Rouault. Sie riechen, daß etwas in der Luft liegt, aber sie wissen nicht was.«

In ihrer Begleitung gab es einen jungen Mathematiklehrer aus Bilbao, Sebastián Miranda, der Jahre später in Marburg Selbstmord beging und damals mit einem Stipendium in Paris lebte, wo er lieber Kunstgeschichte studiert hätte. Sie nannten ihn *El Sabio*, der Weise. Er trug diesen Spitznamen zu Recht; er wußte alles, was sich in der Welt zutrug, und die Welt, das war damals Frankreich und Deutschland.

»Die merken gar nicht, daß sie mit ihrem Bergson und den anderen Kandidaten für alles, das weder Kontur noch Zweck hat, auf dem besten Weg sind, die Welt, so wie sie konstruiert war, zu zerstören ... Natürlich hast du noch nie etwas von der Quantentheorie gehört, so wenig wie von meinem Freund Planck. Aber du kannst mir glauben: Der Meter, dieser Meister, auf den sie erst nach so vielem Nachdenken gekommen sind, dieser Rettungsanker, taugt nichts. In wenigen Jahren wird nur das zählen, was mit uns entstanden ist: die vierte Dimension, die Zeit. Und ihr müßt dem Rechnung tragen, wenn ihr malt, daß nämlich nichts nach unserem Maß ist, daß alles neu vermessen werden muß.«

»Was ich gern machen möchte«, fügte Torres Campalans hinzu, »ist eine Malerei der *direkten Aktion*, eine Serie von *Attentaten,* die die Menschheit wissen ließe, daß es uns gibt, daß wir eine gerechtere Welt wollen.«

»Die ›Propaganda durch die Tat‹ deiner Anarchisten.«

»Ja. Das wäre weitaus wirksamer als all das theoretische Geschwafel der Freunde Anne Maries.«

Die saß dabei und versuchte mitzubekommen, was die drei Spanier in einem Winkel des Cafés erzählten. Sie lächelte.

»Mit Dynamit malen. Die Leinwand explodieren lassen.«

»Mit anderen Augen sehen«, entschied Torres Campalans. »Lach du nur.«

Pablo lachte nicht.

Gespräch vom Dezember 1907 oder Januar 1908

»Gehen wir einen trinken«, pflegte Pablo zu sagen.

Und sie tranken einen. Viel mehr nicht.

»Wir müssen zu einer Malerei gelangen, die für alle Zeiten gilt, einer Malerei, die nicht mit den Moden vergeht, die nicht Mode, sondern Modus des Malens sein soll. Ein menschlicher *Modus* des Malens; keine mehr oder weniger naturgetreue Kopie, so gut oder diskret sie auch sein mag. Eine erfundene, geniale, aber nicht geistreiche Malerei, nichts Anmutiges. Ein Blitz. Nichts Gefälliges und nichts Kunstfertiges. Damit die Leute nicht sagen: ›Ist das aber schön‹, sondern daß sie erschlagen sind angesichts des Neuen, Geschaffenen, übersetzt in eine Sprache, wie soll ich sagen... in eine unbenutzte Sprache, falls es uns nicht gelingt, aus uns herauszugehen... Den Ursprung des Originals erreichen, das Innere der Dinge. Ich weiß nicht, ob euch das klar ist.«

Sobald Torres Alkohol trank, ging er aus sich heraus:

»Eine Malerei, wie sie noch keiner zuwege gebracht hat. Selbst Cézanne nicht. Cézanne war etwas anderes: Wie zwei und zwei vier sind, glaubte er an das, was er vor sich hatte, genau wie Zola, sein Seelenverwandter. Einen schönen Gruß von den Realisten, die einmal an Elephantiasis sterben werden. So wie die römischen Maler und Bildhauer einst starben, und glaube mir, in Sachen Realismus konnte man nicht weiter gehen als sie. Oder meinst du, die Maler der Romanik hätten nichts von ihnen gewußt? Wo doch alles voll war von römischen Statuen und Gemälden! Aber sie konnten sie einfach nicht mehr ertragen, weil das römische Imperium auf den Hund gekommen war[12], wie auch dieses auf den Hund kommen wird... Nun kamen aber diese Unglückseligen, die Gott malen wollten, auf die Idee, ihn mit Jedermanns Bart zu malen... Nach seinem Ebenbild. Ich glaube an Gott, aber meinst du, ich stelle ihn mir vor, wie er in Ripoll dargestellt ist? Nein, *fill meu*, nein. (Die Erinnerung an den Altar von Ripoll ließ ihn in die Sprache seiner Heimat verfallen.) Gott ist der Ausgangspunkt, der erste Kubus – der Inkubus. Es gäbe viel zu sagen über diesen Teufelsumgang mit dem Weibe.« (Viel blühender Unsinn kam da wieder hoch, von Avellac, von seinem Freund Pompeyo Gener, einem unerträglichen Schriftsteller, einem überspannten Angeber, der sich für die Krone der Schöpfung hielt.)

Picasso lächelte, und sie gingen mit ihren jeweiligen Partnerinnen nach Hause.

Immer weiter redend, begleiteten sie sich gegenseitig von der Rue Caulaincourt in die Rue de Ravignan. Die Frauen, völlig erschöpft, verabschiedeten sich vorher.

Gespräch aus der gleichen Zeit.

»Als jemand sagte ›ich bin, der ich bin‹, wollte er nur, daß jeder sagt ›ich bin, der ich bin‹. Und wer das nicht sagt oder nicht denkt, der handelt und lebt, ohne zu verstehen, daß er das ist, was er ist – der ist nicht. Wir müssen uns von dem leiten lassen, was wir sind, ohne uns um die andern zu kümmern. Nicht kopieren, sondern sein, und wenn uns das Unglück widerfährt, daß man uns imitiert, dürfen wir nicht den Kopf drehen, um die Nachahmer zu sehen; der Stolz kann an jeder Straßenecke lauern und dich anspringen, und dann stehst du da, und nichts bleibt dir. Immer vorwärtsgehen, einzig sein. So wie du es hörst, so wie du es denkst, wenn du zu denken beginnst: einzig sein. Nicht Maler, sondern Prophet sein. Und wenn du Maler bist, dennoch Prophet sein. Nach vorne schauen, aufklären. Bescheiden wie ein irgendwer.«

Pablo lächelte, wenn er ihn hörte, und trotz seines Rauschs nahm er ihn ernst. Denn Jusep Torres Campalans meinte es ernst:

»Hunderte werden uns folgen, denn wenn dieser Weg einmal geöffnet ist, wird es leichter sein, mit Ideen zu lügen als mit den Händen. Alle Intelligenten werden sich für Maler halten. Gott erhalte ihnen ihre Sehkraft, denn sie werden sie für den Tag danach brauchen, um zu erkennen, daß sie verdammt sind.«

»Es wird nicht die Malerei der Zukunft sein, sondern die Malerei von heute, von jetzt, die Malerei genau dieses Augenblicks. Wer morgen eine Lehre daraus ziehen will, wird sich bis auf die Knochen blamieren. Man muß jeden Tag etwas Neues machen. Wer sich wiederholt, fleddert seine eigene Leiche. Es gibt Epochen, in denen das Archaische das Jüngste, das Künftige zu sein scheint, und dann wieder andere, in denen das Vollendetste von heute zu sein scheint. Diese selbstzufriedenen Zeiten suchen nur die Vergangenheit fortzusetzen, sie fügen hinzu, sind Aborte, in denen sich Fäkalien auf Fäkalien türmen. Die Möbelgeschäfte, die Juwelierläden, die Glaswarenhandlungen, die heutigen offiziellen Ausstellungen sind voll von dieser aufgetürmten Kacke mit ihren endlos ineinander verschlungenen Kreisen und Kringeln.«

Die Diskussion ging endlos weiter, Tag für Tag, in den Ateliers, auf der Straße, in den Kneipen. In dieser ersten Zeit führte Torres Campalans selbstbewußt das Wort.

»Bisher gab es in der Kunst eine vollkommene Kontinuität. Oder wollt ihr das nicht einsehen, ihr Dummköpfe? Ich habe gesagt: bisher. Ich wiederhole: bisher, ich schreie es hinaus: bisher! Jetzt hört alles auf. Jetzt geht alles den Bach hinunter.«

»Jetzt mach schon halblang, du Barbar. Und erzähle uns was, oh, großer Weiser, von der Kontinuität der griechischen in der römischen und von dieser in der romanischen Kunst, wenn du dich traust.«

»Warst du noch nie in Ravenna?« fragte Miranda.

»Nein, nein und nochmals nein. Wir wissen . . . «

»Das wissen wir schon!« schrie Fuchs, ein buckliger Kunstkritiker, stets auf dem neuesten Stand der Vergangenheit.

»Ich spreche im Ernst. Wollt ihr, daß ich im Ernst spreche?«

»Nein.«

»Dann werde ich sprechen!« rief Miranda, »und wer mir nicht zuhören will, soll sich zum Teufel scheren. Ravenna: zwei Jahrhunderte, das fünfte und das sechste, der Schlüssel. Christliches und Griechisches Hand in Hand. Malerei und Bildhauerei waren heidnisch, unbrauchbar. Blieben die Arbeiter, jene, die für die Häuser und Böden die Mosaike machten. Die Mosaike breiten sich aus, kriechen aufwärts, erobern die Wände, die Kuppeln. Die griechischen Geister verwandelten sich in Schutzengel, die kaiserliche Krone wurde den Glückseligen aufs Haupt gesetzt, der Palmzweig für den siegreichen Athleten wurde zu dem des Märtyrers. Die Taube, welch unerwartete Verwandlung, diente nun der Darstellung des Heiligen Geistes, der Pfau der Juno wurde zum Symbol der Unsterblichkeit, der Hirsch der Diana zum Hirsch des Psalmisten. Dem Herrn wurde nun die herrschaftliche Würde des Zeus zuteil. Die Göttinnen überließen Maria ihre Attribute: Diana gab ihr ihren Halbmond, Minerva ihre Schlange, Cibeles ihren Thron, Circe ihren Heiligenschein, Juno ihre Krone und ihren Matronenschleier, Flora ihre Rosen und ihre Lyra, Isis ihren Sohn. Das ganze Pantheon verwandelte sich, aber die Kontinuität blieb.«

Torres Campalans spuckte Gift und Galle:

»Na und? Na und? Was willst du damit sagen oder beweisen? Klar: die Bäume sind die gleichen, die Steine sind ganz genau die gleichen. Das Wasser des Jordan ist das Wasser des Jordan vor und nach der Taufe Christi. Na und?«

»Wenn du das so siehst, nichts.«

Der Bucklige holte seinen Tabaksbeutel heraus und drehte sich eine Zigarette. Seit er einige Jahre in Spanien zugebracht hatte, konnte er sich nicht mehr an die fertigen gewöhnen. Miranda rauchte englische Zigaretten, die er nie jemandem anbot.

»Hast du Feuer?«

»Und jetzt, weiter im Text, Campalans, weiter im Text. Ich weiß nicht, wo bei Picasso die Taube ist oder der Pfau, aber sie sind da, wenn seine Malerei wirklich Malerei ist, so wie wir sie wollen.«

»Und die Landschaften?« fragte Delaunay.

»Das ist keine Malerei. Die Landschaftsmalerei schöpfte aus dem allgemeinen Fundus. Ein Ausweichmanöver. Bestenfalls eine Pause (er denkt an Velázquez), ein Zeitvertreib. Die Landschaftsmaler haben entweder nichts zu sagen, oder sie trauen sich nicht.«

»So ein Blödsinn!«

»Und wenn sie sich trauen, malen sie keine Landschaften mehr.«

»Cézanne.«

»Das ist was anderes. Der Alte war ein Rhetoriker.«

So vergingen Stunden, Tage, Monate, Jahre bei dem Versuch herauszufinden, wo Picasso, Braque, Torres Campalans sie hinführten.

»Diese Haarspalter haben keine Körper, die sie zur Geltung bringen können«, fuhr *El Sabio* fort, der, hatte er sich einmal in ein Thema verbissen, nicht mehr locker ließ. »Diese Chlamys bedecken nichts, deshalb fallen sie auch so gerade, es ist so wenig innerer Widerstand da. Der Körper, und das ist das Neue, wird zu etwas, dessen man sich schämt. Die Heiligen, die Jungfrauen, die Märtyrer wie die Kanephoren des Parthenon stehen in einer Reihe nebeneinander, aber sie sind innen hohl: reine Luft, und feierlich sowieso. Im Gesicht, das einzige, was ihnen geblieben ist, sind sie schlanker geworden, vom Fasten. Sie ohne Gesicht darzustellen, wie es hätte sein müssen, haben sie sich nicht getraut. Sie haben es höchstens fertiggebracht, sie wie Geschwister alle gleich darzustellen, allzu große Unterschiede vermeidend. Blieb die Farbe: eine Herausforderung für alle, ob mit Stein, ob mit Glas. Ein Mann ist immer der Sohn seines Vaters. Picasso ist niemandes Sohn; und du natürlich auch nicht.«

»Hier, genau hier haben wir die große Lüge«, brach es aus Fuchs heraus, und seine großen, schönen Augen sprühten Funken. »Wenn du an die Urzeugung glaubst, bist du ein Rindvieh. Nur Ochsen glauben, sie seien die Söhne von niemandem.«

»Und stehen vorm Berg wie du«, sagte Gris.

»Mach du nur Witze.«

»Das ist sein Beruf«, schaltete sich Torres Campalans verletzend ein. »Denn er hat für das Restaurant *L'Assiette au beurre* gearbeitet.«

»Ihr erfindet, erfindet, habe ich gesagt, eine Malerei. Ihr erschafft sie, holt sie aus euch heraus, macht sie links und schaut euch den Hintern der Welt an. Ihr macht euch lustig...«

»Du glaubst also, daß wir dich auf den Arm nehmen wollen? Das ist doch haarsträubend.«

»Ist es das Kopfhaar oder das Achselhaar, das sich sträubt?«

»Das Schamhaar«, sagte Miranda, der um Worte nie verlegen war.

»Und das ist wichtig. Deshalb bin ich für euch. Was ihr macht, ist die Malerei von Männern, die allein sind. Völlig allein.«

Fuchs, der bucklige Kritiker – ob er Pole war? – starb 1909; er wurde in der Rue Lafayette von einem Auto überfahren. Niemand wußte je, wovon er lebte. Er wollte weder in Zeitschriften noch in Zeitungen veröffentlichen und arbeitete an einem sicherlich wichtigen Buch über die primitive Kunst und ihre Einflüsse in Spanien. Er hatte bei Diehl studiert, von daher seine Freundschaft mit Miranda. Da keiner seine Adresse kannte, gingen seine Aufzeichnungen verloren. Nur wegen seines Buckels erfuhr man von seinem Tod, viele Tage nach seiner Beisetzung in einem Gemeinschaftsgrab auf dem Friedhof von Pantin.

Weder Picasso noch Torres Campalans sprachen je über

das, was sie gerade taten oder zu tun beabsichtigten. Nur ein Mal, im Februar 1909, kamen sie ganz nebenbei darauf zu sprechen. In Juseps Atelier wurde der Kaminabzug gereinigt, und er war zum Malen zu seinem Freund aus Málaga gegangen.

»Was tun wir gerade, Pablo?«

»Das siehst du doch, malen.«

»Hat man je so gemalt?«

»Weiß ich nicht.«

»Warum malen wir nicht so, wie die anderen malen?«

»Keiner malt wie ein anderer.«

»Weich nicht aus. Du weißt, was ich meine.«

»Ja. Bloß, malen heißt für uns ausweichen, wir weichen eindeutig aus. Es ödet uns an, die Dinge so zu malen, wie die anderen sie sehen, wie Renoir oder Raffael. Ich weiß nicht, wer einmal gesagt hat, daß wir die Gegenstände so darstellen wollen, wie wir sie *empfinden* und nicht, wie wir sie *sehen*. Was wollen sie damit sagen? Nichts. Dasselbe hätten sie von Greuze, von Manet, von Monet sagen können. Über Malerei zu reden ist immer idiotisch. Man malt eben so, wie es einem gerade kommt.«

»Warum kommt es uns ausgerechnet so, wie wir malen?«

»Mann! Weil wir sind, wie wir sind ...«

Um diese Zeit begannen sie, in der Malerei ungewöhnliche Materialien zu verwenden. Max Jacob brachte sie auf diesen Weg. Er fing damit an, seine Aquarelle, die klassische Technik der Amateure, mit Ruß, Asche, Kaffeesatz, Staub et cetera zu beschmieren, Dinge, die noch vor den Papieren, den Zeitungsausschnitten, dem Sand und anderem mehr oder weniger haftendem Zeug kamen, die später seine Freunde benutzten. Torres Campalans war der erste, der ihm folgte, daher der Erfolg seines *Ocaso* (Sonnenuntergang).

Als Braque das Bild sah, sagte er: »Versteck es, versteck es.«

Darin war er sehr französisch. Er hatte eben immer Angst, die anderen könnten ihm etwas abgucken. Torres Campalans hörte auf ihn und verpaßte damit möglicherweise die Fanfaren des Ruhms. Dieser Aspekt der Kunst jener Zeit hatte, wie bei Leonardo, etwas »Amateurhaftes«, es war der Wunsch, »auszuprobieren« und zu sehen, was dabei herauskommt; darin zeigten sich auch Unsicherheit und mangelndes Vertrauen in die traditionellen Mittel der Malerei.

Als Manolo – der Bildhauer Manuel Hugué – das Bild sah, rief er: »Spiel doch nicht den wilden Mann.«[13]

Manolo hielt Nonell, Picasso, Torres Campalans für »Wilde«, eine Behauptung, über die sich diskutieren läßt.

11

Nur ein Mal sprachen sie über ihre Liebe. Halbtot vor Angst, achtete Anne Marie darauf, daß das Thema nicht angeschnitten wurde. Eines Sonntags, es war im Sommer, blieben sie bis spät am Abend im Bois de Vincennes. Es war eine wundervolle Nacht, mit Sternen am ganzen Himmel. Was war nur in sie gefahren, daß sie zu ihm sagte:

»Du liebst mich nicht ...«

»Vielleicht liebe ich dich nicht«, antwortete er aufrichtig und setzte seinen Weg fort. Sie hatte das Gefühl zu sterben und sagte nichts mehr. Er auch nicht. Während der ganzen Rückfahrt im Autobus brachen sie ihr Schweigen nicht. Erst als sie im Zimmer auf der strohgefüllten Matratze lagen, sagte Anne Marie:

»Laß mich dich lieben.«

»Niemand verbietet es dir.«

Keiner verbot es ihr.

Eines Nachmittags, als sie noch am Boulevard Clichy wohnten, ging Torres Campalans los, um einem Trödler, der sein Geschäft in der Nähe des Zirkus Medrano hatte, ein paar Zeichnungen zu verkaufen. Er lernte dort ein katalanisches Akrobatenpaar kennen, das auf der Suche nach Armbändern war. Die gemeinsame Sprache verband sie, und so gingen sie auf ein Bier in ein nahegelegenes Bistro; Clotilde Romeu, genannt *Bonita*, die Assistentin Gaspar Klometz', des weltberühmten Hochseilartisten, genannt *Jean Clovis,* gesellte sich zu ihnen. Clotilde war in Spanien zur Welt gekommen, wahrscheinlich zufällig, denn sie war die Tochter eines Clowns aus Burgos und einer holländischen Dompteuse. Sie hatte ihr ganzes Leben im Zirkus verbracht. Sie war klein, hübsch, mit einer Stupsnase und vollen Lippen, die schneeweiße kleine Zähne verdeckten. Trapezkünstlerin wollte sie werden, blieb aber immer mittelmäßig. Sie fand es einfacher, ihren Körper im flitterbesetzten Leibchen zur Schau zu stellen. Dem Maler gefiel sie. Um Schwierigkeiten mit Anne Marie aus dem Weg zu gehen, nahm Jusep Picasso mit in den Zirkus. Der war von der Vorstellung so begeistert, daß er dieses Milieu bald in sein Werk einfließen ließ. Nach zwei Monaten wurde Torres Campalans die Sache langsam leid, nicht wegen Clotilde, sondern wegen der Schwierigkeiten, die es zu überwinden galt, um mit ihr ins Bett zu gehen. In den kleinen, von mehreren genutzten Künstlergarderoben ging es nicht, in ihrer winzigen Wohnung ebensowenig, und um ein Hotelzimmer zu mieten, wie sie das anfangs getan hatten, fehlte ihnen das Geld. Sie trafen sich immer seltener, und nach drei Monaten waren sie sich einig, es bleiben zu lassen. Picasso hingegen besuchte weiterhin den Zirkus und nahm seine »Bande« mit. (In Katalonien sagte man dazu »Gruppe«. Was sie miteinander verband, war die Freundschaft, und das ist mehr als alles andere. So wie man später *Bonnot-Bande* sagte, hieß es damals die *Picasso-Bande.*) Anne Marie kam aus verschiedenen Gründen hinter das Abenteuer. Sie unterdrückte ihren Kummer und wartete voller Angst. Von Tag zu Tag war sie immer öfter unterwegs, arbeitete noch fleißiger, um so ihrem Mann gutes Essen vorsetzen zu können. Der stellte das voller Verwunderung fest, und ihm wurde bewußt, in welchem Maße sie sich für ihn aufopferte. Bis sie ihn, nachdem er drei Abende hintereinander zu Hause geblieben war, schließlich fragte:

»Gehst du heute abend nicht aus?«

»Nicht mehr.«

Anne Marie spürte einen Schlag in der Magengrube. Sie ging in das Kabuff, in dem der kleine Gasherd stand, schloß die Augen und glaubte ohnmächtig zu werden, sagte aber kein Wort. Nur als sie hinter ihm vorbeiging, um die Suppe aufzutragen, strich sie ihm über das harte, stachelige Haar.

»Du mußt zum Friseur gehen«, flüsterte sie mit leuchtenden Augen und verbarg ihre Freude. Das Leuchten ihrer Augen ließ sie erlöschen, bevor sie sich auf die Bettkante setzte. Für zwei Stühle war kein Platz, also setzten sie sich zum Essen auf diese Weise gegenüber.

Sie schwiegen oft stundenlang, während sie arbeiteten oder nichts taten. Aus dieser Stille erwuchs sicherlich das Beste in ihrer beider Leben. Nicht der Lieblose schweigt, sondern der, der von Leidenschaft erfüllt ist.

Anne Marie und Jusep arbeiteten an ihrer jeweiligen Leinwand, oder sie lasen; ohne den Mund aufzumachen, ohne es zu merken, und, ohne sie zu messen, sahen sie die Zeit zu ihren Gunsten dahineilen.

Eines Tages, als sie aus dem Louvre zurückkamen, wohin er Anne Marie manchmal begleitete, sahen sie, wie ein Straßenköter, der von einem schweren, mit Wein beladenen Fuhrwerk überfahren worden war, in schrecklichen Sekunden verendete: auf dem Fuhrwerk standen, in Kisten aufgereiht, die Flaschen und reckten die Hälse in die Luft.

»Hat Gott nun auch die Hunde aus dem Paradies vertrieben?« fragte die Frau fassungslos.

»Dieser Schmerz sollte dir zum Glauben verhelfen. Er klingelt an deiner Tür, und du stellst dich taub. Wenn es *nur* so wäre, wie du meinst, müßten wir sofort in die Seine springen. Du und ich.«

»Warum nicht, ein für alle Mal?«

»Das wäre zu einfach.«

Das Bild des Hundes mit dem aufgeplatzten Bauch verfolgte sie noch lange.

»Ich erkläre mir die Erschaffung der Welt und ihren Zweck«, sagte Jusep in dieser Nacht zu ihr. »Du nicht. Du lebst in den Tag hinein. Das ist schlecht für die Gesundheit. Du machst dir Sorgen. Du stehst auf freiem Feld und bist jedem Wind ausgesetzt. Ich bin ruhig.«

»Wie kannst du nur solche Vorstellungen haben und dabei an Gott glauben?«

»In Gerona ... «

»Jetzt sind wir mal wieder in Gerona ... !«

›Sie hat recht‹, denkt Jusep, ›bei ihr erinnere ich mich ständig an Gerona. Warum?‹

»Was war deine Familie?«

»Protestantisch. Sie war. Jetzt sind sie Freidenker.«

»Eine Mode.«

»Alles ist Mode. Sogar die Vorliebe für die *Mona Lisa*. Gäbe es Gott, warum und wozu würde es dann die *Mona Lisa* geben?«

»Halt schon den Mund und laß mich schlafen.«

Anne Marie war pantheistisch angehaucht. Sie interessierte sich für den Buddhismus. Den Katholizismus ihres Lebensgefährten verstand sie nicht, und der gab sich auch keine Mühe, ihn ihr verständlich zu machen. Die Frau litt darunter, weil sie ahnte, daß dies der klare Beweis für die Unbeständigkeit seiner Liebe war. Sie wollte sich nicht in ihr Schicksal fügen, sie sprach sogar zweimal mit einem Priester. Sogleich sträubte sich alles in ihr gegen die Dogmen. Sie gab auf, zerstört und am Boden liegend wartete sie auf den Tag, an dem Jusep ihrer überdrüssig werden würde. Aber der kam nicht.

Montmartre war angenehm, weil dort alles billig war und weil man schnell durch die Rue des Martyrs, die Rue Rodier oder den Boulevard Rochechouart in die Rue Lafayette, die Rue Lafitte, die Umgebung von Notre Dame de la Lorette hinuntergehen konnte, wo sich damals die Läden der Pariser Kunsthändler befanden. Bei Sagot, in der Rue Lafitte, kauften die Steins für ein Butterbrot einige Picassos aus diesen Jahren. Es sind Geschäftsstraßen, weder breit noch eng, mit Häusern, die weder hoch noch niedrig sind, grau, mit Fenstern und Balkonen, die alle gleich sind, mit breiten Türeingängen, tief und dunkel, in denen meistens Laufburschen mit ihren Sackkarren Pakete transportieren, die für die Handelshäuser bestimmt sind, deren veraltete Büros sich über die Stockwerke verteilen.

Anne Marie und Jusep frühstückten zeitig, sie kochte ihm das Mittagessen und verließ dann das Haus, um zur Arbeit zu gehen. Jusep malte oder las oder machte einen Spaziergang. Anne Marie kam zwischen halb sechs und sechs zurück. Sie gingen in eine Kneipe oder ins Bateau-Lavoir, um anschließend eine andere Kneipe oder ein anderes Atelier anzusteuern. Manchmal ging Jusep am frühen Abend allein in die Redaktion einer anarchistischen Zeitung.

Kurz nach ihrem Einzug in der Rue Caulaincourt traf Torres Campalans Enrique Plá wieder, einen Valencianer, den er bei Domingo Foix kennengelernt hatte. Plá war groß, dunkel, hatte einen schmalen gezwirbelten Schnurrbart und zweifelte an nichts und niemandem (alle seine Freunde waren die Besten, mochten sie sein, was sie waren: Maler, Bildhauer, Schriftsteller, Strumpf- oder Schraubenverkäufer). Er brachte ihn in ein düsteres Lokal in der Rue Chevalier-de-la-Barre, hinter dem Sacré-Coeur, wo sich um einen sonderbaren Mann, der sich Alberto *Libertad* nennen ließ, die unterschiedlichsten Anarchisten versammelten.

Libertad hatte das Gesicht des späten Dostojewski: hohe,

kahle Stirn, struppiges Haar, kleine durchdringende Augen, breite, gerade Nase, langer, ungepflegter Tolstoi-Bart. Da er zwei verkrüppelte Beine hatte, mußte er sich auf zwei Krücken gestützt vorwärts bewegen, wobei er den Körper mit einer heftigen Bewegung, der es nicht an Stolz fehlte, nach vorne warf. Er trug immer ein langes, schwarzes Hemd mit weiten Ärmeln, das ihm das Aussehen eines orthodoxen Priesters gab. *Libertad,* unehelicher Sohn eines hohen Beamten aus Bordeaux, hatte jahrelang von Almosen gelebt, die er mit stolzer Stimme und stolzem Auftreten einforderte. Er hatte einige Zeit in einem Keller der Zeitschrift *Libertaire* gelebt, woraus sich schließlich sein Spitzname abgeleitet hat. Er wurde Anfang des Jahrhunderts berühmt, als er im Sacré-Coeur eine Predigt dadurch sprengte, daß er unter der Kanzel eine anarchistische Ansprache hielt, worauf der Kanzelredner verstummte. Er konnte erst überwältigt werden, als man ihm von der Empore aus einen Mantel über den Kopf warf, so daß er gefesselt und aufs Polizeikommissariat gebracht werden konnte.

1905 begann er in einer Druckerei, die in der Straße liegt, in der in den Tagen der Kommune zwei berühmte Generäle standrechtlich erschossen worden waren, auf gut Glück mit der Herausgabe der Zeitschrift *L'Anarchie.*

Dort wurde endlos über den besten Weg diskutiert, die Revolution zu machen, und zwar nicht in den nächsten Jahrzehnten, sondern schon gleich morgen. Natürlich brauchte man dazu als erstes einmal Geld. Wie man an dieses Geld kommen würde, kümmerte niemanden, wenn es nur dem Umsturz der Gesellschaft diente. Die großartigsten und unsinnigsten Pläne wurden geschmiedet, um Millionen falscher Franc, Pfund oder Dollar herzustellen, man dachte auch daran, alle möglichen und unmöglichen Banken zu überfallen, obgleich sich die Aktionen dann, für den Augenblick jedenfalls, auf unbedeutende Überfälle oder Fälschungen beschränkten.

Ein Dichter: Jean Rictus; ein Romancier: Anatole France. Alle andern waren Philosophen: von Haeckel bis Gustave le Bon, tröpfchenweise in Broschüren veröffentlicht, und Elíseo Reclús, dem großen Alleswisser. Einige trugen Verhaeren vor, ein anderer später die ersten Gedichte Jules Romains' oder Vildracs.

Die Liebe zur Menschheit führte sie direkt zum Vegetarismus, doch weil sie kein Geld hatten, ruinierten sie damit ihre Gesundheit, denn eine Diät, die wirklich diesen Namen verdient, ist nur etwas für Reiche. Weil sie die Gesellschaft für ungerecht hielten, war die einzige Beziehung zu ihr die, sie zu überfallen, ihr Gewalt anzutun und sie zu zerstören, wenn auch nur ein bißchen, um ein Beipiel zu geben. Jusep Torres, ganz in seiner bäurisch-katalanischen Wortkargheit ruhend, hörte ihnen leicht mißtrauisch und, was die Möglichkeiten eines unmittelbaren Sieges betraf, mit großer Skepsis zu.

Sie wollten nicht viel arbeiten, um keine Sklaven zu sein. Sie widmeten sich dem gewaltsamen »Eintreiben« dessen, wovon sie meinten, daß es ihnen zustünde. Sie setzten lieber ihr Leben aufs Spiel, dabei das einiger Polizisten mitnehmend, als es stundenweise zu verkaufen. Da sie das Gesetz nicht anerkannten, kamen sie sich zwangsläufig mit seinen Vertretern ins Gehege. Torres Campalans wollte ihnen klarmachen, wie absurd ihre Entscheidung war, denn sie waren eine Minderheit, sie gehörten zu den Schwächsten, sie mußten notwendigerweise scheitern.

»Na und? Sprich, du bist doch so schlau.«

»Überzeugen, reden, wir sind die Mehrheit. Das wissen die nicht.«

»Und dann?«

»Millionen müssen die Augen geöffnet werden.«

Ohne weiter darüber nachzudenken, schlug er ihnen vor, eine Geheimgesellschaft zu gründen, um »legale« Geschäfte zu machen. Eine große Aktiengesellschaft, die es möglich machen würde, mit den Mitteln des Feindes, Börse, Darlehen, Hypotheken, Wucher etc. (in seiner Unwissenheit hatte er keine Vorlieben) mehr Geld zu erwirtschaften als all das, was sie unter Einsatz ihres Lebens zusammenbekommen könnten.

»Du willst wohl Jesuiten aus uns machen«, sagte Dieudonné voller Verachtung.

»Ich setze lieber mein Leben aufs Spiel«, versicherte Valet, »das ist ehrenvoll. Es herrscht doch Krieg, oder nicht? Dann machen wir eben Krieg.«

Mit seinem gesunden Menschenverstand führte Torres Campalans ihnen die Hindernisse vor Augen, mit denen sie bei ihren geplanten oder beabsichtigten Unternehmungen rechnen mußten.

»Niemand bittet dich darum, ›miteinzusteigen‹. Aber es ist anständiger, sein Leben persönlich aufs Spiel zu setzen«, wiederholte Valet.

An einigen Sonntagen gingen sie zu Sébastien Fauré nach Hause. Die *Alexandre-Jacob-Bande* war ein nachahmenswertes Vorbild. Wer hatte in einer ungerechten Welt voller Verräter am Menschen das Recht, ein Urteil über sie zu fällen? Weil das Leben für sie hart war, verachteten sie es.

Libertad starb 1908 unter tragischen Umständen: er wurde über die Treppen geschleift, aus denen einige der Montmartre-Straßen bestehen. Sein Kopf schlug gegen mehr als hundert Stufen, als vier Polizisten ihn an seinen mißgebildeten Beinen zogen.

Seine Getreuen zerstreuten sich. Einige schafften die Druckerpressen in sein halbverfallenes Haus, das in Romainville in einem großen Garten lag, wo Jahre später die *Bonnot-Bande* entstehen sollte.

Dort lernte Jusep Jeanne Laurier kennen, die aus Überzeugung Hure geworden war. Nicht, daß ihr diese Art Leben gefallen hätte, aber sie fand, daß es die einzige Möglichkeit war, die ihr zu Verfügung stand, um der Sache zu dienen. Ihr ältester Bruder war in Fournies im Kugelhagel des 145. Linienregiments gefallen. Jeanne kannte die Artikel auswendig, die Séverine damals veröffentlichte. Sie war zu dem Schluß gekommen, daß die einzige wirksame Methode, anarchistische Propaganda zu machen, die war, mit den Männern, die sie an die Sache heranführen wollte, ins Bett zu gehen. Nach zwei Wochen landete sie im Gefängnis. Freunde von Torres Campalans bekamen das mit, und sie besprachen den Fall. Sie nahmen sie bei ihrer Entlassung aus dem Gefängnis Saint-Lazare in Empfang und nahmen sie reihum bei sich auf. Sie war achtzehn Jahre alt, mager, klein, mit lebhaften Augen, großem Mund, braunen Haaren, und das einzig Anmutige an ihr war ihre Empörung über die Gesellschaft ihrer Zeit, doch machte sie damit, immer exaltiert, die Leute so verrückt, daß sie am Ende nicht mehr ernst genommen wurde.

Zwei Monate lang lebte sie in Juseps Atelier. Anne Marie kam vor Eifersucht fast um, aber wie immer schwieg sie. Unnötig darauf hinzuweisen, daß Jeanne ihren Genossen gegenüber absolut keusch war: Es wäre ihr nie in den Sinn gekommen, mit einem von ihnen ins Bett zu gehen. Außerdem »war der Zeitpunkt noch nicht da, Kinder zu bekommen«. Sie hob sich das für später auf, wenn sie sich ganz ihrer Erziehung widmen und den Erzeuger *technisch* auswählen könnte.

»Die Sozialisten werden nie etwas tun, weil sie Angst haben. Wer sind ihre Anführer? Lehrer, Bürgerliche, die es gewöhnt sind, im Elend zu leben. Wenn sie wenigstens reich wären, könnten sie vielleicht auf die Straße gehen, um ihren Reichtum zu verteidigen. Aber nein, sie haben ihren kümmerlichen Lohn, ihr geregeltes Leben, sie zittern bei dem Gedanken, den ›Zug‹ zu verpassen, an den sie gewöhnt sind. ›Das‹ genügt ihnen vollkommen, um sich durchzuschlagen. Sie haben sich versteckt, diese Feiglinge, mit ihren Häusern auf dem Rücken, wie Schnecken. Schlappschwänze. Und weil es ihr Ideal ist, daß alle so leben sollen wie sie, halten sie sich zwar für die Vorkämpfer des zukünftigen Lebens, sind jedoch unfähig, es aufs Spiel zu setzen. So erreicht man nichts.«

»Und das erzählst du deinen Kunden?«

»Das und noch viel mehr.«

»Du wirst nie Karriere machen.«

Sie machte auch keine, weil sie wieder im Gefängnis landete, wo sie von einer Diebin erstochen wurde: »damit sie mir nicht mehr länger auf den Wecker geht.« Später erinnerten sie sich nur noch an sie, wenn sie die Sozialisten »Schnecken« nannten.

1909 schloß Torres Campalans Freundschaft mit einem aus Brüssel gebürtigen jungen Mann (wer hätte ihnen wohl vorausgesagt, daß beide einmal in Mexiko sterben würden?), den er dann und wann in Romainville wiedersah, wo eine Weile die Zeitschrift *L'Anarchie* gedruckt wurde, bevor er ihn von neuem in einem »Studienkreis« in der Rue Grégoire-de-Tours traf. Victor Lwowitsch Kilbatschibe, der schon damals als *Victor Serge* zeichnete, war ihm nicht so recht sympathisch, viel besser gefiel ihm seine Freundin, Rirette Maîtrejean, eine kleine, heißblütige Frau, die durch ihr kurz geschnittenes Haar, etwas zu jener Zeit absolut Neues, überall auffiel. Man mußte durch lange, dunkle, mit bauchigen Fässern zugestellte Flure gehen, um in den Versammlungsraum zu gelangen. Die Örtlichkeiten und die Straßen am linken Seineufer erinnerte ihn an das Barrio Chino in Barcelona. In diesem Studienkreis lernte er Louis Forestier kennen, einen Antiquariatsbuchhändler, der dort unterrichtete:

»Das Wort Anarchie leitet sich ab von der griechischen Partikel *a* – *ohne, bar von*. Ja? Und von dem ebenfalls griechischen Wort *arkos* – *Regierung*. Ja? Daraus ergibt sich, daß Anarchie soviel bedeutet wie Verneinung von Regierung. Ja? Und der Anarchismus ist die politische Lehre von einer

La Fabrica d'en Romeu – 1908

Die Fabrik von Romeu

Idolo – 1908

GÖTZENBILD

universellen Gesellschaftsordnung, die völlig ohne Regierung auskommt. Ja? Zenon, der Begründer der stoischen Philosophenschule im Griechenland des dritten Jahrhunderts vor Christus ist auch der Begründer des Anarchismus. Ja? Er behauptete, daß das Vorhandensein einer Regierung und ihre Einmischung in das Privatleben der Gemeinschaft für alle Übel verantwortlich sei, die seine und natürlich auch unsere Gesellschaft heimsuchten. Ja?«

Forestier – tonlose Stimme, schielender Blick – unterrichtete mittwochs und samstags von acht bis neun.

»›Vor Gott und der Natur‹, sagte Zenon, ›hat der Mensch ein Recht, das niemand ihm nehmen kann, nämlich sein eigenes Verhalten zu bestimmen‹, ja? Wohingegen die Regierung nur dazu da ist, die natürlichen Beziehungen zwischen den Individuen zu stören. Das ist euch doch wohl klar, ja?«

Beglückt über seine Bildung, strich sich Forestier über seinen langen weißen Schnurrbart.

»Im 18. Jahrhundert behauptete ein Engländer, Godwin, der Mensch besitze die Fähigkeit, aus sich selbst heraus seine sinnlichen Erfahrungen, ja? das heißt, seine Empfindungen in ein vernunftgeleitetes, moralisches Handeln, ja? zu verwandeln, was jeden weiteren autoritären Zwang überflüssig mache. Ja, Genossen, ja, wenn man dem Menschen genügend Freiheit läßt, seinen Weg selbst zu wählen, neigt er ganz spontan, ja? zur Gemeinschaftsfähigkeit, zur Zusammenarbeit zugunsten des Kollektivs. Ja? Doch das Auftreten einer Regierung bedingt einen grundsätzlichen Wandel, ja? einen schädlichen Einfluß innerhalb der Ordnung in den menschlichen Beziehungen, ja?«

Forestier sprach im Schein der Petroleumlampe zu einem Dutzend Männer von den Seineufern: Lastträger, Binnenschiffer, auch mal ein Bettler, drei oder vier Arbeiter, meistens Schriftsetzer aus den nahegelegenen Druckereien.

»Die Regierenden mißbrauchen die Macht allein zu

ihrem eigenen egoistischen Nutzen, ja? Dies führt zur Bildung von Gruppen, die die andern dadurch ausbeuten, ja? daß sie ein schädliches System von Privilegien schaffen. Ja? Daß die Beherrschten sich mit Gewalt dagegen wehren, ist also nicht mehr als gerecht, ja? Schließlich greifen die Herrschenden auf das Mittel der Gewalt und des Betrugs zurück und rechtfertigen das auch noch durch Gesetze, die sie selbst diktieren. Ja? Wir müssen uns also, ja? gegen diese ständigen und systematischen Angriffe wehren, ja? bis das Privateigentum abgeschafft ist, ja?«

Anschließend sprach Forestier von seinem Gott, Proudhon, bevor er zu seinem Propheten Michail Bakunin kam, dessen *Katechismus des Revolutionärs* ihrer aller Bibel war: »Der Revolutionär muß bereit sein zu sterben und zu töten. Persönliche Rücksichten dürfen ihn nicht zurückhalten« etc. Die anderen Größen, wenn auch nicht ganz so groß wie die beiden vorhergehenden, aber dennoch groß, waren Kropotkin, Stirner, Thoreau und Malatesta. Forestiers Beziehungen zu Leo Graf Tolstoi waren schwierig, weil der Stadtmensch Forestier sich nicht mit dem Gedanken an ein Zurück zur Natur und noch weniger mit gewissen Formen des einfachen und patriarchalischen Lebens anfreunden konnte.

Seine ›Ja's?‹ waren berühmt, doch die Witze, die darüber gemacht wurden, konnten ihn nicht dazu bringen, diese Marotte abzulegen.

»Wenn es Gott gäbe, hätte er den Menschen bestimmt nicht so kompliziert gemacht, ja? Er hätte sich mit einem Auge, einem Ohr, einer Hand zufrieden gegeben, ja? Unsere vielen Schnörkel sind doch der beste Beweis für seine Nichtexistenz. Nur die Natur hat uns mit viel Geduld schließlich so hingekriegt, wie wir sind, ja? Ist es nicht eine Schande, daß der Mensch dreimal am Tag essen muß? Ja? Und daß dies ein grundsätzliches Problem ist? Obwohl ihr Vegetarier seid... Schau den Leuten doch bloß einmal beim Essen zu und sag mir dann, ob man an Gott glauben kann. Ja?«

In Romainville lernte er Octave Garnier, ein Abenteurer und äußerst entschlossener Verfechter der direkten Aktion sowie Raymund Callemin alias *Raymond la Science* kennen, der, als er im April 1913 zur Guillotine ging, den Journalisten an den Kopf geworfen hat:

»Schön, was, einen Menschen sterben zu sehen?«

Wie Serge, sein Jugendfreund, war er Belgier; klein, kräftig, kurzsichtig, Sohn eines Trinkers. Nie fand er sich mit dem Leben ab, das ihm geboten wurde. Mit Torres Campalans verstand er sich bestens.

Alle bewunderten Gustave Hervé, der es gewagt hatte, Plakate zu kleben, auf denen Arbeiter und Soldaten zum Aufstand aufgerufen wurden. Hervé, der 1914...

12

John P. Murray aus Wellesley (Mass.) war 1909 acht oder neun Monate lang in Paris. Er war ein bärtiger, grobschlächtiger Kerl und ein großer Whiskytrinker, ein damals in Paris wenig genossenes Getränk. Er wurde John Pi genannt, und auf seine Kosten fanden am Montmartre große Besäufnisse statt; er war ein liberaler Mann mit Vermögen. Seine Malerei hingegen taugte nicht viel, eine elende Kopie der »Fauvisten«. Er ließ sich vom frühen Kubismus blenden und begann, Picasso, Braque und Torres Campalans zu kopieren. Er freundete sich mit Campalans, mit dem er sich auf Anhieb verstand, und mit Anne Marie an. Er war vom Land und ganz und gar kein Kostverächter. Er liebte es, lange Märsche zu machen, zu trinken, zu essen und mit der erstbesten, die ihm nach Mitternacht in die Finger fiel, ins Bett zu gehen. Er sprach nur gebrochen französisch.

»Man muß die Dinge tun, wie sie kommen, und das geradeheraus.«

Unnötig zu sagen, daß ihm stets eine Meute Parasiten folgte, die er mit unvorstellbarer Verachtung behandelte. Eines Abends versuchte er Anne Marie zu vergewaltigen, die sich wie eine Wilde wehrte und der Kraft des Nordamerikaners wohl erlegen wäre, hätte sie nicht im heikelsten Augenblick zu schreien angefangen. Jusep tauchte in dem Winkel von Delaunays Atelier auf, in dem sie sich alle getroffen hatten. Der Bursche machte sich unter Verwünschungen davon. Jusep sagte kein Wort, aber sie trafen sich nicht mehr mit ihm. Anne Marie strahlte zwei oder drei Wochen lang vor Glück, seit dem Tag, an dem ihr Lebensgefährte auf eine von Vlaminck überbrachte Einladung Murrays schneidend geantwortet hatte: »Wir kommen nicht.«

»Du bist schön blöd«, sagte John Pi zu ihm und legte den Arm um seine Schulter, als sie sich in einem Restaurant in der Rue de Revignon, in dem sie oft verkehrten, zufällig begegneten.

»Ich weiß nicht«, gab ihm der Katalane zur Antwort. »Wenn du meinst, ist es womöglich so.«

John P. Murray ging in den Kongo und verschwand im Urwald. Niemand erinnert sich noch an ihn. An den Diskussionen beteiligte er sich nicht, es sei denn, um Getränke nachzubestellen.

»Noch nie haben die Maler das gewollt, was wir heute wollen. Deshalb lebten sie auch nicht so elend wie ihr. Ich spreche nicht von der Renaissance, als die Maler große Werkstattfamilien bildeten. Heutzutage wollen wir niemandes Schüler sein, höchstens für die ersten Gehversuche an den Kunstschulen. Danach heißt es: Sollte ich dich je gesehen haben, erinnere ich mich nicht mehr. Wir wollen auch keine Schüler haben: Wer von uns würde denn eine Klasse übernehmen? Wer von uns ist schon daran interessiert, Porträts zu malen? Und malen wir einmal Porträts von unseren Freunden, schenken wir sie ihnen. Ich weiß, das Bürgertum hat den Kunsthandel hervorgebracht. Aber wir malen, als ob es ihn nicht gäbe, wir wollen keine Aufträge. Wir suchen etwas anderes. Zu verkaufen stört uns. Früher, vor Cézanne, war der Maler stolz, wenn er etwas verkaufte, sich verkaufte, und selbst Cézanne strebte unablässig nach dem Gütesiegel der offiziellen Ausstellungen, als Bestätigung. Wir hingegen fliehen sie. Uns ist nur wichtig, was wir machen, alles andere kann zum Teufel gehen.«

Das war vielleicht auch der Grund, weshalb es nicht einmal ihm selber wichtig war, was er machte.

Gris' Atelier, in dem sie sich gelegentlich trafen, sah aus wie alle andern auch: ein Feldbett, zwei Stühle, ein Tisch, an den Wänden stapelweise Bilder, das Ganze in einem Raum, der gewöhnlich schmutzig war. Anders bei Jusep und Anne Marie, wo nie eine Blume in der Vase fehlte. Weil sie die Sauberkeit brauchten, vermieden sie es, dort Feste zu feiern oder, allerdings gegen Juseps Meinung, gelegentlich Gäste einzuladen, ausgenommen Jeanne Laurier. Deshalb zogen sie auch nicht in ein Atelier im Bateau-Lavoir, als das eines japanischen Malers, das neben dem Picassos lag, 1908 frei wurde. Wenn dessen Atelier vor Dreck starrte, so stand ihm das von Juan Gris in nichts nach. Zu jener Zeit arbeitete der Madrider Maler weiterhin als Illustrator von Wochenzeitschriften. Er ging auf Nummer sicher.

»Er ist ein Bourgeois.«

Das war er.

»Erst als er den leichten Weg zum Kubismus vor sich sah, hat er ihn eingeschlagen«, sagte Torres Campalans Jahre später. »Das erschien ihm bequemer. Er ist ein feiner Herr, ein Sohn aus guter Familie.«

Nie wollte er den Wert der Kompositionen seines Landsmanns anerkennen. Gris sorgte sich immer um seine Sicherheit, Torres nie. Außerdem spielte die kastilisch-katalanische Feindschaft eine entscheidende Rolle. Gris interessierte sich nie für Politik, Jusep hatte sie im Blut, ohne damit zu renommieren. Picasso war Zeuge, sonst nichts.

Gelegentlich wurde Juan Gris auf rüde Weise unverschämt:

»Warum glaubst du an Gott?«

»Mehr oder weniger aus dem gleichen Grund, aus dem du nicht an ihn glaubst.«

Bei einer anderen Gelegenheit fiel Torres Campalans aus der Rolle:

»Du zweifelst also nicht daran, daß die Welt gut eingerichtet ist. Stell dir vor, wir wären alle intelligent und würden auf eigene Rechnung denken, uns fielen hunderttausend originelle Sachen ein, die wir auch machen würden... Stell dir vor, es gäbe jedes Jahr zehn, zwanzig, hundert neue Picassos... Das strebt ihr doch an, ihr Verfechter der natürlichen Auslese? Daß es aber nur dann und wann ein *einziges* Genie gibt, ist das nicht der beste Beweis für die Existenz Gottes?«

Es folgte Schweigen. Jeder von ihnen dachte, daß er mehr oder weniger recht hatte, und sie sprachen von etwas anderem. Aber das Thema war zu anziehend und brachte die Kompaßnadel zum Rotieren. Torres Campalans beschloß, Juan Gris zu ärgern, indem er ihn an seine Zeitschriftenzeichnungen erinnerte:

»Selbst wenn einer auslöschen wollte, was er einmal gemacht hat, weil es ihm nicht mehr gefällt, er kann es nicht. Es ist immer da, die Ratten suchen es, zerren es ans Licht, Lazarus ersteht wieder auf. Die Kunst stirbt nicht. Was einer einmal geschaffen hat, bleibt.«

»Gott oder die Kunst.«

»Warum nicht? Aber da gibt es nichts zu wählen. Gott ist die Kunst.«

»Bist du Katholik?« fragte Chirico, der gerade gekommen war.

»Apostolisch und römisch. Punktum.«

»Sicher, das Mittelmeer und der Katholizismus sind wesensverwandt«, sagte Gris bösartig.

»Wenn du mal aufhörst, Dummheiten von dir zu geben, wird es zu spät sein.« ›Der Tag wird kommen, an dem du sie machst und aus Not Tod wird‹, dachte Jusep.

Dann machte er sich Vorwürfe: ›Was hat er mir getan?‹ Aber er kam einfach nicht dagegen an, er hatte ihn gefressen.

„An dem verdreckten Tisch eines billigen Speiserestaurants an der Place de Tertre saßen Anne Marie, Picasso, Josette, Torres Campalans, Max, Guillermo, ein Tanzpaar und ich und hörten zu, wie Juan Gris über seine ›deduktive‹ Malerei dozierte:[14]

»Man muß vom Allgemeinen zum Besonderen gehen. Vom Oberbegriff ausgehen, um zum Spezifischen zu gelangen. Was macht ein Bildhauer, wenn er einen Stein sieht, aus dem er sein Werk herausschlagen wird? Sind es nicht seine Form, seine Größe, sein Gewicht (er betonte das Wort ›Gewicht‹ und verlieh ihm damit eine besondere Bedeutung...), die ihm die Idee geben? Wir müssen den Idealismus bekämpfen, als sei er der Leibhaftige.«

»Was kümmert dich der Leibhaftige«, gab ihm Torres Campalans schroff zur Antwort, »wenn du nicht an ihn glaubst?«

Die Feindschaft zwischen diesen beiden spanischen Malern hatte damals einen Grad erreicht, den jemand, der weder die Spanier noch die Maler kennt, nicht für möglich hält. Ihr Werk, soweit ich mich daran erinnere, denn der eine ist tot, der andere untergetaucht, berührt sich bisweilen in vielen Punkten. Trotzdem gingen sie in den Augen dessen, der sie kannte, von völlig gegensätzlichen Standpunkten aus. Torres Campalans' Verachtung für Juan Gris kannte kein Maß. Er beschuldigte ihn, ein *aprovechao*, ein Nutznießer zu sein, und er gab diesem Wort mit seinem furchtbaren katalanischen Akzent einen lächerlichen Klang, der madrilenisch sein sollte, und, indem er das a langzog, die Beleidigung noch betonte.

»Du malst wie wir«, sagte er, »aus reinem Zufall, oder, was schlimmer ist, um zu leben. Um zu leben? Um zu essen. Weil es dich weniger Arbeit kostet, uns nachzuahmen, als weiterhin für Modezeitschriften zu zeichnen, denn das ist das einzige, was du wirklich kannst: die Aktualität einfangen. Du wirst immer ein Illustrator bleiben, ein Karikaturist. Ein Jäger, genau: ein Jäger. Du kauerst dich hin, du versteckst dich, mal sehen, ob etwas rauskommt. In dieser Hinsicht hast du recht: Du legst, wie ein Huhn sein Ei, ein Weiß, ein Schwarz, ein Grau, je nach dem, was du dir vorstellst, was es sein könnte, und so kommst du voran. Ist das gemalt? Nein, *fill meu,* nein, das ist geschwindelt.«

»Handgreiflich wurden sie allerdings nicht, weil Torres Campalans groß und stark war und die Hände eines Bauern hatte, Juan Gris hingegen ein feiner Herr, nicht schwächlich, aber doch, verglichen mit Campalans, eine halbe Portion. Josette, die Frau des Madrider Malers, zog mit ihm ab. Gewiß, Gris besaß Talent, und er wußte ganz genau, was er tat. Er wollte, das hat er selbst gesagt, das Abstrakte vermenschlichen. Er behauptete, daß ihm klar sei, was die andern mit dem synthetischen Kubismus suchten.« »Ihr«, sagte er, »seid auf der Suche nach einer Architektur, ich gehe von ihr aus.«

»Ja, die Inspiration geht dir aus.«

Auch wenn es keiner erwartet hätte, war es schließlich Torres Campalans, der den Diskussionsrunden fernblieb, zu denen Gris regelmäßig kam. Gris war beharrlicher, vor allem aber wollte er den »Durchbruch«, was dem Katalanen, einem kompromißlosen Mann, wie es keinen mehr gibt, völlig gleichgültig war. Eines schönen Tages, beim Ausbruch des Krieges von 1914, verschwand er, und ich glaube nicht, daß von seinem Werk viel zurückgeblieben ist. Er malte auf der Suche nach einem Ziel, über die Mittel machte er sich keine Gedanken. Oft benutzte er seine besten Bilder als Leinwand für andere Kompositionen. Ausstellen wollte er nicht, trotz verschiedener Anfragen, unter anderem auch von mir. »Nein«, sagte er, »noch nicht. Das wird noch kommen. Und wenn ich auf halbem Wege stecken bleibe, werden alle dadurch gewinnen, daß sie nicht sahen, was ich gemacht habe.«

Er lebte ruhig und gelassen von dem, was seine Geliebte verdiente. Er fand das normal, sie ebenfalls: Sie war wesentlich älter als er, war nicht hübsch, vergötterte ihn. Lesend und malend verbrachte er den Tag in seinem Atelier. Gegen Abend ging er in die Rue Ravignan, um zu diskutieren, bis Anne Marie, die wie eine Verrückte arbeitete, um ihren gemeinsamen Lebensunterhalt zu verdienen, zu ihnen stieß, um einen Milchkaffee zu trinken und den anderen zuzuhören; er selbst war nicht sehr gesprächig. Ich habe ihn immer mit demselben Cordanzug und einem karierten Hemd gesehen, im Mund eine kurze Pfeife, in der er, diesen Luxus leistete er sich, guten englischen Tabak rauchte.[15] Alkohol trank er nur hin und wieder. Dann allerdings kam es zu phänomenalen Besäufnissen. Er war Anarchist, und manchmal traf er sich mit seltsamen Leuten, die der Polizei oft Schrecken einjagten. Torres Campalans war Katholik, was – zumindest mir – sehr unwahrscheinlich vorkommt.

Juan Gris hingegen war ein unscheinbarer Mensch, der sehr auf Ordnung hielt. Damals waren wir alle der Meinung, der Katalane würde ein bedeutendes Werk schaffen. Dem war nicht so. Den Ruhm hat der Madrider erlangt, der mit großem Talent zu planen und zu organisieren verstand.

»Meine Malerei ist deduktiv«, sagte er, »vollkommen rational, sie gehorcht Gesetzen.«

»Dem Kahnweilerschen Gesetz«, lästerte Torres Campalans.

Gris zuckte die Achseln.

»Ich gehe vom Besonderen zum Allgemeinen. Cézanne

machte aus einer Flasche einen Kegel, ich« – er betonte das ›Ich‹ – »mache aus einem Kegel eine Flasche.«

»Was für eine Selbstgefälligkeit! Weißt du überhaupt, was deine Malerei ist?«

»Meine Malerei ist wenigstens, nicht wie deine ... «

»Ich hatte immer geglaubt, es könne keine Pedantenmalerei geben, bis ich deine gesehen habe.«

Die Diskussionen zwischen Gris und Torres Campalans wurden zu einem richtigen Schauspiel. Sicherlich war das der Grund, warum Jusep nicht mehr ins Bateau-Lavoir kam.

»Für mich ist ein Bild ein mathematisches Problem. Ich weiß nie, was ich malen werde.«

»Das brauchst du nicht noch zu sagen.«

Die Freunde griffen ein.

»Unter diesen Umständen solltest du es besser dem Betrachter überlassen sich vorzustellen, was du ihm auf dem Bild zu sehen gibst. Bei deinen Bildern ist sogar der Titel überflüssig. Wenn es schon mathematische Probleme sind, numeriere sie doch. Nenne sie: Problem 1, 2, 3 usw.«[16]

An einem anderen Abend warf er ihm an den Kopf:

»Das Absurde ist, daß du aufhörst, Maler zu sein, um dich in einen Betrachter zu verwandeln, in einen möglichen Käufer. Du trittst unentwegt aus deinem Werk heraus: Was wird das werden? Du betrügst (ich sage nicht, daß du dich nicht selbst betrügst). Du bist zu einem Fabrikanten von Lotterielosen geworden. Mal sehen, ob's hinhaut. Mal sehen, ob du jemanden übers Ohr haust. Mal sehen ob Kahnweiler... Mal sehen, ob die Käufer das große Los ziehen.«

»Von Picasso sagst du das nicht ... «

»Weil es bei Picasso etwas anderes ist, Mann. Er erfindet. Er erfindet, damit du kopieren kannst. Wohlgemerkt, neunzig Prozent aller Maler haben nie etwas anderes getan. Davon kann man leben, es ist einträglich.«

»Und wovon lebst du?«

»Das geht dich nichts an. Kopie ist Kopie, und als solche wird sie verkauft. Ob Anne Marie sie malt oder ich, ist etwas, das dich nichts angeht. Originale »herzustellen« hat jedenfalls einen anderen Namen. Alle deine Theorien, falls sie überhaupt jemand versteht, woran ich zweifele, sind nichts weiter als *chantage*.«

»Du bist ein richtiger Schlauberger«, sagte er bei anderer Gelegenheit zu ihm, »ein Madrider Stutzer eben, dessen Ideal es ist, zu leben ohne zu arbeiten. Es kam dir kinderleicht vor, dir deine Brötchen mit dem Malen kubistischer Bilder zu verdienen, was dir nun wirklich nicht schwerfällt. Und weil du die Menschen kennst und es dir nicht an Geschmack fehlt, wärst du in der Tat schlecht beraten, wenn du nicht weitermachen würdest. Skrupellose Typen wird es bis ans Ende der Welt geben. Ich möchte heute nicht in deiner Haut stecken und auch nicht im Museum hängen, und am Tag des Jüngsten Gerichts möchte ich erst recht nicht mit dir tauschen. Weil du lügst, hörst du: Du lügst und du weißt, daß du lügst, nur um die andern schamlos zu täuschen und zu betrügen, um ihnen das Geld aus der Tasche zu ziehen, ohne etwas dafür zu tun. Du bist ein Betrüger. Kein großer, das würde dich retten. Nein, du bist nur ein kleiner, schamloser Betrüger.«

Ein andermal:

»Wir müssen die Dinge als Maler sehen, ausschließlich als Maler«, sagte Gris.[17]

»Gewiß doch«, gab Torres Campalans zurück, »als ob wir Engel wären. Siehst du denn nicht, du Rindvieh, daß wir nicht aufhören können, Menschen zu sein . . . «

»Wir werden uns nie verstehen.«

»Du sagst es.«

Picasso mochte alles, was spanisch war: Essen, Gitarre, Stierkampf, Flamenco-Tanz, Cante hondo. Torres Campalans war zwar nicht so groß wie Derain, Braque, Vlaminck, aber doch fast, und sein bäuerliches Gebahren war das gleiche wie das von Braque und Vlaminck. Derain war eleganter. Picasso, klein und stämmig, glaubte wer weiß was, wenn er den Brustkorb wölbte, dabei hatte er das gar nicht nötig, denn der Glanz seiner Augen vermochte mehr als die breiten Boxerschultern seiner Freunde.

Max Jacob – ein wenig schwächlich – sah ganz anders aus. Eva und Anne Marie waren prächtige Mädchen. Eva ruhig, jung und schön; Anne Marie, eher häßlich, intelligent, litt unter ihrem Alter. Josette war sehr hübsch.«

13

Entgegen aller Erwartung habe ich den Namen von Torres Campalans auf keiner der unzähligen Protesterklärungen finden können, die die Erschießung Francisco Ferrers am 13. Oktober 1909 ausgelöst hatte. Aber sein Bild hielt das Ereignis fest. Es wurde in Paris, Brüssel und Mailand von freiheitlich gesonnenen Zeitschriften übernommen.[18]

Im Dezember 1911 bekam Anne Marie eine doppelseitige Lungenentzündung. Ohne zu zögern übernahm Jusep im Haushalt die Zügel. Erfolglos versuchte er, einige Zeichnungen und Bilder zu verkaufen. Schließlich zog er es vor, sich stundenweise als *Sandwichman* zu vermieten, statt sich auf die Herstellung falscher Renoirs einzulassen, wie es ihm ein Freund Anne Maries vorgeschlagen hatte, wovon ihn allerdings keine moralischen, sondern ästhetische Skrupel abhielten. Die Concierge betreute die Kranke in der Zeit, in der Torres Campalans mit einer riesigen Flasche *Dubonnet* auf den Schultern über die Boulevards spazierte, wo er von der ersten Heldentat der »tragischen Banditen«, seiner alten Freunde aus der Rue du Chevalier-de-la-Barre und aus Romainville erfuhr: dem Raubüberfall auf den Geldboten einer Bank in der Rue Ordener. Er kaufte sich die Zeitung, stellte seine Flasche neben eine Bank und begann zu lesen.

Der Chef der Kolonne ließ ihn aber nicht, weil sie soviele Reklameträger waren, wie der Name des berühmten Aperitifs Buchstaben hatte. Als dieser Mensch sah, wie sehr er sich für den Fall interessierte, hatte er ein besonderes Auge auf ihn. Er beschwerte sich über seine Disziplinlosigkeit und entließ ihn. Jusep ging zu Plá. Der schlug ihm vor, beim Überfall auf das Haus eines Notars in Pontoise mitzumachen. Er lehnte ab. Aus Angst? Vielleicht.

»So etwas kann man nur machen, wenn man glaubt, daß es etwas nützt. Und ich glaube das nicht.«[19]

In der Schule für Kunst und Handwerk stand er Modell, während Vollard ihm auf Anraten Picassos zwei Bilder abkaufte. Er zahlte ihm irgendeine Summe. Niemand hat die Bilder je wieder gesehen.

1912 zogen Anne Marie und Jusep in den fünften Stock eines Haus an der Place Dancourt, wo sie das Glück gehabt hatten, ein Atelier zu finden, das einem Photographen gehörte, der den Beruf aufgab, um in seinem heimatlichen Lothringen von seinen Ersparnissen zu leben. Bereits in den ersten Wochen wurde ihnen klar, wie er zu seinem Geld gekommen war, und zwar wegen der Leute, die auf der Suche nach »Material« bei ihnen vorbeischauten. Der brave Mann, Gehrock über dem vorstehenden Bauch, buschiger Schnauzbart und Zylinder auf dem Toupet, dazu Ordensband im Knopfloch, versorgte ein ganzes Netz von Kellnern aus der Umgebung der Place Pigalle mit pornographischem Material. Die unerledigten Geschäfte belästigten Anne Marie und Jusep einige Monate lang.

Um diese Zeit freundeten sie sich mit Wilhelm Wolf und seiner Frau an. Er war Kupferstecher und arbeitete mit Daragnés zusammen. Germaine, Französin, Sozialistin, glühende Anhängerin von Jaurès, töpferte. Er war Bayer, untersetzt, auf dem besten Weg zur Rundlichkeit, wegen seines nie nachlassenden Appetits; sie, feines, spitzes Gesicht, war dünn wie ein Faden und etwas größer als er, was hohe Absätze noch unterstrichen. Wilhelm sah alles ausschließlich mit den Augen Germaines. Bei allem, was man ihm vorschlug, gab er sogleich zu bedenken: »Wenn es Germaine recht ist.«

Ihr zuliebe wurde er Sozialist. Im Grunde schien ihm die Welt, zumal die deutsche, gut organisiert, weil die Schlauen, und auch die Intelligenten, sich immer durchsetzen und gewinnen, während die Dummen, wie es sich gehört, arm sterben: »Wenn nicht, wo kämen wir da hin?«

Noch weiter führte ihn die Liebe, als 1914 der Krieg ausbrach (beides gewaltige Kräfte): Er weigerte sich, in seine Heimat zurückzukehren. Man warf ihn ins Gefängnis und stellte ihn vor die Wahl, sich entweder zwangsweise repatriieren zu lassen oder freiwillig in die Fremdenlegion zu gehen. Er entschied sich für letzteres. (»Schließlich ist Germaines Land mein Land.«)

Am 15. August wurde er als vermißt gemeldet. Er muß an der elsässischen Grenze gefallen sein.

Jusep erfuhr es noch in Bordeaux, am Tag vor seiner Einschiffung nach Mexiko. Einige Tage lang dachte er an den guten Deutschen: Er, Jusep, wäre zu so etwas nie und nimmer fähig gewesen. Die Liebe ist etwas Seltsames, dachte er, während er überlebenswichtige Netze auswarf, um eine nicht mehr ganz junge Nordamerikanerin davon zu überzeugen, ihm für die Zeit der Überfahrt ihren relativen Liebreiz zu schenken. Es war einfach und langweilig.

Durch die Wolfs hatten sie 1913 Rainer Maria Rilke kennengelernt, der gerade aus Spanien zurückgekehrt war. Anne Marie suchte ihn in seinem Atelier in der Rue Campagne-Première auf. Rilke durchlebte einen seiner schwersten Augenblicke, er hatte die Arbeit an den *Elegien* unterbrochen (dabei war er ihretwegen nach Spanien gefahren, um neue Kraft zu schöpfen), und er wußte nicht so recht, was er jetzt tun sollte: zu seinem Mäzen zurückkehren, der ihn in Duino erwartete, nach Venedig gehen oder nach Berlin.

»Ich bewege mich am Rande eines Abgrundes.«

Der Dichter kam einige Tage später an die Place Dancourt.

»Es ist leidvoll, immerfort in Erwartung eines Wunders zu leben.... Zu erkennen, daß man im Irrtum gelebt hat, im Irrtum lebt, und daß man nur auf die Veränderung, auf die große Veränderung hoffen kann...«

»Das Problem ist, nicht nachzugeben und zu tun, was man will. Am Ende gibt man doch immer den Wünschen der anderen nach.«

Jusep kam das absurd vor. Er hatte immer das Gegenteil getan, nie nachgegeben. Er verstand nicht, wie ein »Künstler« sich anders verhalten konnte. Sich gehen lassen und sich darüber beklagen überstieg das Einfühlungsvermögen des Malers.

Die Porträtskizze, die Jusep während ihres Gesprächs von ihm machte, gefiel Rilke sehr gut. Aber er nahm sie nicht mit:

»Ich fahre morgen nach Berlin.«

Er wollte sie später abholen; sie sahen sich nie wieder.

Bei dem Maler blieb ein unangenehmer Eindruck zurück. So, als gelänge es diesem Mann nicht, wirklich zu leben.

»Ist er ein großer Dichter?« fragte er Anne Marie.

»So sagt man jedenfalls. Er war Rodins Sekretär.«

»Warum hast du mir das nicht vorher gesagt?«

Rainer Maria Rilke bekam in seiner Erinnerung eine andere Bedeutung. Was ihm vorher nicht gefallen hatte, fand er nun gut.

Ein anderer unter den wenigen Menschen, mit denen Torres Campalans weiterhin gern Umgang hatte, den er in der Regel in Begleitung Plás aufsuchte, war Louis Forestier, der alte Anarchist, der am rechten Seineufer, kurz vor dem Pont-Neuf, einen Stand mit antiquarischen Büchern hatte. Der Alte, einäugig, ständig heiser, ein makelloses Tuch um den Hals geknotet, sommers wie winters im Mantel, die Mütze tief in den Kopf gezogen, vertrat nach wie vor mit seiner näselnden Stimme die alten Theorien der längst zerschlagenen anarchistischen Gruppen.

»Weißt du, warum ich hier weitermache? Nein? Weil ich von hier aus irgendwann einmal sehen werde, wie dieser verdammte Kasten in Flammen aufgeht«, womit er den Justizpalast meinte. »Mein Vater hat ihn '71 in Brand gesteckt.«

Manchmal hatte er seltsame anarchistische Bücher, von denen er alle Ausgaben kannte. Sie verkauften sich allerdings schlecht. Mit Epinaler Bilderbogen hielt er sich halbwegs über Wasser.

»Die Aktion ist das eine, die Kunst das andere.«

»Gewiß, aber der Mensch ist eins, ja? Er kann nicht gleichzeitig ein Mensch der Tat und ein Künstler sein, der sich nur für die Kunst interessiert, ja?«

»Dann muß man also das eine oder das andere opfern?«

»Zwangsläufig, ja?«

Der alte Anarchist behauptete das einfach und strich sich dabei mit der linken Hand abwechselnd mal über die rechte, mal über die linke Spitze seines weißen Schnurrbarts, als wolle er sich Luft zufächeln, um seiner Stimmlosigkeit Herr zu werden.

»Aber, glaubst du an eine ... proletarische Kunst? »

»Nein. Ich glaube ganz einfach, daß einem Maler, der das Glück hat, sich für die Zukunft der Menschen zu interessieren, die Politik wichtiger sein muß als die Kunst. Ja?«

»Aber die Kunst führt heute ... «

»Maler gibt es viele, und es wird noch mehr geben, wenn die Zeiten besser sind, ja? Wichtig ist, daß diese Zeiten kommen, und nicht, daß man seine Zeit vergeudet.«

»Die Künstler vergeuden also ihre Zeit?«

»Und sorgen dafür, daß andere sie ebenfalls vergeuden. Ja? Den Geldboten einer Bank zu überfallen ist für den

Fortschritt der Menschheit wichtiger als ein Bild zu malen, ja?«

»So gut es auch ist?«

»So gut es auch ist. Ich habe auch einmal Verse geschrieben...«

Torres Campalans wußte es, und daß sie, wie man hörte, nicht schlecht waren.

»Ich verstehe nicht, wie ein Mensch, der das Elend seiner Zeit kennt, sich ruhig hinsetzen und schreiben, malen, Opern komponieren kann... Es sei denn, er ist ein Feigling. Ja? Oder er ist glücklich. Ja?«

Torres Campalans fragte sich, ob er glücklich war. Auf die Schnelle wußte er nicht, welche Antwort er sich geben sollte.

»Oder er ist einverstanden mit dem, was das Schicksal ihm beschert. Ja? Auch wenn du es nicht glaubst, es gibt mehr von der Sorte, als du ahnst, vor allem unter den Allerärmsten. Vielleicht muß das so sein, damit alles ein für alle mal bergab geht, ja?«

Der alte Buchhändler, ständig von der Polizei überwacht, fluchte unentwegt und besoff sich jeden Samstagabend. Immer wieder versuchten sie ihn für Spitzeldienste zu gewinnen, doch ohne Erfolg. Da er keine Familie hatte, wiesen sie ihn in ein Altersheim ein, doch sie mußten ihn laufen lassen. Er hetzte die Alten auf, und im Speisesaal hob er einer der Schwestern vom Orden Saint-Paul de Vence, die ihnen das Essen auftrugen, den Rock hoch. Er starb im Krieg, wo man ihn an einem Samstag vor dem Portal eines vornehmen »Palais'« am Quai Conti fand.

Mit der Zeit zog sich Torres Campalans angesichts des sich häufenden Ärgers immer mehr zurück: Genossen wurden Polizeispitzel, Streit unter den Malern oder Bildhauern wegen Dingen, die sie gesagt hatten oder noch sagen würden, jetzt, wo ihre Namen allmählich bekannt wurden, Verbitterungen wegen Kritiken oder Lobeshymnen. Üble

Nachreden taten ihm in der Seele weh, weil er sich nicht vorstellen konnte, daß Menschen so etwas taten. Seine Gutgläubigkeit erlitt in jenen Jahren zwischen 1910 und 1912 so manchen Rückschlag, der ihn verletzte. Er erschien nur noch selten in den Kneipen oder Ateliers und floh jede Gesellschaft, weil er überzeugt war, es sei dies die einzige Möglichkeit, nicht in Hunderte kleiner Konflikte und Verschwörungen hineingezogen zu werden. Ihm wurde klar, daß dies keine Lösung war, und in dem Maße, in dem ihm klar wurde, daß die Intelligenz keineswegs dazu diente, den andern von Herzen beizustehen, verlor er das Vertrauen zu den Menschen.

Von daher sein Weg zu einer abstrakteren Malerei, die er zuvor verurteilt hatte: »Ich gelange allmählich zu der Überzeugung«, schrieb er 1913, »daß Raster und Webkette des Menschen kaum ihre Form ändern, höchstens die Farbe, und daß wir wenig dagegen auszurichten vermögen. Vielleicht gibt es einen Faden, ein Ende, an dem wir ziehen können, um sie aufzulösen. Sehr wenige finden ihn. Ich jedenfalls nicht; deshalb male ich ihn.«

Es war eine traurige, pessimistische Zeit, in der er sich einen Bart wachsen ließ. Nach sechs Monaten erreichte Anne Marie, daß er ihn wieder abnahm, nach einem Ausflug an die Ufer der Marne, von dem er heiter zurückkehrte.

Die wirtschaftliche Lage Picassos und Gris' hatte sich gefestigt, die seine blieb prekär. Ohne daß er es merkte, nahm Anne Marie von neuem die eher schlechten als guten Dienste Vollards in Anspruch, und es gelang ihr, daß Vollard den »Kopf von Juan Gris« für fünfhundert Francs kaufte.[20] Mit diesem Geld fuhren sie einen Monat nach Collioure. Offenbar malte Torres Campalans dort ziemlich viel.

Nach ihrer Rückkehr sah er seine Freunde fast gar nicht mehr. Nach der Abrechnung mit den Überlebenden der *Bonnot-Bande* brach er auch die letzten Brücken zu den Anar-

JEANNE, 1914

HANNA

chisten ab. Er, der die abstrakte Malerei Kandinskys verdammt hatte[21], durchläuft nun einen Prozeß, der dem Mondrians ähnlich ist, mit dem er damals Freundschaft schloß. Er beschränkt seinen Eifer, »Bilder nach menschlichem Maß« zu malen, auf die Form des Bildausschnitts: hochkant und rechteckig. Was brachte ihn dazu? Ich kann nur Vermutungen anstellen. Sicher erlebte er eine tiefe Enttäuschung. Persönlicher Art? Nichts von dem, was er an Geschriebenem hinterlassen hat, deutet darauf hin. Verlust seines Glaubens? Offensichtlich nicht. Vielleicht führte ihn die späte Lektüre Nietzsches auf den Weg, den damals Spengler einschlug.

Im Februar 1914 kam Anne Maries gerade verwitwete Halbschwester Hanna Goldstein, um, wie sie versicherte, für nur kurze Zeit bei ihnen zu wohnen. Ihr verstorbener Gatte, ein Geschäftsmann, hatte ihr ein knappes Auskommen hinterlassen.

Hanna, mit ihrem eckigen, länglichen Gesicht, den kleinen Augen, dem kleinen Mund und einer deutlichen Härte im Ausdruck, die nicht zu ihrem Wesen paßte, war in jeder Hinsicht jünger als Anne Marie. Sie hatte spiritistische Neigungen und sprach gern harten Getränken zu. Sie hatte zwei Kinder, die in Nürnberg bei den Schwiegereltern lebten, traurigen und ehrbaren Lebkuchenfabrikanten. Sie wollte sich nicht an sie erinnern.

Hanna beschloß, Anne Marie bei der Herstellung von künstlichen Blumen zu helfen, und sie wurde zu einer guten, aber sehr unregelmäßigen Mitarbeiterin. Nicht zu stören und ihren Anteil an den Haushaltskosten beizusteuern, gehörte zu ihren Zwangsvorstellungen. Doch trotz besten Willens fühlte sich Jusep durch die Anwesenheit seiner »Halbschwägerin« gestört, weil er nicht mehr nackt durch die Wohnung gehen konnte, wie er sich das angewöhnt hatte. Anne Marie erzählte es Hanna, die dazu nur meinte:

»Dummes Zeug. Das stört mich nicht im mindesten. Ich habe schon andere gesehen.«

Jusep zuckte die Achseln und versuchte, an seine früheren Lebensgewohnheiten anzuknüpfen, das heißt zu malen, solange es hell war. Seine ruhige Freundschaft mit Mondrian hatte ihn zu einer neuen Malweise geführt, über die er nur mit dem Holländer und den wenigen Leuten, die noch Kontakt zu ihm hielten, diskutierte. Es war ein nachdenkliches Werk, über das er nicht sprach.[22]

Eines Nachmittags im Mai, Anne Marie war gerade zu den Galéries Magenta gegangen, um abzurechnen, führte Hanna ihren Schwager zu dem Feldbett, auf dem sie schlief und zwang ihn, sie so zu akzeptieren, wie sie war: geschickt. Es gab zwar einige Aufregung, doch es gelang ihr, die Schwester, die bei dem Gedanken, Jusep ganz zu verlieren, wie von Sinnen war, davon zu überzeugen, daß sie kein Recht hatte, einen so guten Mann für sich allein zu beanspruchen, zumal sie ja ebenfalls zum Unterhalt der kleinen Gemeinschaft beitrug. Jusep war eine so lieb wie zwei.

Hanna erzählte seltsame Gespenstergeschichten, die ganz nach Apollinaires Geschmack waren; sie gefiel dem Dichter, und er nannte sie *die große Germania*. Aus *Germania* wurde schließlich Germaine.

Als sich sein Doppelverhältnis herumsprach, bekam Torres Campalans von irgend jemand den Spitznamen »Feind der Gesetze« in Anspielung auf ein heute völlig vergessenes Buch von Maurice Barrès, in dem ein Anarchist mit zwei Frauen zusammenlebt und ihnen, je nach Laune, seine Vorträge und seine Gunst zuteil werden läßt. *L'ennemi des lois* war ein trefflicher Spitzname, von dem er allerdings wenig hatte, und auch das nur für wenige Monate: der Krieg brach aus.

Niemand rechnete damit. Wie hätten sich Picasso, Juan Gris, die Kahnweilers, Torres Campalans, die Merkels das auch vorstellen sollen? Den Schwestern riet man, weil sie

Deutsche waren, sofort abzureisen. Anne Marie widersetzte sich. Marquet fragte Jusep: »Warum heiraten Sie sie nicht?«

Eine ausgezeichnete Idee, wie er fand. Auf dem Weg zum spanischen Konsulat, das sich damals noch in der Rue de Logelbach Hausnummer 2 befand, ging ihm auf, daß er wegen seiner Flucht aus Spanien keine Papiere bekommen konnte. (Aus diesem Grund hatte Juan Gris auch nicht französischer Staatsbürger werden können, obgleich dies sein sehnlichster Wunsch und Ausgangspunkt leidenschaftlicher Diskussionen war.)

Weil er sich auch nie bei der Pariser Polizeipräfektur gemeldet hatte, besaß er außerdem keine Dokumente, mit denen er sich hätte ausweisen können. Auch Anne Marie besaß keinen gültigen Personalausweis. Unschlüssig saßen sie stundenlang auf einer Bank an den Außenboulevards und warteten auf die neusten Ausgaben der Zeitungen *L'Intransigeant* und *La Presse.* Sie waren wütend, aufgebracht; die Welt hatte ihnen einen bösen Streich gespielt. Besonders schlimm war es für Anne Marie, eine *sale boche*, auf die Nachbarn und Geschäftsleute mit Fingern zeigten. Über Nacht war sie unerwünscht, und man spuckte es ihr ins Gesicht. Jusep machte sich noch Hoffnungen.

»Und, wann meldest du dich zur Fremdenlegion?« fragte ihn der Wirt der kleinen Eckkneipe.

Jusep zuckte die Achseln:

»Warten Sie ab, und Sie werden sehen.«

Für ihn waren die Erklärungen der Regierungen und die allgemeine Mobilmachung das eine, die Wirklichkeit das andere. Sobald sich die Heere gegenüberstünden, würde sich die Brüderlichkeit unter den Arbeitern als stärker erweisen, die Soldaten würden sich umarmen und ihre Vorgesetzten, falls kein anderer Ausweg bliebe, erschießen, und endlich würde die soziale Revolution ausbrechen. Außerdem würde am Montag mit Sicherheit der Generalstreik ausgerufen werden. Auch der Mord an Jaurès würde den

Gang der revolutionären Bewegung nicht aufhalten können.

Hanna und Anne Marie waren sich der Gefahr bewußt, festgenommen zu werden, wenn sie nicht vor Mitternacht des 4. August abreisten. In der Nähe des Schweizer Konsulats, das sich um die Angelegenheiten der Deutschen kümmerte, trafen sie einige Bekannte aus Hamburg, die nach Mexiko wollten, wo sie eine Kaffeeplantage besaßen. Sie hatten bereits vor Jahren die mexikanische Staatsbürgerschaft angenommen. Jusep schlug den beiden Schwestern vor, sich dort mit ihnen zu treffen.

»Wo?«

»In Mexiko.«

»Wie?«

»Mit dem Schiff. Ihr von Italien aus, ich von Bordeaux.«

»Und was sollen wir dort machen?«

»Das werden wir sehen.«

»Dort herrscht Revolution.«

»Na und? Ein Grund mehr. Ist euch klar, was drei oder vier Pancho Villas[23] hier ausrichten könnten?«

Anne Marie sagte sofort ja. Hanna zeigte sich widerspenstig. Beider Reaktion kam aufs selbe heraus: man ließ sie nicht mehr aus Deutschland fort.

Torres Campalans erinnerte sich, daß er einen Angestellten der mexikanischen Gesandtschaft kannte. Er hatte ihn durch Plá kennengelernt, als dieser zu Ollendorf gegangen war, um das ihm geschuldete Geld für eine Übersetzung zu kassieren, und er ihn dabei begleitet hatte.

Er war ein kleiner, heiterer und liebenswürdiger Mann namens Alfonso Reyes. Damals sprachen sie über die »Raster«, die der Mexikaner, der für alles aufgeschlossen war, bei Zarraga flüchtig gesehen hatte.

»Wie, was wir machen? Wir malen mit dem Kopf, ganz spontan, und versuchen dabei, recht zu haben. Recht haben! Wir wollen recht haben, Reyes. Oder ist das verboten?«

»Man hat immer recht, wenn man wirklich malt oder schreibt.«

»Das ist etwas anderes. Wir wollen, ich will, ich suche, wir suchen, glaube ich, eine Malerei, in der alles seine Daseinsberechtigung, seinen Sinn hat.«

»Eine symbolische Malerei?«

»Nein, Gott bewahre. Vielleicht: eine exakte Malerei, eine von innen heraus.«

»Dann werden viele draußen bleiben, *in albis*.«

»Eine Malerei *in albis*... Das ist nicht schlecht. Eine Malerei von vor der Zeit. Eine Malerei, die nichts weiter als ein Zeichen ist.«

»Das Schwierigste«, sagte Reyes und lächelte leicht.

»Das Volk versteht von allein oder es wird verstehen. Oder glauben Sie etwa, dem Volk gefällt, was man ihm vorsetzt? Es akzeptiert, weil es keine Wahl hat.«

»Und zwischen einem Braque und einem Kitschbild, was würde es wählen?«

»Den Braque.«

Sie waren sich gleich sympathisch. Reyes mochte den Maler und den Menschen.

Bevor Torres Campalans am 2. August die Schwestern Merkel, die Fahrkarten für den Nachtzug nach Genf bekommen hatten, zum Bahnhof begleitete, rief er ihn an. Reyes war gerade im Aufbruch begriffen, und sie verabredeten sich im Café Cardinal.

»In der Regel ist es so: Wenn ein Mann – ich sage, ein Mann – fortgeht, flieht er, er bricht mit allem, mit allen. Ich habe das vor vielen Jahren getan, als ich aus Gerona weglief. Das hat keine besondere Bedeutung, vor allem dann nicht, wenn es keine Familienbande gibt, die einen halten. Man durchschneidet die Nabelschnur, das tut früher oder später jeder, gern, ungern oder gezwungenermaßen, wenn nicht, erledigt es das Leben für einen: die Eltern sterben etc. Jetzt ist es etwas anderes. Jetzt breche ich mit mir selber. Als ich hierherkam, war es genau umgekehrt, ich kam, um so zu bleiben, wie ich war.«

Reyes ließ ihn reden und hörte interessiert zu. Höchstens, daß er einmal die rechte Spitze seines Schnurrbarts zwirbelte.

»Inzwischen bin ich zu der Überzeugung gelangt, daß ich mich geirrt habe. Daß ich im Irrtum gefangen war.«

»Und – was gedenken Sie in Mexiko zu tun?

»Nichts.«

»Malen?«

»Nein. Wozu? Selbstmord begehen will ich auch nicht. Mein Leben war ein Irrtum, und die Zeiten scheinen mir nicht danach, in ein Kloster einzutreten. Die wären imstande, mich aufs Schlachtfeld zu schicken, um Verwundete einzusammeln. Menschenfreundlichkeit ist die schlimmste Art von Bauernfängerei.«

»Vielleicht ändern Sie eines Tages Ihre Meinung.«

»Vor einiger, nicht allzulanger Zeit hätte ich Ihnen gesagt: nein. Jetzt sage ich: vielleicht. Aber ich bezweifle es. Man sagt so etwas zwar nicht, aber ich denke über die Dinge nach.« Er lächelte und schloß ironisch: »Wie Sie sicher wissen, sollte in diesen Tagen in Wien die Internationale zusammenkommen. Ich nehme an, heute sind sie, bestürzt über das, was geschehen ist, chauvinistischer als alle anderen: Die Welt muß mit Schüssen in Ordnung gebracht werden. Eigenartig ist nur, daß sie die nicht ihren Klassenfeinden verpassen, sondern daß sie auf ihre einstigen Genossen im Geiste anlegen. Ich sage, bis hierher und nicht weiter. Warum sich gemein machen mit den Torheiten der Menschen?«

Reyes verstand den Schmerz. Das beste war, er schwieg. Torres Campalans redete einfach weiter.

»Die Serben, die als einzige bereit schienen, sich für den Krieg auszusprechen, haben als einzige dagegen gestimmt. Und jetzt? Was erreicht man mit Abstimmungen? Stellen

Sie sich vor, die Franzosen, die Deutschen hätten gegen die Kriegsanleihen gestimmt, was wäre passiert? Nichts, Reyes, gar nichts! Sie folgen der Einberufung und ab an die Front! Das einzige, was sie mit zum Himmel verdrehten Augen hätten sagen können: ›Wir haben dagegen gestimmt!‹ Aber nicht einmal diesen Weibertrost haben sie sich gegönnt. Um so besser, Reyes, um so besser. Auf diese Weise sehen wir, was sie sind, was wir sind: eine Bande von Feiglingen, Dummköpfen, Schafen... Abstimmen! Sollen sie sich ihre Stimmen doch sonstwo hinstecken.... Wären sie Männer gewesen, wären sie auf die Straße gegangen, hätten gestreikt, gemeutert! Dann hätte man gesehen, was die Regierungen gemacht hätten!«

»Sie hätten sie niederkartätscht«, sagte der mexikanische Diplomat sanft.

»Na und? Ist ihnen eine deutsche Kugel etwa lieber? Sie wären wenigstens als ehrbare Menschen gestorben.«

Torres Campalans spürte die Sympathie Alfonso Reyes'. Er mußte sich bei jemand, der nicht zu seinem engeren Freundeskreis gehörte, Luft machen:

»Schauen Sie, was auch immer die Gründe sein mögen, die vorgeschoben werden, wirtschaftliche, historische, soziale, sie sind mir egal. Tatsache ist doch dies: Französische Arbeiter werden deutsche Arbeiter töten, deutsche Arbeiter werden russische Arbeiter töten, russische Arbeiter werden österreichische Arbeiter töten, österreichische Arbeiter sind gerade dabei, serbische Arbeiter zu töten, das sind die Tatsachen. Ohne ihre Meinung zu ändern, bereitwillig, Auge in Auge. Da kann man mir noch soviele gute Gründe dafür anführen, es ist mir egal. Was zählt, ist allein die Tatsache, daß die deutschen Arbeiter mit der Waffe in der Hand gegen die französischen Arbeiter antreten werden, obgleich sie wissen, was sie tun, und daß sie dabei auch noch glücklich sind und singen. Leugnen Sie nicht, was Sie draußen auf der Straße sehen.«

San Lorenzo – 1908

DER HEILIGE LAURENTIUSEEE

El Tagernero de la Esquina – 1908
DER WIRT AUS DER ECKKNEIPE

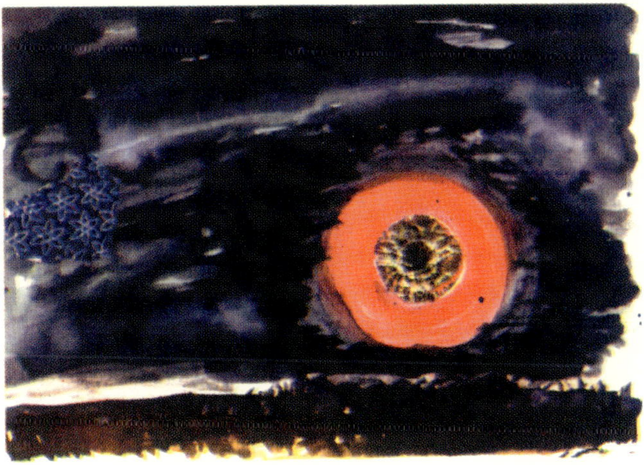

OCASO ¿1909 – 1910?

SONNENUNTERGANG

A Boca de Jarro, 1909
GLATT INS GESICHT

Bodegòn, 1910
STILLEBEN

ELEGANTE, 1912
MODENARR

Retrato de Rainer Marìa Rilke, 1913

BILDNIS RAINER MARIA RILKES

CABEZA DE JUAN GRIS, DETALLE, 1912
KOPF VON JUAN GRIS, AUSSCHNITT

Retrato de Alfonso Reyes, 1914
BILDNIS VON ALFONSO REYES

Trama Morada (Pancho Villa), 1914

DUNKELVIOLETTES RASTER PANCHO VILLA

Paisaje Rojo, ¿1912?
ROTE LANDSCHAFT

Retrato Corto de Picasso, 1912
KLEINES BILDNIS PICASSO

Retrato de Hombre, 1912
BILDNIS EINES MANNES

TRAMA MORADA, 1914
DUNKELVIOLETTES RASTER

Sol y Luna, 1914

SONNE UND MOND

Cabeza de Juan Gris, Detalle, 1912
KOPF VON JUAN GRIS, AUSSCHNITT

Sie stellten sich auf die Tür. Ein Bataillon zog vorbei, blauer Uniformrock, rote Hose, vornweg die wehende Fahne. Die Militärkapelle, die *Sambre et Meuse* spielte, machte einen ohrenbetäubenden Lärm, als sie an der Kneipe vorbeikam. Die Begeisterung war echt.

»Aber in den Leuten drin sieht es ganz anders aus«, sagte Reyes.

»Ach was! Das ist völlig egal, was zählt ist, was man von außen sieht. Das ist der Preis für soviel Nationalismus, für soviel hysterisches Geschrei um die ›Heimaterde‹, als ob wir Bäume oder Gemüse wären. Bei denen versteh ich's, denn sie können sich nicht bewegen. Wir aber haben Beine, und wir haben das Auto erfunden und das Flugzeug! Eine Schande! Früher gab es wenigstens Söldner...«

Reyes mußte in die Gesandtschaft zurück. Dort verabredeten sie sich für den nächsten Tag. Torres Campalans sprach nun weiter mit Plá, den er auf der Place d'Anvers traf, als er aus der Metro kam.

»Du führst dich auf wie ein Jude...«

»Die, die sind noch viel schlimmer, denn weil sie kein Vaterland haben, erfinden sie sich eins. Erst an dem Tag, an dem die Vaterlandsliebe wieder im Nichts versinkt, wird man an eine gerechte Welt denken können. Eine Welt, hörst du? Eine Welt, und nicht ein Land... Wir gehen rückwärts.«

»Ich denke, du bist katalanischer Nationalist?«

»Das war etwas anderes. Wir sind nie auf die Idee gekommen, den Aragonesen den Krieg zu erklären. Diese Franzmänner hingegen träumen nur davon, den *Boches* das Fell zu gerben. Nur weil sie Deutsche sind, weil sie deutsch sprechen.«

»Und umgekehrt.«

»Du sagst es. Das ist die große Schuld des 19. Jahrhunderts. Alle Probleme werden gelöst, wenn man nur an die Wand pinselt: *Vive la France!*«

»Oder *Vixca Catalunya lliure!*«

Plá reagierte heftig auf den katalanischen Nationalismus, der die Region politisch völlig vereinnahmen wollte.

»Ja.«

Jusep Torres Campalans kochte vor Empörung.

»Ja, sie ziehen in den Krieg, wie Schafe. Gewiß, aber a) der Krieg wird lange dauern, b) sie werden seiner überdrüssig werden, c) sie werden sich an die Lehren ihrer Führer erinnern ...«

»Die sie heute auf die Schlachtbank schicken.«

»Aber vorher, und deshalb waren sie ihre Führer, brachten sie ihnen bei, daß der Krieg, daß alle Kriege nichts anderes waren als Kämpfe im kapitalistischen Interesse.«

»Aber ...«

»Laß mich ausreden. Nach ein, zwei Jahren Krieg ...«

»So lange wird er nicht dauern, und die Regierungen werden mit den Waffen des Krieges in der Hand jeden Versuch einer Revolution im Keim ersticken.«

»Es sei denn, in einem kriegsmüden Land ergreift das Proletariat die Macht.«

»Wo? Hier? In Österreich? In Serbien? Nein, mein Junge, nein. Wenn sie es jetzt nicht gemacht haben, als sie es alle gemeinsam hätten tun können, werden sie es nie tun.«

»Du kommst mir alt vor.«

»Gut möglich, daß ich von gestern auf heute hundert Jahre alt geworden bin.«

»Und deine anarchistischen Freunde werden das mitmachen?«

»Meine Freunde? Sind sie nicht auch deine Freunde?«

Plá sprach mit einem ironischen Unterton, der ihn zornig machte. Aber nicht lange. Als er nach Hause kam, übergab ihm Anne Marie eine Nachricht von Forestier, der sich die Mühe gemacht hatte, von seinem Bücherstand am Seineufer bis hier herauf zu kommen: Plá war ein Polizeispitzel.

Es war Zeit aufzubrechen. Sie bekamen kein Taxi. Sie

luden sich die Koffer auf und fuhren mit der Metro zum Bahnhof.

Jusep, zwischen den beiden Frauen, sagte kein Wort, er war tief getroffen, wütend. Sie zerstörten nicht nur sein Leben.

»Schließlich bist du nicht für den Krieg verantwortlich«, sagte Hanna.

Er nahm den Koffer in die andere Hand.

»Zum Teil schon.«

»Mit welcher Begründung ...«

»Allen ...«

»Fühlst du dich schuldig?« fragte ihn Anne Marie.

»Wer ist es nicht?«

»Das Übel ist in uns allen.«

Jusep sah Anne Marie erstaunt an, in all den Jahren war ihm der protestantische Kern nicht bewußt geworden, der in ihr steckte. Der Schatten der Erbsünde, dachte er.

»*Sales juifs*«, zischte ein Nachbar, ein kleiner Wicht, der den ausländischen Akzent der drei gehört hatte.

Der Bahnhof war voll feuchten Dampfs und klebrigen Nebels. Der Boden war mit einer leichten Schlammschicht bedeckt. (Wieso das, Herr, wo es doch gar nicht geregnet hatte?) Tausende von Männern waren auf dem Weg zu ihren Sammelpunkten.

Es war Nacht, und sie waren müde. Die Lichter der Gaslaternen nahmen ihnen die Farbe aus den Gesichtern. Totenblaß. Anne Marie war sicher, daß sie sich nicht mehr wiedersehen würden. Sie fand es gut so. Sie war alt. Die Pfiffe des Zuges mischten sich mit der Menge, dem Rauch. Die langen Pfiffe zogen sich und klangen noch härter unter der weiten Bahnhofskuppel mit ihren schmutzigen Scheiben. Die Bahnsteige überfüllt, ein beschwerliches Hin und Her: Die einen kommen, die andern gehen, wieder andere treffen sich, suchen sich, trennen sich und finden wieder zusammen. Die Angst. Püffe, Knüffe, man verliert sich, nimmt Abschied, hat Sorgen.

»Schreib sofort an Susanne in Basel, du hast ihre Adresse.«

»Vielleicht können wir uns in Neapel einschiffen.«

»Oder in Lissabon.«

»Habt ihr etwas zu essen dabei?«

»Ja, mach dir keine Sorgen.«

»Los, geh schon, du hast noch so viel zu erledigen.«

»Laß die Bilder bei Rousseau. Wirst du das auch nicht vergessen?«

Der Zug fuhr langsam rückwärts auf dem Gleis ein. Die Rangierarbeiter, die mit ihrer Laterne an den Waggons hingen, begleiteten die Operation mit ihren rituellen Gebärden. Die Lokomotiven pfiffen gellend.

»Da ist er schon.«

»Der Konvoi ...«

»So sagt man auch bei einer Beerdigung.«

»Reizend!«

Sie waren im Begriff, lange Jahre ihrer selbst zu beerdigen. Etwas Wichtiges ging jetzt zu Ende. Sie standen am Bahnsteig wie am Rande eines Abgrunds.

Dann kamen die Küsse und die Umarmungen. Anne Marie nahm Juseps Gesicht in die Hände, sah ihm lange tief in die Augen, küßte langsam seine Lippen und warf sich untröstlich und weinend an seine Schulter.

»Ich wollte nicht«, sagte sie, »ich wollte nicht ... Verzeih mir, verzeih mir.«

Hanna wurde ungeduldig. Jusep fühlte sich verloren, zum ersten Mal in seinem Leben. Als er den Bahnhof verließ, kam es ihm vor, als hätte er Anne Marie gerade beerdigt. Die Brust tat ihm weh. Er ging in die erstbeste Kneipe und begann Schnaps zu trinken. »Ja, ich war ihrer überdrüssig; irgendwann mußte ja Schluß sein, sie hat mir schließlich nichts bedeutet.« Und dieses Gewicht? Der Krieg. Ja, der Krieg. Er würde nicht lange dauern. Wie konnte man sich vorstellen, daß die französischen Arbeiter auf die deutschen Arbeiter schießen würden, oder umgekehrt? Es war eine Frage von Stunden. Er ging zu Sébastien. Man hatte ihn gerade festgenommen. Er ging zu Félix: er war am ersten Tag der Mobilmachung nach Perpignan abgereist. Raphael fuhr am folgenden Tag ab.

»Was wird passieren?«

»Wir werden ihnen die Schädel einschlagen; in acht Tagen sind wir in Berlin!«

Auf den Straßen spürte man die Begeisterung. 1870. Elsaß-Lothringen. *Sales Boches*. Er marschierte zu Forestier, der Brot und Käse aß und dazu seinen Liter Roten trank. Er bestätigte ihm die Sache mit Plá. Wie immer und trotz allem war der Alte voller Hoffnung:

»Der Krieg wird mit der Zeit zur Revolution.«

»Das glaube ich nicht. Außerdem, um diesen Preis lohnt es sich nicht. Wenn sie sich bewußt gegen den Krieg aufgelehnt hätten, meinetwegen! Wenn sie aber nur durch die Übel und Leiden des Krieges zur Revolution kommen, dann zum Teufel mit ihnen!«

»Was tut das zur Sache, wenn sie nur kommt!«

»Viel. Weil die Revolution für sie das kleinere Übel sein wird, sonst nichts. Und sie wird ihnen aus den Händen gleiten, sobald sie die Vorteile, die traurigen Vorteile des Friedens wittern. Und alles fängt wieder von vorne an. Es lohnt sich nicht. So lange währt das Leben nicht.«

»Was willst du jetzt tun?«

»Das einzige, was in meiner Macht steht: nichts.«

»Dasselbe, was auch Gott tut.«

»Er wird seine Gründe haben.«

Sie sahen, daß es keinen Grund gab, weiter zu diskutieren und verabschiedeten sich.

Am oberen Teil der Boulevards, dort, wo der Faubourg Poissonnière beginnt, traf Torres Campalans in der dichten Menge, die sich vor den Schaufenstern von *Le Matin* drängte und mit offenen Mündern auf die letzten Nachrichten wartete – die Rotationsmaschinen liefen ohne stillzustehen Tag und Nacht –, den Dichter Apollinaire. Sie hatten sich seit über einem Jahr nicht mehr gesehen. Nach der Geschichte mit dem Diebstahl und der Hehlerei der Statuetten aus dem Louvre hatte der Dichter die Segel gestrichen. Er hatte damals furchtbare Ängste durchlitten, die bis zu einem gewissen Grad angeblich auch von Picasso geteilt wurden, wobei vieles nur Gerüchte waren.

»Was meinst du?«

»Es ist so weit.« (»*Ça y est.*«)

»Und Pablo?«

»In Avignon.«

»Was wirst du tun?« fragte Jusep, der wußte, daß der Schriftsteller wegen seiner verworrenen Abstammung von der Einberufung verschont blieb.

»Mich freiwillig melden.«

Torres Campalans war sprachlos. Sie wurden nach rechts abgedrängt; die Massen wollten die Seiten der neusten Ausgabe lesen, die an den riesigen Scheiben ausgehängt waren, die den Blick ins Untergeschoß des Gebäudes freigaben, wo die Rotationsmaschinen arbeiteten und pausenlos große Papierrollen fraßen.

»Bist du verrückt?«

»Nein. Das ist meine Pflicht.«

»Ja, wie bei Hervé.«

(Hervé, der radikalste aller Radikalen, der antimilitaristischste aller Antimilitaristen, hatte an diesem Morgen den Namen seiner Zeitung von *La guerre sociale* in *La Victoire* umgetauft und war Soldat geworden. Ein Polizeispitzel?)

Torres Campalans verabschiedete sich nicht, sondern bog ab und verschwand rückwärts in der Menge. Beinahe wäre er gestürzt, als er über den Rinnstein stolperte. Offenbar hatten alle Kopf und Verstand verloren. Er ging den Boulevard *Bonnes Nouvelles* hinunter – was für eine Ironie! –, wo er alle diese Geköpften sah. Ein seltsames Schauspiel, an das er sich sofort gewöhnte: die Männer hörten am Hals auf, und alle liefen dahin, als ob das etwas ganz Normales wäre. Die Männer und die Frauen. Es war das einzige Mal, daß Torres Campalans Lust verspürte, das Titelbild einer Zeitschrift zu zeichnen. Er hatte einen schlechten Tag erwischt.

»Sehen Sie«, sagte er am nächsten Tag zu Reyes, »es lohnt sich nicht. Nichts lohnt sich. Mit Ihnen kann ich darüber reden, das sieht man sofort. In was für einer Welt leben wir denn? Haben Sie sich das schon einmal gefragt? (Aber man muß sich das gar nicht erst fragen!) Ich, und das sage ich Ihnen, damit es von vornherein nicht zu Mißverständnissen kommt, bin Anarchist. Es stört mich, daß welche befehlen – mir befehlen –, und ich meine, wenn einer ein Mann ist, dann kann er das nur zeigen, indem er das tut, was er tun zu müssen glaubt. Nicht befehlen, damit auch mir keiner befiehlt. Haben Sie gesehen, wie sie in den Krieg ziehen? Nicht nur wie Schafe – das ließe sich durch ihre Ohnmacht erklären –, sondern singend, wie glückliche Schafe. Wo sind die vielen Versprechen und Gelübde geblieben? Wo ist die Mannhaftigkeit der Arbeiter geblieben? Sie haben uns alle betrogen. Wer? Wir selber veranstalten doch das ganze Theater. Wir selber bereiten es vor. Niemand könnte sie zwingen, gegeneinander zu kämpfen. Wie hätte man sich noch vor acht, vor vierzehn Tagen vorstellen können, daß ein deutscher Arbeiter auf einen französischen Arbeiter schießen würde? Wir haben fest an ihre Einsicht geglaubt. Eher würde die gesellschaftliche Ordnung zusammenbrechen. Und die Arbeitgeber würden genau darauf achten, uns diese Möglichkeit gar nicht erst zu bieten.«

Reyes tat es weh, mitanzusehen, wie so viel menschlicher Schmerz über die Lippen eines Gleichgesinnten kam.

»Und daß mir keiner Märchen erzählt. Was heute geschehen ist, wird auch morgen geschehen. Vielleicht ist der Mensch nicht schlecht. Die Menschen jedoch sind es. Wenn es ihnen jetzt nicht gelungen ist, sich zu verständigen, werden sie es nie schaffen. Und wissen Sie warum? Wegen der Dummköpfe, die eine unzählbare, unendlich große Masse bilden. Und mit der Zeit werden es immer mehr.«

»Und Sie glauben, in Mexiko . . . ?«

»Das ist eine andere Welt. Außerdem weiß ich als guter Spanier oder guter Franzose nichts von ihr.«

»Haben Sie vor zu malen?«

»Malen? Das habe ich Ihnen gestern schon gesagt: wozu? Nein. Leben will ich. Einfach leben, ganz einfach. Wenn das geht. Nichts als leben.«

»Wissen Sie, daß Mexiko derzeit vielleicht nicht das ruhigste Land ist, um . . . ?«

»Bürgerkriege sind etwas anderes. Im Gegenteil, Bürgerkriege sind Auseinandersetzungen um die Wahrheit, bei denen man weiß, wofür man kämpft. Obwohl ich für nichts und niemanden kämpfen werde.«

»Sie gehen nach Mexiko wie ans Ende der Welt.«

»Ja.«

»Und wo gedenken Sie zu wohnen?«

»In Chiapas, auf der Kaffeeplantage einiger Deutscher, Freunde von Freunden.«

»Er war ein großgewachsener, kraftstrotzender Mann, mit glatt rasiertem Kopf und vorstehenden, entschlossenen Augen; er sprach schnell, mit einem starken katalanischen Akzent. Man sah ihm an, daß er voll war von den unterschiedlichsten Dingen und Gedanken und gleichzeitig leer, als ob – Odysseus! – auf seiner Reise alles in ihm abgestorben wäre und Poseidon ihn an der Tür der Gesandtschaft erwarten würde. Wie hätte ich ihm das Visum für diese Mischung aus dem Garten der Hesperiden und dem Heiligen Labyrinth, das Mexiko damals war, verweigern können?[24]

Als er mein Büro verließ, wurde mir der Besuch Ruben Daríos angekündigt.

»Erinnern sie sich«, fragte mich Campalans und kam

noch einmal in mein Büro zurück, »an jenen *Gesang der Hoffnung*, der wie für heute und für immer geschaffen scheint und der folgendermaßen beginnt: *Eine große Schar von Raben befleckt das reine Blau*? Warum fragen sie ihn nicht, ob sich dieser Vers nicht dem späten van Gogh verdankt?«

Ich war so überrascht, daß ich ganz vergaß, den stolzen Nicaraguaner danach zu fragen.«

Brief von Alfonso Reyes an Julio Torri:

Bordeaux, 2. September 1914

Lieber Julio,

Ich bin jetzt, teurer Julio, in Bordeaux, fast in San Sebastián, ohne zu wissen, was Spanien für mich bereithält.

Frankreich brennt vor Kriegsbegeisterung, was nicht dazu angetan ist, wie Du verstehen wirst, mich zu begeistern. Ich habe schon mehr als genug mit der, die aus Mexiko zu mir herüberkommt.

Ich schicke Dir, mit diesen Zeilen in der Hand, Jusep – nicht José – Torres Campalans, ein katalanischer Maler, der von diesem europäischen Krieg nichts wissen will. Auch von der Malerei scheint er nichts mehr wissen zu wollen. Er hat den Boden unter den Füßen verloren und meint nun, ihn in Mexiko wiederzufinden. Er hat einige Mexikaner kennengelernt – Zárraga, Diego – und kennt außerdem Deutsche, die Plantagen in Chiapas besitzen. Dies und das Gerücht von einem anarchistischen Paradies, zu dem, wie es hier heißt, unser Land werden will, führen ihn zu Dir. Nimm ihn so auf, wie nur Du das kannst.

Dein
Alfonso Reyes

Jusep Torres Campalans machte von dem Brief keinen Gebrauch.[25]

Nachtrag

Enrique Beltrán Casamitjana konnte mir über seinen Jugendfreund nicht mehr sagen als das, was er bereits in seinem Buch geschrieben hatte, aus dem ich zitiert habe. Allerdings machte er mir den folgenden, bisher nicht veröffentlichten Brief zugänglich, den ich im Anschluß wiedergeben werde. Er ist ohne Datum und höchtswahrscheinlich von 1906.

Paris ist sehr verschieden von Gerona. Es gibt viele Mietdroschken, Omnibusse, Handwagen. Die Straßen, oft eintönig, sind endlos lang. Die Seine wunderschön mit all ihren Brücken, dazu die berühmten Plätze, die Avenuen mit ihren klangvollen Namen, alles so prächtig, wie man es sich vorstellt. Die Läden sind in der Regel düster, ebenso die Leute, die hier schneller gehen als in Spanien und bei weitem nicht so liebenswürdig sind, wie man meint. Das Wetter ist kalt im November. Drei Tage lang ist es neblig gewesen, und nur um die Mittagszeit kommt eine weiße Sonne durch, der man direkt ins Gesicht sehen kann. Die Leute sind darauf bedacht, sich vor der Kälte und dem Nieselregen zu schützen, und sind, zumindest in den Vierteln, in denen ich verkehre, eher nachlässig gekleidet. Die Brote sind sehr lang und gut. Was mich am meisten beeindruckt, ich habe es Dir zwar schon gesagt, aber gerade deshalb sage ich es noch einmal, ist die Tatsache, daß alle so beschäftigt aussehen. Ich wohne in der Nähe der *Hallen*, und natürlich ist die Sauberkeit nicht gerade das Charakteristikum dieses Viertels. Die Pflastersteine, die manchmal vor Feuchtigkeit glänzen, sind von all den Gemüseabfällen mit einer schmierigen Schmutzschicht bedeckt. Aber alles atmet Leben. Vom Louvre werde ich Dir ein andermal erzählen. Über Frauen, Kamerad, gibt es nichts zu berichten. Auch wenn Du es nicht glaubst: nichts. Ich traue mich nicht, sie anzusprechen, nicht einmal auf katalanisch, weil sie immer so beschäftigt zu sein scheinen.

An den Seine-Quais haben die Häuser in der Regel vier Stockwerke, an den Boulevards sechs. Es gibt wahnsinnig viele und sie sehen alle ähnlich aus. Auch die Franzosen haben vier oder sechs Stockwerke, je nach dem, ob sie aus dem Süden oder dem Norden sind. Ich habe Mühe, sie zu verstehen, denn um einen irre zu führen, sprechen sie ein ganz seltsames Französisch. Die aus dem Süden verstehen mich besser. Aber ich denke, daß mir diese Sprache nicht lange widerstehen kann. Die Männer tragen gern Zylinder – viel Zylinder, viel Gehrock, viel Cutaway, einige, vor allem in meinem Viertel, auch Kittel, wozu sie dann Mützen tragen. Sie trinken unwahrscheinliche Mengen Wein. Ich wollte mich anpassen, damals malte ich gerade das Firmenschild »Vannerie, Brosserie« eines Korb- und Flechtwarengeschäfts, doch ich hatte darauf einen solchen Rausch, daß ich einen ganzen Vormittag lang wie besinnungslos war. Aber was für ein Wein! Und erst das Essen. Sie essen mehr Fleisch als wir, mehr »Pot au feu«, eine Art Rindfleischsuppe, ähnlich wie unser Eintopf, mit viel Gemüse, und unsagbare Mengen Butter. Wer mit Öl kocht, ist in der Nachbarschaft weniger gut angesehen. Du brauchst mich nicht zu bedauern, denn ich habe eine kleine Speisewirtschaft aufgetan, die von einem Ehepaar aus der Estremadura betrieben wird, wo ich mich mit allem vollstopfe, was ich gern esse, schön gebraten in bitterem Ölivenöl, das sie wer weiß wo auftreiben.

Viele Pferde, viele Straßenkehrer, die die Pferdeäpfel aufsammeln, viele Hunde. Eine nicht enden wollende Anzahl von Läden, einer neben dem andern, kilometerweit. Die Märkte sind ähnlich wie bei uns, nur größer. Alle schreien durcheinander, um ihre Waren anzupreisen. Es gibt Geschäftsleute, die kommen auf die Straße gelaufen, um Dir ihre Waren anzupreisen.

Was mich am meisten überrascht, ist die Vielzahl der Schornsteine. Meine neueste Entdeckung sind die Austern, herrlich, wie sie nach Meer schmecken (alles andere ist egal). Oh verlorenes Palamós! Erinnerst Du Dich? Palamós mit Austern ... aber das wäre wohl zu viel verlangt.

In Paris hat jedes Stadtviertel seinen eigenen Geruch, doch manchmal, wie etwa heute, bei Kälte und Regen, weht ein gasgeschwängertes Lüftchen, das mich erstickt und in Gedanken nach Katalonien fliehen läßt. Warten wir auf den Frühling. Im Augenblick jedenfalls ist Paris eine riesige, ziemlich traurige, kein Ende findende Schildkröte. Ich habe ein Ladenschild gemalt, »*Épicerie en gros et en détail*« (Lebensmittelgroß- und -einzelhandel) mit armdicken, stark vergoldeten Buchstaben. Man hat mich gut bezahlt und mir obendrein noch einen Camembert-Käse geschenkt, der schon einen leichten Stich bekommen hatte. Der Camembert riecht furchtbar, schmeckt aber himmlisch. Man darf sich vom ersten Eindruck nicht abschrecken lassen, was allerdings schwierig ist für einen Maler, der in die Impressionisten »vernarrt ist« (staune nur über meine Fortschritte), wenn auch eine Freundin (nun fall nicht gleich halbtot um) mir versprochen hat, mich einigen ihrer Freunde vorzustellen, die dekretiert haben, daß Renoir und Monet inzwischen Geschichte sind.

ANMERKUNGEN

[1] Louis du Tellier, *L'époque héroique* (Die heroische Zeit), Paris 1927, S. 87-99.

[2] Heute Buchhändler in Newcastle, England. Im folgenden werden Notizen aus dem Jahre 1956 wiedergegeben. Cabot zeigt sich über die Odyssee von T.C. nicht erstaunt: »Wir Katalanen sind zu allem fähig.«

[3] Baroja kommentiert den Erfolg in seinen *Memoiren: Galerien von Kerlen aus jener Zeit*, Madrid 1947: »Picasso machte schon in jungen Jahren eine gewagte und geniale Kunst.« Eifersüchtig, nahm Baroja später dem Maler seinen Erfolg übel.

[4] Ich weiß nicht, was ich hab / das mir das Herz entflammt / und mich dazu verdammt / das Bett nun zu verlassen. / Verstimmt bin ich die ganze Nacht / find doch den Grund ich nicht. / Moment, ich ahn es schon / es ist ein böses kleines Tier / es steckte hier / es steckte da / schon habe ichs gepackt / nein, nein, da ist es nicht ... / (Gesprochen) Ich hatte es in Händen / doch ist es mir entwischt ...

[5] Enric Beltrán Casamitjana, *La meva joventut*, Perpinyà 1941, S. 50-53.

[6] Vgl. Nachtrag, S. 234–236.

[7] Courbet in einem Brief vom 16. Januar 1864 an seinen Freund M. Castagnary.

[8] Jusep Torres Campalans' Malerei jener Jahre ist zweifellos von Picasso beeinflußt. Man sehe sich nur sein Porträt von Anne Marie Merkel an. Allerdings erkennt man darin auch, daß er zudem die *Fauvisten* sowie die tonangebenden Maler des deutschen Expressionismus gekannt hat. Sein Zusammenleben mit der Berliner Malerin erklärt das zur Genüge. Zu seinen neugewonnenen Kenntnissen in Spanisch und Französisch kam auch etwas Deutsch.

[9] Im Gegensatz zu der Behauptung Jean Laffittes, vgl. S. 16/17.

[10] Pablo und Fernande fuhren nach Gósol. Wer die primitive

Kunst Kataloniens, gleichgültig ob Malerei oder Bildhauerei, einmal gesehen hat, der braucht nicht nach anderen Vorläufern für jene Revolution zu suchen, die die »Demoiselles d'Avignon« und die Bilder aus ihrem Umkreis bedeuten. Art und Weise der Darstellung des Haarschopfs einer jeden Christusfigur als Weltenherrscher ist Vorbild für die Parallellinien, die hier so etwas wie Schatten bilden. Die Augen haben diesen starren Blick, dessen Vorläufer wir eher in der koptischen Malerei Kappadokiens als in der byzantinischen zu suchen hätten. Es ist gerade die Komposition von Picassos Bildern aus jener entscheidenden Zeit, die diesem romanischen Willen entspricht, die zentrale Figur, nämlich Gott, in den Vordergrund zu stellen, ohne ihm einen spezifischen Hintergrund zu geben. Wer sich dafür interessiert, möge sich den Altar von Seu d' Urgell ansehen, an dem sich Picasso 1906 inspirierte, und alles ist gesagt. Sein ganzes Leben lang wird Picasso diese Stütze benutzen. (Man sehe sich nur das Gesicht der Jungfrau eines beliebigen Altarbildes aus den Pyrenäen an und vergleiche es mit einer beliebigen Zeichnung oder Radierung aus den letzten Jahren.)

Dabei dürfen wir nicht vergessen, daß das Museo de Barcelona erst 1910 die Primitiven von Tahull, Ginestarre, Santa Eulalia de Estahón, Esterry de Cardós, Pedret, von Santa María de Bohí und von Santa María Aneu sowie die Heiligen Michaele von Seo de Urgell und Augulasters erwarb.

Kam Picasso nach Vich und Ripoll? Das brauchte er gar nicht. Die sogenannte »Schwarze Periode« sollte eigentlich, wenn man schon unbedingt Etiketten vergeben muß, »die romanisch-katalanische Periode« genannt werden.

[11] Anne Marie schrieb zum Abschluß ihres Studiums eine Doktorarbeit über die Blumen im Werk Balzacs.

[12] Nur wenn er Wein getrunken hatte, war er imstande, Schimpfwörter zu benutzen.

[13] Er sagte es in seiner Sprache: »No siguis bèstia.« (Ein unter Spaniern aus mediterranen Gegenden geläufiger Ausdruck. Er bedeutet keine Beschimpfung. *Bèstia* sein bedeutet auf katalanisch ganz einfach, daß man Antrieb, maßlos überbordende Kraft hat, daß man blindlings einem Impuls folgt.)

[14] Berthe Ratibor Ternichewski. *Naissance de l'Art Nouveau.* (Geburt des Jugendstils) Paris 1931, Kap. XII, S. 111–115.

[15] Hier haben wir es eindeutig mit einem Widerspruch zu tun. Nach den mir vorliegenden Informationen rauchte er meistens

gewöhnlichen Tabak, und zwar »grauen«, um genau zu sein. Vielleicht verwechselt die Autorin, wegen des Geruchs, Torres Campalans mit van Dongen. Andere Ungenauigkeiten wird der Leser selber aufspüren.

[16] Es ist bereits einige Zeit her, daß Juan Gris das tat. Irrt hier die Autorin, oder ist dieses Gespräch in die Zeit vor 1912 zu datieren?

[17] Juan Gris faßte seine Theorie in einem Vortrag zusammen, den er 1924 an der Sorbonne hielt. Er wurde im selben Jahr veröffentlicht, und zwar in der Nr. 6 der *Transatlantic Review*, S. 482-488.

[18] Diesen Hinweis verdanke ich Robert Camp, der mir leider weder Titel noch genaues Datum nennen konnte. Robert Camp, ehemaliger Journalist beim *Petit Journal*, lebt zurückgezogen in Chantilly, wo er an einer sehr gut dokumentierten Geschichte des französischen Journalismus der Jahrhundertwende schreibt.

[19] Diese Einzelheiten verdanke ich einem Mitglied der *Bonnot-Bande*, dem es gelungen ist, 1914 nach Valencia zu fliehen. Natürlich erfuhr ich sie erst im vergangenen Jahr in Paris. Der Betreffende ist, nebenbei bemerkt, ein guter Übersetzer Samuel Butlers.

[20] Später an Alfonso Reyes verkauft. Als Juan Gris vom Titel dieser Buchreihe erfuhr, wurde er fuchsteufelswild und wollte sogar einen Prozeß anstrengen.

[21] *Das Grüne Heft.*

[22] Ich will mich bei dieser Zeit, die ohne besondere persönliche Ereignisse war, nicht länger aufhalten. Er erzählt sie, besser, als ich es je könnte, in seinem *Grünen Heft.*

[23] Doroteo Arango war der in Europa bekannteste der Caudillos der mexikanischen Revolution.

[24] Alfonso Reyes in einem Antwortschreiben an mich (18. März 1957).

[25] *Meine Pariser Nachforschungen führten in Anbetracht der knappen Zeit zu keinem besonderen Ergebnis. Trotzdem bekam ich einiges Material zusammen. Aus meinen Gesprächen ergaben sich die Artikel von Paul Derteil in* Arts et Littérature *sowie von Juvenal R. Román in* El Sindicalista, *einer in Paris herausgegebenen Zeitschrift der spanischen Anarchisten. Eine Notiz in der Zeitschrift* Solidaridad Catalana *führte dazu, daß ein Bruder Jusep Torres Campalans', Miguel, an Derteil schrieb. Außer den hier wiedergegebenen Photos seiner Eltern konnte er jedoch keine interessanten Angaben zur Person machen. Später, im Juli 1957, veröffentlichte* L'Abat-Jour, *die in Zürich von Georg*

Richard Marx herausgegebene, ausgezeichnete Zeitschrift für zeitgenössische Kunst, einen Essay von Miguel Gasch, in dem dieser hervorragende Kenner der zeitgenössischen katalanischen Kunst erkennen ließ, daß er das Werk Jusep Torres Camapalans' durchaus kannte.

TEXTE JUSEP TORRES CAMPALANS'

(Aus einer Umfrage der Zeitschrift *L'Art*, Paris, Juni 1912)

»Der Kubismus – etwas so Einfaches! Vorher sah man die Bilder von außen nach innen, jetzt sieht man sie von innen nach außen. Vorher mußte man sie suchen, jetzt kommen sie auf den Zuschauer zu. Das ist alles.«

Erklärungen im *Figaro illustré*, Paris, 1. Februar 1912

»Die ›neue‹ Kunst ist universeller als die griechische oder die der Renaissance. Die Photographie, die kolorierten Reproduktionen genügen sich, sie vermögen mehr als Alexander oder Cäsar. Man malt nicht mehr für einen einzigen, auch nicht mehr für einen Ort, sondern für alle, für niemanden.«

...

»Was in Serie hergestellt wird, hört auf, Kunst zu sein. Warum? (Was man reproduzieren kann, ist Industrie.) In der Kunst muß immer etwas Unvorhergesehenes mitspielen, das heißt, etwas zuvor noch nicht Gesehenes. Etwas Neues. Gibt es in einem Werk nichts Neues, ist es kein Kunstwerk. Deshalb kann in abgelegenen Gegenden das Plagiat als Kunstwerk durchgehen und eine Rolle spielen. Die Kunst ist originell – wobei es nicht darauf ankommt, daß sie es ist, sondern daß sie als originell erscheint –, oder sie ist nicht. Zwar kann die Geschichte später Ruhm und Berühmtheit zerstören, nicht aber ihren Einfluß.«

...

»Die Bewegung dem Cinematographen überlassen. Wieder den Augenblick malen: das Ewige, das sich nicht bewegt, das, was es genau in diesem Augenblick ist und wie es für immer sein und bleiben wird. In der Kunst ist alles tote Natur, Stilleben, unbewegt, erstarrt für die Ewigkeit.«

...

»Was es zu gewinnen gilt, für die Kunst wie für alles andere, ist die Freiheit. Die Maler früherer Jahrhunderte malten, wie es die andern wollten. Das ist vorbei. Heute malt jeder, wie es ihm sein Inneres eingibt. Alle ›Seher‹.«

...

»Wenn die Bilder sich ähneln und bisweilen niemand mit Sicherheit einen Raffael von einem Andrea del Sarto (*sic*) unterscheiden kann, außer wenn die Fachleute und Gelehrten es sagen, kann man das Malen getrost aufgeben. Es ist wichtig, daß man auf den ersten Blick sagen kann: Picasso, Léger, Rouault (was bei Braque oder Gris nicht der Fall ist, weil die nämlich Fabrikanten sind, gute Fabrikanten, gewiß, aber eben doch Fabrikanten.)«

»Soll ich das veröffentlichen, Monsieur Campalans?«

»Wenn Sie wollen. Aber ich sage Ihnen gleich, daß das niemanden überraschen wird. Jeder weiß das.«

Mireille Ferrari eine resolute Korsin aus Penta-di-Casirca, trat 1912 als »Reporterin« in die Redaktion der Zeitschrift* L'Intransigeant *ein. Sie war eine Freundin Evas, der damaligen Lebensgefährtin Picassos und begann mit einer »Umfrage«, eine zu jener Zeit völlig neue journalistische Textgattung, über die menschlichen Vorlieben der kubistischen Maler.*

»Was gefällt Ihnen am meisten in Paris?«

»Das Licht und der Camembert.«

»Warum sind Sie ›Kubist‹?«

»Ich bin kein ›Kubist‹. Niemand ist ›Kubist‹.«

»Mögen Sie lieber Blonde oder Dunkelhaarige?«

»Die Farbe ist nur in der Malerei von Bedeutung.«

»Welche Farbe ziehen Sie vor?«

»Kommt auf die Tageszeit an.«

»Was gefällt Ihnen am meisten im Leben?«

»Kinder.«

»Wieviele haben Sie?«

»Keins.«

»Welchen Helden verehren Sie am meisten?«

»Die wahren Helden gehen nicht in die Geschichte ein.«

»Was möchten Sie sein?«

»Eine Fliege.«

Mein Gesprächspartner, der schnell und ohne zu zögern antwortet, schwankt und korrigiert sich.

»Eine Tanne.«

»Welchen zeitgenössischen Maler bevorzugen Sie?«

»Picasso.«

»Welcher Renaissancemaler kommt Ihrem Geschmack am nächsten?«

---

* Vgl. *Das Grüne Heft*, S. 307–308.

»El Greco.«

»Glauben Sie, daß es Krieg geben wird?«

»Es wird keine Kriege mehr geben.«

»Was halten Sie von der aktuellen Damenmode?«

»Dasselbe wie von jeder Damenmode. Mir kommt es auf den Inhalt an, nicht auf das Drumherum.«

»Welche französische Provinz ist Ihnen am liebsten?«

»Korsika.« *

* Den Grund hierfür kann man im *Grünen Heft* nachlesen. S. 319.

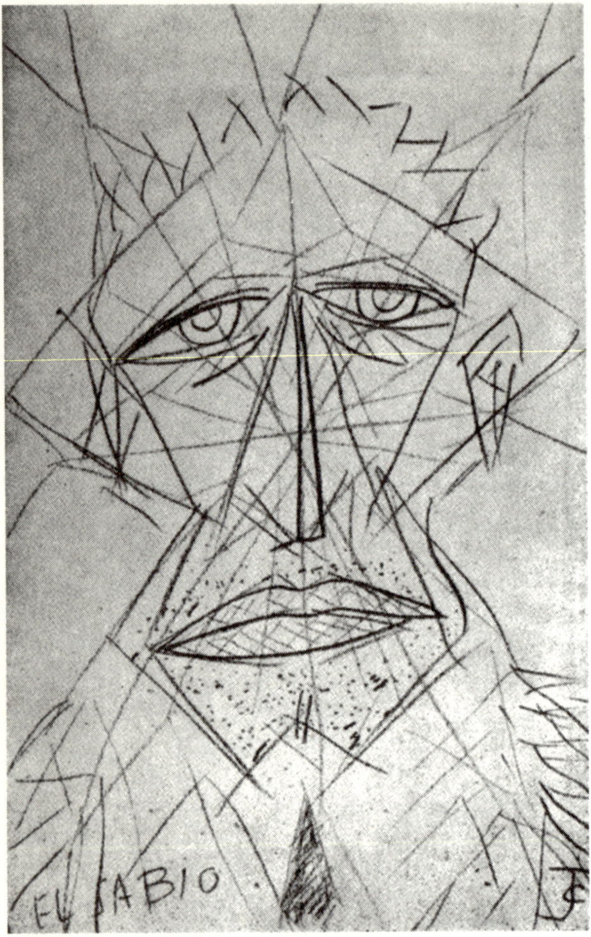

El Sabio – 1910

DER WEISE

Guiliaume Apollinaire – 1911

DOCTOR RAYNAU – 1912

PAISAJE – 1912

LANDSCHAFT

V
Das Grüne Heft

So nenne ich das Schulheft (Format 23 x 18 cm) mit dem grünen Pappeinband und den von 1 bis 240 durchnumerierten Seiten (was insgesamt 480 blau linierte Seiten ergibt), das mir Jean Cassou ausgehändigt hat. Es ist von 1 bis 113 und dann, auf der vorletzten Seite beginnend, von 240 bis 228 beschrieben. Die ersten Texte sind nach Jahren datiert, und zwar von 1906 bis 1914. Was am Ende des Heftes geschrieben wurde, trägt kein Datum, ist aber vermutlich aus der Zeit zwischen 1906 und 1907. Es handelt sich hier, wie man feststellen kann, vorwiegend um Texte von Kropotkin, weshalb ich annehme, daß das, was unter dem Titel »Die Elemente« zusammengestellt wurde, Zitate sind und nicht eigene Schriften. Oder was mag sonst der Grund gewesen sein, sie nicht in den Haupttext einzubauen?

Die Texte verweisen nicht nur auf die Entwicklung seines Werkes, auf seine zeitweiligen Sympathien für die *Fauves*, seine Beteiligung am frühen Kubismus, seine Feindseligkeit gegenüber der abstrakten Malerei, der er sich am Ende dann doch zuwandte, seine Reaktion schließlich 1914, sondern zeigt auch den Wandel seiner Einsichten, die dieses Werk bestimmen.

Ich respektiere die Wiederholungen. Der katalanisch geschriebene Text enthält ab 1908 auch Absätze auf französisch, später auf spanisch bis hin zu deutschen Wörtern.

Die erste beschriebene Seite (Fol. 2) bezieht sich auf seinen ersten Besuch im Louvre; ich habe sie bereits an anderer Stelle wiedergegeben.[1] Auf dem Deckblatt liest man: »Nicht kopieren.«

1906

Keine Rücksicht nehmen, in keiner Hinsicht.

Meine Malerei bin ich, aber ich bin nichts weiter als ein Teil meiner Malerei.

Alles kommt von Gott. Nur die Politik kommt vom Menschen.

Man sieht mit dem Verstand. Wieviel Unsinn würde sonst über uns hereinbrechen. Wenn wir aber nur und ausschließlich mit dem Verstand sähen, wären wir aus Stein.

Es gibt einen mechanischen Fortschritt, keinen intellektuellen, was die göttliche Gerechtigkeit beweist, die will, daß wir alle gleich sind: um uns zu richten. Sonst wären die letzten immer die ersten. Sébastien Fauré ist nicht intelligenter als Plato. Nicht vierzig Jahrhunderte sahen die Franzosen in Ägypten an, sondern die Pyramiden. Ein großer Unterschied.

Aus der Malerei Erfindung (Poesie) machen. Dagegen werden die Berufsmaler, die guten wie die schlechten, immer sein.

Sie sagt, sie heiße Jacqueline [sic] *– für mich hieß sie so –, sie war eigennützig, flott, schmuddlig. Dabei hatte ich immer geglaubt, die Französinnen . . .*

Das erste, was man bei einem Bild machen muß, es signieren.

Die Miniaturenmalerin, sie ist das aber nicht ausschließlich, ist intelligent.

Das Höchste, wonach der streben kann, der kopiert, ist die Imitation. Wer aber will ein Imitator sein? Es sei denn, man ist schwul, wie jener mit großem Erfolg als Frau verkleidete Komiker, damals in Gerona ...

Bisher bedeutete malen, seine Meinungen äußern. »Dies kommt mir so vor, jenes kommt mir anders vor.« »Das ist mein Standpunkt.« Von dieser Warte aus betrachtet ...« Geschichten! Die Malerei muß gar nichts aussagen. Die Zeit ist gekommen für eine stumme Malerei, eine taube Malerei, eine ausgeweidete Malerei, die ihre Innereien zeigt.

Steine erschaffen.

Die Kunst steht in Flammen, oder sie ist keine.

Wie sollte es keinen Unterschied geben zwischen einem Werk, das zu überirdischen Zwecken mit kindlicher Andacht geschaffen wurde, und seiner Kopie? Einer schändlichen Kopie, einer kommerziellen Nachahmung ... Dennoch kann es vorkommen, daß sie als ein Kunstwerk angesehen wird. »Kopie aus dem zweiten Jahrhundert«, »Kopie aus dem dritten Jahrhundert«. Etwas läuft falsch in dieser Welt.

Einen neuen Weg muß man nicht suchen, man muß ihn finden. Oder erfüllt mich etwa das, was die anderen, die Besten machen? Nein. Man muß den Panzer aufbrechen. Welchen? Den, der uns einschließt, der uns erstickt. Es gibt etwas, das außerhalb liegt. Diese Frauen von Picasso? Ja und nein. Suchen: nicht etwas, das noch nicht gemacht worden ist, sondern etwas Ungeschaffenes. Ein terrain vague *finden, wie die Franzosen sagen, ein Gelände voller Abfälle, Schmutz, Gerümpel, und darauf etwas bauen, das keinen Bezug hat zum zuvor Gewesenen: als sei man in einer Wüste von, für Analphabeten.*

Sich gegen den jeweiligen Augenblick stellen, sich gegen das »Hier und Jetzt« stellen, um den Dingen ein dauerhaftes Sein zu geben.

Ich male eine »Auslage«: reine Malerei, das blaueste Blau, ohne Beimischung.

So viele untergegangene Kulturen? So viele kommende Kulturen. Warum dann Sklave einer einzigen sein?

Im Käfig der »Raubtiere«: wie in meinem Haus (welches ist mein Haus gewesen?).

Mit dem Licht ändert sich auch der Raum. Wollen wir etwas Dauerhaftes machen, müssen wir Licht und Raum unterdrücken, sie erfinden.

Es gibt keine Leere. Fort ihr Schatten!

Die Miniaturenmalerin kennt viele gute und billige Bistros. Die französische Küche ist gar nicht so schlecht.

»Kopieren? Wir kopieren alle die Natur, einige von uns dumm, ihre Zeit verschwendend. Worauf es ankommt, ist nicht der Ausgangspunkt, sondern das Ziel. Wir bleiben auf halber Strecke stehen, weil uns die Mittel fehlen.«

Die Miniaturenmalerin nimmt mich mit in ein deutsches Restaurant. Man kann das essen, aber nicht jeden Tag. Sie stellte mir einen jungen Maler vor: Derain. Er ist in Ordnung.

Dialog meiner Vermieter:
»Morgen, für 485.«
»Du bist wohl verrückt: Er wird nicht über 470 gehen.«
»Nie bist du bei der Sache, 485. Dir fehlt das Gespür.«
»Und wenn er den Preis drückt?«

»Verkaufst du nicht.«

»Dann verfaulen sie.«

»Bleib standhaft.«

»Waschlappen.«

»Ich?«

»Du.«

»Na gut.«

»Wirst du verkaufen?«

»Mal sehen.«

»Nichts von wegen mal sehen, bleib standhaft wie ein Mann, du Hosenscheißer.*«*

»Sag das nicht noch einmal.«

»Und ob ich das tue. Du bist ein Hosenscheißer, *ein* Hosenscheißer.*«*

»Frau, man kann dich hören.«

»Na und? Dann hören sie eben die Wahrheit. Du verkaufst nicht unter 485, versprichst du das?«

»Ich verspreche gar nichts.«

Und so geht das weiter. Raus hier.

Was ich male, ist die Welt, ein Teil der Welt, mag er auch noch so klein sein; das heißt, die ganze Welt. Ich male sie nicht, wie ich will, WEIL ICH NICHT WEISS, WIE ICH SIE MALEN WILL. Ich male also, wie Gott es mir eingibt.

Derain wird machen, was er machen will. Aber weiß er, was er will? So sympathisch, so offen ...

Über die Materie vermögen wir nichts, was bleibt, ist die Form. Um zu spielen.

Noch mal Sauerkraut, und ab ins Bett.

Wenn man nicht malt, um ewig zu leben, wozu malt man dann?[3]

Kunst heißt Kreation nicht Reproduktion. Die Kunst ist nicht Leben, sondern Tod, der Leben hervorbringt. Reproduktion ist Leben, das Leben hervorbringt, dazu braucht man lediglich Handwerker.

Anne Marie, die Miniaturenmalerin, gefällt mir.

Die Malerei in Schreiben verwandeln.

Die Leinwand überraschen.

Niemand versteht, was ich sage, was ich sagen will. Nicht einmal ich selber. Und das ist gut so.

Versailles, mit Anne Marie. Alles: die Pappelalleen, das »Kräuteromelette«, die Rückfahrt. Ich habe keinen Pfennig mehr.

Keiner dieser Deutschen, der Freunde Anne Maries, kann mir die Bewunderung van Goghs für Millet erklären.

Matisse. Ja, als reine Oberfläche. Ein schöner Anzug, um die Malerei einzukleiden, aber die Malerei?

Ich male, wie ich kann – nicht, wie ich will –, und wenn das, was ich mache, jemanden interessiert, um so besser. Wenn aber nicht, was mache ich dann? Ich werde deshalb nicht anfangen, anders zu malen. Es tut mir leid, für die Leute und für mich. Es tut mir leid, weil das beweist, daß die Welt gut eingerichtet ist, jeder auf seine Weise und Gott durch und für alle.

Der Fortschritt: warum sollte man ihn ablehnen? Vor Jahrtausenden lebten die Menschen nicht mit den heutigen Annehmlichkeiten (es gab nicht einmal Menschen). Aber, wer übertrifft die Höhlenmalerei von Altamira? Oder vielleicht doch, in einigen Millionen Jahren. Wir sind nicht geschaffen, so weit voraus zu denken.

Der Malerei ihre magische Bedeutung zurückgeben. Amulette ma-

len. Fallen malen, in die das Dargestellte, bereits unsterblich, hineintappt.

Nicht malen, was man sieht, sondern was man weiß (von einem Menschen, von einem Gegenstand).

Mit Anne Marie in Saint Cloud. Wunder des Grases (Raasen [sic], *wie sie sagen).*

Alles sehen: von vorne und von hinten. Die Malerei von hinten nehmen. (Der Witz ist nicht von mir, sondern von Vlaminck, der nicht genau versteht, was wir wollen.)

Ich male noch eine »Auslage«. Chartres.

Die Dinge von innen nach außen kehren. Es nicht machen, wie all die vielen, die auf die Nase fielen, weil sie meinten, man könne sie allein wegen ihres schönen – oder häßlichen – Gesichts lieben.

Ich tue nichts anderes, als einige Farben auf einer Leinwand in etwas zu verwandeln, das weiterhin bleibt, was es war, und dazu noch das hat, was ich ihm gebe, was nur ich ihm geben kann, gleichgültig ob gut oder schlecht. Was ich ihm gebe, nachdem ich ausgewählt habe. Fest steht: Die Leinwand und die Farben sind und bleiben außerhalb von mir. Weshalb ich lüge, wenn ich sage »dieses Bild ist von mir«. Von mir ist etwas anderes: der Lebenshauch Gottes.

Begegnung mit Pablo. Als ich ihn sehe – Gott möge mir verzeihen –, kommt mir ein gotteslästerlicher Fluch über die Lippen, noch bevor wir uns umarmen und heftig auf die Schultern klopfen, womit wir die Aufmerksamkeit der andern Gäste des Lokals auf uns ziehen. Hat sich nicht verändert. Froh. Seine Augen leuchten wie glühende Kohlen. Er lebt mit einem sehr hübschen Mädchen zusammen. Ich stelle ihm Anne Marie vor, etwas verlegen, weil sie älter ist als ich, und weil man von ihr weiß Gott nicht sagen kann, daß sie hübsch ist. Anne Marie sagt nichts, aber innerlich ist sie aufgewühlt, leidet. Was soll ich machen? Natürlich: Ich könnte sie fröhlich vorstellen. Aber ich kann nicht. Und das Unangenehmste: Ich würde gern zu Pablo sagen: »Wenn du sehen könntest, was für wunderschöne Brüste sie hat, wie gut sie im Bett ist!«

Was für einen schönen Feinkostladen ich gerade ausgemalt habe. Was für ein Rot! Was für ein Grün! Wieviel Gold! Und die Leute sehen es und verstehen sofort, was es ist. Die Ladenbesitzer sind zufrieden und schenken mir als Trinkgeld ein halbes Dutzend Sardinenbüchsen.

Wer, der malen kann, malt nicht? Man muß zu einer Malerei gelangen, die so aussieht, als könne sie jeder machen, die aber nur von jemandem gemacht wird, der malen kann.

Nicht überarbeiten, neu machen.

Man kann durch Annäherung ans Ziel kommen, nie durch abgezählte Schritte.

Sie reden unaufhörlich von Gustave Moreau. Ich sah und komme aus dem Staunen nicht heraus. Er war ihr Meister?

Rouault ist gut. Aber was kann er auf diesem Weg sonst noch machen?

Pubis de Chabanaco... *(Puvis de Chavannes) Pablo lacht über das Wortspiel, Redon mag es überhaupt nicht. Ich verstehe nicht, wie dieser affektierte Bursche den* Nabis *gefallen kann.*

Nur Reiche können so gute und zufriedene arme Leute malen, wie sie Millet gemalt hat.

Früher waren die Maler reich und machten eine ›reiche‹ Malerei. Heute sind wir arm und machen eine Malerei von Armen.

Van Gogh, der erste große arme Maler, der erste große unwissende Maler, der erste große Maler, der kein feiner Herr war. Delacroix, ein feiner Herr; Degas, ein feiner Herr; Renoir, ein feiner Herr; Pubis, *ein feiner Herr; Toulouse-Lautrec, ein feiner Herr; Cézanne, ein feiner Herr, usw. usw. usw. . . .*

1907

Warum das Licht? Der Gegenstand! Der Gegenstand existiert ohne das Licht, das ihm Geltung verleiht. Das Licht ändert sich, der Gegenstand nicht. Das Licht ist sich nie (in keinem Augenblick) selber gleich, es festhalten heißt, es töten. Die Bilder der Impressionisten sind festgehalten, erstarrt wie der Hund in Pompeji; Stein, Asche. Den Gegenstand kann man anfassen, die Seiten, Unterseite, Rückseite, wie man eine Skulptur modelliert. (Das Licht ist die Schöpfung, die permanente Schöpfung, es festhalten zu wollen, ist ein Sakrileg. Bescheiden wir uns mit dem Geschaffenen und schaffen wir es nach unserem Maß neu.)

Das Häßliche: so schön!

Die Fauvisten sind gut, aber sie schweifen ab. Die Wurzeln, mein Gott, die Wurzeln! Die Farbe um der Farbe willen ist ebenso absurd wie die Kunst um der Kunst willen. Eins weniger eins ist Null. Der Mensch wird alles mögliche sein, nur nicht nichts. Das Chaos ist nicht das Nichts.

Vor der Leinwand sein wie sie: weiß.

Sich mitreißen lassen, mit geschlossenen Augen, aus dem Innern heraus malen.

Keine Ideen malen. Niemals. Von da zur Historienmalerei ist es nur ein Schritt.

Wer wird die große Rechtfertigung, das große Lob der Trunkenheit schreiben?

Die Rausch ist der höchste Zustand des Menschen. Nur betrunken lebt man wirklich. Alles bekommt einen anderen, einen wahren Wert, den des Augenblicks.

Das Unangenehme an der Trunkenheit, so heißt es, ist der Morgen danach. Heilmittel: dafür sorgen, daß es keinen gibt.

Der Betrunkene denkt nicht, wie wundervoll!

Betrunken malen!

Immer betrunken steht man über allem.

Für den Betrunkenen ist alles glatt, wie die Leinwand.

Betrunken, egal wovon. Schlechter Alkohol macht sich erst hinterher bemerkbar.

Die Trunkenheit macht das Leben leichter, löst die Probleme, erfüllt die Welt.

Die Menschen werden sich erst verstehen, wenn alle betrunken sind.

Es wird Streit geben, aber ohne Folgen. Die Trunkenheit hat keine Erinnerung, diese große Hure, die alles herabwürdigt. Der schlimmste Feind der Malerei, die Erinnerung. Sich weiß vor die weiße Leinwand stellen!

Nach innen malen.

Ideen, wozu? Alle gleich. Wohl aber Empfindungen: alle verschieden. Oder man erinnert sich wenigstens nicht mehr an die alten, wenn sie uns wieder kommen . . .

Keine Erklärungen geben für das, das keine hat.

Die Erinnerung, diese große Hure.

Geben wir der Vernunft, was ihr gebührt, es hat wenig mit uns zu tun.

Nydia, Sakis Modell. Nicht schlecht, zur Abwechslung. Aber nur zur Abwechslung. Die Treue schätzt man um so mehr, wenn man sie bisweilen aus der Ferne sieht. Die Frauen habe einen siebten Sinn. »Gefällt dir Marcelle?« »Ja.« Nichts bringt sie so schnell zum Schweigen wie die Wahrheit. Sie setzt sich in eine Ecke und weint: »Ich danke dir, daß du mir die Wahrheit sagst...« Aber sie denkt über die Eifersuchtsszene nach, die sie mir machen wird.

Um zu malen: nicht denken. Sich gehen lassen, geführt von den Händen.

*Was ist so erstaunlich daran, daß (*Rouault*) malt, wie er malt, wenn man weiß, daß er Kirchenfenster gemalt hat. Jeder malt, wie er war.*

Nicht wissen, was man tut, erst hinterher. Das heißt zeugen.

Wenn man doch im Schlaf malen könnte!

Für mich muß die Malerei ein Mittel sein, mein Leben zu ›verwirklichen‹. Ich spreche mit Anne Marie darüber, sie weicht aus. Es gibt Dinge, über die kann man mit niemandem sprechen.

Wir Menschen sind nur zu einem geringen Teil zivilisiert und zu einem großen Teil Gott weiß was: Barbaren, Unwissende. Leben zu wollen, indem wir uns einzig und allein an diesen vernünftigen Teil klammern, aus dem wir soviel Glanz herauszuschlagen versuchen, ist absurd und unmenschlich. Deshalb ist die ausgefeilte Malerei, gleichgültig, ob von Guido Reni oder Millet, falsch, verlogen und einfach erschreckend. Deshalb sind die wirklich großen Maler jene, die diese Unruhe, die in uns ist, erahnen lassen – mehr vermochten sie nicht. So wie es bei den Primitiven, bei Michelangelo, Goya oder van Gogh der Fall war. Das ist der Weg Pablos, auch wenn er es nicht wahrhaben will.

*Sollte es etwa stimmen, wie R (*ouault*) behauptet, daß jede Kunst Bekenntnis ist?*

Das Mark der Dinge suchen – nicht die sichtbare Seite, nicht den Schein. Den moralischen Sinn dessen entdecken, was man malt.[4]

Wer hätte gedacht, daß M. krank ist? Ich sage das so obenhin zu Anne Marie. Sie äußerst sich nicht dazu. Sie weint.

Nichts ist schlimmer, als sich gesundpflegen zu lassen. Anne Marie setzt immer noch eins drauf: »Möchtest du Wasser? Warst du schon bei César?«[5]

Das Häßliche, so schön!

Alle, die Bauern malen, als seien es Heilige, werden in die Hölle kommen.

Seurat, Punkt. Monet, Komma. Renoir, Strichpunkt.

Der Charakter ist die Schönheit.

Die Wahrheit finden, über den Schein lachen.

Man sagt: die Seele der Dinge. Da ist nichts! Alles. Dies: Die Seele der Dinge finden, auch wenn sie ihnen nicht ähnlich sieht.

Man versichert mir, etwas von dem, was ich sage, habe Gustave Moreau schon den Nabis *gepredigt. Ich werde schweigen.*

Einige Dummköpfe sagen, Picasso male wie ein Kind. Sie sehen nicht, daß er wie eine ruhelose Seele malt, wie ein Geist, wie ein Gespenst. Er weiß alles, hat schon früher einmal gelebt. Wann? Manch-

mal habe ich ihn gefragt. Er lacht. Über dies und über alles: er kennt das Geheimnis, aber er kann es natürlich nicht verraten.

Sobald ich wieder gesund bin, werde ich mich nicht mehr daran erinnern, krank gewesen zu sein. Ist das nicht wunderbar?

Erschaffen. Oder haben wir kein Recht dazu? Die Wissenschaftler entdecken tagtäglich neue Körper. Was haben sie, was wir nicht haben?

Wir bescheiden uns mit dem, was in Reichweite unserer Hand ist.

Die Franzosen haben keine Ahnung, wie man Pilze zubereitet.

Gegen etwas malen, immer.

Und wenn man nicht mehr kann, schreien.

Zuerst einmal müßte man wissen, »was ein Bild ist«, »wozu es dient«. Malen, weil es das gleiche ist wie ins Theater gehen, um ein fremdes Werk zu sehen. Eigentlich will ich das gar nicht sagen: das gleiche wie spazierengehen oder Strümpfe stopfen. Es ist zu nichts nütze. Ich kann es nicht ausdrücken. Auch nicht malen, deshalb male ich.

Der Maler hat sich immer vor den Gegenstand gestellt. Fangen wir an zu malen und sehen wir dann, was dabei herauskommt, wem es ähnlich sieht. Ähnlich, verständlich, endlich. Mal sehen, was bei der Malerei herauskommt.

Ab und zu lügen, um die Wahrheit zu finden. Anders geht es nicht. Kopieren täuscht immer, ein toter Weg.

Die Wahrheit durch das zeigen, was sie nicht zu sein scheint.

Imitation ist Limitation.

Die Literatur mit ihren eigenen Mitteln schlagen. Der Vorteil der Schriftsteller: Sie benutzen Wörter, ein Material, das mit der Wirklichkeit nichts zu tun hat. Die Farben in Vokabeln verwandeln (blau das Substantiv; rot das Verb; gelb Attribut; der Rest Adjektive). In Prosa und in Versen malen. Konsonantische Farben, assoziierende Farben. Wenn ich einmal anfange, finde ich kein Ende. Bin müde.

Ein Bombe in den Gegenstand legen, damit er explodiert. Ihn dann aus jedem Winkel malen. (Soll der ihn wieder zusammensetzen, der kann.)

Sollen sie doch erraten, wenn sie können. Wenn nicht, sollen sie sich ärgern.

Was würde Anne Marie sagen, wenn sie dieses Heft entdecken würde?[6]

Was haben die Huren, die Clowns, die Richter an sich, daß sie die grundlegenden Themen der gültigen Malerei unserer Zeit geworden sind? (Manchmal alle drei Themen zusammen, manchmal zwei, manchmal eins: Goya, Daumier, Forain, Rouault, Picasso usw.)

Das Volk sucht die Malerei mit den empörendsten Zeugnissen seines Elends heim: den Kneipen und der Prostitution. Die Justiz, nicht die Malerei, prangert sie dafür an. Was in der modernen Malerei in Erscheinung tritt, ist der Schmerz. Und nicht der holländische Zahnarzt.

Bleiben die Landschaften, sie sind für die Feiglinge oder für die, »die sich nicht einmischen wollen«.

Erzählungen brauchen nicht gemalt zu werden: sie werden geschrieben, schwarz auf weiß.

Die Malerei ist mehr als nur Farbe.

In einem Wesen, in einem Gegenstand ist immer halb Licht und halb Schatten.

Ein Bild zu denken, wie es sein soll, liegt für jeden im Bereich des Möglichen. Die Schwierigkeit liegt darin, es zu machen. Genau wie ein Dichter fühlt, daß das Gedicht so oder so sein sollte, und die Schwierigkeit in der Umsetzung liegt. Es geht nicht um Ideen. Ein Gedicht ist eine Frage von Wörtern, so wie das Bild eine Frage von Pinselstrichen und Farben ist. Die Ideen bekommen wir geschenkt: Sie sind das einzige, was wir umsonst bekommen, weil wir geboren wurden.

Wie arm sind jene, die glauben, die Welt sei etwas Einfaches! Wie glücklich diejenigen, die auf den ersten Blick das Echte von dem unterscheiden können, was nicht echt ist. Echt, Gott. Danach ist alles Kopie. (Vielleicht auch nicht, von daher kommt das Böse.)

»Dies hat keinen Namen.«

»Natürlich hat es keinen Namen, aber man hat ihm einen gegeben. Das ist der grundlegende Unterschied zwischen der Literatur und der Malerei. Literatur wird mit Wörtern gemacht, mit Wörtern, die der Mensch zusammensetzt. Es ist ein Kunstgriff, und gearbeitet wird mit Backsteinen; Architekten und Maurer. Die Farben sind etwas anderes, wir können machen, was wir wollen, aber die Farben können wir nicht erfinden. Wir können sie lediglich zerlegen, zusammensetzen, mischen. Aber der Rohstoff ist ein radikal anderer. Deshalb kann es große Maler geben, die Hohlkopfe sind. Für die Größten gibt es noch die Zeichnung.«

Erschaffen ist einfach: man geht vom Chaos aus. Schwierig ist das Neu-Erschaffen.

Ein Werk beenden und den Eindruck haben, ihm fehlt etwas, was der Betrachter hinzufügen muß. (Was für ein hübscher Satz!) Falsch von oben bis unten, von links nach rechts. Was passiert: der Schlußpunkt ist eben immer willkürlich gesetzt. Es gibt keinen Grund, weshalb ein Werk gerade in diesem Augenblick endgültig fertig sein soll und nicht morgen noch ausgefeilter. Hinzu kommen Zufälle. Ein Mensch macht nicht mehr als sein Leben.

Die Fauvisten glauben, mit der Farbe könnten sie jedes Problem lösen. Was für ein Glück! So wie sich die brave Hausfrau dazu beglückwünscht, daß sie auf dem Markt ein billiges Hähnchen erstanden hat. »Diese zarte Brust! Und hier, das Fett... « Genau: eine fettige Malerei, deren Fett durch und durch dringt und Flecken macht. Sie färbt ab und bleicht aus.

Sie hätten gerne etwas, das gut ist, das Wesentliche, aber sie irren sich im Weg. Und das eigentlich nur, weil sie glauben, die Welt sei gut gemacht und werde immer so bleiben. Träumer! Eine Malerei von Träumern, eine Malerei, die nicht weiter sieht als bis zur fettigen Spitze der fettigen Nase dessen, der sie gemacht hat.

So wichtig wie das Gemalte: der Ort. Heute malen wir ortlos. Eine freie Malerei in Freiheit, allein durch das Format der Leinwand geordnet. Wegen Geldmangel sogar ohne Rahmen.

Selbstverständlich hat der Junge den Alten nicht getötet. Trotzdem werden sie ihn verurteilen, weil die Witwe nicht reden will. Am liebsten würde ich auf ihr herumtrampeln. Aber wie kann man jemanden zwingen, etwas zu tun, was er nicht tun will?

Sie lassen mich den »Angeklagten« nicht sehen.

»Was kümmert dich das schon?« fragt mich W.

Wieso kümmert das nicht alle? Er ist unschuldig, ein Unschuldiger wird verurteilt werden und sie bleiben ganz ruhig. Hurensöhne!

»Glaubst du, er ist der einzige? Was kannst du dagegen ausrichten?« Sie meinen, ich sollte ›ein ruhiges Gewissen haben‹. Ein ruhiges Gewissen! Aber wie steht es denn um ihr Gewissen? Mir tut das weh. Das einzige, was mir weh tut, ist ihr Gewissen: unreif, angepaßt. Anne Marie versucht, mich zu trösten. Ich schicke sie weg. Dann tut es mir

leid. Ich sage es ihr. Sie fängt an zu weinen. Wenn ich könnte, würde ich die Welt mit einem Faustschlag vernichten.

Ein ruhiges Gewissen! Ödet euch das nicht an? Ich spreche mit Libertad: *Er zählt mir zwanzig noch schmerzlichere Fälle auf. Na und?*

Alles niedermachen, ein für allemal.

Ich gehe mit der Witwe ins Bett. Ich schüttele sie, bedrohe sie. Sie weint. Was soll man tun mit einer Frau, die weint. Ich beschimpfe sie, bis ich nicht mehr kann. Bin sicher, wenn sie wollte, könnte sie mich auf die richtige Fährte führen. Vergeblich. Ich erzähle es Anne Marie. Sie glaubt mir nicht ganz. Das liegt jenseits ihrer Vorstellungskraft.

»Das hast du dir ausgedacht.«

Ich gebe es auf. Raus hier. Ich male, male, male, voller Wut, voller Hingabe. Das Ergebnis ist schlecht. Ich zerstöre alles.

1908

Neujahrsfest im Bateau-Lavoir. Wie immer, wenn viele Spanier dabei sind, zieht sich Anne Marie zurück und setzt sich in eine Ecke. Gisbert holt sie zum Tanzen, ein Konfetti fliegt ihr ins Auge oder sonst eine Sauerei. Sie will nach Hause. Ich muß mit ihr weggehen, bin wütend. Anne Marie haßt die Spanier, weil sie meine Freunde sind und wir spanisch oder katalanisch miteinander sprechen. Sie versteht uns nur halb und glaubt, Picasso oder Juan oder Miguel würden mich ›dorthin‹ mitnehmen oder mich irgendeiner Frau vorstellen, die sie verdrängt. Womöglich hat sie sogar recht. Sie sollte still sein und keine Szenen machen.[7]

Was sich verändert hat, ist das Verhältnis zwischen Maler und Gegenstand. Mangelnder Respekt vor der Welt? Vielleicht. Sie aus sich herausholen, sie so malen, wie sie sein soll. Sie züchtigen, sie umstülpen, damit sie lernt. Nicht verschönern, kein Diener sein, niemandem die Stiefel lecken. (Die Naturalisten, selbst wenn sie Dreck malten, taten nie etwas anderes.) Und keine Symbole, das ist etwas für die Deutschen.

Warum ist dieses deutsche Blau so teuer?

Wir sind Zeit und wir malen Zeit. Wir malen diesen Augenblick in diesem Augenblick. Was ist daran so besonders, daß die andern uns nicht verstehen? Oder daß sie es auf ihre Weise, in ihrer Zeit verstehen?

Alles malen, was drum herum ist, damit man den Kern, das Herz ahnen kann. Aber wie?

Machen heißt stehlen. Leben heißt, sich gegenseitig bestehlen. Der Tod ist die Lösung, das andere Leben: sein, wie wir wirklich sind. Was für eine Überraschung erwartet uns morgen!

Pantheismus-Kubismus, wie Weil es gestern abend wollte. Gott bewahre. Im Gegenteil, und auf den ersten Blick sieht es gar nicht danach

La Filla de la Carbonera – 1908

DIE TOCHTER DER KOHLENFRAU

PIERROT – 1908

El Eterno Marido – 1909

DER EWIGE EHEMANN

BOCETO PARA »FRANCISCO FERRER« – 1909

SKIZZE FÜR »FRANCISCO FERRER«

aus. Der Pantheismus: dieses Fabeltier des 19. Jahrhunderts, mit dem Schluß gemacht werden muß.

Die Pantheisten sind horizontale, liegende Menschen. Sie versuchen, durch den Spalt zu linsen, den sie zwischen Meer und Himmel vermuten, als sei die Welt eine Sparbüchse. Sie kriechen. Etwas unklare Leute, ›poetisch‹ und nebulös. Sie haben keine Vorstellung, was sie eigentlich sein wollen. Sie sind nicht, oder sie sind welche von denen, die glauben, die Landschaft sei ›ein Seelenzustand‹, wie einmal ein nach Krokodilstränen dürstender armer Dummkopf gesagt hat.

Wem stehle ich, was ich male? Mir selber? Nein. Die andern bestehlen mich so, wie ich sie bestehle. Solidarität der Schuld. Was immer ich male, was immer ich schreibe, jetzt, ich schulde es den andern. Den andern, den andern: Gott.

Ich male, weil ich an der Welt teilhabe und an ihr teilhaben will. Um zu sein.

All diese Dummköpfe, die wollen, daß der Mensch sich selbst genügt . . .

Alle Bürgerlichen sind Pantheisten.

*»Alles, was schadet, ist gut«, sagt Max (*Jacob*) zu mir. »Alles: die Grün-, die Orange-, die Weiß-, die Blautöne.«*

Wir diskutieren ruhig mit Casas, der uns rügt.

»Das einzige, was existiert, ist die Gewohnheit.«

Ich sage zu ihm: »Wo ist das Gesetz?«

»Warum sollen wir malen, wie mein Vater gemalt hat«, hält ihm Pablo entgegen, »wer zwingt mich dazu?«

»Oder hat der Mensch etwa nicht die Freiheit, zu schreiben oder zu malen, wie er Lust hat? Gibt es eine unanfechtbare Wahrheit?«

»Halt du den Mund«, meint Casas zu mir.

»Wenn du mir eine ›geoffenbarte‹ Malerei zeigen kannst, dann . . . «

Der Ärmste wußte nicht, wohin er sich verkriechen sollte. Was mischt er sich auch ein . . . ?

Ewig jene hassen, die sich ihrer so sicher sind, die wissen, daß zwei und zwei vier ist, die wissen, was sie machen. (Wie ich, als ich Pläne schmiedete, in Gerona. Die schmiede ich immer noch, und das ist meine Beschränkung und der Ursprung meiner Wut.)

Braque wird immer, wie sein Vater, ein Feld-, Wald- und Wiesenmaler mit grobem Pinsel bleiben, ein bestenfalls geschickter Maler.

Alles auf einen Schlag machen. Damit es gut wird. Nie zu sich selbst zurückkommen. Schlagartig. Alles andere ist Zeitverschwendung. Nicht für die Menschen malen, sondern für Gott.

Wenn die Malerei Malerei ist, braucht man sich nicht auf die Suche nach Motiven oder Modellen zu machen, die außerhalb unserer Reichweite liegen. Wenn die Malerei Malerei ist, dann hat meine Pfeife die gleiche Bedeutung wie die Fornarina, oder der letzte Schmuddelbruder aus meiner Straße oder wie die Alpen (wenn sie schön sind, wie es heißt).

Wäre die Malerei dazu da, das ›Schöne‹ zu reproduzieren, lohnte es nicht, sich Mühe zu geben. Die Dummköpfe würden genügen.

Wir teilen unsere Gedanken viel genauer mit als die meisten anderen Menschen und natürlich auch als die Schriftsteller. Vielleicht haben nur die Musiker vollkommenere Instrumente als wir. Die Hände sind genauer als die Zunge.

Die Malerei umstürzen. Nichts übriglassen. Wozu? Um die Aktualität zu beglaubigen, genügt die Photographie.

Kubisten! Ödet euch das nicht an? Wo doch das, was wir suchen, genau das Gegenteil ist: der Leinwand das zurückgeben, was zu ihrer Oberfläche gehört.

Die Gegenstände haben keine andere Wirklichkeit als die, die sie im Bewußtsein des Malers haben.

Die Schönheit, innen.[8]

Die Dinge existieren nur in mir.

El Sabio*: das höchste Symbol: die Münzen, das Gold. An dem Tag, an dem man Schluß macht mit dem Geld und man auf den Tauschhandel zurückkommt, auf die reine Nützlichkeit, wird die Kunst wieder das sein, was sie sein soll: heilig.*
El Sabio*: Inhalt und Form sind Hauptprobleme: Probleme des Kapitals, des Werts, der Werte. Eine ›Aktie‹ stellt dar, bedeutet. Konvention.*

Schluß damit, zum Ursprünglichen zurückkehren. Wie? Durch Zerstoren. Neu beginnen. Die Kunst war ein Mittel, sie wurde zu einem Zweck. Sie wieder zu einem Mittel machen. El Sabio *weiß mehr als Lepe. (Wer war Lepe?)*

Warum von einem einzigen Standpunkt aus malen? Das kann doch jeder. Ein Maler hat die Pflicht, gerade weil er Maler ist, mehr zu erfassen.

Ein Gegenstand wird immer besser wiedergegeben, wenn man ihn gleichzeitig aus mehreren Blickwinkeln darstellt. Das Ideal: ihn aus allen Blickwinkeln zu sehen, wie Gott es tat. Oder von innen.

Ein globale Malerei.

Ein Maler konnte früher ein Idiot sein. Heute nicht mehr. Plötzlich muß man, um Maler zu sein, Phantasie haben. (Bis wann?)

Das Problem: herausfinden, ob die Bildhauer der Kathedrale von Reims wußten, was sie taten. Anders herum: Wissen wir, was wir machen wollen? Ich fürchte, ihre Unwissenheit vermag mehr als unsere Unruhe.

Die Loire, mit Anne Marie, Pablo und Fernande. Noch einmal hinfahren, allein.

Warum muß das Bild etwas geben, was es nicht geben kann? Die Tiefe darf nicht von der perspektivischen Täuschung abhängen. Die Wahrheit eines jeden einzelnen suchen und verteidigen. Für die anderen zu malen, heißt lügen, sich verraten. Ja, wirst du mir sagen, sie werden dafür bezahlt ... Sklaven.

Weder erzählen noch sich erklären: aufzwingen.

Auseinandernehmen, nichts übriglassen. Es lohnt nicht. Prügeln, prügeln, prügeln, bis der große blaue Fleck der Welt sichtbar wird. Als erstes das Bild signieren. Auch wenn die Leinwand weiß bleibt.

Velázquez-Cézanne. Sie gehen von der Wirklichkeit aus, um zur Unwirklichkeit zu gelangen. Wozu diese sicherlich unnötige Reise? Wozu dieser von Anfang an zum Scheitern verurteilte Versuch? Die Malerei kann nur unwirklich sein, eine Ausformung des inneren Aufruhrs, entstanden aus dynamisch bewegten Einzelteilen. Velázquez, Cézanne, sie wollen die Welt anhalten, neue Josuas, so lächerlich wie der erste. Könnt ihr sie euch vorstellen in römischen Rüstungen und Röcken mit Volants, wie sie ihr Schwert erheben?

Sie wollen die Welt festhalten, und die Welt hat sie mit ihren Lügen verschluckt. Aber da stehen sie, mit dem Licht, das sie festgehalten haben. Sie sind immer nur Zeugen. Angeklagter muß man sein.

»Das Licht – oder die Farbe – zerstört nicht die Form. In der Malerei ist die Form keine Illusion. Die Malerei existiert nicht. Ich stelle die Form nicht in den Dienst der Farbe.« Braque[9]

Wichtig ist nicht, daß man etwas sagt, sondern wie man es sagt. Wenn ich sage »Sch ...«, kann das ebensogut Überraschung bedeuten wie Freude oder Vorwurf. Was zählt ist der Ton, nicht der Sinn. Alles liegt im Ton. Die Malerei bezieht ihren Wert nicht aus dem, was sie sagt, sondern aus dem Ton, in dem sie es sagt. Binsenweisheit.

Die Malerei war Dekor, Dekoration (oder wie die Verderbten wollen: Auszeichnung), ausgezeichnet für das Werk, das wir, ob wir wollen oder nicht, in dem großen Welttheater aufführen. Sie wieder zum Werk selber machen.

Ein Bild muß Samen haben, der keimt, muß sich entwickeln. Samen und Wachstum. Die Krönung Napoleons malen oder das »Floß der Medusa« ist einzig und allein eine Frage des Könnens. Ein Beruf für Dekorateure, weiter nichts.

Nicht recht haben. Anmut haben.

Nicht recht haben, sondern Bewußtsein: ein Bewußtsein vom Unbewußten.[10]

Braque sagt zu mir, er male »Gott zum Wohlgefallen«. Antwort: Gott zum Wohlgefallen malen viele, das Schwierige ist, mit Gottes Wohlgefallen zu malen.

Entindividualisieren. Alles aus einem beliebigen Gegenstand machen, etwas, das jedermann verständlich ist.

Damit es morgen von mir heißt: Er malte wie die Engel!

Der Intelligenz geben, was der Intelligenz gebührt. Für Sensation und Sensationelles genügen Matisse und Söhne. Sackgasse.

Überraschen genügt mir.
Ich stelle gerade fest, daß vorgestern Anne Maries Geburtstag war. Ich kaufe ihr einen Strauß Veilchen. Sie küßt mir die Hand: unangenehmes Gefühl. Ich bin nicht mehr als sie und auch kein Priester.

Matisse will »Gleichgewicht und Frieden, Ruhe und Erholung«. Soll er sich doch eine Kugel durch den Kopf schießen. In die Vorhölle mit ihm. Das Paradies muß etwas anderes sein; das müssen sie wissen.

Manchmal stört mich soviel Gespött.[11]

Sich gegen den jeweiligen Augenblick, gegen das »Jetzt« stellen, um den Dingen ein dauerhaftes Sein zu geben.

Keine zwei Pinselstiche tun, wo einer genügt.
Das Gute setzt sich auf Dauer durch, das Schlechte verschwindet.

Ich schäme mich zu zeigen, was ich male. Nicht weil es gut oder schlecht ist, das ist ohne Bedeutung, sondern weil es von mir ist. Wenn die anderen es sehen, ist es das nicht mehr: Sie nehmen einen Teil davon mit, so daß es einen Teil seines Wertes verliert.

Für mich malen, um zu sein, nicht für die Seienden. Malen um zu überdauern. Doch wie überdauern ohne Seiende, wie sein ohne andere? Malen für die andern, koste es was es wolle, die große Demutslektion. Oder schweigen: Ein anderer sein, sehen, was die andern malen und wissen, daß man es ebenso könnte. Auf jeden Fall: Demut.
Demut, das Gegenteil von Demütigung.

Jedes Ding, dieser Krug, diese Pfeife, dieser Gegenstand: Gott. Wir versuchen, es ihm gleichzutun, doch das gelingt uns nie, so wenig es uns gelingt, ihn genau nachzubilden (Gott ist der einzige realistische Autor oder Maler). Entweder zielen wir zu kurz, oder wir schießen übers Ziel hinaus: Nie ist das Bild genau im Lot, immer bleibt etwas verschwommen, verzerrt, rechts, links, in der Mitte, etwas, das sich uns entzieht. Wir können es zerreißen, können versuchen, es zu rekonstruieren, immer wird man die Nahtstellen erkennen. Warum sie vertuschen? Zeigen wir sie voller Stolz. Sie sind unser Wahrzeichen als Menschen.

Das Dumme sind nicht die Museen, sondern die Dummköpfe, jene, die sie bauen und einrichten und dafür Sorge tragen, daß die Italiener oder die Flamen nebeneinander hängen, außerdem auch noch die aus einer Schule, und wenn möglich alle, die im selben Jahr geboren sind. Wichtiger wäre das Gegenteil, genau wie beim Bild: Kontraste suchen.

Zeigen, ohne daß jemand etwas sagen muß. Ein Fra Angelico neben einem Matisse, ein katalanischer Primitiver neben einem Courbet, ein Turner neben einem David. Die vergleichende Malerei. Was für ein Museum könnte das ergeben!

Nicht erklären. Niemals. Denn alles erklärt sich von selbst, allein, weil es ist.

Braque sagt zu Apollinaire: »Die Malerei, durch die Photographie vom Anekdotischen befreit, nähert sich immer stärker der Poesie an. Wie die Musik muß die Malerei aus sich selbst heraus existieren.« Der schlecht begriffene Abglanz dessen, was ich einmal zu ihm gesagt habe: Wir wollen die Wörter der Malerei erfinden. Unmöglich? Um so besser.

Es gibt weder Frontansicht noch Profil: alles ist eins. Es gibt weder oben noch unten: alles ist eins. Ein Bild sollte durch keines seiner Teile die Aufmerksamkeit ablenken, man muß alles auf einmal sehen. Wer das Bild sieht, muß es spüren, muß, nicht nur mit dem Blick, rekonstruieren, was der Maler zusammengesetzt hat. Die Dummköpfe behaupten, wir würden die Natur zerlegen. Sie wissen nicht mit ihrer Sprache umzugehen: Schlachtvieh wird zerlegt. Die Jahrhunderte und die Salons quellen über von dieser verdorbenen, stinkigen, schmutzigen Schlachtermalerei, die nichts anderes widerspiegelt als den korrupten Zustand der gegenwärtigen Gesellschaft. Bilder leben und sterben. Sieht man einen Akt von Bourguerau, denkt man nicht daran, was morgen von ihm geblieben sein wird. Den meisten fällt das faulende Fleisch nicht auf, ich rieche es. Gott ist mein Zeuge, daß ich mich nicht auf Valdés Leal berufe, diesen Bourguerau avant la lettre.

Warum soll ich nicht sagen, daß mir jede archaische Skulptur besser gefällt, mich stärker berührt (ich fühle mich ihr näher) als beispielsweise die Venus von Milo, dieses vollkommene und mit Sicherheit ehrbare Weib? (Diese vollkommene olympisch-griechische Bürgersfrau.)

Das beste über Picasso: »Sein größtes Verdienst besteht darin, daß er das Monströse glaubhaft dargestellt hat. Seine Monster wurden als lebensfähige und harmonische Wesen geboren. Niemand wagte sich im Sinne des möglichen Absurden weiter vor als er. All diese Verrenkungen, alle diese bestialischen Gesichter, all diese teuflischen Fratzen sind durchdrungen von Menschlichkeit... Es ist unmöglich, den Berührungspunkt zwischen dem Wirklichen und dem Phantastischen festzulegen. Eine unklare Grenze, die selbst der subtilste Analytiker nie nachzuzeichnen vermag, so transzendent und zugleich natürlich ist diese Kunst.« Allerdings ist das von Beaudelaire, der über Goya schreibt.

Verböte man das Reden über Malerei, würden viele mit dem Malen aufhören. Wir wüßten endlich, woran wir mit jedem sind.

Wir werden von der Geschichte, dieser Kupplerin der Zeit, getäuscht. Alles erscheint uns von gestern zu sein, weil es alt ist, in einer Welt, die wir für uralt halten und die ganz Jetztzeit ist.

Wer erklärt, erniedrigt sich. Deshalb sind alle Kritiker klein.

So viele schöne Dinge sind tot!

So viele häßliche Dinge leben!

El Sabio *redet unaufhörlich, um uns davon zu überzeugen, daß unsere Art zu malen, unser Bruch mit der Vergangenheit, dem Entschluß der christlichen Maler am Ende des römischen Reiches und des Mittelalters gleicht: Neigung zum Spirituellen und zur Abstraktion, Vorliebe für die flache, körperlose Form, Drang zur Frontalansicht (Picassos Bildnisse), Gleichgültigkeit gegenüber dem organischen, dem vegetativen und lebendigen Leben, das gleiche Desinteresse am Charakteristischen, Momentanen und Naturalistischen. Der gleiche antiklassische Wille, einem Ideal nachzustreben und nicht dem Fühl- und Spürbaren, ein emblematischer Schematismus. Seiner Meinung nach malen wir Ideogramme. Die Symbolisten und wir waren es, die zu einer ganz eigenen Perspektive jener Zeiten zurückgekehrt sind und dem, was wichtig ist, was uns wichtig ist, den*

Vorrang eingeräumt haben, darin im Gegensatz zu dem stehend, was auf den ersten Blick zu sein scheint. Das ist sein Ausgangspunkt, um nachzuweisen, daß eine Welt zu Ende geht und ein neues Mittelalter beginnt. Auf mich macht er großen Eindruck, die andern zucken die Achseln.[12]

Das Tote, das Lebendige, ohne Bedeutung für die Schönheit.

Heute malen wir in der ersten Person Indikativ Präsens.

Die »moderne« Kunst rühmt das Genialische, das in einem Satz gut Gesagte (Wilde, ein gutes Beispiel), ohne stilistische Mängel. Das ödet mich an. Mich stört der augenblickliche Scharfsinn (dessen Erfolg nie vom Sinnwollen abhängt, sondern allein von der Schärfe). Das ist keine Kunst, KANN ES NICHT SEIN, denn ihr Gipfel wäre der Witz. Auch das Ernsthafte nicht, denn wenn dem so wäre, »warum sollte man dann das Leben ernst nehmen«? Nein, auch nicht. Kunst: Intelligenz, Transzendenz, Durchdringung, verwandeltes Leben, damit jene, die es verdienen, riechen, ahnen, neu erschaffen können. Und kein l'art pour l'art, *keine Kunst um der Kunst willen, sondern Kunst um des Lebens willen, nachdem man das Leben für die Kunst hingegeben hat. Das Unsagbare sagen. Die Kunst ist Schöpfung oder sie ist nicht. Etwas, das unwichtig ist, um ein guter Familienvater, ein tüchtiger Handwerker, dumm oder schlau zu sein.*

Ferrer, Ferrer, Ferrer . . . ![13]

Eine Regierung ist so schlecht wie die andere. Lassen wir uns doch nichts vormachen: der Zar ist ebenso schlecht wie der Präsident der Republik, Meissonier so schlecht wie Gérôme.

Ferrer! Dort gewesen sein, mit den andern!

»Es gibt keine Gesetze«, sagt Plá, der immer überzieht.

»Da irrst du dich aber gewaltig! Natürlich gibt es Gesetze! Es kommt nur darauf an, so zu leben, als gäbe es keine, so zu malen, als existierten sie nicht.«

Ich habe Pablo angerufen. Fernande ist am Apparat und sagt, er habe Paris verlassen und werde sechs oder sieben Tage fortbleiben. Ich bin überrascht, Pablo hätte mir das bestimmt gestern abend bei den Steins gesagt. Dann gehe ich bei Vollard vorbei:

»Pablo hat mir gerade gesagt, daß er an einem großen Bild arbeitet. Haben Sie eine Vorstellung, was es ist?«

»Nein.«

Ich fühle mich zutiefst verletzt. Warum diese Finten mir gegenüber? Sind wir denn keine Freunde, hätte er mir nicht sagen können: »Ich möchte in den nächsten Tagen nicht gestört werden, besuch mich also nicht, laß mich für eine Woche in Ruhe?« Warum lügt er, belügt mich? Ich verstehe ja, daß er das mit hundert aufdringlichen Menschen macht. Ich sehe, wie er das zu Fernande sagt. Das kann ich ihm nicht verzeihen. Es tut mir weh, physisch weh.

Was das Geld doch alles anrichten kann. Ich werde ihm nichts sagen. Oder doch?

Anne Marie. Ihr Problem: daß sie für mich keines ist.

L. K. kommt zu uns, um sich an »unsrer Brust« auszuweinen. Y. beachtet ihn nicht, betrügt ihn. Sie geht nachts aus, ohne ihm zu sagen, wohin sie geht. Sie verbietet ihm, ihr zu folgen. L. ist am Boden zerstört. Sagt, daß er sich umbringen will.

Absolut unmöglich, Mitleid mit ihm zu haben. Seine unverhüllt zur Schau gestellte Schamlosigkeit stößt mich ab.

Auch Anne Marie kann ihn nicht ernst nehmen. Wir finden nur ein paar banale Sätze. Bieten ihm einen Kaffee an, er trinkt drei. Verzweifelt zieht er ab. Er ist ein saumäßiger Maler. Ein beklagenswerter Mensch, und er ist es absichtlich.

Die »italienische« Perspektive ist ebenso falsch wie jede andere. Das Auge sieht ein Theater nicht so, wie Bibbiena es gezeichnet hat. Das trompe l'oeil *ist das gleiche und doch etwas anderes, schlimmeres. Auch die Photographie täuscht niemanden, sie gibt das auch nicht vor. Die Malerei hingegen ja. Und versucht man nicht zu täuschen, ist es nichts. Die Kunst: Lüge oder nichts. Die »Schreie des Herzens«, die »Tränen der Seele« müssen falsch sein, um einen Wert zu haben. Das Echte ist keine Kunst. Kunst ist Falschheit. Vorsicht: nicht Heimtücke.*

Es gibt keine Möglichkeit.[14]

1910

Wenn die Toten Qualität haben, kehren sie immer wieder.

Warum mußten wir »jetzt« die Negerkunst entdecken? Noch heute erinnere ich mich, mit welchem Erstaunen ich die Photographien von zwei Fetischen in einer französischen Zeitschrift betrachtet habe, die ich mit sieben oder acht Jahren in einem Laden in Vich entdeckt hatte.[15] *Ich erinnere mich deshalb noch so gut, weil auf der gleichen Seite das Photo eines Schwarzen zu sehen war, dem ein Klistier gesetzt wurde.*

Der Einfluß ist etwas anderes; er ist nicht größer als der anderer Primitiver (unter uns: der der Katalanen), weil uns die Wurzeln, das Instinktive interessieren. (Wenn wir alle intelligent wären – wie viele »Intelligente« das offenbar gern hätten –, wäre die Welt nicht die Welt.) Außerdem, ist der Instinkt etwa nicht Intelligenz? Die wirkliche.

Der Instinkt ist die Mutter des Fortschritts. Ließen wir uns einzig von der Vernunft leiten, wir wären Geschöpfe einer Parthenogenese und unseren Eltern wie aus dem Gesicht geschnitten.

Waren die Fetische, die Señor Roberts Bruder von den Philippinen mitbrachte und die in Gerona so sehr meine Aufmerksamkeit erregten, etwa nicht schön? Heute, wo die Negerkunst – wie es heißt – »von uns entdeckt wurde«, zeigen sie sich mir genauso schön wie die Figuren aus

Ampurias, die in der Vitrine daneben ausgestellt waren. Und wenn Señor Robert, dessen archäologische Liebe in erster Linie Ampurias galt, sie neben seinen »Schätzen« aufbewahrte, tat er das vielleicht auch deshalb, weil sie ihm unbewußt bewunderungswürdig erschienen? Und sein Bruder, der Kapitän, der sie auf den Philippinen kaufte und mitbrachte, tat er das nur, weil es für ihn »Kuriositäten« waren, oder fand er sie nicht auch schön, ohne sich dessen bewußt zu sein? Wie würde ein Eingeborener von den Philippinen, ein Tagale, der an den Anblick dieser Fetische gewöhnt ist, auf die volkstümliche Darstellung der Jungfrau oder auf eine Unbefleckte Empfängnis von Murillo reagieren? Es gibt keinen Kanon, wohl aber einen natürlichen Ausdruck, nicht des Menschen, sondern der Menschen. Die Kunst ist ungeheuer, und sie ist unter uns. Nichts verbindet so sehr. (Ich sage: die Kunst. Nicht, was wir machen, was wir suchen. Etwas anderes: das von den Zeiten geprägte Ergebnis.)

Warum male ich dieses Bild und kein anderes? Warum sehen wir unser Leben so hartnäckig als etwas Unantastbares, Heiliges an, weil es so, genau so gewesen ist, während wir doch wissen, daß es anders hätten sein können? Nicht vollkommen anders, aber doch verschieden. Es ist genauso, wie wenn ich die Linie der Nase meines Modells einen halben Zentimeter weiter rechts oder links zeichne, mit einem helleren oder einem dunkleren Blau. Warum gibt man nicht allem einen Vertrauensspielraum? Die Dinge sind so, wie sie sind, als sie gewesen sind. Es gibt keine Möglichkeit, zurückzugehen, und deshalb darf man einen einmal gezogenen Strich nie korrigieren, er muß auf ewig so bleiben. Wenn er dir nicht gefällt, in den Müll damit. Wer verbessert, glaubt zu verbessern, aber das ist nicht sicher: Er macht etwas anderes, etwas Neues. Das Frühere, das er gelöscht zu haben glaubt, es bleibt, ist in seiner Vergangenheit gegenwärtig. Alles hat seine Karteikarte, niemand kann sie berichtigen. Wir fügen hinzu, wir tilgen nie. Gott ist unerbittlich, er läßt in jedem Augenblick wählen, aber einmal vielleicht gesagt, heißt nicht möglicherweise. Vielleicht *ausradieren und* möglicherweise *schreiben ändert nichts daran, daß ich vorher* vielleicht *geschrieben habe. Ein für allemal. Wenn ich ein Blau setze und es dann weiß abtöne, zählt für alle nur das*

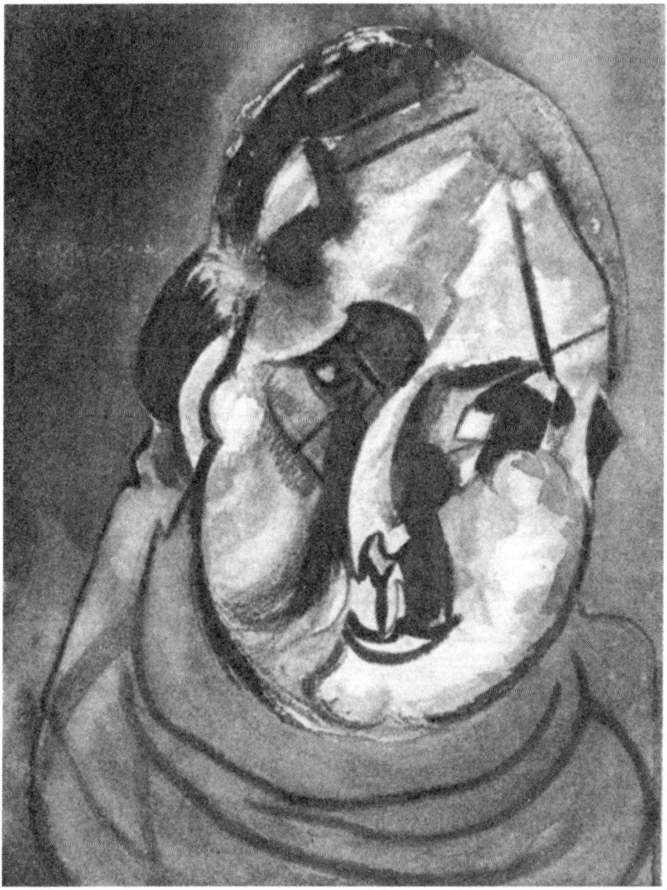

RETRATO DE M(AX) J(ACOB) CON FLEMÓN – 1909–1910

BILDNIS MIT DICKER BACKE

La Lágrima Frente al Espejo – 1909

DIE TRÄNE VOR DEM SPIEGEL

PAISAJE SEMIURBANO – 1909

VORORTLANDSCHAFT

CHIMENEAS Y CALOR – 1910

SCHORNSTEINE UND HITZE

Ergebnis. Nicht für die, die uns sehen oder den, der uns immer sieht. In jedem Augenblick setzen wir unser Leben aufs Spiel, das andererseits nicht die Bedeutung hat, wie die immer melodramatischen Worte ihm beizumessen scheinen. Es ist das Natürliche.

Zu glauben, was wir machen, sei große Malerei, ist eine Lüge. Wir bereiten die Malerei von morgen vor. Genügt das?

Auch jetzt noch, wo Pablo ruhig bei Tag malen könnte, malt er weiterhin bei Nacht. »Nichts kommt dem künstlichen Licht gleich«, sagt er lächelnd zu mir. Er hat recht. Aber ich male bei Tag.

Ich habe gemalt – es ist da, für immer so, wie ich es gemacht habe, und schaut mich unbewegt an. Ist das nicht zuviel?

Die andern werden es so sehen, wie ich es gemacht habe. Was wird es für sie sein?

Selbstmord und Beerdigung von L.K. Wir waren zu fünft. Es nieselt, niemand sagt etwas. Y. war fünf Tage zuvor mit M. G. nach London abgereist. Übliche Novemberkälte, aber es ist noch etwas anderes, das uns frieren läßt. Wir gehen in eine Kneipe, Germain sagt einen Satz: »Ein Grab ist immer der Nabel der Welt.« Wir sehen ihn feindselig an. Er schweigt, spielt mit einem Löffelchen. Alle stört das Geräusch. Pablo stößt eine endlose Reihe von Verwünschungen aus. Ich gehe zu Fuß nach Hause. Ich komme sehr spät, Anne Marie schneidet mir ein Gesicht. Zur Hölle mit ihr! Ich male. Plötzlich werde ich müde. Lasse es sein. Warum? Was für Grenzen sind das? Physische natürlich. Ich bin derselbe, aber müde von einem Augenblick zum anderen. Demut, Herr, Demut! Gib sie mir jeden Morgen!

Das Volumen? Der Raum? Sie wurden nicht für die Maler geschaffen. Wir haben eine Oberfläche. Das Entscheidende ist: nicht mit mehr oder weniger plumpen Imitationen täuschen.

Die Leute *interessieren sich für die Malerei, weil es nicht schwierig ist, sie zu verstehen. Genau so wie bei diesem neuen Zeitvertreib, dem Cinematographen.*

In der Malerei wird alles fertig vorgesetzt. Wurde alles fertig vorgesetzt. Wir werden ein wenig weiter gehen, damit auch die Gaffer etwas tun müssen.

»Aufbauen? Worauf? Zuerst muß tabula rasa gemacht werden. Zerstören, zunichte machen ...«

»Du bist ein Anarchist«, sagt Kolpanski zu mir.

»Na und?«

»Den Anarchisten gefällt Bouguerau.«

»Man muß Bouguerau geben, was Bouguerau gebührt.«

»Was willst du damit sagen?«

»Nichts. Keine Ahnung. Du hast recht.«

Wozu diskutieren, wenn mir nicht die passenden Worte einfallen, die ich brauche, um das auszudrücken, was ich empfinde? Die gleiche ohnmächtige Wut, die mich an so vielen Vormittagen, in so vielen Nächten vor der Leinwand überkommt und die mich zugrunde richtet. Ich male, aber nicht das, was ich malen möchte.

Das Werk, nur das Werk.
Nichts hinterlassen, nur das Gemachte.
Das Leben mit einem riesigen Brotkrumen auslöschen.

Dialog zwischen Casas und Martorell:

»Alle aus Reus sind ungehobelt, deshalb haben wir beide mehr erreicht als ...«

»Ich bin aus Port Bou.«

»Dann, Junge, hättest du es verdient, aus Reus zu sein.«

Wenn der Mensch, wie Aristoteles einmal gesagt haben soll, ein politisches Tier ist, dann ist die Politik das Innerste unseres Seins und der genaue Ausdruck des Menschen.

Vor vielen Jahrhunderten sagte der Heilige Augustinus, die Bilder mit ihrer Symbolsprache seien die Bücher der Unwissenden. Heute ist es umgekehrt: Jeder Unwissende liest Bücher, die Malerei hingegen ist zu einer Lektüre für die lebhaftesten Intelligenzen geworden.

Ein Aquarell ohne Thema gesehen, von Kandinsky, einem reichen Russen, der in Deutschland lebt.

»Ich male die Malerei.«

Wo wird das aufhören? Im Nichts. Man kann mit der Literatur keine Literatur machen, und mit der Musik keine Musik. Man braucht immer den Menschen. Jene, die ohne ihn auskommen wollen, werden untergehen. Die über ihn hinweggehen wollen, werden untergehen. Dekorateure, die in die Falle tappen, vor der sie fliehen.

Ihr könnt sagen, was ihr wollt: mehr als das, was ich mir selber sage, könnt ihr nicht sagen. Ich habe euere Bücher gelesen. Und nun? Ihr vermischt das Menschliche und das Göttliche, die nichts miteinander zu tun haben, das Natürliche und das Übernatürliche, für die es keinen gemeinsamen Maßstab gibt. Was für ein Hochmut! An dem Tag, an dem ihr mir die Welt, die andere Welt, erklärt, werde ich mich eueren Illusionen anschließen. Bis dahin aber halte ich mich so fern wie möglich. Die Devise lautet: Gott und seine Gerechtigkeit.

Van Dongen: »Man kann malen lernen, wie man Deutsch lernt. Es gibt Bücher und Rezepte. Man kann Bilder malen wie ein Apotheker seine Arzneien mischt. Du hältst dich an das Geschriebene und fertig. So wirst du reich. Wenn du das Ziel einmal erreicht hast, brauchst du nur noch so weiter zu machen, die Leute danken es dir und zahlen. Am Ende wirst du berühmt und hängst sogar im Museum. Das interessiert mich nicht. Absolut nicht.«

Ich war völlig einer Meinung mit ihm.

»Was zählt, ist der Elan, der Schwung.«

»L'alè de Deu.«

»Was?«

»Der Hauch Gottes.«

»Wenn du so willst.«

L'art pour l'art, *also die Kunst um der Kunst willen: Dummheit. Oder habt ihr schon einmal von der Kunst um der Nicht-Kunst willen reden gehört? (Jeder malt, wie er ist, für IHN.)*

Alles ist Mittel, um ein anderes Mittel zu erreichen und damit an ein Ziel zu gelangen, das wir nicht kennen.

Malen, wie man Liebe macht, verliebt. Wird es zur Gewohnheit, lieben wir besch... Deshalb: wechseln.

Verkaufen heißt sich verkaufen.

Keinen Zweifel aufkommen lassen.

Was fügt die Perspektive hinzu? Die Dinge sind nicht durch die Distanz, die sie vom Betrachter trennt. Das kann bestenfalls ein Problem für den Cinematographen sein, vielleicht der Ursprung seiner Ausdrucksform.

Nicht die Perspektive ist wichtig, sondern die Zeit.

Die Perspektive ist Rhetorik, und außerdem einfach.

Nichts als Ärger. Wir sprachen über meine Schwierigkeiten, nach Spanien zurückzukehren.
»Nicht jeder hat einen Onkel Salvador.«
Er hat das einfach so dahingesagt.[16]

Wenn man einem aufgeweckten, außerhalb der Geschichte stehenden, vom Himmel gefallenen Wesen ein oder mehrere Bilder von Velázquez, El Greco, Goya und Picasso zeigen und es fragen würde, wie seiner Ansicht nach die zeitliche Reihenfolge ist, ich glaube, es würde keinen Augenblick zögern, Picasso als den Primitiven und Velázquez als den jüngsten,

Café – 1910

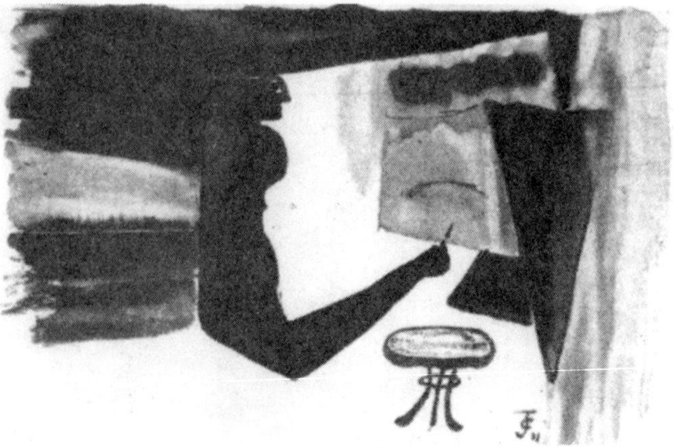

El Pintor – 1911

DER MALER

Dibujo de Picasso

ZEICHNUNG VON PICASSO

Cabeza Románica Catalana

ROMANISCHER KOPF
(Katalonien)

Hotel – 1912

Cannes – 1912

modernsten, den perfektesten zu bezeichnen. Die Schwierigkeit würde sich zwischen den beiden anderen ergeben. Aber Picasso, El Greco, Goya, Velázquez wäre für einen unvoreingenommenen Geist eine normale Reihenfolge.

1911

Immer mit den Füßen auf dem Boden bleiben, und sei es auch nur mit einem Zeh. Damit nie der Kontakt abbricht, damit die Lebenssäfte immer fließen.

Bannstrahl gegen Wassily Kandinsky! Das um keinen Preis! Soll er sich doch der Musik verschreiben. Und daß es nicht heißt, wir seien dafür verantwortlich: Wir hören nie auf, Menschen zu sein. Es gibt kein Recht.

Kandinsky sah eine Leinwand, wußte nicht, was sie darstellte (er behauptete, es sei ein Bild von ihm gewesen, das verkehrt herum aufgehängt war), und ging zu Webarbeiten über. Das wird seine tiefen Wurzeln haben: bei den Webstühlen.

Wenn die Kunst die Nabelschnur zur Natur durchtrennt, wird sie zum Kunstgewerbe. Nicht weniger, aber, wenn man so will, auch nicht mehr.

Die abstrakte Kunst ist das Richtige für die Russen, die damit ihrer Wirklichkeit, der Wirklichkeit aller, entfliehen, für uns jedoch taugt sie nicht. Der arme Delaunay hat sich von Sonia beschwatzen lassen, aber er wird wieder zurückfinden. Weder Larionow, noch Rodschenko, noch Kupka haben etwas mit Malerei zu tun. Sie suchen etwas anderes, das mit Kandinskys Textilfabrik zu tun hat, mit Architektur, Innenausstattung oder schönen Geschäften. Das ist ihre Sache. Kunsthandwerk.

Wer ich war, wird einmal ohne Bedeutung sein, zählen wird nur, was ich gemacht habe. Merke: Wer du warst, zählt nicht, es zählt nur, was du gemacht hast. Nur was einer macht, bleibt. Wer du bist, zählt morgen nicht mehr.

Lebe. Wenn du das suchst, begnüge dich damit. Wenn dir aber die Ewigkeit wichtiger ist, dann leide, denn wahrscheinlich ist dein Werk nicht der Mühe wert.

Was für einen Hasen hat uns Gertrude zubereitet! Oder zubereiten lassen, aber das kommt aufs selbe heraus, nur das Ergebnis zählt.

Matisse: »Vielleicht wußte Gott nicht, was er tat und sucht sich in uns, in jedem einzelnen von uns, um zu erfahren, ob das, was er getan hat, gut oder schlecht war. Deshalb ist jeder Mensch anders, und man kann nie wissen, wie er denkt.«

Gris: »Die Ästhetik ist die Gesamtheit der Beziehungen zwischen dem Maler und der Außenwelt.«

Ich: »Was für ein Banause du bist! Nein, fill meu, *wenn die Ästhetik etwas ist, dann ist sie – um deine pedantischen Formulierungen aufzugreifen – ›die Gesamtheit der Beziehungen zwischen dem Maler und der Innenwelt‹, hörst du, der Innenwelt. Nun ja, wenn man wie du nur darauf achtet, was dabei herauskommt oder wie es herauskommt, dann hast du von deinem Standpunkt aus recht. Aber das ist keine Ästhetik, das ist überhaupt nichts. Reiner Zufall, wie bei der Corrida: Sich vor den Stierzwinger stellen, und wenn der Stier von rechts kommt, genügt ein Ausfallschritt, auf den Knien. Greift er in der Mitte an und kommt er allzu zahm heraus, hast du deine Peones, deine Stierkampfgehilfen.« Picasso, für den die Begriffe aus der Stierkampfsprache bestimmt waren, lacht.*

Forestier: »Die Kunst ist etwas für sich, ja? Die Kinder zeichnen, wie sie essen. Sie zeichnen, noch bevor sie sprechen. Malen ist angeboren, ja? Nun ist es aber so, daß wir mit der Spezialisierung – lies Kropotkin, lies ›Felder, Fabriken und Werkstätten‹, lies, was er über die Trennung von Wissenschaft und Beruf schreibt: ›Unter dem Vorwand der Arbeitsteilung haben wir die geistige Arbeit gewaltsam von der manuellen Arbeit getrennt.‹ Ja? Die wenigen Handwerker, die übriggeblieben sind – die

Maler zum Beispiel – wollen keine Arbeiter mehr sein, sie versuchen sich abzusondern, für sich zu sein, eine Gruppe von Spezialisten und Technikern, ja? Die Arbeiter wiederum, eingesperrt in eine mühselige Fron, interessieren sich nur noch für das Stumpfsinnige. »Was kann ein Mensch schon lernen, der dazu verurteilt ist, sein ganzes Leben lang so schnell wie möglich die Enden zweier Fäden miteinander zu verknüpfen, und der nichts anderes zu tun weiß, als einen Knoten zu machen. Ja?«

Das Problem mit dem »Handwerk«. El Sabio *kann meine Zweifel nicht zerstreuen.*

»Die Maler strebten danach, daß sich die anderen ohne weiteres in ihrer Malerei wiedererkennen würden. Nicht nur bei den Porträts, sondern auch bei anderen Motiven, bei den Landschaften. Die Impressionisten, bei denen sich nur die Technik ändert, genauso wie die andern. Das Licht ist bei ihnen genauso erkennbar wie die Zeichnung bei ihren Vorgängern. Heute ist es nun so, daß die Bilder nur noch von innen dem gleichen, was gemalt, abgebildet worden ist. Uns liegt nichts daran, daß die Leute, wie es die Regel ist, sich oder das Gemalte wiedererkennen. Das Bild ist nicht mehr das Bildnis von Madame X. . . «

»›Von wem ist es?‹, fragte man früher, nachdem man die Ähnlichkeit gelobt oder getadelt hatte. Heute heißt es, ›das ist Madame X. VON Z.‹. Niemand interessiert sich für Mme. X, niemand erkennt sie. Wichtig ist nur Z., wie sich Z. durch und über Madame X. als Maler zu erkennen gibt. Man malt nicht mehr die Bildnisse berühmter Persönlichkeiten. Durch die Photographie besiegt? Vielleicht, aber da ist doch noch etwas mehr, die Malerei ist etwas anderes geworden.«

»Die Malerei ist etwas anderes.«

»Etwas anderes als das, was wir für Malerei gehalten haben. Deshalb haben wir nichts mit den Malern zu tun, die immer noch zu jener Welt gehören. Welche Beziehung besteht zwischen uns und Zuloaga und Sorolla? Wir sind von einem anderen Stern.«

M.[17] *Fein, in jeder Bedeutung des Wortes. Ihre Familie: Eltern, Onkel und Tanten, Geschwister in überraschender Anzahl. Sie leistet*

Widerstand. Ohne Umschweife schlägt sie mir vor, mit mir »zusammenzuleben«. Ich bitte mir vierundzwanzig Stunden Bedenkzeit aus. Sofort schickt sie mich weg.

Modigliani: Was für ein großer japanischer Maler!

El Sabio *ist nichts, ist niemand. Eigenartig. Klein, das Gesicht so ebenmäßig, daß man sich an keinen charakteristischen Zug erinnern kann. Dazu so feinsinnig. Wie viele aus den besseren Kreisen Bilbaos von den Jesuiten erzogen. Von ihnen werden sie geformt und geprägt, bekommen alle die gleichen Manieren beigebracht. Sie gleichen sich derart, daß sie sich nicht voneinander unterscheiden, dazu sehr distinguiert. Wenn sie wirklich intelligent sind, lehnen sie sich gegen das auf, was man ihnen eingetrichtert hat, ohne jedoch diese unverwechselbare höfliche, liebenswürdige Art abzulegen. Verschwiegen, was die eigene Person angeht, vermögen sie fremde Theorien aufs beste zu erklären, sie sind interessiert, können zuhören, sind geduldig.* El Sabio *ist elegant: Gamaschen, Handschuhe, blauer Mantel und gelegentlich Melone. Wenn er bei uns ißt, schickt er Anne Marie Blumen. Hat genügend Geld, ist kein Verschwender, hält seine Bekanntschaften auseinander, hat sein Wissen auf Karteikarten gespeichert. Höflich, in jeder Hinsicht aufmerksam, nur in seinem Wissensdurst übers Ziel hinaus schießend. Er wird einmal eine bedeutende Persönlichkeit werden, ganz überraschend und außerhalb seiner Neigungen: Bankier, Diplomat, Kammerpräsident oder »irgend so was«.*

Auch wenn er es selbst nicht glaubt, verachtet er alles, was »Künstler« ist, mediterran, verachtet das Nachlässige, die Ausnahmen, sofern sie nicht in seine Gedankenwelt passen. Wir wissen nicht, wo er wohnt, noch nicht einmal, ob er eine Geliebte hat. Er ist bei allem, was sein Leben betrifft, so verschwiegen, wie er bei anderen Dingen gesprächig und neugierig ist. »Sehr englisch«, sagt Anne Marie, die ihn gern sieht.

Es gibt kein Porträt von ihm. Zu keiner Zeit, und ich kenne ihn nun schon seit Jahren, habe ich je die geringste Lust verspürt, ihn auf einem Blatt Papier, auf einer Leinwand festzuhalten.

Ein Schnösel. Nein, ein Herr. Eine gewisse überlegene Art, die er zu keinem Zeitpunkt durchscheinen läßt. So müssen die Aristokraten des Ancien Régime gewesen sein: intelligent, ruiniert, ruhig, selbstsicher. Aber im Innern? Womöglich ebenfalls. Manchmal habe ich den Eindruck, daß er uns wie wilde Tiere im Käfig besucht. Oder ist es so, daß wir, die Eingesperrten, ihn für jemanden halten, der uns ein Stück Brot hinhält? Das ist nicht seine Schuld. Plötzlich fährt er mal nach England, nach Italien, nach Wien. Die Sommer verbringt er in Las Arenas, außerhalb der Dinge, die er wie kein zweiter erklären kann. Vielleicht versteht er sie nicht, weil er immer distanziert bleibt. Er ist so wohlerzogen, daß ein vulgäres Wort, das er keineswegs flieht, in seinem Wortschatz überrascht.

Selbst betrunken verliert er seine Würde nicht. Er weiß sogar zu trinken. Beneide ich ihn? Ich habe nie jemanden beneidet. Manchmal geht er mir auf die Nerven.

Alle lieber Bildhauer als Maler. Im Unterschied zu der Generation vor uns: die endeten als Bildhauer oder versuchten es wenigstens. Jetzt scheint eine Generation von Architekten zu kommen...

Im Grunde ist Frankreich nichts weiter als eine katalanische Kolonie.

Ich sage zu Gris: »Madrid, ein langweiliges, graues Kaff, das sich für die Hauptstadt Spaniens hält. Ohne Katalonien und Euzkadi wäre es nichts weiter als ein maurisches Nest unter englischer Verwaltung.«

Er wird blaß vor Wut. Wie leicht man Leute ohne Rückgrat aufbringen kann.

M. Im Café, mit Lashofer. Offensichtlich bevorzugt sie Maler. Ich will sie treffen. Sie weigert sich. Bei den Frauen ist alles eine Frage der Zeit. Schade, ich habe keine.

Abschied El Sabios, der nach Deutschland fährt. Großes Besäufnis, ein richtiges. Was für ein Kerl! Große Rede über die Bürokratie. Wenn man ihm Glauben schenken darf, geht er nach Deutschland, um bei tausend Koryphäen zu studieren. Er war mit Pirenne aus Gent gekommen, *einen gewissen Dopsch führte er ständig im Munde, der Kopf dreht sich mir noch immer, und der Hinterkopf tut mir weh, das Wort Hinterkopf gefällt mit heute morgen. (Es ist neun Uhr: bin gerade nach Hause gekommen, finde eine Nachricht von Anne Marie neben der Milch. Ich möchte gern einen Spaziergang über die Buttes-Chaumont machen, genauso gern wie mein Körper in die Koje fallen würde.) Wo war ich stehengeblieben:* El Sabio *ist entschlossen, eine große Weltgeschichte der Bürokratie zu schreiben. Er sagt, da stecke alles drin, sie sei das Skelett der Menschheit, ohne die Bürokratie wäre die Welt eine andere, etwas völlig anderes. Schade, daß ich mich nicht an den genauen Wortlaut seines Vortrages erinnern kann, den er uns über die Barbarenstürme hielt, über den Untergang des Römischen Reiches und die Kunst als Ausdruck der Bürokratie. Ihm zufolge hatte die Kirche – er ist ein verfluchter Freidenker – das große Glück, daß sie in diesen wegen des fernen byzantinischen Einflusses mehr oder weniger bilderstürmerischen Zeiten eine ebenso effiziente oder sogar noch effizientere Verwaltung hatte, als die, die vom Reich noch geblieben war, und die Goten und andere Genossen die kirchliche Bürokratie der staatlichen vorzogen (außerdem war das Heer, gegen das sie kämpften, römisch). Die kirchliche Bürokratie kam ihnen gelegen, und so setzte sich im Mittelalter für viele Jahrhunderte die Macht der Kirche durch. »Ihre Organisation wurde zum Vorbild für die öffentliche Verwaltung,« sagt er.* El Sabio *hatte vor seiner Deutschlandreise Schwierigkeiten mit der Verwaltung zu überwinden, so daß er sie um zwei Wochen verschieben mußte. »Die Bürokratie«, rief er, »die Bürokratie ist die Achse der Welt! Alles Bürokraten und alle zusammen kopfüber in die Sch... !« »Die Regime kommen und gehen, die Bürokratie bleibt.« Er ist begeistert bei dem Gedanken, eine Geschichte der Bürokratie zu schreiben. Wir haben wie die Löcher gesoffen. Schon lange her, daß ich mich mit so großem Vergnügen betrunken habe. Es war wirklich ein großer Abschied.* El Sabio *ist ein toller Kerl. Schade, daß er geht. »Der eine geht, der andere kommt, aber die Bürokratie bleibt.«*

M.s Mutter: »Ich glaube, wer Deutsch kann, kann alles.«

Im Gegensatz zu den Männern glauben die Frauen, Gott habe ihnen ihr Geschlecht gegeben, damit sie es wie ihren Augapfel hüten. Deshalb sind sie von Hause aus konservativ und die Männer liberal.

Der Teufel soll sie holen! [18]

Wir können nicht über uns selbst hinaus. Wir haben Grenzen. Wir spüren sie, wie die Toten wohl die Bretter ihres Sarges spüren. Dahinter ist die Erde. Die Erde, die nicht allein ist.

Glaubt ihr, daß alles, was wir machen, zu Asche wird? Auch die Asche ist, wie das Werk, für immer. Alles, was lebt, und alles, was stirbt, ist und ist weiterhin, weil es gewesen ist. Manchmal braucht man nur an das Auge Gottes zu denken, damit etwas ist. Nichts erlischt, nicht einmal eine durchgestrichene Notiz. Es ist gewesen, dann wird es sein. Nichts, was gewesen oder gedacht worden ist, entgeht dem Auge Gottes. Die Menschen mögen das vollendete Werk beurteilen, Gott sieht ununterbrochen, was wir gerade machen. Der Himmel, das große ewige Archiv, registriert alles, während auf der Venus oder dem Mars, wo auch immer, andere Menschen uns mit ihren perfektionierten Ferngläsern beobachten, so wie wir sie morgen beobachten werden, wenn wir die notwendigen Apparate entwickelt haben werden.

Neues Jahr, altes Leben.

1912

Plá ist keinem meiner Freunde sympathisch. Sie verzeihen ihm nicht seine offensichtliche Vulgarität, seine Geschmacklosigkeit. Warum ertrage ich ihn? Warum ist mir seine Gesellschaft angenehm? Wegen seiner Unverfrorenheit? Seiner bösen Zunge? Seiner Amoralität? Vielleicht, weil er immer glaubt, was er sagt, auch wenn er sich ständig widerspricht. Er stellt den persönlichen Wert, das Sich-in-die-Bresche-schlagen über alles. Die aus Romainville[19] *schätzen ihn. Er ist zu allem bereit, wenn er nur Geld dafür bekommt, das er hinterher verprassen und sich damit wichtig machen kann. Wenn er ein Werk von Dauer schaffen würde, wäre er ein wundervoller Mann. Anne Marie findet ihn sympathisch, weil er sie schamlos mit Lob überhäuft. Ihre Art zu kochen rühmt er ebenso wie die Eleganz der künstlichen Blumen, die sie jetzt macht.*

Max: »Wie sollte ich die Heiligen nicht kennen? Sie füllen die Seiten der Zeitungen, jeden Tag werden hundert gefeiert, jeden Tag sehe ich tausend in den Museen, in den Druckereien. Gewiß, ich weiß, der Ruhm gilt nicht ihnen, sondern denen, die ihre Namen tragen. Man erinnert sich nicht an den ›Heiligen deines Namens‹, sondern an ›den Namen deines Heiligen‹.«

Er drehte sich zu mir um:

»Ist das der Ruhm, nach dem du dich sehnst?«

Überrumpelt wie ich war, wußte ich nicht, was ich antworten sollte, und auch jetzt, Stunden später, auf dem Klo, wo ich immer meine Eintragungen mache, (um hinterher das Heft auf dem Spülkasten zu verstecken, auf die Gefahr hin, daß der Klempner es mitnimmt), weiß ich es immer noch nicht. Nein, was ich will, ist nicht der Ruhm. Und trotzdem, vielleicht doch: was ich will, ist der Ruhm.

»Ein Bild ist nie ein Abenteuer«, sagt Braque... »Ein Bild ist erst in dem Augenblick vollendet, in dem es genau der Vorstellung entspricht, die man von ihm hatte, als man es begann.« Armer Kerl.

Jacques Villon sagt, mit dem Futurismus werde das Bild »zu einem geöffneten Fenster, um zwar nicht das Ding an sich zu werden, wohl aber durch seine Anordnung, seine Komposition und belebt durch das Motiv zu einer alten Kategorie zu gelangen, in der sich das Unbekannte präzise und ohne jegliches Geheimnis zeigt... außerhalb der Möglichkeiten des Traums.« Ich verstehe das nicht. Ich schwöre, daß ich das nicht verstehe. In Wahrheit ist Villon ein Nichts. Delaunay ist vielleicht etwas mehr, aber auch nichts Besonderes. Und die Futuristen: Gott möge ihnen in seiner unendlichen Güte beistehen.

Plá sagt zu mir: »Gehen wir.« Und wir gehen. Dabei sehe ich eigent-

lich keine Notwendigkeit und kein Interesse, ihm zu folgen. Er ist vulgär, ein Megalomane, ein Mann ohne Eigenschaften. Warum zieht er mich mit? Warum sage ich nicht nein? Natürlich, weil mich nur wenige Menschen besuchen kommen. Aber das ist kein ausreichender Grund. Zieht mich seine gewiß lästerliche Mittelmäßigkeit an? Auch das nicht, denn meistens bin ich nicht nur nicht einer Meinung mit ihm, sondern darüber hinaus empören mich seine Behauptungen auch noch. Immer übertreibt er, für ihn gibt es keinen Mittelweg. Der Soundso ist ein Genie oder Unrat. Außerdem fehlt seinen Urteilen Kontinuität: Heute behauptet er steif und fest das Gegenteil von dem, worauf er gestern noch Stein und Bein geschworen hat. Dennoch bin ich nicht in der Lage, eine Mauer zwischen ihm und mir zu errichten, zu sagen »es reicht« und mit ihm zu brechen. Ich lasse mich mitreißen. »Gehen wir«, und wir gehen. Außerdem ein Angeber, wie es keinen zweiten gibt. »Durch ihn werde ich berühmt, behauptet er. Deshalb hat er so viele Feinde: Sie beurteilen ihn nach dem, was er so vollmundig verspricht, kaum daß er die Möglichkeit sieht, eine Gefälligkeit zu erweisen, um die ihn niemand zu bitten gedachte: »Mit dem Soundso? Haben wir gleich! Ist schon so gut wie gemacht, den hab ich in der Tasche.« Was er nicht hat, ist ein Zimmer. Folgendermaßen sieht es aus: Hat er einmal ein paar Franc, gibt er sie großzügig mit dem, der gerade bei ihm ist, in der erstbesten Kneipe aus, an der er vorbeikommt.

Hat man sich einmal an etwas gewöhnt, tut es weh, wenn sich das ändert: Picasso und Fernande waren für uns schon etwas Unantastbares. Jetzt ödet uns »Eva« an. Außerdem werden beide am Boulevard Raspail wohnen. Das heißt – buchstäblich beim Teufel. Wer kommt schon auf die Idee, am linken Seine-Ufer zu leben? Deserteur. Fernande hat die Zwangsräumung relativ gut überstanden.

Was zählt, ist das Leben. Deshalb muß man allem, allen Aspekten der Dinge und der Menschen, die gleiche Bedeutung beimessen. Sie vollständig, als Einheit, darstellen, möglichst nichts vergessen. Von vorne und von hinten, von oben und von unten. Eine totale Malerei. Ohne das zu vergessen, was uns begründet: die Gegenstände aus der Sicht Gottes malen, der tausend Augen hat.

Pablo: die blaue Periode, die spanische, wie der Kubismus aus seiner Berührung mit der absoluten spanischen Armut entstanden. Im Gegensatz dazu sind die rosafarbenen Harlekine französisch, zumindest französiert, sie entstammen seiner »Fernande-Periode«, die nun zu Ende gegangen ist. (Meine süße A.) Medrano. Die Eremitage.

Nichts aufgeben außer dem eigenen Werk.

Die Poesie ist die äußere Errichtung einer Welt, die bereits tief in uns existiert, mit Materialien, die uns von dem, was uns umgibt, zur Verfügung gestellt werden. Eine monströse Wucherung, die aus den Besten hervorkommt, die gerade deshalb die Besten sind, weil sie aus ihrem Innersten diese Proliferation, dieses Übermaß an Intelligenz hervorschleudern. So wie die Stimme die guten Sänger ausmacht oder wie ein Boxer zum Champion wird, weil er geschickter und stärker ist als seine Gegner. Oder ist die Poesie etwa kein Kampf? Geht es etwa nicht darum, die anderen zu übertreffen? Ich frage, ich urteile nicht.

Möglicherweise bin ich konservativ, und deshalb stört es mich, Pablo mit »Eva« [20] *zu sehen. Oder spielt mir hier meine engstirnige spanische, katalanische, bäuerliche Moral einen Streich?*

Große Diskussion in Picassos neuem Atelier über die »Collagen«. Der Ausgangspunkt ist sicherlich Max. Ich hatte eine gemacht [21]*, ohne an die Folgen zu denken. Was mich daran hindert, Stellung dagegen zu beziehen, wie ich es möchte. »Sie können am wenigsten darüber reden«, warnt mich Salmon.*

Ich lehne mich auf: Was nicht gemalt ist, kann auch keine Malerei sein.

»Darüber sind wir längst hinaus«, argumentiert Braque.

Van Dongen ist meiner Meinung. Hinterher stellt er mir in der Brasserie Jouve einen vor kurzem angekommmenen Landsmann vor,[22] *zurückhaltend und sympathisch.*

Plá versteht von allem etwas, zumindest behauptet er das. Kein Thema, das außerhalb seiner Kenntnisse läge. Er hat schon alles im Leben gemacht, ist mit allem gescheitert, aber er gefällt sich darin, böswillig und dumm über die anderen herzufallen. Er zerrt alles in den Dreck, ausgenommen seine Freunde, die je nach Jahreszeiten wechseln. Ich habe von »tollen Leuten« gehört, die innerhalb kürzester Zeit zu »unverschämten Kerlen« wurden und umgekehrt. Wenn man ihn nicht ernst nimmt, ist es ein Schauspiel. Mit den Frauen, wie sollte es anders sein, geht es genauso. Obwohl ich den Verdacht habe, daß er sein gutes Aussehen dazu benutzt oder mißbraucht, um sich für seine Gunstbeweise – billig – bezahlen zu lassen.

Wir sind Zeit und wir malen Zeit.

Wir malen diesen Augenblick in diesem Augenblick. Was ist schon besonderes daran, daß uns die andern nicht verstehen? Oder daß sie nur auf ihre Weise, zu ihrer Zeit verstehen?

Manche hätten heute gern eine Gabel-, eine Messer- oder eine Löffelkunst. Damit man möglichst leicht und schnell verdauen kann. Ob nützlich oder nicht nützlich, sie muß zu etwas zu gebrauchen sein. Oder sie muß bestrebt sein, die Menschen besser zu machen. Das Unangemessene und Niederträchtige einer solchen Voraussetzung ist offensichtlich. Oder glaubt jemand im Ernst, König Ödipus, Hamlet, Las Meninas, *Mozarts 41. Symphonie oder, um gar nicht erst eine Diskussion aufkommen zu lassen, Beethovens Siebte seien zu mildtätigen Zwecken geschaffen worden?*

Alle, die von vornherein annehmen, daß sie ein nützliches oder ganz einfach ein wichtiges Werk schaffen werden, wissen nicht, was sie sagen und was sie tun. Die Kunst muß man allein lassen. Wie den Torero. Eine Corrida hängt nie *allein vom Torero ab, und auch nicht vom Stier, sondern von beiden. Die Kunst ist eine Paarung.*

Mireille auf der Straße, vorm Kaufhaus Printemps. Ohne Umstände gehe ich mit ihr in ein Hotel.

»Wann sehen wir uns wieder?«
»Nie.«
»Warum nicht?
»Ich glaubte, du wärst was anderes ...«
Könnte sie umbringen. Das hat getroffen.

Matisse kehrt erschlagen von seiner Marokko-Reise zurück. Er konnte die Sonne nicht mehr ertragen. Er kommt auf seinem naturgegebenen Weg nicht weiter. Mal sehen, wohin er gehen wird.

Sie gehen mir auf die Nerven, wenn sie sagen, der Kubismus gehe über das Dekorative nicht hinaus. Und ein Bild von Bataille ...?

Wenn von Gris oder Gleizes etwas bleibt, dann ihre Theorien. Und selbst da habe ich meine Zweifel.

Nur die Dummköpfe werden nicht müde, immer dasselbe zu tun. Man muß sehr wenig Leben in sich haben, um sich damit zufrieden zu geben, immer das zu sein, was der Zufall einmal festgelegt hat. Nur die Mittelmäßigen bescheiden sich mit dem, was man ihnen gibt.

Romain Rolland hätte die Musik von Jean-Christophe schreiben sollen.

Was für ein großer Maler wäre Chagall, wenn er einen besseren Geschmack hätte.

ÄSTHETIK[23]

Was ist der Mensch? Tausende haben ihn definiert: das einzige Wesen, das weiß, daß es sterben muß, das weiß, was es macht, das eine Wahl trifft, das an Gott glaubt. Sicher. Aber auch das einzige, das lügt. Gibt es eine Eigenschaft, die die Bedingtheit des Menschen besser umreißt als die, daß er wissentlich etwas Falsches sagt und es als wahr ausgibt?

Daß er Lügen erfindet, und die anderen sie glauben. Daß er etwas gibt, das nur aus ihm selbst kommt, und daß die andern das gut finden. Daß er aus dem Nichts heraus erfindet. Lügen: die einzige Größe des Menschen. Kunst: der erhabene Ausdruck der Lüge. Die nackte Wahrheit, falls es sie überhaupt gibt, ist nicht schön, wie der Tod bezeugt. Das menschliches Leben: die Möglichkeit zu lügen und sich zu selbst zu belügen. Kunst und Politik, die höchsten Äußerungen des Menschen, sind aus Lügen gemacht. Wohlgemerkt: lügen, erfinden, nicht fälschen, denn das ist Betrug, Fälschung, die Besonderheit von Schwächlingen und Zwergen. Nicht das eine für das andere sagen, sondern etwas ganz anderes, aus dem Nichts, aus der Vorstellung heraus Entstandenes. Sich nicht verstellen, das ist etwas für Verschlagene, für schlechte Charaktere. Willkommen hingegen der Gebrauch vieldeutiger Wörter, damit sich erahnen läßt, wie dünn das Eis dieser vielfach getarnten Sprache ist, auf dem die Dummen einbrechen, weil ihnen das Gespür fehlt. Nicht sagen, was man fühlt – verfälschen, neue Welten heraufbewören. Himmel! Damit man quer durch die Wahrheit schaut, die einzige Möglichkeit, ihrer habhaft zu werden. Sich an der Begeisterung begeistern. Was gibt es sonst noch an Vorbildern? Don Quijote, die Inmaculatas von Murillo, alles Schwindel und Lüge. Mit den besten Absichten lügen, damit sich der Mensch in seinem Wesen einrichtet. Zum Schurken wird man nicht durch das Lügen, sondern durch die Art, wie man lügt, oder auch, weil man schreckliche Wahrheiten ausspuckt. Für Tarnungen und Maskierungen gibt es tausend Vorbilder, das Problem ist, wie immer, die richtige Wahl zu treffen. Genies brauchen das nicht, sie finden mit geschlossenen Augen. Nur in der Lüge erkennt der Mensch den Menschen und kann sich so schützen.In unserer Kraft. Sich durch Berührungspunkte ausliefern, das Sichere fliehen, es gibt keine andere Möglichkeit, unserem Wesen die Treue zu halten. Auf dem rechten Weg sind wir stumm.

Die Zeichnung, der Buchstabe, das Wort wurden uns zum Lügen gegeben, auch wenn wir es nicht wollen. Entschlossen, es zu machen, wollen wir es gut machen, zum Guten.

Aber wir lügen auch nach innen, wir belügen uns, weil wir anders sind und nicht davon lassen können, anders zu sein. Wie sollten wir auch die Wahrheit besitzen? Wir sind das Werk der andern, mit trügerischen

Hammerschlägen zusammengeschmiedet. Wer kehrt sein Innerstes nach außen? Wir. Der gute Glauben, so verlogen wie jeder andere auch, vor allem der schlechte, spielt dabei keine Rolle. Bleibt die Vorstellungskraft, die Phantasie, dieses große Glück. Wenn wir einmal lügen, tun wir es offen, damit niemand weiß, wo er dran ist. Nur in dieser Unsicherheit, allein und Auge in Auge mit den andern, werden wir groß.

Sprache und Malerei lügen von sich aus. Alles ist erdichtet, es kommt nur darauf an, daß es nicht abgefeimt ist. Alles übrige je nach Talent. Niemand kann wahrhaftig sein, denn wer weiß schon etwas über das echte Sein? Bleibt die Weltklugheit. Der Weltkluge lügt geradeheraus und setzt sich mit Sicherheit gegen das Verlogene durch.

Lügen, um etwas zu erreichen, nie um zu verkaufen und noch weniger, um sich zu verkaufen. Wer das tut, lügt nicht, sondern verkündet seine Falschheit, seine Wahrheit. Die Arrivisten, jene, die es auf den Besitz der anderen abgesehen haben, die Diebe, sie lügen nicht, sie geben ihre niederen Begierden zu erkennen.

Außerdem: Wort halten. Das Problem: welches gibt man. Man hat keine große Auswahl, aber man kann fast immer ein Wort dem anderen vorziehen. Lügen, aber nicht verlogen sein. Niemanden betrügen. Jedem, der will, etwas bieten, die Absicht verschleiern, nicht verbergen. Nie annehmen, die anderen seien dumm, sondern im Gegenteil, von gleich zu gleich mit ihnen reden. Wenn sich das vermeintlich Wahre mit dem Falschen verbindet, Fährten legen, Zeichen hinterlassen, damit alle den Weg der Seele finden.

Wir unterscheiden uns nach der Art, wie wir lügen. Ich sagte bereits, wer es am besten konnte, denn wir sind nach seinem Bild, ihm ähnlich, geschaffen. In Wahrheit sind wir nichts weiter als Bilder, Ähnlichkeit, Spiegelung, Verstellung, Trugbild, Kopie, Echo, Erfindung, Bildnis, Kunst, Falschheit. Was ist Bild? Was ist Ähnlichkeit? Figur, Darstellung (man sehe in einem Rhetorikbuch nach), eine Sache für eine andere ausgeben. So war es von Anfang an gewollt, damit wir für die Kunst, durch die Kunst, durch Annäherung bestehen. Nur wenn wir den vollen Einsatz zahlen, haben wir in der Lotterie die Chance, daß uns auch der volle Gewinn ausgeschüttet wird.

Und nochmals aufgepaßt: lügen, nicht betrügen; so tun, als ob, nicht fälschen, tarnen (was sonst?), nicht falsifizieren, erfinden, nicht plagiieren, vorspiegeln, wenn man will, aber nur vorspiegeln, nicht beschwindeln, faszinieren, nicht täuschen, und wenn nötig, uns über uns selber lustig machen.

Immer sagen wir ein Wort für ein anderes, und wir tun es so gut wir können. Versuchen, das Dunkle in unserem Innern ins reine zu bringen mit Bildern, die uns gegeben worden sind.

Hört mal, ihr Dummköpfe! Sagt ein Bild von Picasso nicht genauso viel über unsere Zeit aus wie ein Bild von Rembrandt über die seine? Oder eins von Degas, um einen Reaktionär zu nennen?

»Die Mehrheit wird diese Kunst nicht verstehen.« Dummkopf, auch die Minderheit nicht! Weder diese noch eine andere Kunst ist gemacht, um verstanden zu werden.

Dank einer russischen ›Fürstin‹, einer wirklich echten, wie er sich ausdrückt, hat Plá ein Auto. Er stellt sie uns nicht vor. Er wird für eine Weile an die Riviera fahren. Er fragt mich ganz im Vertrauen, ob ich Geld brauche. Ich bitte ihn, so viel er kann Sébastien Fauré zu geben. Er sagt, daß er das tun wird.

»Wann?«

»Wenn ich wegfahre.«

Die Kunst – Wahrheit oder Lüge? Ist das wichtig? Nein, denn wenn es Kunst ist, ist es Wahrheit.

Die Wurzel, wichtig oder unwichtig? Wenn der Stamm gut ist, wächst die Wurzel gleichzeitig mit den Zweigen.

Den Umweg über die Wurzeln machen . . .

Einziges Problem: der Same – Gott.

Man braucht sich keine Sorgen zu machen, alles hat seinen Platz. Nur die Kunst ist ein Problem. Man hat sie vor uns hingestellt, um zu sehen, was wir nun machen. *Was für ein Museum in der anderen Welt! Das Jüngste Gericht, was für eine Ausstellung! Alle hängen an den Wänden und zeigen alles. Wie bei Caravaggios Gemetzel (Bei welchem? Hannibal? Ich glaube ja.)*

Gris. Bildnis Picassos. Es sieht ihm überhaupt nicht ähnlich, weder innerlich noch äußerlich. Er kann nicht malen. Deshalb sein Zorn, und deshalb auch ist das, was er macht, hin und wieder gut.

Der arme Gris. Mit Hilfe seines geschwätzigen deutschen »Anpreisers« mit dem runden Gesicht und den dichten Augenbrauen will er uns vormachen, er male, um die anderen an seinen Gefühlen teilhaben zu lassen. Dummkopf: Man malt das, was man in sich hat. Die anderen kommen dann zum Saufen, wenn sie können.

In dem Maße, in dem ich mich davon überzeugt habe, daß die Menschen in ihrer ungeheueren Mehrzahl Dummköpfe, Deppen, Schwachsinnige, Idioten, mit einem Wort: Egoisten sind, messe ich der Intelligenz größte Bedeutung zu. Das schmerzt mich zwar, aber was bleibt mir sonst übrig?

Ein für alle Mal die Malerei vom Menschen lösen.

Alles vergessen. Malen, als ob es nichts gäbe.

Ohne Seele malen.

Außerhalb von allem bleiben.

Ohne Gestalten malen, gestaltend malen.

Delaunay wäre auf dem richtigen Weg gewesen, wenn er einen besseren Geschmack gehabt hätte.

Mit dem Gemachten brechen, indem man es zerbricht.

Zu etwas Gemachtem gelangen, das nichts mit dem Gemachten zu tun hat.

Eine wirklich menschliche Malerei, die nichts mit dem bereits Erschaffenen zu tun hat.

Zurückkehren zur Schrift, die Gefühle in Zeichen übersetzen. Aber man schreibt nur für die, die lesen können.

Im Grunde ist es das, was ich von Anfang an gesucht habe: ein Alphabet. Die Wörter der Malerei.

Endlich die Freiheit.

Musik, aber für den, der sie geschrieben lesen kann.

Die Kunst kann über die Reproduktionen zum Volk kommen. Der Dreifarbendruck kann für die Malerei das werden, was der Buchdruck für das Buch war. Wenn dem so ist, bitte nicht mit dem verwechseln, was augenblicklich gemalt wird, ob gut, schlecht, mittelmäßig. Warten, daß die Zeit auswählt. Verbieten, daß Bilder reproduziert werden, die nicht mindestens fünfzig oder hundert Jahre alt sind. Wenn irgendein Dummkopf auf die Idee kommen sollte, uns zu zwingen, »für das Volk«

zu malen, müßten wir uns an das Verdaute halten. Lebensgefahr. Die Kunst schreitet voran.

Es ist ja nicht so, daß uns die anderen piepegal sind, ganz und gar nicht, aber sie sollen halt sehen, wie wir sind, und von uns übernehmen, was für sie nützlich ist. Das ist doch besser, als wenn wir versuchten, ihnen zu dienen, was doch immer Ehrfurcht, Servilität, und im schlimmsten Fall Bestechung zur Folge hat. Die Malerei darf alles sein, nur keine Lohnarbeit.

Die Dinge sagen, wie sie sind, von innen heraus. Sie ausweiden, damit die Poesie zu einem P, einem O, einem E, einem S, einem I, einem E wird. Wer das nicht versteht, soll sterben.

Jedes Gemälde: ein Selbstbildnis.

Nicht malen, erschaffen.

Ein Bild hat nur mit sich selber zu tun. Die Museen töten. Eine Wand, ein Bild. Ein Bild ist immer allein. Wenn es mit dem »Ambiente harmoniert«, ist es kein Bild mehr, sondern bemaltes Papier.

Malen heißt erbeuten. Wir unterscheiden uns nicht sonderlich von den Höhlenmalern von Altamira. Wir machen zuerst unsere rituellen Waschungen, bevor wir mit einer Darstellung beginnen. Wir wollen ein Gesicht, eine Wassermelone, eine Gitarre »erjagen«. Jede Darstellung ist magisch. Jede Kunst »entspringt« der Kunst der Magie. Das Werk aus dem Ärmel schütteln, wie das? Das können nur die Profis, und das sind die schlimmsten. Damit ein Werk Geltung bekommt, muß sein Schöpfer als erster von ihm gepackt werden.

Wissen, was man machen will, aber eben als Werk der Magie. Sie malten Bisons, um sie zu jagen, aber sie wußten nicht genau wie. Sie hofften auf göttliche Hilfe. Wie wir, um an Geld zu kommen.

Montaje IV – 1912

MONTAGE IV

Homenaje a Van Gogh – 1912

HOMMAGE AN VAN GOGH

RETRATO DEL PIANISTA MALDONADO – 1913

BILDNIS DES PIANISTEN MALDONADO

SUPERFICIE CALCÁREA – 1914

KALKOBERFLÄCHE

Mit dem Werk eins werden. Sein eigenes Werk sein. Sich nicht von außen sehen. Sich nicht vom Bild entfernen, um die Art des Pinselstrichs zu sehen. So tief drinnen sein, das man nicht mehr aus dem herauskommt, was man gemacht hat. Daß nichts mehr eine Bedeutung hat, und am allerwenigsten das vollendete Werk, das im Grunde Unrat ist.

Treffen Anne Maries mit Mireille. Spitze Bemerkungen.

Die Frauen wissen nicht, sie ahnen. Daher ihre Überlegenheit und ihre Unterlegenheit. Sie wittern, lassen sich von ihrem Geruchssinn leiten, von ihrer Nase. Man kann sich unmöglich von ihnen befreien, sie sind seit jeher durch die Menstruation gedemütigt, durch die sie periodisch an ihr Sklaventum erinnert werden. Sie haben wenig mit den Männern gemein. Die »Suffragetten« sind zum Lachen: Was sie auch immer tun, sie erreichen niemals das, was sie insgeheim anstreben, nämlich die Männer umzubringen. Wir können beruhigt schlafen. Obwohl vielleicht eines Tages schreckliche Ameisen . . .

Plá ohne Bart. Hat »einige Schwierigkeiten« mit der Polizei. Er würde gern bei uns bleiben, »vorausgesetzt, daß er seine Miete zahlen darf«. Ich mache ihm klar, daß das ganz und gar unmöglich ist. Wir gehen zu den Steins. Ich erfinde eine ebenso verzwickte wie abstruse Geschichte. Sie schicken ihn nach Beauvais.

Rilke hat Anne Marie einen dänischen Roman gegeben, geliehen. Er kann Dumas nicht das Wasser reichen, aber ich finde darin etwas, das gut ist: einen Vergleich zwischen Blut und Wein. [24]

Ich glaubte, meine Freunde seien deshalb meine Freunde, weil sie davon überzeugt seien, daß ich ein großer Maler bin. Ich glaubte, Anne Marie liebe mich, weil ich ein großer Maler bin. Ich glaubte, A. und M. gingen mit mir ins Bett, weil ich ein großer Maler bin. Falsch: Sie sind Freundinnen und Geliebte von Jusep Torres Campalans, einem Dutzend-

menschen. Ich bereue, Allmächtiger, ich bereue meinen Hochmut. Wirklich, Allmächtiger, glaube mir: ich bereue. Aber wie soll ich es glauben, wenn ich selbst im Grunde Pablos Freund bin, weil er ein großer Maler ist? Bleibt das Problem Plá. Warum schufst du mich so klein?

Gris, dieser Dummkopf, glaubt doch tatsächlich, er könne Gott ersetzen und wieder aus dem Nichts heraus ein Bild erschaffen. Wenn es hochkommt, gelingt ihm ein Puzzle oder, wie Mondrian, ein hübsches Konstruktionsspielchen, was ja nicht wenig ist.

Langes Gespräch mit Mondrian. Er hat, wie ich, nur drei oder vier Freunde.

Ich mache nichts anderes, als daß ich auf einem Stück Leinwand einige Farben in etwas verwandele, das bleibt, was es war, doch um das erweitert, was ich ihm gebe, was nur ich ihm geben kann, ob gut oder schlecht. Was ich gebe, indem ich auswähle, ist das Wesen des Menschen. Sicher ist nur, daß die Leinwand, die Farben sind und weiterhin, außerhalb von mir, sein werden. Wenn ich also sage: »Dieses Gemälde ist von mir«, lüge ich.

Pablo ist wegen des Tods seines Vaters in sich gekehrt, verschlossen, macht den Mund nicht auf. Niemand sagt irgendetwas. Bedrückende Atmosphäre.

Mondrian ist ein Fall für sich: Ihm ist bewußt, daß das, was er sucht, nicht die Malerei ist, sondern ein Universum der bildenden Kunst. In der Proportion – in den Proportionen – wird er zur Ruhe kommen. Ich beneide ihn. Selten habe ich einen so »ausgeglichenen« Menschen gesehen. Trotz seiner Theosophie, oder vielleicht wegen ihr.

Alle beneiden Modi(gliani), weil er so gut aussieht. Ein großer Maler.

La Plume *fragt: Für wen schreiben Sie? Nicht: Für wen malen Sie?*

Es käme auf dasselbe heraus. Warum schreiben, warum malen die, die den Erfolg suchen? Wenn für sie der Erfolg wichtig ist, warum malen oder schreiben sie dann? Sie würden ihn einfacher finden, wenn sie Purzelbäume schlügen. Wenn sie malen oder schreiben, um »Einfluß zu nehmen«, was auch immer damit gemeint ist, warum verschreiben sie sich dann nicht einfach der Politik?

Immer mehr male ich für mich selber. Immer mehr stört es mich zu zeigen, was ich male. Immer mehr macht mich Lob verlegen. Immer mehr ist es mir unangenehm, daß man über mich spricht. Am allermeisten, daß man meine Absichten errät und ehrerbietig schweigt. In Wirklichkeit sieht niemand, was ich machen möchte, niemand hört, was unter meinen Linien fließt, niemand ahnt, was meine Farben überdecken. Und wenn sie es wissen, geht es sie nichts an: Sie sollen sich um ihren eigenen Kram kümmern. Wer durchschaut schon meine Absichten? Nicht einmal ich selber. Und doch... Am besten alle zum Teufel schicken, angefangen bei mir. Schlafen, schlafend malen. Und zuschauen, wie die Wolken vorüberziehen, »in der Hoffnung, ich sehe das Begräbnis meines Feindes vorüberziehn«. Aber ich habe keinen Feind.

Die Wahrheit sagen und dann unvermittelt lügen. Sich vorbeugen und nachsehen, ob jemand so schlau ist, daß er es gemerkt hat.

Lügen oder nicht, wo ist der Unterschied? Vorausgesetzt, es ist gut. Wenn man Lügen sagt, bezieht man sich auf das gesprochene Wort, als könnten wir das mit Malen nicht auch, als sei Malen genau genommen nicht Lügen an sich. Vom Lebendigen zum Gemalten, wie? Oder noch besser, vom Gemalten zu dem, was tot ist... Wir malen Tod, gelogenen Tod. Malerei ist gelogener Tod. Und der Tod, ist er nicht frei? Ist für die Kunst die große Lüge nicht das, was für die anderen die Wahrheit ist?

Ich male für mich, und natürlich für die, die mir ähnlich sind. Die großen Erfolge haben nur die großen Dummköpfe, die großen Heuchler, die großen Sentimentalen (eine Mischung aus Heuchlern und Dummköpfen).

Ich muß mir eingestehen, daß ich Kandinsky und Mondrian für absurd hielt.

Ich mache nichts für mich, daran liegt mir nichts. Also? Wenn ich nur mit dem Malen aufhören könnte! Wenn ich mit dem Sprechen aufhören könnte, was für ein Sieg! Sich davon überzeugen, daß die Welt eine einzige Herde, eine Meute von Dummköpfen ist, ohne mich dabei auszunehmen. Schweigen und das Leben vorüberziehen sehen, ohne zu versuchen, es auf eine Leinwand zu bannen. Das Leben: das einzige, das Recht und Daseinberechtigung hat. Sich davon überzeugen, daß man zu nichts nütze ist. Ich male nichts. (Etwas malen . . .)

»Ein Phänomen dieser Art (die Französische Revolution) wird nie vergessen werden, weil es auf dem Grund der menschlichen Natur die Möglichkeit zu einem moralischem Fortschritt aufgedeckt hat, die kein politischer Mensch je vermutet hätte.« Kant.

»Ein Phänomen dieser Art (Picasso) wird nie vergessen werden, weil es auf dem Grund der menschlichen Natur die Möglichkeit zu einem moralischem und materiellem Fortschritt aufgedeckt hat, die kein Maler bisher je vermutet hätte.«

Für Mondrian gibt es im Augenblick nur das Meer.

Nicht, daß ich ein schlechter Maler wäre, es ist schlimmer: Ich bin mittelmäßig. Weshalb mache ich also weiter? Damit es noch mehr Kleckserei gibt? Es ist gut, wenn es eine Notwendigkeit ist, wenn man, um zu leben, nichts anderes machen kann. Wenn dem aber so ist, warum nicht gleich Ansichtskarten kolorieren? Das wäre ehrlicher. Soll ich mich in die Seine stürzen? Das ist mir verboten. Ein Fünkchen Genie haben! Gestern Abend die 39. von Mozart. Mein Gott! Wozu diese Großartigkeit? Damit die andern bußfertig werden? Erfinden, wie Pablo! Ich beneide ihn, aber es ist im Grunde kein Neid. In keiner Weise: in meine Bewunderung mischt sich kein Tropfen Bitterkeit. Aber ich hätte gern seine Fähigkeiten, diese Leichtigkeit, mit der er endgültige Linien aus dem Ärmel schüttelt. Intelligenter sein, als ich es bin! Was tun? Lernen bringt nur noch mehr Mittelmäßigkeit. Wenn ich mich überwinden und damit begnügen könnte, zuzuschauen. Mich mit dem begnügen, was die andern machen! Mich nicht abfinden, sondern im Gegenteil: es unbeschwert genießen, nichts zu tun, das fremde Werk zu loben, als sei es Gottes Wahrheit.

Die Dichtung, stumm. (Sie spricht nicht: sie verändert, wälzt um, macht größer, verwandelt, schweigend.)

Plá mit Schnurrbart und Geld. Er lädt uns ins Restaurant La Grille *zum Essen ein. Offenbar sind seine Schwierigkeiten aus dem Weg geräumt. Weibergeschichten, sagt er. Er gibt keine weiteren Erklärungen ab, ich frage auch nicht danach. Er arbeitet in einer Firma für Inneneinrichtungen. Er kommt ins Schwärmen und spricht von allen in den höchsten Tönen.*

Wenn jemand etwas bestellt, sind alle Bilder gleich.

Kunst: Die Wahrheit in Lüge verwandeln, damit sie nicht aufhört, Wahrheit zu sein.

Darstellen. Jede Kunst ist Darstellung, Theater, Verstellung. Jede Kunst, wie ich sie sehe, ist falsch. – So wie du mich siehst – Wozu sich ereifern? Laß fahren dahin! und das im Galopp. Bis ans Ende! Los! Daß dich keiner einholt! Wenn alles Darstellung, Abbildung, Verwandlung ist, und in diesem Übermitteln das Wesen der Kunst liegt, was kümmert dich dann noch die Wahrheit? Laß sie laufen.

Darstellen, abbilden heißt ersetzen oder kopieren. Reproduzieren. Erschaffen heißt reproduzieren: Du siehst deinem Vater ähnlich.

Ich habe keine Kinder. Ich weiß nicht, ob sie mir ähnlich sehen würden, es ist wahrscheinlich.
Die Kunst ist Veränderung, Permutation, Wechsel.

(B., der nur betrunken bildhauert, Marcel, der nur mit Morphium im Körper schreibt.) Die Kunst entsteht aus dem Uterus, ist eine Erbfolge. Ja, eine Erbfolge, eine Erbschaft, etwas nach etwas anderem, jedoch durch eine Nabelschnur miteinander verbunden. Ein Delegieren. Soundso delegiert an mich, ich delegiere an ... Gott delegiert an ...

Wir sind alle Schauspieler, Vertreter (wir bekommen Provision), Delegierte, Stellvertreter unserer selbst, Gehilfen, Kopisten, wir sorgen für den Übergang von unseren Eltern zu unseren Kindern. Ich habe keine. Was habe ich?

Enrique Mulet, der aus Barcelona angereist kommt, sagt mir, daß Plá eigentlich Alberto Chuliá heißt. Er mußte Hals über Kopf Valencia verlassen, weil er sich mit der Frau eines Maklers zu ausgiebig beschäftigt hatte.

Ich sage es ihm. Er gibt es auf der Stelle zu: »Es heißt: neues Jahr, neues Leben. Ich sagte mir, neues Land, anderer Name. Mal sehen, wie er mir steht.«

Ein verrückter Kerl, deshalb verstehe ich mich mit ihm so gut. Jetzt erkenne ich auch seine Wandlungsfähigkeit, die mich amüsiert. Diesen Monat hat er es mit der Mathematik, »der Grundlage der Welt«. Und, »um auf dem Laufenden zu bleiben«, geht er an die Sorbonne, wo er alle möglichen Vorlesungen hört. Er hat einen neuen Blitzableiter erfunden.

Langer Spaziergang am Fluß, mit Mondrian, ein unverdorbener Mann, wenn es so etwas gibt. Religion und Kunst. Im Grunde sucht er eine mystische Malerei. Einer seiner wenigen Freunde, der Musiker Jakob van Domselaer, schließt sich uns an. Für Mondrian sind das Schöne und das Häßliche, das Gute und das Schlechte nur Erscheinungen. Er sucht das, was ihnen zugrunde liegt. Der Mensch vermag wenig, weil er wenig weiß. In seinem Unwissen macht er die Dinge schlecht. Vielleicht wäre es das beste, gar nichts zu machen.

Nur ein Armer im Geiste kann sagen, daß »die Analyse der Kunst früherer Zeiten uns den Beweis liefert, daß die repräsentative Figur an sich keine Bedeutung hat ...« Träfe das zu, wozu dann Kunst? Jede Figur ist repräsentativ, auch wenn sie nichts darstellt.

Bei Einbruch der Nacht in Mondrians Atelier:

»Man ist nicht nach Belieben gut. (In jedem SINN.) Das einzige Glück besteht im Wissen, im Erkennen. Die Kunst neigt zum Spirituellen, aber die Lehrsätze, das Denken in Lehrsätzen, das Doktrinäre, bedeutet ihren Niedergang.«

Wir schweigen, die Dunkelheit legt sich über alles.

»Alles hat seine Daseinsberechtigung«, sagt er. »Die Oberfläche der Dinge bereitet Vergnügen, aber durch das Innere leben wir.«

Genau das sucht er mit seiner immer nackteren Malerei.

Er hat das Meer in etwas verwandelt, das unwandelbar, aber zugleich auch voller Bewegung ist.

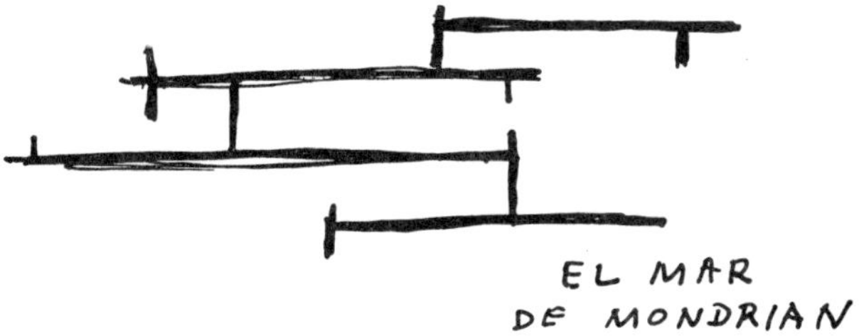

DAS MEER VON MONDRIAN

Nie ist die Kunst freier und die Menschheit versklavter gewesen.

De Chirico ist sehr gut, aber nicht jeder kann sich den Luxus erlauben, in Griechenland geboren zu sein.[25]

Sich von der Wirklichkeit lösen, von dem, was wir für wirklich halten, um eine rein malerische Welt neu erstehen zu lassen. Die Träume gestalten, jener Welt des Schlafs, die fast die Hälfte unseres Lebens beherrscht, eine fest umrissene Gestalt verleihen. Oder leben wir von dem, was wir denken?

Das Rationale ist nichts anderes als eine zusätzliche Rinde. Ein Panzer. Und nicht alle sind wir Schildkröten.

Jeden Tag mehr allein. Es ist nicht die Schuld der anderen, sondern meine. Ich ertrage jene, die mich wegen irgend etwas stören, jeden Tag weniger; so klein die Unannehmlichkeit auch sein mag, sie bildet für mich eine Mauer. Darum gebe ich mich vergleichsweise gern mit Unbekannten ab.

Die Fehler der andern, derer, mit denen ich zu tun habe, werden zu Bergen. Ich nehme an, die Abneigung ist gegenseitig. Vielleicht auch nicht, aber wie soll man das wissen? Ich habe mit der Zeit die Fähigkeit verloren, die andern allein deshalb zu mögen, weil sie andere sind. Heute begnüge ich mich mit weniger, je weniger, umso besser. Warum nur will ich zum Wesentlichen vordringen? Vielleicht nicht einmal das. Ich habe El prisionero *(Der Gefangene) gemalt, wem kann schon etwas daran liegen? Und trotzdem, so viel Liebe!*

Pourquoi la conscience si c'est pour contempler le néant? (Warum das Bewußtsein, wenn es nur ist, um das Nichts zu betrachten?) – *J. Barois.*

Wir werden in eine Sackgasse geboren. In Form einer Warze, in Form eines Wurms. So sehr wir uns auch anstrengen, wir können aus uns selber nicht heraus, wir stochern und stoßen in alle Richtungen (so bekommen wir schließlich zwanzig Finger) – umsonst. Wir sind in der Leere, eingeschlossen in der Leere. Protozoen in der Leere, gefüllt mit der Substanz Gottes, doch in Leere gehüllt, umgeben von der kalten Leere, die uns intakt hält.

Sehr langes Gespräch mit Apollinaire. Er ist verrückt geworden: will sich unbedingt freiwillig melden. Marie Laurencins Hochzeit hat ihn tief beeindruckt. Niemand hätte das für möglich gehalten. Immer gegen alles, gegen seinen eigenen Willen. Im Grunde glaube ich, daß es niemanden gab, der so zum Konformismus bereit war wie er, doch die Umstände seines Lebens führten dazu, daß er sich gegen die allgemeine Ordnung auflehnte. Es ist schmerzlich, wenn man sieht, wie er sich geradezu danach sehnt, eine Uniform *zu tragen. Seine glanzvolle und im Dunkeln liegende Geburt, seine Mutter mit ihrem so regelwidrigen Lebenswandel (er verehrt sie und weiß, was sie ist, hat immer gewußt, was sie war), seine russische Staatsangehörigkeit, sein angeblich italienischer Vater. Er zittert bei dem Gedanken, er könne bei der Polizei als möglicher Dieb, zumindest aber als Hehler registriert sein. Er hat ständig Angst, man könne ihn jederzeit festnehmen. Eine Uniform, eine Uniform! Sich fühlen wie alle, wie einer unter vielen. Ich konnte ihn nicht davon überzeugen, daß dieser Krieg, wie alle Kriege, nichts anderes ist als das traurige Ergebnis eines Interessenkonflikts, daß das wahrhaft Menschliche darin bestünde, sich ihm zu widersetzen. Und wenn man das schon nicht kann, sich heraushalten: Sollen sie sich doch die Köpfe einschlagen... dann hat die arme Seele Ruhe. Nein: Frankreich! Das Vaterland!*

Was tue ich hier? Hier, oder an jedem anderen Ort. Wie einfach wäre es doch, sich von der Stimmung mitreißen zu lassen! Sales boches, *usw. Uhde und Kahnweiler mußten fliehen. Als ich zu Rabier ging, um Papier und Bleistifte zu kaufen, flüsterte mir der ältere Angestellte ins Ohr, sie seien Spione gewesen... Was tun? Protestieren? Feige schweige ich... Bin ich ein Feigling?*

Sie ziehen in den Krieg, als ob es nichts wäre. Els rouspettent (sic). *Das ist alles. Dort stehen sie dann Schlange, wie Tiere, und warten darauf, daß man ihnen zu essen gibt. Als ob Soldat zu sein etwas Normales wäre. Als ob sie keine Menschen wären. Als ob sich gegenseitig abzuknallen etwas Alltägliches wäre. Anscheinend ist niemandem bewußt, was da vor sich geht. Der erste Krieg, bei dem die gesamte Internationale mitmacht! Ist das nichts? Hat also alles, was gesagt und geschrien wurde und Zustimmung fand, nichts genützt? Sind wir nicht alle Menschen? Zählt es etwa mehr, Franzose, Deutscher oder Spanier zu sein, als ein Mensch zu sein? Geht ihnen denn kein Licht auf? Es ist einfach nicht möglich, daß das möglich ist. Es sind doch nicht alles Idioten. Also? Sind wir unwiderruflich Sklaven? Steht unser Leben in der Macht dessen, der es darauf abgesehen hat? Gilt die Freiheit gar nichts? Denn ich bin mir sicher, daß die meisten, die sich wie die Schafe zur Schlachtbank führen lassen, damit nicht einverstanden sind. Also? Die Welt macht mich schwindlig. Sind wir Schweine? Können wir nichts anderes, als gebeugten Hauptes zu dienen?*

Du bist Deutscher, also bist du böse. Du bist Deutscher, also bist du ein Verräter an der Welt. Du bist Deutscher, also bist du ein Schwein. (Die Friseuse gestern, die sich weigerte, Anne Marie die Haare zu schneiden.) Welch eine Schande, ein Mensch zu sein. Alle diese Kämpfe, hierfür? Ein paar Betrunkene ziehen singend vorbei: »Nach Berlin! Nach Berlin!« grölen sie. Dort schreien sie sicherlich: »Nach Paris! Nach Paris!« Statt zu schreien: »Zum Teufel! Zum Teufel!« »Krieg?«, sagten sie, »niemals!« Steine würden sie werfen. In Afrika, in Asien, in den Kolonien, gut! Das ist ja auch kein richtiger Krieg. Aber wenn sie es wagen würden, die französischen Arbeiter gegen die deutschen zu hetzen, oder gegen die belgischen oder die italienischen ...! Dann wäre unsere Stunde gekommen. Unsere? Ich könnte vor Scham im Boden versinken. Bis 1914 kommen, um das zu sehen! Zum Teufel! zum Teufel!

Ich spreche mit dem Portier der mexikanischen Gesandtschaft über Reyes: »Don Alfonso wird nur von den Gelehrten gelesen, nur die verstehen ihn.«

Plá, oder wie immer er heißt, ist von der Polizei. Früher hätte ich ihn totgeschlagen. Jetzt: Seine Sache! Soll er doch!

Unterhaltung im Café, mit Alfonso Reyes und einigen jungen spanischen Schriftstellern und einem sehr eleganten Südamerikaner, Ventura García Calderón, darüber, ob der Ausdruck das höchste Ziel der Kunst sei.

»Der Ausdruck, ewger Brunnen aller Poesie. *Wissen Sie, von wem dieser Vers ist?«*

»Von Bécquer:

Er hat das Licht, den Duft,
die Farbe und den Umriß,
die Form, Quell aller Wünsche,
den Ausdruck, ewger Brunnen aller Poesie ... «

»Ist das nicht eine treffende Definition der Malerei?«
»Ja«, entgegnete Reyes, »nur, schlecht ist das, was folgt:

Was heißt hier dumm? ... Bah!, schweigend
läßt er im Dunkel das Rätsel,
was er verschweigt ist immer besser noch
als das, was mir ein andrer sagt.«

Sie wissen zuviel.

Nur der Mensch, der Mensch allein kann etwas tun, das lohnt. Das heißt nicht, daß ihm nicht dieser oder jener hilft – dieser oder jener Mensch – mehr aber nicht. Ein Mensch wie er, ein Freund, jemand, der ihm ähnlich ist. Wenn überhaupt. Mehr aber nicht.

Die Solidarität ist eine Täuschung. Der Impuls, der aus dem Gefühl heraus entsteht, in der Menge eingereiht zu sein, ist eine törichte Einbildung, blühender Unsinn, ein Rausch. Es zählt nur, was ein Mensch allein tut. Die Arbeit in der Gruppe, gut. Aber nur, was ein Mensch allein tut, zählt. Nur Gott ist groß, denn er ist eins, denn er ist allein.

Die Wörter, die Farben, sie gehören uns nicht. Die Anordnung etwa?

Ich bin allein. Zum ersten Mal kann ich in Ruhe, ohne Furcht, in dieses Heft schreiben. Sarkasmus. Gerade habe ich sie am Bahnhof verlassen. Gerade, eine Redewendung. Vor fünf, sechs Stunden, vielleicht noch mehr. Ich weiß es nicht, will es nicht wissen. Ich verhalte mich wie ein kleiner Junge.

Würde es irgend etwas nützen, den Präsidenten der Republik umzu-

bringen? Würde ein Attentat auf den Kaiser, auf den Kronprinzen – »bis daß der Tod eintritt« – etwas nützen? Versagt haben die Sozialisten, versagt haben die Anarchisten. Wo sind die von gestern? Alle blöken: eine Herde. Eine Pistole nehmen, am Eliséepalast (oh, der Name!) Posten beziehen, den Präsidenten erschießen. Zu spät. Manchmal ist es zu spät zum Sterben.

Solidarität... Zu denken, diese Tausende und Abertausende von Dummköpfen, die Seite an Seite, ein Lied auf den Lippen, in die Schlacht ziehen, um sich gegenseitig umzubringen, Solidarität empfinden! Zu denken, daß sie sich jetzt genauso vereint fühlen wie noch vor drei Monaten am ersten Mai! So wichtig ist ihnen das Ziel! Der Geruch des Lamms an ihrer Seite genügt ihnen. Und schon stürzen sie sich gleichzeitig kopfüber in die schwarzen Fluten der zahllosen, endlosen, düsteren Abwasserkanäle, die Paris durchschneiden. Zur Hölle mit ihnen! »Wir machen weiter und ich als erster...«, oder wie der berühmte Hofnarr von übelster spanischer Art sagen würde... Was sollen wir tun, mein Gott, was sollen wir tun? Alles ist sinnlos. Und sag mir jetzt ja nicht, daß du besser bist als die anderen, Jusep Torres.

Sie müssen jetzt an der Grenze angekommen sein... Der Tag bricht an, warum?

Die Kunst nützt niemandem mehr. Sie nützt überhaupt nicht. (Sie stand im Dienst der Kirche, des Staates.) Sie lehnte sich auf. Wozu? Das soll mir mal einer sagen, wozu? Wie das Proletariat lehnte sie sich auf, ungefähr zur selben Zeit. Es gab Schulen, sozialistische, anarchistische, pointillistische, kubistische, usw. Sage mir einer, der heute an der Grenze steht, wozu?[26]

Wie bereits gesagt sind die folgenden Seiten vom Ende her in das Heft geschrieben und beginnen auf dem vorletzten Blatt. Sie sind insofern von einigem Interesse, als sie auf die Beständigkeit seiner Lektüren in der ersten Pariser Zeit hinweisen. Sie reichen mit Sicherheit nicht über 1907 hinaus. Seine Vorlieben haben sich später natürlich geändert.

»Die Elemente« sind eine Mischung aus eigenen und

fremden Notizen. Einige scheinen von Braque zu sein, andere stammen ohne Zweifel von Torres Campalans selbst. Trotzdem unterscheiden sie sich im Stil von dem, was wir gerade gelesen haben. Manche dieser Texte sind auf ihre Art erhellend.

»Dekadenz und Auflösung der bestehenden Formen und allgemeine Unzufriedenheit, eifriges Arbeiten an neuen Formen und ungeduldiger Wunsch nach Veränderung, jugendlicher Hauch der Kritik auf dem Gebiet der Naturwissenschaft, der Philosophie, der Ethik (und der Kunst, würde ich sagen), und ein allgemeines Gären der öffentlichen Meinung; träge Gleichgültigkeit oder verbrecherischer Widerstand bei denen, die im Besitz der Macht sind, auf deren Stärke sie vertrauen und außerdem wütender Widerstand gegen die Entwicklung der neuen Bestrebungen: Genau das war auch der Zustand der alten Gesellschaften am Vorabend der großen Revolutionen, und ist er auch heute noch.« Kropotkin: Worte eines Rebellen, *S. 24.*

»Philantropen und Barmherzigkeit sind in der menschlichen Gesellschaft überflüssig. Platz für die Gerechtigkeit.« S. 187.

»Lassen wir die Gleichgültigen schlafen und die Pessimisten schwanken: Wir haben anderes zu tun und sollten uns nicht um sie kümmern.« Ebd. S. 24. K. geht nicht auf die Kunst ein, das ist eine seiner Beschränkungen. Doch es besteht kein Zweifel, daß die Bestrebungen der Maler, von den Impressionisten bis heute, in diese Richtung gehen. Wir haben aufgehört, Sklaven der reichen Klassen zu sein. Deshalb hassen sie uns und tun so, als belächelten sie unsere Anstrengungen. Aber sie machen sich vor Angst in die Hosen, und unsere Malerei erschreckt sie, so wie sie ja auch Rodins Balzac *ablehnen. Sollen sie doch zum Teufel gehen. Sie spüren, wie die Erde unter ihren Füßen bebt. Sie lesen in unserer Malerei das Todesurteil für ihre Privilegien.*

»Solange wir eine Kaste von Faulenzern haben, die von unserer Arbeit leben unter dem Vorwand, sie seien notwendig, um uns zu führen,

solange werden diese Faulenzer immer ein Pestherd für die öffentliche Moral sein.« (S. 22) Für die Kunst, sage ich. »Die Frage, die sich in diesen Zeiten legt (sic)*, ist nicht nur das Brot, sondern auch die des Fortschrittes, des Kampfes gegen die Erstarrung, es geht um die Weiterentwicklung des Menschen, gegen die Verrohung, es geht um das Leben, gegen den übelriechenden Stau des Sumpfes.« K. hat Recht. Wir sind lebendige Kunst, die weitergeht, fortschreitet. Was in den Salons hängt, soll auch so bleiben, an den Wänden hängend – aufgehängt.*

»›Staat‹ sagen heißt zugleich auch ›Krieg‹ sagen.« S. 15.

»Dieses Chaos kann nicht lange dauern.« S. 11.

»Ihr jungen Künstler, Bildhauer, Maler, Dichter, Musiker: Seht ihr denn nicht, daß das heilige Feuer, das einst eure Vorgänger inspiriert hat, heute erloschen ist, daß die Kunst vulgär geworden ist, dem perversen Geschmack eines mittelmäßigen Bürgertums unterworfen, womit das Mittelmaß die absolute Herrschaft erlangt hat? Es kann gar nicht anders sein: der Wunsch, eine neue Welt zu entdecken und im Brunnen der Natur zu baden, der die Meisterwerke der Renaissance hervorgebracht hat, ist heute versiegt. Das revolutionäre Ideal hat bisher unserer Epoche keine Wärme eingehaucht, und ohne dieses Ideal, das einzige vernunftgeleitete und wahrhaftige, haben die Künste sich einem degenerierten Realismus verschrieben, der darin besteht, mühsam den Tautropfen auf dem Blatt einer Pflanze zu photographieren, die Beinmuskulatur eines Stiers zu kopieren, oder in Prosa und Versen die erstickende Luft im Salon einer hochrangigen Hure zu beschreiben.

›Aber wenn dem so ist‹, werdet ihr mich fragen, ›was sollen wir da machen?‹

Die Antwort ist denkbar einfach: wenn das heilige Feuer, das ihr angeblich besitzt, nichts anderes ist als ein Irrlicht, dann werdet ihr so weitermachen wie bisher, und all euer künstlerischer Geschmack, eure Inspiration, wird rasend schnell verkommen, ihr werdet Läden dekorieren, für drittklassige Operetten Libretti liefern und für Weihnachtsfeiern

Geschichten schreiben, und viele von euch werden rasend schnell so tief sinken . . . «

»Wenn euer Herz jedoch wirklich im Gleichklang mit dem der Menschheit schlägt, wenn ihr euch als wirkliche Dichter den Wirklichkeiten des Lebens stellt, ja, dann werdet ihr beim Anblick dieses Meers von Traurigkeit, dieser Menschen, die Hunger leiden, der in den Gruben liegenden Leichenberge und der entstellten Körper auf den Barrikaden, beim Anblick der nicht enden wollenden Züge von Deportierten, die im ewigen Schnee Sibiriens oder in den tropischen Sümpfen ihr Grab finden werden, beim Anblick dieses verzweifelten Kampfes, ausgetragen zwischen den Schmerzensschreien der Besiegten und den Orgien der Sieger, gegen Egoismus und gegen Feigheit, und zwischen edler Entschlossenheit und verächtlicher Arglist, ja, dann werdet ihr, dann könnt ihr nicht länger neutral bleiben, und ihr werdet euch an die Seite des Unterdrückten stellen, weil ihr wißt, daß das Schöne, das Erhabene, der Geist des Lebens auf Seiten jener steht, die für das Licht kämpfen, für die Menschheit.« S. 44 und 45.

Ich kann nicht verstehen, wie Lorient, dieser Dummkopf, sagen kann, Anarchismus und christliche Lehre seien unvereinbar. Wenn sie schon nicht Brüder sind, dann Vettern.

Trotz seiner Schmähungen gegen die Barmherzigkeit predigt Kropotkin im Grunde nichts anderes. Tolstoi hat das sehr klar gesehen.

Alejandro Lerroux spricht manchmal zuviel, aber ab und zu sagt er treffende Dinge: »Der Aufschrei der Rebellion hallt ewig nach, durch Zeit und Raum und Geschichte hindurch. Mit jedem Mal lauter, hallt er in allen Völkern und allen Herzen wider.

Der lebenslängliche Sklave lehnt sich manchmal auf, jeden Tag heftiger, und das laute Rasseln der Ketten, an denen er mit seinen drohend erhobenen Armen rüttelt, erfüllt die Erde mit den Echos der Rache.

Und von Sturz zu Sturz, von Revolution zu Revolution, immer voran, mit der erdrückenden Last auf der Schulter. Sisyphus, der bedau-

ernswerte Sisyphus, überall ausgebeutet, rollt seinen Stein bergauf, der unablässig bergab rollt, besiegt von der moralischen Verelendung der Hoffnungslosen, der Neiderfüllten, der Eunuchen.«

Schade, daß er gegen den katalanischen Nationalismus ist.

»Die Geschichte geht weiter, denn sie ist eine fable convenue, *hauptsächlich wegen fehlender neuer Ideen.« Piotr Kropotkin:* Landwirtschaft, Fabriken und Handwerk, *S. 226.*

Wir sind nichts weiter als Arbeiter der Faust.

1909

»Ein Kind aus Bethlehem, von schmächtigem Körperbau, aber ungeheurer Intelligenz, spricht sanft mit einigen Proletariern über ihre Schmerzen. Und sie folgen ihm. Und als sie in Palästina ankommen, geben sie alles auf, um alles zu erleiden, Apostel der neuen Zeit. Wie unsere Landstreicher haben sie keinen Beruf, wie unsere Bettler schlagen sie ihr Lager auf freiem Feld auf, wie wir ziehen sie in Demonstrationszügen an Gräbern vorbei, und ähnlich wie die Streikenden halten sie auf irgendeinem Marsfeld am Wegesrand Versammlungen ab. Sie sind zwölf an der Zahl, morgen werden es tausend sein, danach...

Die Gruppe zieht weiter und wächst. Alle Landstreicher, alle gefallenen Mädchen, alle Übeltäter schließen sich diesem jungen Prediger der Gleichheit an. Was sie zum Leben brauchen, stehlen sie, sie nehmen die Früchte, wo sie sie finden, und die erschreckten Bürger verrammeln die Türen vor diesem Heer des Verbrechens, zu dem sich der Abschaum der Gesellschaft zusammengeschlossen hat. Durch die Provinz geht ein Aufschrei, die Regierung ist beunruhigt, und Jesus wird wegen Anstiftung zur Plünderung und zum Klassenhaß gefangengenommen. Christus und

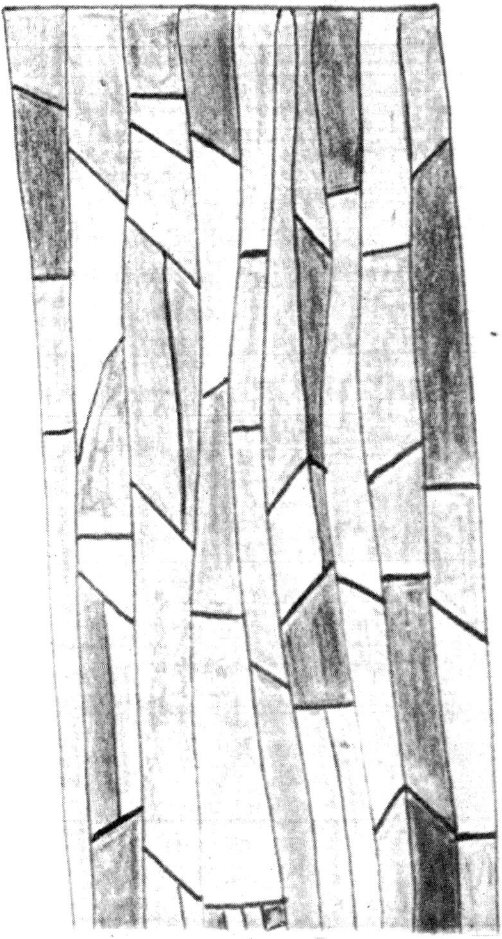

Trama Verde 2 – 1914

GRÜNES RASTER 2

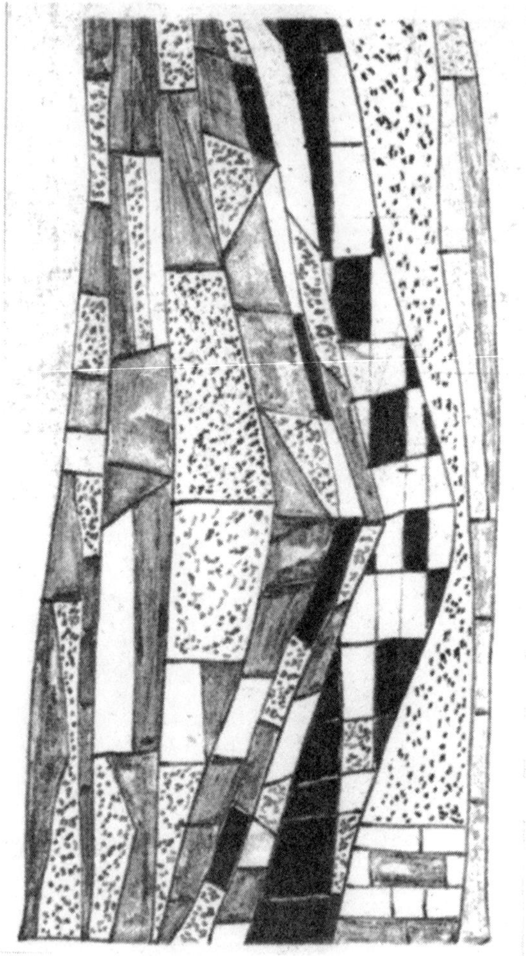

TRAMA PARDA – 1914

BRAUNES RASTER

El Prisionero – 1914

DER GEFANGENE

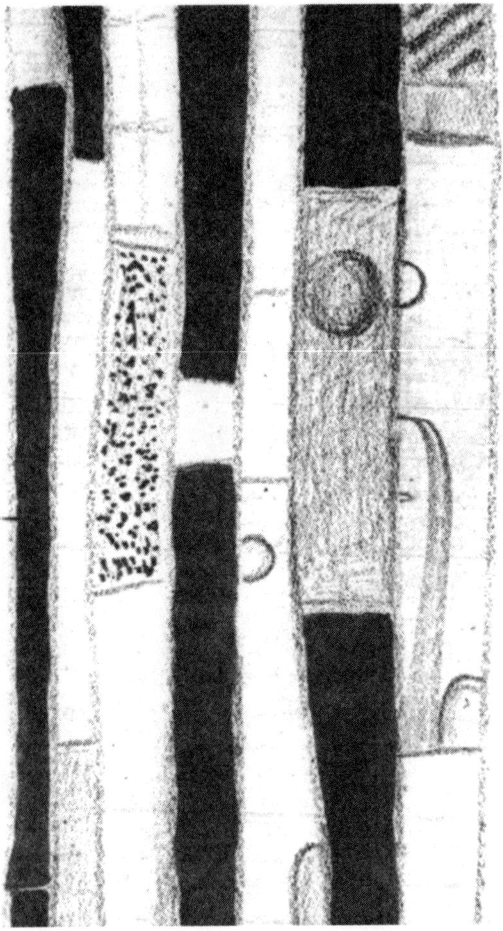

TRAMA (ÚLTIMA) – 1914

RASTER, DAS LETZTE

ein Räuber kommen gemeinsam vor Gericht. Der Räuber wird freigesprochen. Darauf ruft Barabbas: ›Haltet den Übeltäter!‹ Jesus wird ans Kreuz geschlagen und bespuckt. Unter dem Gelächter und dem Gejohle der betrunkenen Soldaten liegt er in den letzten Zügen. Schließlich stirbt er zwischen zwei Dieben, sein Todeskampf endet unter den Tränen einer alten Handwerkerfrau, seiner Mutter, und einer jungen Dirne, seiner Geliebten.

Der Übeltäter ersteht wieder auf, um neunzehn Jahrhunderte über die Welt zu herrschen.

Christus bezieht seine Kraft aus der Schmach seiner Folter, aus seiner niederen Stellung als Hingerichteter, aus seinem Umgang mit den Armen, aus seiner Solidarität mit denen, die schuldig geworden sind. Die Pharisäer verurteilten ihn, er liebte sein Volk aus Unwissenden und Verbrechern mit aller Hingabe, und er empfand es als Glück, wegen all der falschen Anschuldigungen wie der letzte Landstreicher zu sterben.

Begreift ihr die ungeheuere Wirkung, ihr Pharisäer der Gesellschaft, dieser Legende und das Denken dieses bleichen Volkstribunen, als die erste soziale Schmähschrift an den Baum von Golgatha angeschlagen wurde?

Es wäre sehr bequem, opferte man dem IDEAL nur das Leben, wollte man den schönen Tod, das ruhmbringende Todesurteil, das Pantheon von Millière oder die Barrikade von Delescluze. Das Leben? Gut, das Leben, aber halten wir uns nicht damit auf, marschieren wir weiter! Voran! Ehre, Ruf, Vorurteile, Skrupel, alles, alles für das Volk. Gehen wir mit ihm auf den Schindanger, folgen wir den Besiegten in ihrer Schmach.[27]

Immer mit den Armen, trotz ihrer Irrtümer, trotz ihrer Fehler, trotz ihrer Verbrechen!«[28]

Wie gut schreibt diese wunderbare Frau!

DIE ELEMENTE

Für die Blinden malen!

Nicht über das nachdenken, was man malen will, sondern den Gedanken malen. Mit dem Gedanken malen.

Gedanken, wie feine und grobe Pinsel: sie auszuwählen wissen.

»Bearbeitet« das Material die Farbe?

Das Material ist ein steter Austausch zwischen der Farbe und dem Licht.

Bei der Arbeit vergißt der Maler seine Träume zwischen der Farbe und dem Material, dem Licht und der Farbe.

Alchimist sein, oder besser noch, die Folge der Alchimie der Farben sein, sie zu neuem Leben erwecken, ihr Licht vermehren, in ihnen den Kampf der Elemente finden.

Das Goldgelb Tintorettos ist nichts anderes als das Ergebnis seiner Suche nach dem Stein des Weisen: ein erfundenes Gelb, ein Gelb, so wie sie es wollten, ein ideales Gelb, weder das Gelb des Weizens noch das Gelb der Flamme, so wenig wie das des Strohs: das Gelb der Sonne von Cadaqués. Das Gold.

Bilder sollten immer die Form des Menschen haben. Wenn der Mensch das Maß ist...

Es gibt nur zwei Arten von Bildern: senkrechte und waagrechte, Porträts und Landschaften.

Den Menschen von innen sehen, ihn mit einem Rasternetz überziehen. Jeder Mensch hat ein Linienblatt, man muß es suchen und finden.

Mit Cézanne enthüllt sich uns die Ontologie der Farbe. Goya wurde vom universalen Feuer geprägt. Dieses Feuer vergrößert die Sterne, bis zu diesem Punkt gelangt die Verwegenheit seines aktiven Elements, ein Element, das die Materie solange reizt, bis sie sich in Licht verwandelt.

Wenn man beim Betrachten eines Kunstwerkes wieder die Ursprünge seiner Schöpfung finden will, darf man sich nicht in die kosmischen Kräfte flüchten, die die Vorstellungen des Menschen so nachhaltig geprägt haben. Das ist etwas anderes.
Es genügt, die Oberfläche des Wassers zu betrachten, um seine absolute Mütterlichkeit zu begreifen, um zu spüren, daß das Wasser ein Lebenselement ist, der Ursprung allen Lebens.

Weder Feuer noch Luft noch Erde, die den Philosophen so lange dazu gedient haben, sich das Universum vorzustellen, können als Ursprünge der künstlerischen Schöpfung herangezogen werden.

Der Maler kann den Keim einer Schöpfung nicht dadurch empfangen, daß er sich auf die Vorstellungskraft der Naturelemente verläßt. Das würde die Kunst in eine Sackgasse führen.

Es gibt keine Sackgasse.
Der Cinematograph spielt keine Rolle, die Photographie spielt keine Rolle, die Gegenstände spielen keine Rolle, so wenig wie die Porträts, die Ähnlichkeit oder die Genauigkeit.

Der Maler darf sich weder konzentrieren noch analysieren oder hingeben: malen, was er denkt, genau in dem Augenblick, in dem er denkt.

Ein Maler, der nicht von dem träumt, was er nicht malen kann, ist kein Maler.

Die Zeichnung ist eine Wissenschaft, die nicht der Bewegung des Lebens durch die Dinge hindurch folgt.

Zur Anatomie, zur Perspektive zurückkommen, aber nicht der Körper, sondern der Ideen.

Nicht beobachten, sich beobachten.

Erschaffen ist eine Lust. Die Natur beiseite lassen, sie nicht analysieren, sie nicht mit der vom Gehirn geführten Hand verfolgen.

Sich nicht erregen, um zu malen.

Mit der Begierde malen.

Nicht aus Not malen.

Malen wie man denkt, ohne sich dessen bewußt zu werden.

Der unpoetische Moment: ihn wiederholen.
Zusammenhänge sind keine Funktionen des Standpunkts.

Das Unlogische ist eine Folge der Perspektive.

Das Profil beweist, daß der Mensch nur ein einziges Auge hat.

Eine Sache kann wahr sein und wahr scheinen.

Die Beweise erreichen nicht die Wahrheit, ermüden sie vielleicht. Sie schwingt sich auf, zieht mit der Musik sonstwohin.

Mit Bleistift geschrieben, wahrscheinlich von 1914, ist dieser Text eindeutig von Jusep Torres Campalans:

Wie hart, sich nicht mehr für die andern zu interessieren, wenn man immer geglaubt hat, die Gerechtigkeit sei das, worauf es ankommt!

ANMERKUNGEN

[1] Vgl. S. 156 f.

[2] Vgl. S. 120 f.

[3] Es gibt eine mit Sicherheit sehr viel spätere Eintragung mit dunkelvioletter Tinte: *Was für Illusionen, Jusep*!

[4] Schlüsselsatz, in dem sich der so spanische Hintergrund – und das Erscheinungsbild – des Kubismus offenbart. Dieses moralische – ethische – Fühlen, das in allem Spanischen durchscheint (*Anmerkung von Jean Cassou*).

[5] Doktor César Raynaud, ein damals mit den Malern vom Montmartre befreundeter Arzt. Beging 1925 Selbstmord. Krebs und eine reizende Frau.

[6] In einer ganz anderen Schrift, mit dicker Feder geschrieben, steht da: »Nichts.«

[7] Anmerkung in einer anderer Schrift, eindeutig von Anne Marie: »Nicht, weil ich Spanier hasse, wie könnte ich auch! Es ist ...«

[8] Es scheint mir müßig, darauf hinzuweisen, wie ähnlich die Vorstellungen Torres Campalans' und die einiger der besten Dichter seiner Zeit waren. Ich bezweifele sehr stark, daß er die Gedichte von Juan Ramón Jiménez gekannt hat, aber es wäre sicherlich nützlich, wenn ein junger Mensch, der ein Stipendium oder ein Thema für eine Doktorarbeit sucht, sich näher damit befassen würde.

[9] Auch von Michel George-Michel notiert; *De Renoir à Picasso*, Paris, Fayard 1954.

[10] 1936 sprachen die katalanischen Anarchisten von der Disziplin der Disziplinlosigkeit.

[11] Die wenigen Hinweise auf Max Jacob und Apollinaire sind leicht zu erklären: sie lagen nicht auf seiner Wellenlänge. Die Späße, die ihnen gefielen, vor allem Jacob, befremdeten ihn. Das Wunderliche und Drollige der beiden muß ihn mehr als einmal gestört haben (*Anmerkung von Jean Cassou*).

[12] Diese Ideen waren bahnbrechend: A. Hauser, *Sozialgeschichte der Literatur und Kunst*, München 1953.

[13] Sein Name füllt eine ganze Seite.

[14] Er bezieht sich wahrscheinlich auf seine Anstrengungen, nach Spanien einzureisen, ohne als Deserteur verhaftet zu werden. Ich nehme das wegen des Datums an, obwohl es vielleicht auch eine Anmerkung über die Kunst ist. Die Kürze der persönlichen Anmerkungen führt zu diesen Unsicherheiten.

[15] Zufällig habe ich sie ausfindig gemacht: *Revue Encyclopédique* (aus dem Hause ›Larousse‹), 15. Februar 1893.

[16] Salvador Ruiz, Picassos Onkel, zahlte die entsprechende Summe, damit der Maler nicht einberufen wurde.

[17] Die Journalistin Mireille Ferrari.

[18] Sicherlich Mireille.

[19] Vgl. Biographie S. 221.

[20] Marcelle Humbert.

[21] *Ocaso* (Sonnenuntergang).

[22] Mondrian.

[23] Der einzige Text mit Überschrift, vielleicht eine Abschrift. Wenn dem so sein sollte, habe ich nicht die geringste Vorstellung, von wem er ist. Was den Stil angeht, so ist es ganz gewiß nicht der von Jusep Torres Campalans. Sicherlich hat ihn der Text beeindruckt, dafür gibt es weiter vorn Belege. Vielleicht ist er der Ausgangspunkt seiner Hinwendung zu einer abstrakteren Malerei (*auf französisch geschrieben*).

[24] Es handelt sich um *Maria Grubbe* von J. P. Jacobsen. Der Absatz, auf den er sich bezieht, steht im 7. Kapitel.

[25] Bekanntlich ist er in Italien geboren.

[26] Die Klammer ist nicht geschlossen.

[27] Im antiken Rom lag der Ort auf dem Monte Aventino [= Aventin]. Dort wurden die Verbrecher hingerichtet (*Anm. d. Übers.*)

[28] Séverine: *Rote Seiten*.

VI
Die Gespräche in San Cristóbal

Chiapa de Corzo liegt in der Ebene, an den Ufern des sich wild dahinschlängelnden Grijalva, bevor sich der Fluß in die erschreckende Ungeheuerlichkeit des Sumidero stürzt; San Cristóbal Las Casas auf dem Berg. Heute gibt es dort eine Straße, die Panamericana. Früher war es beschwerlicher.[1] An den wenigen Tagen, die ich dort verbracht habe, war der Himmel bedeckt. Der Nebel kroch manchmal zwischen den nahegelegenen Berggipfeln hervor. Die Temperatur war lieblich, wie gesüßt. In der Regel ist es kälter, wie es heißt.

Wenn ich mir die Aufzeichnungen wieder vornehme, die ich dort gemacht habe, sehe ich wehmütig die Schluchten dieser Gegend vor mir. ›Flügel, die der Wind umdreht, wodurch der Mühlstein in Gang gebracht wird‹, heißt es im *Don Quijote*, doch rückwärts drehen kann der Wind sie nicht, so ungestüm oder launisch er auch sein mag. Was würde ich nicht alles dafür geben, hätte ich damals schon gewußt, was ich heute weiß! Wieviele dunkle Punkte hätte Don Jusep mir trotz seiner Zurückhaltung erhellen können! »Mit einem Kerzenstummel« hatte ich suchen müssen, was sich mir im gleißenden Lichte darbot. Aber es führt zu nichts, sich über die eigenen Versäumnisse zu ärgern, weil man es dabei nur an die Galle bekommt, und das ist nicht gut.

Ich machte mir Notizen, wie ich das, von einem schlechtem Gedächtnis geplagt, ab und zu tue, wenn ich auf etwas stoße, von dem ich meine, es könnte mir später einmal von

Nutzen sein. Wer vom Schreiben lebt, muß herumschnüffeln, was auch immer dabei herauskommen mag. Ich konnte ja nicht ahnen, daß die Angelegenheit bald einen so breiten Raum in meinen Aufzeichnungen einnehmen würde. Wie soll ich sie ordnen? Eine Unterhaltung segelt mit oft wechselnden Winden, zumal unter freiem Himmel, wo es soviele Ablenkungen gibt.

Ich bin kein Meisterkoch, sondern ein Küchenjunge. Ich bereite also das noch frische Bratenfleisch zu, wage jedoch nicht, es zu würzen, aus Angst, es könnte ungenießbar werden. Auch Spicken will gelernt sein.

In dem sehr gastfreundlichen Haus von Franz Blom und Gertrude Duby erfuhr ich, daß Jusep Torres Campalans viele Jahre, vielleicht zwanzig, was uns ins Jahr 1934 führen würde, auf einer Kaffeeplantage in der Talebene gelebt hat. Die Plantage gehörte Deutschen und nannte sich *Hamburgo.* Ganze Gruppen von Chamulas kamen zum Arbeiten ins Tal, er lebte mit ihnen zusammen, lernte Tzotzil. Eines Tages, als sie in die Berge zurückgingen, beschloß er, sie zu begleiten. Warum? Ich weiß es nicht.

Sie müssen ihm anfangs mit dem gleichen Mißtrauen begegnet sein wie jedem anderen *Ladino.* Wie hat er es angestellt, daß er von ihnen akzeptiert wurde? Niemand weiß etwas Genaues, es gibt nur Vermutungen. Ein einzigartiger Fall. Alle hüllten sich in Schweigen, er und die Leute aus seinem Flecken. Gewiß dürfte der Schnaps, mit dem weder er noch die andern sparsam umgingen, eine wichtige Rolle bei dieser Annäherung gespielt haben.

»Einige meinen, er sei 1930 zum ersten Mal in die kalten Gebiete hinaufgegangen (was ein Hin und Her vermuten ließe, für das nichts spricht). Anderen zufolge ließ er sich 1932 in der Nähe des Fleckens San Pedro nieder und konnte seitdem für einen Indio durchgehen.«

»Fest steht, daß er vor mehr als zwanzig Jahren eine Frau fand, und danach noch eine oder gar mehrere. Kinder wurden geboren. Allerdings kleidete er sich nicht wie die Chamulas.[2] Er wußte, daß es sinnlos gewesen wäre, er blieb immer ein *Ladino*, doch sie akzeptierten ihn, und er leistete ihnen gute Dienste als Vermittler bei den hiesigen Behörden und Regierungsvertretern, denen von Tuxtla Gutiérrez.«

»Der Schnaps wirkt Wunder. Er lebt jetzt in genauso einer Hütte wie die anderen.«

Einige Neuankömmlinge stießen zu unserer Gesprächsrunde am Kaminfeuer in Blooms großem Salon.

»Jemand hatte ihn für die Stelle des ersten Gouverneurs vorgeschlagen. Er lehnte ab.«

»Er erteilt Ratschläge«, sagte der Gebildete aus dem Ort. »Dank des ›Schlucks aus der Flasche‹, an dem es bei ihm nie fehlt, ist er sehr gern gesehen, und sie mögen ihn wie einen der ihren. Nach San Cristóbal geht er nur, wenn es sich um eine Angelegenheit für die Gemeinschaft handelt. Mit seinen siebzig Jahren ist er gertenschlank.«

»Der ›Schluck aus der Flasche‹ ist wichtig. Am meisten zu seiner Integration trug aber wohl bei, daß er ein guter Pilzkenner und Pilzliebhaber ist.«

Der jetzt sprach, war ein kleiner, schlanker Mann, der mir nicht vorgestellt worden war. Sehr klein, sehr schlank, eine Brille mit dicken Gläsern und goldenem Gestell, unrasiert, spärliches Barthaar, ungepflegter Schnurrbart und stumpfes, widerspenstiges schwarzes Haar mit fettigen Strähnen. Er sprach mit dumpfer Stimme und ließ dabei in seinem kleinen Mund häßliche, spitze schwarzen Zähne sehen. Ein Schriftsteller und Poet, wie ich später erfuhr.

»Die Pilze, mein Herr, haben in Mexiko, ebenso wie viele Kräuter, eine große Bedeutung. Wir sind ein Volk von Pflanzenfressern. Viele unserer Indios haben noch nie Fleisch gegessen, es sei denn, hin und wieder das eines Gürteltiers, eines Pakas oder eines Changos. Die Hühner sind nur zum Verkaufen. Don Jusepe zeigte ihnen, daß einige

Pilzarten, die sie für giftig gehalten hatten, es gar nicht waren. Zu Anfang nannten sie ihn ›der Herr, der alles ißt‹. Dafür muß er wohl viel über die heilenden und hypnotischen Kräfte anderer, ihm unbekannter Pilzarten gelernt haben. Er lehrte sie auch, anders zu würzen, so daß San Pedro heute bei den Eingeborenen einen gewissen kulinarischen Ruf genießt.«

Einige Anwesenden zeigten sich ungläubig.

»Daß er ganze Gebete auswendig kannte, hat ihm ebenfalls sehr genützt. Bei den ›Ältesten‹ zählt so etwas: Heute ist er ›ein wichtiger Mann‹. ›Ein Angesehener‹.«

»Vielleicht ist er Medizinmann geworden.«

»Nein.«

Der Unscheinbare ließ das Thema fallen. Offensichtlich war er schüchtern, denn er machte den Mund nicht mehr auf. Ich traf ihn am nächsten Tag, als ich die Kirche und ihr rührendes ›Kolonialmuseum‹ besichtigen wollte. Verlegen hielt er mir ein dünnes Büchlein hin. Verse natürlich, in Tuxtla Gutiérrez gedruckt.

»Sie taugen nichts«, sagte er zu mir.

Und so war es.

»Keiner reicht an Rubén Darío heran«. Ein anderer, dem seine große Bewunderung galt, war Emilio Castelar.

»Möglicherweise kommt er nächstes Jahr nach Mexiko. Es heißt, er habe sich sehr verändert.«

Ich fragte ihn, ob er noch etwas mehr über Don Jusepe wisse. Er wußte nichts. Niemand wußte etwas.

»Er ist ein ungeselliger, verächtlicher Mensch, Herr Aub. Vor Jahren hat man sich erzählt, daß die Deutschen, für die er arbeitete, ihm Geld gegeben hatten, um in Tapachula Maschinen zu kaufen. Andere sagen, daß er für sie einen Scheck einlösen sollte, um die Löhne und andere Dinge zu bezahlen. Einig ist man sich jedoch, daß er nicht mehr auf die Plantage *Hamburgo* zurückgekehrt ist und sich hier niederließ. Eine Zeitlang muß ihn die Polizei wohl gesucht haben. Dann war die Straftat, wie jede, offenbar verjährt.«

Damals habe ich mich innnerlich gegen diese Version gesträubt (›die Ehrbarkeit der Spanier‹, usw.), heute, da ich ihn kenne, würde ich sie sofort unterschreiben.

»Und hat er mit dem Malen aufgehört?«

»Möglicherweise entdeckt man eines Tages eine Kammer, eine Wand, die er ausgemalt hat. Einmal bekam er ein Päckchen aus Mexiko, klein zwar, aber schwer. Vielleicht Farben.«

»Gauguin. Man müßte nachforschen.«

»Wenn er stirbt. Es heißt auch, er habe sie die Sprache des Regens gelehrt.«

»Ach ja?«

»Das Trommeln der Tropfen auf den Dächern und Blättern als Botschaft des Himmels.«

So rankten sich allmählich Legenden um Don Jusepe.

»Es heißt, daß auch Sie die Sprache des Regens verstehen.«

»Ja, und daß ich ihnen beigebracht habe, ›bolets à la catalana‹ zu kochen.«

Er zuckte die Achseln. »Irgend etwas müssen sie reden. Die Leute können sich einfach nicht vorstellen, daß man nichts tut, rein gar nichts. So sind sie halt. Der Regen reinigt und bringt alles zum Glänzen, und er vertreibt die Dämonen. Die feuchte Erde, alle Grüntöne. Grün hat mehr Farbschattierungen als jede andere Farbe. Die Zweige, die Stämme, ›die zusammenpassen‹, wie die Frauen sagen. Nichts ist schöner als ein Blatt. Der Regen... Die Leute achten nur auf die Wolken, wenn die Sonne untergeht, oder wenn ein Sturm droht; dabei sind sie zu jeder Tageszeit schön. Die Erde ist hier immer feucht, bereit zu gebären. Man kann spüren, wie die Zeit verrinnt, oder wie sie stillsteht, was auf dasselbe hinausläuft, wenn man die dicken Tautropfen auf dem ›eleganten Blatt‹ liegen sieht, wie in einem Schaufenster.

Was für Diamanten, und dazu geschenkt!« Er saß am Brunnen und trank sein Erfrischungsgetränk. Wenn Männer ein gewisses Alter erreichen, sagen wir so um die siebzig, werden sie etwas versponnen, was sich darin äußert, daß sie sich unverschämterweise nur noch für sich selber interessieren. Sie schleifen die Grenzen der Achtung anderen gegenüber und kümmern sich nur noch um ihre eigenen Dinge. Sie reden von sich. Ihre Krankheiten, ihr Wohlbefinden überschatten die Welt. Sie sind vielleicht mehr sie selbst, mehr in sich selber als je zuvor, einzig darauf aus, ihrer Spur auf Erden Dauer zu verleihen, sagen oft immer wieder dasselbe. So auch Jusep Campalans bei mir. Ständig wiederholte er:

»Sie kennen also wirklich Picasso?«

Manchmal variierte er:

»Es ist also wahr, daß Sie Pablo kennen? Wie geht es ihm?«

So klar er auch bei Verstand war, hatte er doch ein schwaches Gedächtnis, so daß er ständig wiederholte, was ihm am Herzen lag. Deshalb weisen diese Zeilen, die so wahrheitsgetreu sind, wie sie nur sein können, auch Mängel auf, denn so unvorsichtig, mir in seiner Gegenwart Notizen zu machen, war ich nun doch nicht. Wie immer zog ich die Wahrheit der Unterhaltsamkeit vor. Hochgewachsen, tief gebräunt, mager, die Pergamenthaut über den hervortretenden Adern seiner Hände wie gegerbt, die Finger ineinander verschränkt, die Nägel sauber. Das Haar war noch immer graumeliert über der hohen, breiten Stirn, die mit dunklen Malen und fast violetten Altersflecken gesprenkelt war. Der Spitzbart weiß, gelblich an den Mundwinkeln. Die Augen müde hinter flackernden Lidern, die ohne Brille angestrengt blickten. Kaffeebrauner Panamaanzug, abgetragen bis zur Webkette. Dazu ein Wanderstock, der Griff poliert vom Gebrauch. Jagdstiefel.

Er sprach ohne besonderen Akzent, der katalanische

Tonfall, den er sicher einmal hatte, war verlorengegangen. Ich erinnere mich, daß wir zunächst über Paris sprachen. Die Reihenfolge dessen, was folgt, entspricht trotz meiner späteren Bemühungen bestimmt nicht bis ins letzte unseren Gesprächen. Ich übertrug sie auf lose Blätter, und die gerieten mir durcheinander. Es ist gut möglich, daß einige Dinge, die hier als Gespräch am Abend eingeschoben sind, eigentlich am Nachmittag stattgefunden haben. Ich glaube nicht, daß das eine besondere Bedeutung hat. Wie man sehen wird, war er, was sein Leben betrifft, nie sehr aufrichtig. Er verdrehte alles. Absichtlich oder weil ihm die Dinge entfallen waren? Einmal mehr muß ich meine Unwissenheit eingestehen.

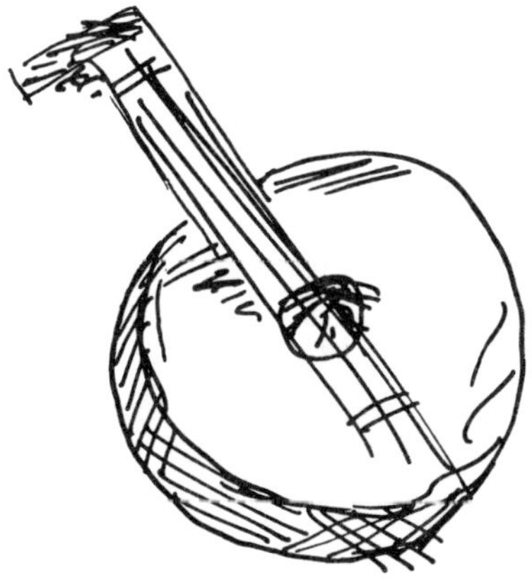

Das Gespräch am Nachmittag

»In Paris hat der Dreck Qualität. Ich sage nicht, daß sogar der Dreck Qualität hat. Nein, in Paris hat der Dreck Qualität. Das Verkommene, Schmutzige, Alte – nicht das Antike. Paris ist eine alte Stadt, keine antike, eine Stadt aus einem Guß: klar, exponiert, nicht wie Rom, das man nicht auf den ersten Blick überschauen kann, wo eins über dem andern liegt. Rom täuscht[3], Paris nicht. Das Paris, das uns gefällt oder gefallen hat, gefällt den Franzosen nicht. Hat es sich verändert?«

Er fuhr fort, ohne meine Antwort abzuwarten.

»Ihnen gefällt das Provinzielle der Revuetheater, die Bistros, in denen sie Karten spielen können, die Läden, wo man sie mit ihrem Namen anspricht. Dieses Paris haben sie nicht selber geschaffen, und nun stehen sie da wie Hühner, die Enteneier ausgebrütet haben. Es ist zwar das, was sie ausgebrütet haben, aber es schwimmt auf dem Wasser. Aus Paris muß man fliehen, oder man bleibt für immer dort. Es vereinnahmt alles. Es ist eine Stadt wie keine andere. Der einzige Ort auf der Welt, wo die Intelligenz zu etwas nutze ist. Nicht immer, aber manchmal.«

Er dachte nach, wobei er durch den Mund atmete.

»Zu etwas nutze ... das heißt, um zu leben ...«

»Warum sind Sie weggegangen?«

»Eine zu lange Geschichte.«

»Sind Sie geflohen?«

»Nein. Wir konnten uns nicht einigen«, er lächelte, »Paris und ich. Ich hatte dort nichts mehr zu tun. Es begann – in Wahrheit hatte sie schon begonnen, und wie! – die Zeit der Fälscher! Ich konnte das nicht mehr länger ertragen.«

»Es erging Ihnen wie dem Huhn angesichts der Enten, die es ausgebrütet hat ...«

Er sah mich an, kniff die Augen noch enger zusammen, unschlüssig, wie er auf meine Unhöflichkeit reagieren sollte.

»Gut ..., oder man mußte sein wie Picasso, der bereit war, alles hinzunehmen. Sie kennen doch Picasso, ja? Mir bedeuteten die anderen zuviel.«

Er schwieg. Man sah, daß er nichts zu sagen hatte.

»Was haben sie in all den Jahren in Mexiko gemacht?«

Er setzte zu einem Lächeln an, zog den rechten Mundwinkel hoch:

»Wer, ich ...? Mestizen.«

Er lachte, wurde vulgär:

»Ich wurde ein Maler mit dickem Pinsel. Wir Spanier sind eben grobe Leute, mein Herr. Wie antwortete Picasso doch gleich einem allzu wißbegierigen Gringo, der nicht gut Spanisch verstand: ›Womit malen Sie?‹ ›Mit der Spitze meines ... ‹ Der Gringo sagte: ›Ach ja!‹ Wenn er es verstanden hat, hat er es geschluckt. Das Tollste ist, daß es die Wahrheit war, auch wenn Sie es nicht glauben werden ... Trinken Sie Tlascalate. Schmeckt vorzüglich. Vor allem bei zunehmendem Mond.«

Ich bestellte. Ich wußte nicht, an welchem Ende ich die Unterhaltung wieder aufnehmen sollte. Ich stellte die übliche dumme Allerweltsfrage:

»Wie finden Sie Mexiko?«

»Ich kenne Mexiko nicht.«

»Ich meinte: Chiapas.«

»Gut.«

Ganz offensichtlich wollte er nicht reden. Er fuhr fort:

»Eine andere Welt.«

»Die neue.«

»Nein. Eine andere.«

Schweigen. Man brachte mir mein Getränk. Ich wußte nicht, was ich sagen sollte:

»Und Palenque?«

»Ich weiß nicht.«

»Sind Sie nicht dort gewesen?«

»Ich? Wozu?«

»Um es zu sehen.«

»Glauben sie, daß ich dafür hierher gekommen bin? Steine? Bas-Reliefs?« Er senkte die Stimme. »Die Leute, die sie gemacht haben, leben noch. Das ist viel interessanter. Hier gibt es nichts außer Gegenwart, hier gibt es keine Geschichte. Gar nichts. Gewiß, Sie glauben, und das mit gutem Grund, wir lebten im Jahre 1955. Aber morgen, wenn ich zu den meinen zurückkehre, werde ich wieder in der Zeit leben, zu der ich Lust habe.«

Er beugte sich zu mir herüber und stützte sich auf seinen Stock.

»Der große Unterschied ist die Zeit. Hier geben wir der Zeit, was sie braucht, das, woraus sie gemacht ist. Wer denkt denn heute daran, der Zeit Zeit zu geben? Das große Krebsgeschwür der Menschheit ist die Eile. Es nagt immer weiter an ihr. Nicht die Geschwindigkeit; die ist nicht so wichtig, sie bleibt äußerlich. Es geht um das Innere. Weil ihr so viele Dinge machen wollt, macht ihr nichts richtig, nicht einmal richtig falsch. Das Leben hat ein *Tempo*, einen Rhythmus. Ihr habt ihn verloren, Aub, unwiederbringlich. Der Zeit Zeit lassen.« (Mir wurde klar, daß er mir, wenn ich ihn sprechen ließ, ohne nachzuhaken, sehr viel mehr sagen würde, als wenn ich ihn mit Fragen überhäufte.) »Das ist das Entscheidende. Die Liebe zum Beispiel. Ihr wißt ja nicht mehr, wie man Liebe macht. Schnell muß es gehen, im Eiltempo, doch das hat mit Liebe nichts zu tun, man kann es nicht mit den Wonnen vergleichen, die der genießt, der keine Uhr vor sich hat. Für euch gibt es keinen anderen Gott als die Zeiger der Zeit. Ihr bestehlt euch doch selbst. Ihr stehlt euch das beste. In welchen Opferstock werft ihr die Zeit? Pünktlichkeit! Daß ich nicht lache. Pünktlichkeit, wozu? Um so zu leben, wie die anderen wollen, daß man lebt? Alles Mumpitz. Ihr gewinnt Zeit, indem ihr sie den anderen stehlt. Vergessen Sie nicht: spät oder früh bedeutet gar nichts, die Dinge erreichen von selbst ihr Ziel. Man muß nie ›etwas zu tun haben‹.«

Ich mußte ihm irgendwie recht geben.

»Ist ihnen nicht langweilig, so allein«

»Man ist nie allein, sondern immer mit sich selber und mit Gott. Der Mensch schweigt nie. Ein Monolog ist stets auch ein Dialog. Immer spricht man mit jemandem, auch wenn der Jemand man selber ist, der in diesem Augenblick ein anderer ist. Deshalb kann niemand wirklich Atheist sein. Es gibt immer einen anderen. Der Beweis: die Einsamkeit hat kein Verb, wird nicht dekliniert. Ein Mensch, Aub, beginnt ganz unten, wir haben tief vergrabene Wurzeln, die geradewegs bis zum Himmel reichen, wo wir, und das ist seit jeher mein Glaube, eine andere Art von Wurzeln haben.«

Er machte eine Pause. Er lehnte sich wieder zurück.

»Sie kennen also wirklich Picasso?«

Er fragte mich nie nach Einzelheiten aus dem Leben dessen, der einmal sein Freund gewesen ist. Ich hatte den Eindruck, daß ihn das, was ich ihm aus dessen wundersamen Leben erzählte, nicht im geringsten interessierte.

»Glauben Sie ja nicht, daß ich mich vom Treiben der Menschen zurückgezogen habe. Nein. Ich verstecke mich nicht und führe auch kein Einsiedlerdasein. Diesen Weg hat Gott mir nie gewiesen. Nein. Ich mache schlichtweg nichts. Nicht einmal sprechen.«

»Und gehen auf sichere Distanz.«

»Genau, Aub, genau.«

Er lächelte und sah mich dankbar an.

»Von der Nichtigkeit der Welt konnte ich mich nicht abwenden, denn ich habe sie nie verspürt. Und auch nicht gebraucht. Die Annehmlichkeiten trage ich in mir selber. Ich fliehe die Menschen auch nicht, wie man mir nachsagt. Das ist Unsinn. Ich beweise es doch, oder? Allerdings suche ich sie auch nicht, so wenig übrigens, wie sie sich – *et pour cause* – für mich interessieren. Ich unterhalte keine diplomatischen Beziehungen zu den Leuten. Und die Archäologie ist mir völlig gleichgültig. Mich interessieren die Chamulas, und zwar so, wie sie sind, Aub. Die Steine überlasse ich dem, der sie haben will. Die Geschichte, Aub, die große und die kleine, ist eine Erbkrankheit, die mehr Opfer gekostet hat als jede Epidemie. Von meinen Leuten heißt es, sie lebten in ›totemischen, exogamischen und patrilinearen

Stammesverbänden‹. Das müssen Sie sich einmal vorstellen. Das einzige Buch, das sie fließend lesen, ist der Himmel. Der Stand der Gestirne ist, auch wenn man das nicht sagen sollte, ihre Bibel.«

»Ihr Katholizismus? Genauso gut wie der Ihrer Portiersfrau oder Ihres Hauswirts. Gott und die Welt sind dehnbar. Ein Jude hatte das wieder entdecken müssen. Geblieben ist der Kopal. Sicher haben Sie ihn bereits in den Kirchen gesehen.«

(Hinreißend die Kapelle von San Cristóbal, mit ihrer weißen und blauen Tünche, ihren furchteinflößenden Heiligen aus Zuckerguß, ihrem blutenden Christus, ihren verlassenen Altären mit der Kopalräucherschale davor, die glänzenden Fliesen in Elfenbein und Schwarz, ohne Bänke, strahlend im hellen Sonnenlicht, es funkelt für einen kurzen Augenblick, weil die Sonne sich dort grell widerspiegelt und dem Ganzen noch mehr Helligkeit verleiht. Absolute Sauberkeit und durch die Tür das blaue und grüne Gebirge.)

»Die Frauen sind hier so, wie ich sie mir immer erträumt habe: jederzeit dankbar. Immer zu dem bereit, was man will: gehorsam. Keine Sklaven. Sie mögen es so, sind gefällig und schweigsam. Körperlich besitzen sie für die Europäer den Fehler, daß sie nicht aus einem Stück sind. Von der Gürtellinie bis zum Kopf sind sie genau wie in Europa, doch von der Taille bis zu den Füßen ist alles kleiner. Man gewöhnt sich schnell daran. Und eine unvergleichbare Haut. Mit dem großen Unterschied, daß sie sich hier Kinder wünschen, nicht, um sie uns aufzuhalsen, sondern für sich selbst, weil es das Natürliche ist. In Europa hingegen fürchten sie immer, schwanger zu werden.«[4]

»Das Glück ist nicht der Verzicht, wie uns so viele Moralisten vormachen wollen. Niemand verzichtet, findet sich ab. Nein, Glück heißt, sich in jedem Fall zu bekreuzigen. Sich vor allem bekreuzigen, und sich damit bewußt werden, daß die Einsamkeit, das Alleinsein mit sich selber, ein hohes

Gut ist. Gott ist allein. Oder glauben Sie, er habe das Böse zu seiner Unterhaltung erfunden? Das Böse erschafft sich jeder selber.«

Er kam ohne Umschweife auf das Thema Frauen zurück.

»Und sie reden und amüsieren sich, eine so geschwätzig wie die andere.«

Er leerte sein Glas.

»Hier lebt man nicht tausend, sondern hunderttausend Jahre hinterher. Und nicht unbewußt, sondern sehend, wissentlich. Jetzt versucht man sie zu zivilisieren. Es wird gelingen, aber ich werde das so wenig erleben, wie Gott das will.«

»Sprechen sie spanisch?«

»Nein.«

»Aber sie verstehen es?«

»Einige. Aber meistens antworten sie auf das eine mit etwas anderem.«

»Tun sie es absichtlich?«

»Wer weiß! Ich lebe jetzt seit annähernd vierzig Jahren unter ihnen und weiß es nicht. Wenn die Leute eine andere Sprache sprechen, weiß man nicht, wie sie sind.«

»Aber Sie verstehen sie doch?«

»Ich spreche ihre Sprache. Ich weiß allerdings nicht, ob sie mich überhaupt verstehen wollen. Es ist genau das, was ich gesucht habe: immer in der Luft sein, wie ein Vogel, wo alles zu dir sagt, verlaß dich auf nichts, schau dich um und flieg weiter. Nichts widert mich so an wie die Leute, die ›etwas‹ oder ›jemand‹ sein wollen. Hohlköpfe, deren Leben darin besteht, anderer Leute Speichel zu lecken. Meine Indios haben nie versucht herauszubekommen, wie ich bin, so wenig wie ich das bei ihnen versucht habe. Wozu auch? Wenn man zur selben Familie gehört und zusammenlebt, schweigt man am besten, wenn man bestimmte Dinge begreifen will. Was haben wir gemein? Daß wir uns sehen. Sehen Sie, im Grunde habe ich hier wie ein Maler gelebt, ich habe nichts anderes getan als zu schauen. Überlegen Sie doch, was haben diese Leute mit dem zu tun, was Sie kennen? Nichts, absolut nichts. Andere Dinge, andere Leute, andere Gefühle. Ich sage nicht, daß sie besser sind. Aber ich kann sie von außen sehen. Eine andere Zeit. Ich betrachte Jahrhunderte, bei Tag wie bei Nacht, reine Konstellationen.«

»Und Sie haben wirklich nichts gemalt oder gezeichnet?«

»Womit?«

Offensichtlich bezog er sich nicht auf möglicherweise fehlendes Material.

»Haben Sie in all den Jahren nichts gemacht?«

»Ich habe Ihnen doch gesagt: Mestizen...«

»Wovon haben Sie gelebt? Verzeihen sie meine Dreistigkeit.«

»Von dem, was ich in zwanzig Jahren in Soconusco verdient habe, und das war sehr wenig (die Ausländer sind überall Geizhälse). Ich stellte Berechnungen an und sah, daß ich genug hatte, um weitere zwanzig Jahre hier leben zu können, den Bauch in der Sonne, ohne einen Finger zu rühren.«

»Wieviele Kinder haben Sie?«

»Ich hatte sehr viele. Es leben nur noch wenige, sechs, wenn ich mich recht erinnere... besser gesagt sieben, dazu die, die weggegangen sind. Dafür habe ich aber mehr als dreißig Enkel...«

»Bilden sie einen Stammesverband?«

»Um Himmels willen! Mich interessiert die Familie überhaupt nicht. Jeder für sich. Es ist die einzige Art, sich zu verstehen. Sie haben nicht herauszufinden versucht, wie ich bin. Sie haben mich in dem Augenblick akzeptiert, als ihnen klar geworden ist, daß ich nichts von ihnen wollte. Ich habe keinen Anteil genommen. So kommt kein Mißtrauen auf, was eine der vielen möglichen Definitionen von Glück ist. Hier hat jeder seine eigenen Heiligen, deshalb gibt es so viele. Pepe hat seine, Enrique hat andere, jedem seine Kornkammer, jedem seine Maismühle, jedem seine Frauen, mit andern Worten, jedem das Seine. Die Individualisierung der Heiligen regelt vieles, begräbt Eifersüchteleien. Das einzige, wofür sie sich gegenseitig umbringen könnten, ist eine Flinte.«

»Schon eine andere Generation ...«

»Es gibt eine Vorstellung von Generation, weil man immer glaubt, daß die Leute der eigenen Generation die Dinge besser erkennen als die der andern. Das heißt nicht, daß wir uns unbedingt für intelligenter halten als die anderen. Nein, die Leute glauben einfach, daß sie genau zum richtigen Zeitpunkt gekommen sind. Man muß sich, und das ist wichtig, darüber klar werden, daß dem nicht so ist, daß man sich in jedem Augenblick weiterentwickelt, und weder selber auswählt noch ausgewählt wird. Die Lektion ist uralt, aber sie ist durch den Fortschritt in Vergessenheit geraten. Wie sonst hätte die Schöpfung Hand und Fuß bekommen sollen? Nur Füße. Und die Chamulas haben die schönsten Beine der Welt, weil sie sehr viel gehen. Weil sie noch immer sehr viel gehen, eng verbunden mit der Erde. Ich habe unzählige Stunden verbracht, in denen ich auf ihr lag, die Wolken vorüberziehen oder den Mond zwischen ihnen und den Ästen der unterschiedlichsten Bäume dahineilen sah. Ich empfehle Ihnen die Bananenstauden in der Tiefebene. Ihre riesigen, zweigeteilten, reinen, glänzenden Blätter sind ein einzigartiger Rahmen. Und zwischen ihnen der dahineilende Mond... Welcher Maler...? Und die Menschen, Aub, zum Teufel mit ihnen.«

Er lächelte.

»Ob es die Großen sind oder die Kleinen: auswählen. Ödet Sie das nicht an, die Eitelkeit der andern? Das Denken, der Geist! Wie wichtig nehmen wir uns! Mit diesen unendlich kleinen Zutaten machen wir angeblich Literatur und Kunst. Legen Sie sich hin, Aub, und betrachten Sie die

Sterne, legen Sie sich hin, und wenn sich zwischen Ihnen und dem Himmel die Brüste eines jungen Mädchens wiegen, sind Sie am Ziel Ihrer Wünsche. Es sei denn, Sie wollten zum selben Preis das Mädchen auf die Erde legen. Alles andere heißt lustlos seine Zeit mit Arbeiten verplempern, wo man sie doch damit zubringen kann, zuzuschauen, wie sie, elegant herausgeputzt, dahinflieht. Warten wir ab, Aub. Warten wir auf das, was keiner weiß. Die große Spannung, junger Mann. Und lachen Sie über die Filme. Fragen Sie mich nicht, ob ich ins Kino gehe. Niemals. Ein einziges Mal war ich dort und mußte so furchtbar lachen, als ich sah, wie ernst diese sprechenden Schatten sich nahmen, daß ich nie mehr hingegangen bin. Was für eine Herde!«

Die elektrischen Straßenlaternen gingen an.

»Das Licht. Die Bedeutung des Lichts. Früher war der Mensch ein anderes Wesen, weil die Nacht wirklich noch die Nacht war. Das elektrische Licht hat einen höllischen Schaden angerichtet. Früher hatte der Mensch die Nacht für sich... Die Sklaven konnten sich nachts ausruhen... Die Nächte sind lang und gut. Heute, wo man die Nächte durchmacht, gehen sie allmächlich verloren.«

»Die Nächte?«

»Die Nächte und die Menschen. Schauen Sie, Aub, das ganze Problem liegt darin, das Gleichgewicht zu halten zwischen unserer Winzigkeit und unserer Größe. In den Bergen haben die Nächte ihr genaues Maß: sie beginnen mit dem Sonnenuntergang, sie enden mit dem Sonnenaufgang, und man sieht, ob man will oder nicht, die Sterne. Deshalb brachten die antiken Völker so viele Astronomen hervor, die uns Heutige, die wir nicht mehr wissen, was die Nacht ist, in Erstaunen versetzen. Die Sterne zu betrachten ist eine Schule der Bescheidenheit, aber auch der Größe. Die menschliche Weisheit reicht nicht darüber hinaus. Verzeihen Sie die Überheblichkeit. Ich halte mich wegen des Lebens, das ich frei gewählt habe, für überlegen.«

»Ja«, sagte ich im Scherz zu ihm, »und weil Sie als Katalane geboren sind.«

Er lächelte wieder:

»Wer erinnert sich noch daran!«

Aber von da an sprachen wir katalanisch. Und über Katalonien. Er schien ein anderer zu sein:

»Ich habe so viele Dinge gesehen. Aber nichts, das so war wie Katalonien zu Beginn des Jahrhunderts. Sie werden sagen: Klar, er war fünfzehn, zwanzig Jahre alt. Die Mathematik irrt nie. Aber es war etwas anderes. Ein Wissensdurst, der an allen Ecken und Enden überbordete. Es brodelte. Sie können sich das nicht vorstellen, Aub. Wir wollten alle lernen. Vor allem die Arbeiter. Überall schossen die Vereine aus dem Boden. Alle möglichen: für Arbeiter, für Kultur, für Sport. Der katalanische Nationalismus trug viel dazu bei, ebenso wie die Wanderbewegung, und fast bin ich geneigt zu sagen die Freikörperkultur, das Vegetariertum, das Esperanto, sie alle hatten ihren Anteil am Hochkochen der Atmosphäre. Überall fanden Versammlungen statt. Wie haben wir die Sardanas getanzt! Wie haben wir gesungen! Die Kunst- und Gewerbeschulen... Die Vereine der Laienschauspieler... Später hat alles nachgelassen. Der Buchhändler in Tuxtla hat es mir erzählt. Er ist Katalane, einer von den sogenannten *Flüchtlingen*. Aber damals, ich spreche von 1900, von 1905, wurde Katalonien von einer Welle des Optimismus, der Selbstsicherheit, überflutet. Es hieß, unsere Schriftsteller seien so gut wie die andern, unsere Maler seien mit den französischen vergleichbar, unsere Musiker würden alle andern in die Tasche stecken. Und in der Tat hatten wir wirklich gute Leute, Maragall, Verdaguer, Rusiñol, Nonell, Picasso – Picasso zähle ich zu den Katalanen –, Albeñiz, Granados, Casas, Gargallo, Clará... *Feia bonic*...«

Er hielt inne und betrachtete die Schatten der Dämmerung, wandte den Kopf ein wenig nach links, schob die Lippen nach vorne, kratzte sich mit der linken Hand den Bart. Er sah mich an:

»Ja, das konnte sich sehen lassen. Alle wollten noch ein wenig mehr wissen, als sie schon wußten. Die Ereignisse von '98 hatten auf Katalonien keine Auswirkungen. Spanien hatte ein Tracht Prügel bekommen, nicht wir. Darum war dann später, nach der Geschichte in der Wolfsschlucht... Und deshalb sind die katalanische Malerei und die katalanische Literatur der 98er Generation auch fröhlicher, haben mehr Leben als die in Madrid. Tatsächlich sind aus jener Epoche nur Picasso und ich übrig geblieben. Mateo Soto ist vor kurzem in Mexiko gestorben, in der Hauptstadt. Ich habe das von dem Buchhändler in Tuxtla erfahren. Er war ein guter Mensch. Wie mir der Buchhändler sagte, war er der einzige, den Baroja in seinen Memoiren gut wegkommen ließ. Aber, Sie kennen wirklich Picasso? Wie geht es ihm?«

Ohne meine Antwort abzuwarten, wechselte er das Thema:

»Kurz und gut, als Maler war ich eine Pleite. Keine gescheiterte Existenz, aber Gott hatte diesen Weg nicht für mich vorgesehen. Ich war kein großes Licht, in keiner Hinsicht.«

Ich schwieg, wartete ab.

»Jeder Weg ist gut, entscheidend ist nur, daß man mit sich selber einverstanden ist. Sich seine eigene Mittelmäßigkeit einzugestehen, tut weh. Tut sogar sehr weh, bis man darüber hinweg ist. Es schmerzt. Aber warum soll ein Mittelmäßiger weniger wert sein als ein anderer, der es nicht ist? Sich selber so akzeptieren, wie man ist, das kostet zwar einiges, aber es ist der einzige Gott gefällige Weg. Und was Gott gefällt, gefällt allen. Die Dummköpfe sind nicht die, die Dummköpfe sind, sondern die Millionen, die glauben, daß sie es nicht sind. Vor den Augen Gottes ist der Mensch nicht intelligent, sondern mehr oder weniger dumm. In dem Augenblick, in dem man zu der Überzeugung gelangt, ein Mittelmäßiger zu sein, einer von so vielen, einer mehr, weil man eben so geboren wurde, weil man nicht anders sein konnte, schickt Gott eine unendliche Ruhe auf einen herab. Man kann sich unter einen Baum legen, die Wolken vorüberziehen sehen, beruhigt schlafen. Ich war Anarchist und kein Platoniker: zufällig, weil es sich so ergab. In Paris war ich, allerdings nur am Rande, am Attentat auf den spanischen König beteiligt. Ab und zu muß ich mir das laut vorsagen, um mich daran zu erinnern, um mir dessen bewußt zu werden und es zu glauben.[5] Manchmal versagt mein Gedächtnis. Naja, eher öfter. Dafür erinnere ich mich ganz deutlich an andere, unbedeutende Dinge. Ich habe vorhin von Freiheit gesprochen ... Ich vergesse zwar, was in jüngster Zeit geschehen ist, aber eine Strophe aus einem Gedicht von Nalbandian zum Beispiel ist mir jederzeit präsent. Gewiß, Sie sind jung und wissen nicht, wer er ist. Als ich ein junger Mensch war, waren die Armenier sehr in Mode, die armen, verfolgten, von den Türken, den Russen, den Persern ermordeten Armenier. Nalbandian war ein großer Dichter, ein Freund Bakunins.«

Er sammelte sich kurz, bevor er zu rezitieren begann:

»Ich rief: Freiheit!
mögen sie einschlagen über meinem Kopf
Blitz, Donner, Feuer, Eisen;
mag Fallen stellen mir der Feind:
bis hin zum Galgen, hin zum Tod,
bis hin zur schimpflichen Garotte
ich werde immer rufen: Freiheit!«

Es ist die letzte Strophe eines seiner damals berühmten Lieder.

»Wer Freiheit liebt,
dem ist die Welt zu eng.«

»Aber nicht aus der Mode gekommen ist die Freiheit.«

»Das ist auch von ihm. Ob Sie es glauben oder nicht, es war ein Maultiertreiber, der mir das Gedicht in Gerona beigebracht hat.[6] Gestern. Wie lange wird das her sein?«

Er rechnete nach:

»Sechzig Jahre? Um den Dreh rum ... Mehr als ein halbes Jahrhundert. Wie alt sind Sie?«

Ich sagte es ihm.

»Dann sind Sie ja auch kein Kind mehr.«

Es war das einzige Mal, daß er für etwas Interesse zeigte, das nicht ihn selbst betraf.

Er schwieg. Ich sprach von der Freiheit, von der sowjetischen Malerei, um zu sehen, ob ich ihn aus seiner Apathie herausreißen konnte.

»Qualität hat nichts mit Gerechtigkeit oder Freiheit zu tun. Die Kunst hat auch in sehr hierarchischen Gesellschaften Meisterwerke hervorgebracht: in Ägypten, in Mesopotamien, im Spanien Phillipps II., hier, bei den Azteken. Aber die Malerei ist das eine und der Maler etwas ganz anderes. Ein Mörder kann ein großer Dichter sein, oder ein Politiker ein feinsinniger Künstler. Das ist zwar bedauerlich, aber es ist so. Das Schöne und das Gute haben wenig miteinander zu tun. Zufällig fallen sie manchmal zusammen.«

»Die Künstler von heute sind zum Lachen; ihnen bedeutet nur ihr eigenes Werk etwas. Sie kommen einem vor wie Komiker, wie Schauspieler. Sie sind ausschließlich zu Interpreten eines Werkes geworden, das bisweilen nicht einmal sie selber verstehen. Es gibt zu wenige Autoren. Das Publikum verändert sich kaum. Verstehen sie mich (ich verstand ihn sehr wohl), wie das Theater besteht jede Kunst, jede höhere Kunst, aus drei Teilen: Autor, Schauspieler, Publikum. Ohne Publikum ist keine Kunst etwas wert.«

Er schwieg und lächelte.

»Ich wundere mich über meine eigenen Worte. Wenn Sie

mich früher gekannt hätten ... Aber alles ändert sich, wenn auch nur wenig. Die Zeit ist die eigentliche Dimension. Und hier zählt sie nicht.«

Er trank einen Schluck.

»Der Schauspieler, die Technik der Aufführung, sie können großartig sein, wie es die großen Schauspieler des 19. Jahrhunderts waren. Aber sie führten große Historiengemälde auf. Damit wollten wir Schluß machen. Und das taten wir auch. Wir machten etwas anderes, und die Aufführung war ziemlich schlecht. Aber es gab immerhin ›ein Werk‹. Ich habe den Eindruck, daß es heutzutage nicht nur kein Werk mehr gibt, sondern daß die ›Aufführung‹ darüber hinaus auch noch schlecht ist. Das Publikum täuscht sich oder läßt sich täuschen und ein X für ein U vormachen.«

»Daß wir eine Sprache erfinden wollten, führte – zurück – zu den Hieroglyphen. Das, was eine neue Sprache hätte sein sollen, blieb auf Zeichen beschränkt, die nur die Wissenden, jene, die in das Geheimnis eingeweiht waren, übersetzen konnten. Heutzutage ist die Malerei, die sich davon mitreißen ließ, eine Geheimgesellschaft für Eingeweihte. Irgendeine Freimaurerloge mit ihren Meistern, ihren 33 Graden usw. Manchmal glaube ich, daß die Dummköpfe doch recht haben. Was haben wir getan? Die Kunst von der Natur getrennt.«

»Bereuen Sie, daß Sie das getan haben?«

»Die Reue, Aub, ist bei den Dingen sinnlos, denn sie bleiben. Und zwar deshalb, damit wir bereuen. Aber sie bleiben. Darum gibt es so wenige Auserwählte.«

»Sie scheinen kein Anarchist zu sein.«

»Die Anarchie, Aub, ist keine Philosophie, sie ist ein Gemütszustand. Ich glaube, irgendein Dummkopf hat das gleiche einmal über die Landschaft gesagt. Und weil ich mich mit den anderen nicht einigen konnte – die andern sind Dummköpfe –, habe ich den Anarchismus für mich eingeführt, ausschließlich für mich. Für mich, Aub, gibt es den Staat nicht. Suchen Sie in Regierungspapieren ruhig nach einer Spur von mir, Sie werden nichts finden. Nun werden Sie sagen: das hat er in Mexiko machen können. In Mexiko, natürlich, aber sicherlich hätte ich es auch in Brasilien oder in Venezuela machen können. Worauf es ankommt ist doch, daß man sich dafür entscheidet, niemand zu sein. Kein Geld zu haben. Der Reichtum ist der Todfeind der Anarchie. Sie sehen ja selbst, wie die mexikanische Revolution geendet hat, und die beruhte nun wirklich auf dem Anarchismus. Der Feind ist der Luxus. Den hat der Teufel erfunden. Der Luxus ist das Übel. Oder das Übel ein Luxus.«

Wir sprachen über das Wetter, über die Temperaturen. Dann kamen wir zu den Menschen zurück.

»Das Übel ist nicht der Mensch, sondern die Menschen. Die Gesellschaft. Sobald man sie auf unser natürliches Maß zurückstutzt, lebt man in der totalen, großartigen Anarchie, so wie ich hier lebe oder die Stämme Arabiens in der Wüste.«

»Nicht mehr.«

»Ich bedaure das. Man muß die Gesellschaft nach seinem eigenen Maß organisieren. Und der Mensch ist klein, Aub, klein. Wir sollten nicht in Jahren rechnen, nicht in Monaten. In Wochen vielleicht, wenn man zum Markt gehen muß, wie es dieser Aufgeblasene ... wie hieß er noch gleich, ach ja, d'Ors wollte ... Ich kannte ihn. Wichtig ist, daß man lebt, ohne zu denken und dabei nur an Gott denkt. Spüren, wie die Erde sich dreht. Ich versichere ihnen, wenn man auf ihr liegt, mit geschlossenen Augen, und sie mit der flachen Hand berührt, dann spürt man es.«

Ein Auto fuhr vorbei.

»Vorausgesetzt, es gibt weder nah noch fern Motoren, die stören.«

Dem Auto entstiegen einige Touristen, die ein Andenkengeschäft betraten.

»Warum sind sie gegen die Religion?«

Wen meinte er wohl? Die Anarchisten? Jene grell gekleideten Touristen?

»Warum beeinflussen sie die Kinder? Warum verderben sie ihren Verstand? Glauben sie etwa, die Gesellschaft von morgen brächte es zuwege, daß die Kinder mit jungfräulichen Vorstellungen den Zeitpunkt erreichen, an dem sie selber zu urteilen in der Lage sind? Was für Illusionen man sich doch über den Menschen macht! Unsere Intelligenz, das, was man Vernunft nennt, ist gar nichts im Vergleich zum Instinkt, zu den Gefühlen, die uns vorantreiben. Wir können wählen, aber wir sind höchstens – jetzt bin ich wieder einmal ganz romantisch – ein Segelboot im Sturm, das Steuerrad nützt uns herzlich wenig; vielleicht nur, daß wir nicht untergehen, wenn wir mit ihm die Winde an der Nase herumführen. In den Städten werden die Kräfte der Natur verborgen gehalten. Einzig und allein auf den Kopf bauen wollen (und dabei tippte er sich an die Stirn), ist einfach lachhaft. Wir schaffen es bestenfalls, Luftschlösser zu bauen ... und damit soll sich der Mensch zufrieden geben? Nein, Aub, nein. Der Mensch ist seine Intelligenz und noch vieles andere mehr, das wir nicht einmal benennen können, weil wir nicht wissen, was es ist. Die Wissenschaft schreitet ›in einem Affenzahn‹ voran, wie es in der *Verbena de la Paloma* heißt. Der Mensch entdeckt Gesetze und erfindet sogar welche. Doch er hat sich nicht geändert, seitdem wir das haben, was wir ›den Gebrauch der Vernunft‹ nennen. Zumindest nicht im Hinblick auf das, was wir mit ihr erreichen können. Unter den Indios, die ich kenne, die weder Kontakt zur Zivilisation noch zur Kultur haben, gibt es welche, die ebenso intelligent sind wie die Gelehrten, mit denen Sie sicherlich Umgang pflegen. Die Religion ist der Mensch. Mehr an Orientierung ist uns nicht gegeben.«

Er schloß für einige Sekunden die Augen. Dann sah er mich entschlossen an.

»Die Religion hat wenigstens Normen und Regeln, keine Gesetze, wie nur die Moral sie kennt.[7] Gesetze kommen und gehen. Es heißt ja auch, die Malerei gehorche Gesetzen. Ich weiß nicht mehr, wer einmal zu mir gesagt hat, wir verfälschten die Malerei. Wir werden das auch weiterhin tun, Aub, wir fälschen und verfälschen, denn es ist der einzige Weg, uns erwachsen zu fühlen, weil wir nur als Erwachsene fälschen können. Das sind die großen Zeichen des Menschen auf Erden.«

Ich sprach auch von Teotihuacán, von El Tajín. Ich weiß allerdings nicht mehr wann, denn wie ich schon sagte, sind mir meine Aufzeichnungen durcheinander geraten.

»In Europa kommt die neusteinzeitliche, symbolistische Kunst nach der altsteinzeitlichen, naturalistischen. Das heißt, daß eine Zivilisation mehr oder weniger nomadisierender Jäger einer Zivilisation mehr oder weniger seßhafter Ackerbauern vorausgeht. Hier ist es umgekehrt. Was eine gewisse barocke Überladenheit der vorhöfischen Kunst zu erklären vermag. Gewiß, ich weiß: Der Einfall der Barbaren und der Araber führt in Europa zu etwas Ähnlichem, nämlich zur Gotik. Aber entspricht die Kunst der Azteken nicht der europäischen Gotik? Sind ihre Verschachtelungen und Überlagerungen nicht vergleichbar? Sind sie nicht das ferne Echo einer abstrakten Kunst, wie der arabischen, die eine realistische, wie es etwa die romanische war, beeinflußt und überlagert hat? Araber wie Azteken waren kriegerische Nomaden... Dies könnte bis zu einem gewissen Grad das Nebeneinander einer naturalistischen Kunst – und es ist immer wieder erstaunlich, daß der Mensch ohne besonderen Zweck die Natur nachbildet – und einer übertrieben symbolistischen, halb schöpferischen Kunst erklären. Der Symbolismus nach dem Maß der menschlichen Unfähigkeit... Auch wenn Sie es nicht glauben, war der Kubismus doch eine realistische Kunst, eine Reaktion auf den Symbolismus. Im Kubismus gibt es keine Idee, kein Konzept oder gar die Substanz des Gegenstands. Nein: nur den Gegenstand, ohne Projektion, so wie er ist, von allen Seiten gesehen. Ohne *Interpretation*. Soweit so gut. Wenn der Mensch sklavisch nachahmt und Übereinstimmung, Ähnlichkeit herzustellen versucht, rechnet er nicht mit der Intelligenz der andern. Wenn er etwas hervorbringt, genügt es, daß er andeutet und dabei auf das Verstehen der anderen zählt. Ein naturalistischer Maler fühlt sich dem Gegenstand, den er malt, unterlegen, wir hingegen fühlten uns überlegen: wir waren stärker, denn wir konnten mit ihm tun, wozu wir Lust hatten.«[8]

Er setzte sich anders hin und schlug die Beine übereinander. Mit der rechten Hand machte er eine Bewegung, als ob er eine Fliege verscheuchen wollte.

»Achten Sie nicht auf mich, ich komme immer erst in Fahrt, wenn es dunkel wird. Man wird geboren, um zu leben, und um Gott dafür zu danken, daß man lebt. Es gibt absolut nichts Schöneres als eine Rose. Es sei denn eine andere Rose.«

Eine Gruppe Chamulas kam vorbei, zwei Männer und einige Meter hinter ihnen drei schwer bepackte Frauen. Sie grüßten ihn respektvoll. Er ließ den Kaffeelöffel auf dem Tisch klimpern.

»Ich habe aufgehört zu malen. Ja, ich habe aufgehört. Warum? Warum hört man auf, etwas zu tun? Weil man es will oder weil man die Lust daran verloren hat. Ich tat es, weil ich es wollte. Es ist mir nie eingefallen, nur für mich selber zu malen, obwohl mir das, was die andern sagten, nichts bedeutete. Ich malte für mein Seelenheil, so wie ich hoffe, daß mir das Seelenheil am nahen Tag meines Todes sicher sein wird. Mein Seelenheil auf Erden gedachte ich unter den Menschen zu erlangen, von denen ich annahm, daß sie von Tag zu Tag besser werden würden. Als ich meinen Irrtum einsah, habe ich darauf verzichtet, weiter zu malen. Möglicherweise war die Zeit, die ich mir gesetzt habe, zu kurz. Wenn ich die Sterne betrachte, kommen mir manchmal Zweifel, ob meine Entscheidung wohlüberlegt war.«

»Wann war das?«

»1914. Ich glaubte an die Revolution, nicht an das allgemeine Wahlrecht, diese Utopie. Das Volk weiß nicht, was es will, es hat eine Vorstellung von einer besseren Welt, dem verlorenen Paradies, ohne zu wissen, wie es dorthin gelangt. Die Revolutionen werden von wenigen gemacht und auf unmenschliche Weise. Mit dem, was sie wußten oder nicht wußten, zogen Arbeiter und Bauern singend los, um sich gegenseitig umzubringen. Es lohnt nicht, sich für das Glück der anderen einzusetzen. Das ist Anmaßung, Überheblichkeit, Hochmut, Eitelkeit, Rechthaberei, nennen Sie es, wie Sie wollen, es ist nicht einmal Donquichotterie. Die heutigen Revolutionäre wollen schlau sein, dabei sind sie nur eitel und aufgeblasen. Ich habe viele aufrichtige Anarchisten gekannt, sie sind unter der Guillotine geendet oder durch die Straßen gejagt worden.«

Er machte eine Pause, schlug die Beine andersherum übereinander.

»Pablo ist also Kommunist geworden? Ich glaube das nicht. Als ich ihn das letzte Mal sah, war er gerade dabei, ein Bild zu malen, ein kubistisches, gewiß, das den Schriftzug *Vive la France!* trug.«

»Nationalismus und Kommunismus widersprechen sich nicht.«

»Ach!«

»Er hat ein großartiges Bild gemalt: *Guernica*.«

»Ich habe es gesehen, auf dem Umschlag einer Broschüre des *Fondo de Cultura*.«

»Hat es Sie nicht interessiert?«

»*Das* hat mich überhaupt nicht interessiert. Ich habe so was gründlich satt. Alles, was ich gesehen habe, bestätigt mich in meiner Meinung. In Ihren Augen ist sie sicherlich alt, aber es ist eben die meine. Sie hat Vorgänger, die älter, sehr viel älter sind... Vor Jahren glaubte ich noch, die Menschen könnten – er ließ das Wort auf der Zunge zergehen – gleich sein. Von wegen! Es gibt einfach zu viele Dummköpfe. Es kommt der Augenblick, an dem man bei einer Idee stehenbleibt, bis dahin hat man sich mit der Zeit geändert, jetzt aber bleibt man stehen und geht nicht mehr weiter. Das muß kein Schlußpunkt sein, aber es ist ein Punkt und ein neuer Absatz. Man bleibt dort stehen, ruhig, zu kraftlos, um weiterzugehen, bis zum Jüngsten Gericht. Dort bin ich stehengeblieben«, er senkte die Stimme, »bei Michelangelo. Grün und Blau.«

Die letzten Worte sprach er so leise, daß sie kaum zu hören waren. Ich kann für sie nicht bürgen. Unter Schweigen verging eine quälend lange Zeit. Der Platz war menschenleer. Eine Uhr schlug.

»Ich finde es ziemlich schwierig zu verstehen, was die französische Welt zu Anfang des Jahrhunderts war. Zumindest aus unserer Sicht war die Welt damals französisch.«

Wieder lächelte er.

»Das große Katalonien begreift Mallorca oder Valencia nicht, Frankreich hingegen... Damals gab es noch Klassen. Klassen in den Zügen, in der Metro, ich kam nach Paris, als sie bereits fuhr, wenn auch nur wenig. Man sprach nicht miteinander. Für den Klempner war es ein Problem, mit einer ›Dame‹ zu sprechen. Es gab für die einen wie für die andern ganz unterschiedliche Kleidung. Die ›Damen‹ rochen gut, die andern nicht. Es gab Maler erster, zweiter, dritter Klasse, jeder mit seinem Nummernschild. Ich weiß natürlich, daß die Welt nicht so schnell untergeht, trotz der Atombomben, die unsere größten Hoffnungen sind. Man darf gespannt sein, was die Überlebenden, die es immer geben wird, in den Höhlen, in die sie sich flüchten, malen werden.«

Unvermittelt fragte er:

»Wie spät ist es?«

Ohne eine Antwort abzuwarten:

»Ich muß gehen. Es ist spät geworden. Für mich ist es in jeder Hinsicht zu spät geworden, Aub. Sogar fürs Sterben.«

Langsam erhob er sich. Ohne große Hoffnung fragte ich:

»Und Ihre Bilder?«

»Ich habe so viele wie möglich zerstört und hoffe, daß sich keines mehr finden wird. Sie waren nichts wert. Einen Dreck. Ich stelle voller Genugtuung fest, daß sich niemand mehr an mich erinnert. Gott sei Dank hatte ich nie einen Galeristen, und ich denke, daß mir das morgen schon dort droben zugute gehalten wird.«

Er hob die Hand, die er mir dann hinhielt. Er hatte sich schon umgedreht, als ich ihn einholte:

»Bleiben Sie bis morgen?«

»Ich werde sehr früh aufbrechen.«

»Können wir uns heute abend sehen?«

»Wenn Sie wollen.«

»Wieder hier?«

»Um neun.«

Er entfernte sich, kerzengerade, vier Schritte. Dann drehte er sich um:

»Sollten Sie mit Alfonso Caso befreundet sein, dann sagen Sie ihm, wenn Sie ihn sehen, er möge nicht weiter stören und die Indios in Frieden lassen. Mehr verlangen sie nicht. Ich auch nicht. Und noch etwas: Es hat mich gefreut, mit Ihnen zu sprechen. Aber die Intelligenz nützt einem nicht viel. Sie werden das schon noch merken. Und wenn nicht, haben Sie Pech gehabt.«

Es war Abend geworden. Er reichte mir noch einmal die Hand.

»Bleiben Sie, zahlen Sie mein Getränk und trinken Sie noch eins. So etwas gibt es sonst nicht in Mexiko... und auch nicht in Paris.«

Er ging weg. Nach drei Schritten drehte er sich noch einmal um:

»Wenn Sie an Picasso schreiben oder ihn sehen, grüßen Sie ihn von mir.«

b. Das Gespräch am Abend

Ich aß schlecht und schnell zu Abend, trotz des Ruku, der dem Geschmack Farbe verleiht. Bei einem Kaffee wartete ich über eine halbe Stunde auf ihn.

»Es ist kühl.«

»Kalt, sollten Sie sagen. Man darf nicht vergessen, daß wir etwa zweitausenddreihundert Meter hoch sind.«

Der Himmel war sternenklar.

»Wären diese Lichter nicht, würden Sie nur Sterne sehen ... «

»Man sieht sie.«

»Nein.«

Ich sprach über das Essen. Er hielt eine Lobrede auf den Pozol.[9]

»Haben Sie immer in San Pedro gelebt?«

»Nein. In Tenejapa, vor vielen Jahren, in Chenalhó. Ich habe auch einige Monate in San Miguel Mitontic und in Oxchuc zugebracht.«

Wir sprachen wieder über das Essen.

»Die Wollhaaraffen waren schon fast ausgerottet, als der Ruf von Voronow bis hierher drang.«

»Schickte man sie nach Mexiko?«

»Ach was! Die Quacksalber ... «

Ich war fest entschlossen, mit ihm über Malerei zu reden. Ich tat alles, das Gespräch in die Richtung zu lenken, die mich interessierte. Ich schwitzte Blut und Wasser, doch es gelang mir:

» ... dieser Idiot, der gesagt hat: ›Die Kunst ist zu bedeutend, als daß man über sie spricht ... ‹ Es ist nun mal so, daß sich über die Kunst nur Dummheiten sagen lassen.

Oder man spricht über ihre Geschichte, so wie man über Napoleon oder Juárez spricht. Aber dieses Geschwätz über Wert und Werte, über Qualität und Qualitäten... Also wirklich! Soll mir doch mal einer erklären, warum die Backsteine dieses Brunnens rot sind und nicht grün... Und falls er es erklären kann, was für eine Rolle spielt es am Ende? Und ob Matisse besser ist als Picasso... was soll das? Kritikergeschwätz... Es ist kein Zufall, daß die Kritiker erst auftauchten, als das Bürgertum damit begann, Kunst zu kaufen, um sein Geld anzulegen. Und die Galeristen: Lagerverwalter, Großhändler. ›Was können Sie mir empfehlen?‹ fragte der Kaugummikönig, der in van Gogh investiert hatte und nun auf der Suche nach anderen gewinnträchtigen Anlagen war. So haben wir uns verkauft. Der Plural ist eine Redensart.«

Er strich sich durch den Bart.

»Maler, richtige Maler, waren immer, und sind es vermutlich nach wie vor, unermüdliche Arbeiter. Sie arbeiten wie sonst niemand, niemandem gefällt sein Beruf so wie ihnen. Es ist eine Arbeit, die man sieht. Ein Komponist arbeitet, genau wie ein Architekt, ins Leere, so sehr er sich auch vorzustellen versucht, das am eleganten Tisch Gezeichnete zu sehen, das aufs Notenpapier Geschriebene zu hören. Ein Maler hingegen arbeitet nicht ins Leere. Die Malerei ist die einzige dankbare Kunst. Man ist gleichzeitig Autor, Schauspieler und Publikum. Ein Dichter schreibt, und erst danach wird sein Werk zu einem Buch, oder auch nicht, es wird gesungen, vorgetragen. Die Malerei ist sofort sichtbar. Sie ist das, was man am intensivsten sieht. Sie braucht niemanden. Sie bleibt da, auch ohne Vermittler, ohne Interpreten. Sie gibt sich auf einen Schlag hin. Von Kunst versteht niemand etwas, weil alle etwas davon verstehen. *A-bu* sagt das Kind und zeichnet, wenn man ihm hierfür etwas in die Hand drückt. Alle Kinder zeichnen, weil es auf natürliche Weise aus ihnen herauskommt, weil das

Zeichnen zum Wesen des Menschen gehört. Einige Farben werden ihnen besser gefallen als andere . . . «

»Die Riten.«

»Was heißt hier Riten! Die haben nicht die Bohne etwas mit einem eineinhalb oder zweijährigen Kind zu tun! Die Linien, die ein Chamaco zeichnet, sind ebenso schön, wie es die eines Raffael sein können. Sie lassen sich von der Rauheit des Papiers leiten, von der Widerspenstigkeit der Bleistiftspitze. Rein technische Probleme, Aub, rein technisch. Ich habe bergeweise Hefte, die meine Kinder und Enkel vollgekritzelt haben. Folklore.«

»Geben Sie ihnen keinen Unterricht im Malen?«

»Ich? Weder im Malen noch in sonst etwas. Mit den Jahren vergeht ihnen der Spaß am Malen, sie wenden sich dann nützlicheren Dingen zu.« Er machte eine Pause. »Die Leute vergessen, daß die Dinge nicht besser gemacht werden, weil sie nicht wissen, wie man sie besser machen kann. Merkwürdigerweise unterscheiden sie sich am stärksten, wenn sie kopieren wollen. Bei den Kindern ist es etwas ganz anderes. Sie machen noch nicht den Anschein, einmal Erwachsene zu werden. Sie erwecken überhaupt keinen Anschein.«

Mit dem Löffel löste er langsam den Zucker in seinem Kaffee auf.

»Die Kritik setzt in dem Augenblick ein, in dem sie den wirtschaftlichen Interessen der Maler oder ihrer Vertreter dient. Sie ist Ausdruck der Industrialisierung, wie die Werbung oder die Reklame. Die Kritik zahlt sich immer aus. Sie ist das einzige ›Schreiben‹, das relativ gut bezahlt ist, von dem man leben kann. *Ma non è una cosa seria.* Kritiker gibt es, seit Bilder nicht mehr als Auftragsarbeit gekauft werden. Ein grundlegender Unterschied. Der König, die Fürsten vergaben Aufträge, der Bürger hingegen wählt unter dem bereits Gemachten aus und kauft. Am Anfang steht das Malen auf Kommissionsbasis, am Ende die Kommission, die ein Agent einstreicht. Der Wechsel vollzog sich mit der französischen Revolution. Das Scharnier: Goya.«

Ich sah ihn verwundert an.

»Ich spreche im Ernst.«

Natürlich sprach er im Ernst.

»Was hätte Velázquez gedacht, wenn er davon ausgegangen wäre, daß seine Bilder gehandelt würden? ›Gefällt Ihnen das hier besser? Es ist von heute.‹ Jetzt malen sie das, wozu sie Lust haben. So ist das eben. Aus dem Handel wurde eine Industrie, das ist der natürliche Lauf der Dinge. Wer hat dabei gewonnen? Sicher die Maler, wegen der großen Nachfrage, mit Sicherheit aber nicht die Malerei. Man malt nicht mehr, weil man von jemandem darum gebeten wird, als Auftrag, sondern um zu verkaufen. Mal sehen, ob der Gringo drauf anspringt. ›Sucht den Gringo‹.«[10]

Wenn ich damals gewußt hätte, was ich heute weiß, hätte ich ihn gefragt:

»Ist das so neu?«

Aber ich wußte nichts. Trotzdem folgte ich dieser Spur.

»So entstanden die Theorien. Theorien, Theorien! Dummheiten, sonst nichts. Nehmen Sie irgendeine dieser anmaßenden Behauptungen von Braque oder Gris und drehen Sie sie herum, so daß sie genau das Gegenteil aussagen: es kommt auf dasselbe heraus, und genauso können sie in den Monographien verewigt werden.«

Seine Augen glänzten listig.

»Ich erinnere mich, daß Gris, in jeder Hinsicht sehr von sich eingenommen, eines Tages behauptet hat: ›Ein Bild ist eine Synthese.‹ Meinen Sie nicht, daß er genauso gut hätte sagen können: ›Ein Bild ist eine Antithese‹, oder, wie Croweck wollte, eine These? Dummheiten. Dummheiten? Ich bitte Sie!... Sie entstehen a posteriori. Das unterscheidet die Kunst von der Wissenschaft. In der Malerei kann man Stars nie im voraus entdecken. Oder malte Mondrian, dieser Teufelskerl, etwa nach Schablone? Und diese Dummköpfe, die vom ›kubistischen Abenteuer‹ gefaselt haben. Abenteuer! Ich bitte Sie ...! Abenteuer ...«

Er sah in die Nacht, begann zu lachen und kratzte sich am linken Ohr.

»Abenteuer. Es war kein schlechtes Abenteuer ... Aber der Weg war offen. Man mußte ihm nur folgen. Das heißt nachahmen, wie dieser schamlose Juan Gris. Gibt es etwas einfacheres, wenn man ein wenig Geschmack hat, als ein kubistisches Bild zu kopieren oder ein ähnliches zu erfinden? Die *Mona Lisa* zu kopieren ist schon schwieriger, und doch, wieviele Kopien gibt es sogar von ihr? Authentisch zu sein bedeutet, das Gegenteil zu machen, was manchmal originell ist und manchmal nicht. Was uns gefiel, war das Neue. Sorolla, Zuloaga, Solana, man wird sie im hintersten Winkel der Geschichte vergraben, Picasso nicht. Die Welt verlangte laut nach ihm. Später hat man sich an ihn gewöhnt, wie Sie mir sagen. Ein Erneuerer. Kennen Sie ihn wirklich? Die Leute wunderten sich, als er plötzlich anfing wie Ingres zu zeichnen. Sie vergaßen, daß er Spanier ist. Wir sind in der Lage, vom Einfachsten zum Schwierigsten zu wechseln. Zum Beispiel? Ich glaube das nicht, wir sind eben so. Picasso malte nie, was er vor sich hatte, sondern das, was die Dinge, die er vor sich hatte, ihm sagten. Der Kubismus war eine Schreibweise, ein Alphabet, eine Malerei zum Lesen. Da war etwas Hybrides zwischen Literatur und Malerei. Was ist daran besonderes, daß Pablo eines Morgens aufstand und Lust hatte, die Literatur vor die Tür zu setzen? Offen gestanden, in diesem Punkt verstanden wir uns nicht. Mit Mondrian war es etwas anderes. Wir verstanden uns sofort. Wir suchten das gleiche, doch wir wußten nicht was. Die armen Teufel, die nur seine letzte Weisheit kennen, sie haben keine Vorstellung davon, wer er gewesen ist, und was es ihn gekostet hat, dieses Königreich aufzubauen, das einzig und allein ihm gehörte. Die heutige Architektur liegt ihm zu Füßen. Bestimmt spuckt er vom

Himmel auf sie herunter; und das, obwohl er der wohlerzogenste Mensch war, mit dem ich je zu tun hatte.«

Er trank seinen Kaffee in kleinen Schlucken.

»Es gab eine Zeit, da malten wir einen Tag lang so, den anderen so, immer auf der Suche. Vermutlich erinnert sich heute niemand mehr an seine holländische Phase, grün und grau, aus der großen Palette. Aber immer mit spärlichsten Mitteln. Mondrian war ein großer, geiziger Maler: nie geht er über das rechte Maß hinaus. Dann kommt seine malvenfarbene Phase, mit Grau und Gelbtönen.«

Glücklich über seine Erinnerungen, strich er sich den Bart:

»Später ging er landeinwärts, seine Palette veränderte sich, sie wurde leuchtend, ohne Schatten, einfacher. Daran hielt sich ein anderer, feiner, dankbarer Maler: Marquet. Mondrian war Theosoph, etwas, das uns trennte. Vielleicht blieb er deshalb immer ein Landschaftsmaler. Wann genau war das? 1911 oder 1912, um diese Zeit herum lernt er den Kubismus kennen, doch sein Weg verlief ganz anders als der Picassos, der ein Maler menschlicher Figuren ist. Mit mir verstand er sich gut, weil wir beide das Unmögliche suchten. Er fand Formeln, ich verzichtete darauf. Man mußte ein Heiliger sein. Er erfand eine asketische Malerei. Einige Dummköpfe sprachen von Mathematik, von Geometrie. Ausgerechnet er, der nie rechnete! Reine Intuition, reiner Ausdruck seiner Reinheit.«

Er neigte sich zu mir herüber und stützte einen Arm auf den Tisch.

»Die Linie des Horizontes über dem Meer lieferte ihm die Basis, um seine Malerei zu konstruieren. Er mußte ihr nur noch in der Senkrechten den Himmel entgegensetzen. Alles andere ist Anekdote. Wie oft habe ich versucht, ihn zum wahren Glauben zu bekehren. Aber er war Hugenotte, Calvinist, Häretiker ... und Theosoph, um noch eins draufzusetzen. Wir kamen gut miteinander aus, so wohlerzogen ...«

Angeregt zog er mit einem Finger auf dem Tisch die grundlegenden Striche nach.

»*Heute* einen Mondrian zu malen, scheint das einfachste von der Welt, deshalb versuchen sie es immer wieder, schneiden sich aber jedes Mal in den Finger. Und gerade das ist für einen Maler... Alle diese heutigen Abstrakten... Ein enormer Rückschritt. Sie haben sich in Mondrians Graben gestürzt und kriechen dort herum wie schleimige Würmer. Eklig. Mondrian hatte die Gabe der Proportion. Der vollkommene Ausdruck der protestanischen Welt, der auf die Spitze getriebene Kapitalismus: der Geiz. Unmöglich, mit weniger mehr zu erreichen, das Ideal von Ertrag und Zins. Das ist genau das Gegenteil des Korans, für den das Zinsgeschäft die größte Sünde ist. Deshalb haben sich die Araber mit ihrer Liebe zu den Kurven auch so verrückt gemacht und damit den Grundstein für den katholischen Barock gelegt. Den auch die Indios hier bewundern. Auch Kandinsky war Theosoph, und Miró glaubte an Gespenster. Gris nicht. Er war ein Madrider Geck, der für sein Leben gern den *Chotis* tanzte. Max (Jacob) war Astrologe. Sehr elegant mit seinem grauen Gehrock und seiner Melone. Man hielt es nicht für möglich...«

»Wie ich sehe, sind Sie auf dem Laufenden...« (Ich sagte das, um ihn in die Gegenwart zurückzubringen und wegen seiner Anspielung auf Miró.)

»Wer geht denn nicht zum Friseur, und sei es auch nur wie in meinem Fall alle sechs bis acht Monate? Haben Sie das schon einmal bedacht, Aub? Heutzutage hat das Wissen über die Kunst etwas mit den Haaren zu tun... Ein Bild von Miró ›kommt‹ als Reproduktion in den Zeitschriften ›viel besser heraus‹ als ein Vermeer. Ich blättere auch jedes Jahr im Laden des Buchhändlers, bei dem wir uns kennengelernt haben, ein paar Bücher durch. Die ›Abstrakten‹..., da muß ich einfach lachen. Alles Schwindel. Und wenn es kein Schwindel ist, dann ist es noch schlimmer. Was sie sagen oder sagen wollen, das sagten wir schon vor vierzig Jahren. Ein Nachspiel, die reinste Zeitverschwendung. Sie werden sicherlich nicht meiner Meinung sein.«

Um das Gespräch nicht stocken zu lassen, sagte ich eine Dummheit:

»Man sündigt immer aus Unwissenheit.«

Er sah mich fest an, mit einem Lächeln, das ich bereits kannte.

»Klingt ganz gut. Aber wenn es so wäre, gäbe es keine Sünde.«

»Sie glauben also, man sündigt, um zu sündigen ...?«

»Nein. Man kämpft und gibt sich geschlagen. Niemand sündigt, um zu sündigen, denn wer Gott herausfordert, glaubt nicht an ihn. Oder glauben Sie, Adam hätte den Apfel nicht gegessen, wenn er gewußt hätte, was ihn erwartet? Das hieße doch, den Herrn zu beschuldigen, er habe ihm die notwendigen Informationen vorenthalten ... Nein, man sündigt wissentlich.«

Ich bereute schon, daß ich ihm mit meiner Antwort eine Ausweichmöglichkeit gegeben hatte ... Aber das Thema Malerei war stärker, und er kam wieder darauf zurück, ohne daß ein Lockmittel notwendig gewesen wäre:

»Der Kubismus war alles, nur kein Kubismus. Was wir wollten, war genau das Gegenteil: Wir wollten Schluß machen mit der Perspektive, mit der dritten Dimension, mit der ›Tiefenwirkung‹. Deshalb hat kein anderer Stil, keine andere Schule der Dekoration, den angewandten Künsten soviel gegeben. Der Farbe das geben, was die Impressionisten dem äußeren Schein gaben. Dazu war jedes Thema recht. Weil wir Spanier waren, hatten wir Gitarren, und folglich wurden Gitarren gemalt. Wir rauchten alle Pfeife, also malten wir Pfeifen. Die Surrealisten waren etwas anderes, aber da rede ich nur aus zweiter Hand. Ich habe jedoch den Eindruck, daß sie genau das Gegenteil von dem suchten, was wir suchten. Sie wollten unbedingt ihre Vorstellungen malen, und kehrten damit zum Symbolismus zurück. Sie mußten irgend etwas machen, doch sie fuhren sich dabei fest. Die Malerei muß zu ihrem zweitrangigen Platz zurückkehren, und den Malern wird nichts anderes übrig bleiben, als malen zu lernen. Es war eine Sackgasse. Der Härteste, der Stärkste von uns war Michail Koltzow, ein Russe aus Kiew. Er begann, entschuldigen Sie bitte, mit Scheiße zu malen. Er war irgendwie wild und furchtbar. Ein Riese, 1913 beging er Selbstmord. Ich habe nie jemanden gesehen, der so selbstsicher war wie er, ein Vielfraß wie kein anderer. Nichts von ihm ist erhalten geblieben, er hatte einigen Einfluß auf Kandinsky.«[11]

Als ich ihn so angeregt sah, wagte ich ihm die Frage zu stellen:

»Haben Sie wirklich nie mit dem Gedanken gespielt zurückzukehren . . . ?«

»Wohin?«

». . . in die Zivilisation.«

»Machen Sie Witze?«

»Und der spanische Bürgerkrieg?«

»Nur Narren konnten glauben, irgendein Krieg könnte etwas Vernünftiges bewirken. Die Menschen sind verdorben, Aub. Das ist ein natürlicher Vorgang. Für die Sterbenden ist das ein Trost. Bis zum Tag des Jüngsten Gerichts.«

»An das Sie glauben.«

»Felsenfest. Deshalb bereue ich seit vierzig Jahre alles, was ich getan habe. Die meisten Menschen können nichts anderes als reden, und das führt früher oder später zu Fäulnis und Verderbnis. Vor allem später.«

Wir tranken unseren Kaffee aus. Ich ließ nicht locker:

»Und Sie haben nie daran gedacht, nach Spanien zurückzukehren?«

»Gris, Manolo, ich, wir wären 1914 gern zurückgekehrt, wenn wir gekonnt hätten, aber als Flüchtlingen und Deserteuren war uns dieser Weg versperrt. Wir mußten bleiben, mit unserer Sehnsucht und einer gewissen Scham. Inzwischen ist meine Heimat schon lange hier, und nur hier.«

Er änderte den Ton.

»Würden Sie mir glauben, wenn ich Ihnen sage, daß ich noch nie so mit jemandem gesprochen habe? Vielleicht, weil Sie Pablo kennen... Seltsam, dieser Zauber eines Namens. Glauben Sie nicht, daß mir das leid tut. Bloß, es ist eine Zeit in meinem Leben, zu der ich nicht mehr zurückkehren werde. Wenn ich mich an etwas erinnere, dann ist es die Gegend, in der ich meine Kindheit verbracht habe. Um Mollerusa herum.«

Ich sprach ihn auf Lérida an. Er machte eine Handbewegung.

»Lérida ist etwas anderes. Eine Stadt, wie es viele gibt. Gris war Madrider und Manolo Katalane. Sie haßten sich. Gris war sich seiner Sache nie ganz sicher, er starb vor Angst, weil er nicht aufrichtig war. Er mußte sich vergewissern, diskutieren, blind tastete er sich mit einem Stock vorwärts, und schließlich malte er auch damit, mit einem Blindenstock. Ich habe nie mit Stock gemalt.«[12]

»Gris gab gern an, und er tanzte gern. Er war sehr abergläubisch und hatte etwas von einem Zigeuner, nicht nur wegen der Hautfarbe. Dieser zusammengebastelte Kubismus sah immer ein bißchen nach Zigeunerfolklore aus. Und zu allem Überfluß auch noch spiritistisch. Mondrian war wenigstens, ich glaube, ich habe es Ihnen schon gesagt, Theosoph. Und Sie sagen, Gris sei gestorben?«

Sein Ton verriet eindeutig, daß er es wußte, und daß es ihm Vergnügen bereitete, ihn überlebt zu haben.

»Und, spricht man noch von ihm?«

»Ja.«

»Vermutlich wenig und schlecht.«

Ich wagte nicht, ihm zu widersprechen, weil ich nicht gern Mißstimmung aufkommen lasse.

»Er wußte, was er wollte. Geld und einen Namen. Die Malerei war ihm schnuppe. Ehrgeizig war er. Beharrlich wie ein echter Emporkömmling. Es ist schwierig, das Echte von dem zu unterscheiden, das nicht echt ist. Das Falsche, wenn es nur unentwegt produziert wird, täuscht irgendwann sogar den größten Kenner. Und Gris war verbissen. Aber er gefiel dieser Stein mit ihrem Pferdegesicht ... Vorsichtig, sehr behutsam. Er streichelte die Hunde mit der linken Hand, für den Fall eines Falles. Wirklich, ich erfinde nichts. Dazu ein aufdringlicher Schmeichler: Sein erstes kubistisches Bild nannte er ›Hommage à Picasso‹. Und noch etwas, Aub, waren etwa Gris, Villón, Marcoussis, die sich alle drei hinter Pseudonymen versteckten, vor dem Kubismus große Maler, wie Picasso oder Mondrian? Nein, Aub, nein. Verdienstvolle Zeichner von *L'assiette au beurre* oder *La Vie Parisienne*. Einen besseren Beweis gibt es nicht. Ein Maler ist immer ein Maler, da kann er malen wie er will. Was wird dieser Kubismus aus zweiter Hand morgen wert sein? Er ist nichts weiter als ein *Modus vivendi*. Sie haben so gemalt, weil sie sich mit ihrer eigenen Malerei keinen Namen machen konnten. Deshalb die Pseudonyme. Nun gut, Theorien hatten sie eine ganze Menge, denn zungenfertig waren sie schon. Aber mit der Zunge kann man nur lecken. Picasso hat, meinetwegen zusammen mit Braque, die Malerei zerstört. Man mußte sie also neu erschaffen. Und Picasso blieb allein.«

Er bestellte noch einen Kaffee. Er hatte nichts mehr zu sagen. Ich sprach ihn auf Casas an, auf Zuloaga. Er wiederholte, mehr oder weniger:

»Bis zum Ende des Jahrhunderts gab es in Bilbao oder Barcelona keine bürgerlichen Maler. Vorher war alles Historienmalerei oder es waren traditionelle Bilder. Realismus, Naturalismus, Théâtre Libre, alles kam zusammen, alles verband sich. Zola-Cézanne, usw. Doch auf einmal war es den Künstlern, einigen Künstlern, nicht mehr so wichtig, gut zu leben, sondern *elegant*. Manche Maler hatten Studios, die eher Salons glichen, andere lebten in Schmutz und Elend, ohne Geld für Modelle, oder sie lebten mit Leuten zusammen, die zum Modell nicht taugten. Dann begann das Bürgertum unsere Bilder zu kaufen, und alle verkauften sich. Was sich nicht verkauft – wer sich nicht verkauft –, wird beiseite gedrängt. Manche stellten sich bewußt ins Abseits. Wir nahmen also jene Malerei ins Visier, die man in den Salons für Malerei hielt. Und wir richteten sie zugrunde. Manchmal allerdings denke ich, daß eine große Carolus Durán-Retrospektive oder eine Wiederentdeckung der Gandhara manchen sprachlos machen würde. Wenn ich Kunsthändler wäre, würde ich eine große Bonnat-Ausstellung machen... Wenn ich es auch nicht unbedingt glaube...«

Er strich sich über Schnurrbart und Bart. Er fragte:

»Wem zahlt man heute schon für ein Bild den Preis, den man damals diesen *Lambiscones* (Schmeichlern) bezahlte?«[13]

Ich erzählte ihm von de Chirico und seiner Kehrtwende.

»Der, na gut... Die Wahrheit ist doch, daß wir anders malen mußten, wenn die Bürger so malten. Ich sage nicht, daß wir es absichtlich taten. Nein, man mußte einfach anders malen. Ohne lang zu fackeln. Wir konnten nicht wie die *Pompiers* malen, weil wir einer anderen Generation angehörten. Man ist immer der *Pompier* irgendeiner Generation. Der Beweis: man hängt sie in die Museen.«

Heute ist mir klar, daß er sich nicht erinnerte, wie er war, wie er genau war. Es ist einfach zu glauben, man habe sich nicht geändert und die Wetterwendischen seien die andern.

»Der Anarchismus hat auch heute keine große Bedeutung in der Welt. Der Kubismus war, ob Sie es glauben oder nicht, anarchistisch. Es galt, mit allem Schluß zu machen und neu aufzubauen. Deshalb hatten wir Spanier auch so ein großes Gewicht in dieser Bewegung. Offensichtlich ist es schwierig, sein Leben lang Anarchist zu bleiben, wenn dieses Leben lang ist. Sie haben mir gesagt, Picasso sei am Ende Kommunist geworden. Gris ist gestorben.« Er schwieg. »Seit Jahrhunderten habe ich nicht mehr so viel gesprochen. Erzählen Sie mal: Sie kennen Picasso also wirklich?«

Ich konnte ihm nichts erzählen, er wußte mehr als ich. Ich gab es ihm zu verstehen.

»Glauben Sie das nicht... Ich interessiere mich erst seit kurzem wieder für die Welt. Seitdem ich nur noch ab und zu Mestizen machen kann...«

Der ironische Tonfall seiner Wort war neu.

»Die Leute merken das nicht, aber die Malerei, die in den Zeitschriften der Friseursalons geschätzt wird, hat aufgehört, ein Beruf zu sein, um zu einem Spiel zu werden, das heißt, zu einer Sache von Dilettanten. Ein echter Maler kann sich nicht den Luxus erlauben« – er betonte das mit dem Luxus –, »im Laufe seines Lebens kein einziges Bild zu verkaufen. Es ist die Lust, etwas zu tun, was einem Spaß macht.«

Er rieb sich die Hände, vielleicht, um sich aufzuwärmen.

»Was mir Spaß macht, ganz im Ernst, Aub, ist das Nichtstun. Und das ist mir gelungen. Es ist mir dank der wenigen Deutschkenntnisse gelungen, die mir eine Freundin beigebracht hat. Einige ihrer Landsleute suchten jemanden, der Spanisch sprach und wenigstens ein bißchen Deutsch, um hier zu arbeiten. Ich fand das gut. Meine Malerei taugte nichts. Sie wird allenfalls als Kuriosium bestehen bleiben. Und trotzdem, mein guter Aub, ist die Malerei die großartigste aller Künste. Die Zeichnung ist der erste Impuls des Menschen, aus sich herauszugehen. Was könnte ihn besser repräsentieren? Die ältesten Zeugnisse unseres Daseins hängen an den Wänden. Die Malerei, der Drang zur Nachahmung, in jeder Hinsicht... Jeder Mensch hat irgendwann schon einmal gezeichnet. Ich kenne Leute, die nie gesungen haben, die nie geschrieben haben. Deshalb ist die Verantwortung des Malers, sein Verhältnis zur Schönheit, sein stummes Tasten, größer als jede andere.«

Er griff zu seinem Stock und stützte sich mit den Händen auf den Knauf.

»Wir sind oder waren alle Maler. Wer starrköpfig bleibt und nicht erkennt, was seine Pflicht ist, kommt geradewegs in die Hölle. Haben Sie mich nicht gefragt, warum ich mit dem Malen aufgehört habe? Um meine Seele zu retten.«

Er schien über seine Entdeckung entzückt zu sein.

»Das einzige, was vom Menschen bleibt, ist die Kunst. Haben Sie darüber schon einmal nachgedacht, Aub? Die Kunst... Die Kunst liegt in Trümmern, und das ist auch besser so. Ihr ihren Weg zu weisen, dieses Kunststück muß die Zeit fertigbringen, die sich ja auch von etwas ablenken lassen muß... Ist Ihnen das klar?«

Seine Augen glänzten schalkhaft.

»Ansonsten bleibt nichts. Alles andere verschwindet. Und es ist mir auch gleichgültig. Seien sie unbesorgt, auch die Literatur ist eine der Schönen Künste, genau wie die Zuckerpüppchen der Doña Soledad.[14] Alles ist Folklore. Oder glauben Sie, der Parthenon sei keine Folklore?«

»Darüber läßt sich streiten.«

»Und was bleibt von der Diskussion? Nichts. Von dem, was die große Mehrheit macht, nichts. Einzig und allein die Kunstwerke, im Urwald oder im Wald der Zeit, was auf dasselbe herauskommt.«

»Das muß Sie doch zuversichtlich stimmen.«

»Glauben Sie, ich wäre das nicht?«

»Warum leben Sie dann so?«

»Junger Mann, weil es mir so gefällt.«

Und er fuhr in einem anderen Ton fort:

»Und weil ich nicht Pablo Picasso bin, was auf dasselbe hinausläuft.«

Er machte eine Pause. Sah mich an, fragte mich mit veränderter Stimme:

»Haben Sie nie Angst gehabt?«

Ich sah ihn verwundert an.

»Angst?«

»Ja, Angst, unüberwindliche Angst.«

»Ich glaube nicht.«

»Aha!« Er schwieg.

»Warum fragen sie mich das?«

Mit einer Gebärde des Überdrusses:

»Nein. Nur so.«

Und er sprach weiter, über etwas anderes. (Ich habe mich oft gefragt, warum er mir diese Frage gestellt hat. Wo kam sie her, diese uneingestandene Angst? Welche Erinnerungen rief ich in ihm wach? Welches Entsetzen überkam ihn? Denn zweifellos kam dieser Ausbruch nicht von ungefähr. Manchmal treten, unerklärlicherweise, Riffe hervor, die nur bei Ebbe zu sehen sind. Oder war es vielleicht nur der Ausrutscher eines vom Alter verwirrten Geistes? Aber auch dann dürfte die Frage nicht aus dem Nichts aufgetaucht sein.)

»Sie gewöhnten sich an, über ihre Bilder zu reden, als seien es mehr oder weniger hermetische Gedichte. Sie hatten Erfolg damit. Das Lustige an der Sache war, daß sich das, was sie über den einen sagten, auch auf den andern anwenden ließ, man brauchte nur den Namen zu tauschen. Auf diese Weise kommt man nirgendwo hin. Unter keinen Umständen. Vielleicht«, er lächelte, »sollten wir diese Methode patentieren lassen. Es gab nichts mehr zu tun. Besser gesagt, es gibt nichts mehr zu tun. Alles ist mehr oder weniger bereits getan. Warten. Ja, warten, das ist das einzige, was zu tun ist.«

»Worauf?«

»Auf die Ankunft des Herrn. Dazu bin ich nach Amerika gekommen. Von hier aus wird man besser sehen.«

Er lehnte sich zurück, streckte die Beine aus.

»Den Ersten Weltkrieg hat van Gogh am 27. Juli 1890 erklärt, als er sich eine Kugel durch den Kopf schoß. Eines Tages wird man das ganz klar erkennen. Ich glaube nicht, daß von der ›modernen Kunst‹ viel überleben wird. Es ist eine häßliche Epoche. Das einzig Amüsante ist, daß der Kubismus in hundert Jahren genauso schwierig zu erklären sein wird wie vor fünfzig. Danach mußte man etwas anderes machen. Aber sie haben sich festgefahren. Ein anderer Picasso muß geboren werden, und das dauert immer lange.«

»Ein anderer Goya. Sie verlangen nicht gerade wenig...«

»Nur Menschen. Die Menschen sind das einzige, was der Mühe wert ist. Es gibt wenige.«

Er machte eine Pause, bevor er noch einmal sagte:

»Sehr wenige«, er sah mich an, schloß ein Auge, setzte zu einem Lächeln an, »um die Gegenwart zu verbessern.«

Plötzlich fuhr er sich langsam mit der rechten Hand über die Stirn.

»Ich bin müde.«

Er stand mühsam auf. Ich versuchte ihm zu helfen.

»Nein danke. Mal sehen, ob ich schlafen kann. Das ist das schlimmste: die Schlaflosigkeit.«

»Nehmen Sie ein paar...«

Er schnitt mir das Wort ab:

»Nein danke. Ich nehme nichts. Ich nehme nie etwas. Gute Nacht.«

Er ging weg, einfach so. Ich zahlte ganz schnell unsere Getränke und versuchte ihn einzuholen. Weil ich nicht wußte, welche Richtung er eingeschlagen hatte, gelang es mir nicht.

Ich spazierte eine ganze Weile im harten Mondlicht, wobei ich den Schatten mied, bevor ich in die Pension zurückkehrte, wo man mir erst nach einer Ewigkeit öffnete.

Als ich am Spiegel des Garderobenschranks vorbeikam,

sah ich ihn dahingehen. Was verbarg sich wohl hinter dieser rauhen Schale?

Im Bett erinnerte ich mich an einen Satz, den er mir, ich weiß nicht mehr wann, gesagt hatte: »Die Welt ist sehr viel einfacher, als Sie meinen, Aub.«

Mit einem Kaffeelöffel löste er langsam den Zucker in seinem Kaffee auf.

Als ich im Dezember 1956 aus Europa zurückkam, versuchte ich in Erfahrung zu bringen, ob ich ihn noch einmal sehen könnte. Ich erfuhr von seinem Tod. Niemand konnte mir das genaue Datum sagen, auch nicht den Ort. Ich fand keine Gelegenheit, noch einmal nach Chiapas zu fahren. Ich fürchtete, wenn ich hinführe, würde ich nicht die notwendige Zeit finden, um seine sterblichen Überreste zu suchen. Wozu auch?

ANMERKUNGEN

[1] »Nach Chiapa: ein guter Weg: Man überquert einen Fluß, den Hauptzufluß des Tabasco in Canoa. Chiapa: ein in früheren Zeiten dicht besiedelter Ort, der der Provinz ihren Namen gab, und heute auf zweitausend Einwohner geschrumpft ist, die in den Ruinen ihrer Vorfahren leben. Liegt am Ufer eines wasserreichen Flusses, dessen Boden die ganze Fruchtbarkeit warmer Länder besitzt. Chiapa ist derart heruntergekommen, daß sich nicht eine einzige vermögende Person unter seinen Einwohnern findet. Die Bevölkerung ist sehr arm, und was den Reisenden geboten werden kann, ist wegen des Schmutzes und der ekelerregenden Krankheiten (Krätze oder Ausschlag), unter denen seine Einwohner leiden, im höchsten Grade abstoßend. Chiapa besitzt eine von zwei oder drei Dominikanern verwaltete Pfarrei.

Ixtapa. Eine Meile von Chiapa entfernt beginnt der Aufstieg über eine hohe, sehr langgezogene Gebirgsflanke, auf deren Gipfel man einige Zeit wandern muß, bevor über ein Geröllfeld der Abstieg beginnt, bei dem mehrere Schluchten zu durchqueren sind, unter denen die sogenannte Escopetazo-Schlucht hervorzuheben ist. Wenn die Reisenden an diesen Punkt oder Durchgang gelangen, kündigen sie mit Schreien an, daß sie die Schlucht betreten wollen, damit jemand, der von der anderen Seite kommt, eine Begegnung vermeidet, die wegen der Enge für beide unbequem wäre, weil der Platz nicht ausreicht, um mit dem Pferd zu wenden. Dieses Nadelöhr ist kurz, dann geht es weiter über grasbewachsene Hügel, und sobald man die Ortschaft im Blickfeld hat, kommt man durch eine weitere Schlucht, der man ganz deutlich ansieht, daß sie in diesem ebenen Gelände nur die Folge eines Erdbebens sein kann, das die Erde vierzig Meter hoch aufwarf und klar erkennbare Spuren in Form riesiger Brocken hinterließ, die weit verstreut liegen geblieben sind. Auf dem Grund dieser Schlucht fließt mit Meersalz angereichertes Wasser. Dieses Salz gewinnen die Indios aus dem Ort nach einem sehr unvollkommenen Verfahren durch Verdunstung. Ixtapa ist ein armseliges Dorf, das aus fünfzig Häusern besteht, an deren Instandhaltung die Einwohner ständig arbeiten müssen. Die Salzgewinnung ist der einzige Industriezweig, den sie haben, und mit den Früchten dieser Arbeit frönen sie ihrer Trunksucht, der sie ganz besonders ergeben sind.

Sinacantan: Nach der Durchquerung einer kleinen Ebene kommt man über einen Bach mit ungesundem Wasser, um nach einem sich fünf Meilen hinziehenden Anstieg zu einem Hohlweg zu gelangen, der dem von Escopetazo gleicht. Der gesamte Weg ist denkbar schmal und unbequem. Vom Gipfel des Gebirges geht es ein wenig abwärts, um zu dem kleinen Dorf Sinacantan zu gelangen, das in einer sehr rauhen Gegend liegt und von einigen Indios bewohnt wird. Der Pfarrer ist Mitglied der Provinzregierung von Ciudad Real und ein vorbildlicher Patriot.

Nach weiteren drei Meilen über einen sehr gebirgigen Pfad und nachdem man ein kleines Gebirge überquert hat, kommt man in die Provinzhauptstadt. Sie liegt in einem Tal am Fuße der Sierra de Media, das fünfeinhalb Kilometer lang und ebenso breit ist. Das Klima ist zwar rauh und kalt, aber gesund. Die Stadt ist den aus dem Norden kommenden Winden ausgesetzt, die dichte Bewölkung und Schneeregen mit sich bringen. Die Straßen sind schmal, aber gepflastert und schnurgerade, die Häuser, obgleich aus Ziegelsteinen, sind geräumig und wohnlich; jene, die den holprigen Platz säumen, haben zwei Stockwerke mit geschmacklosen Portalen und Toreinfahrten.«

Manuel de Mier y Terán,
Geografische Beschreibung der
Provinz Chiapas, Ateneo Nr. 3,
Tuxtla Gutiérrez 1952,
S. 153-54.

[2] Dies steht im Widerspruch zu der Behauptung Ricardo Pozas', einer Autorität auf diesem Gebiet. Ihm zufolge gelingt es niemandem, der sich nicht wie die Chamulas verhält und sich nicht wie sie kleidet, von ihnen akzeptiert zu werden. Torres Campalans gelang es; als ich ihn fragte, wie, gab er ausweichende Antworten. Sicherlich sind ihm seine anarchistischen Wurzeln hilfreich gewesen. Der bei den Ureinwohnern fest verankerte Begriff der ›Gruppe‹ ist dem des Anarchismus im eigentlichen

Sinne ähnlich. Über den anarchistischen Hintergrund der Mexikanischen Revolution und deren Entwicklung gibt es einiges zu sagen. Nicht an dieser Stelle.

Zur Veranschaulichung gebe ich Teile eines Interviews wieder, das Elena Poniatowska mit Ricardo Pozas geführt hat, als sie ihn besuchte. Wie man sehen wird, stimmt es nicht immer mit dem überein, was ich gesehen habe:

»Und wie ist Chamula, von dem Sie so oft sprechen?«

Mit seiner langsamen, sanften Stimme läßt Ricardo Pozas eine Vielzahl bestellter Felder auftauchen, schwarze, kaffeebraune, graue, grüne, Vogelschwärme, die in vielen Fällen eine echte Plage für die Landwirtschaft sind, einige zwitschernd, andere nur kreischend, Mäuse, Hasen, Rotwild, Kaninchen, Jaguare, Zwergtiger, Bäche, Weißdornsträucher, Tannen, Ananaskirschen, das Kreuz und das Wasser, das alles sind Dinge, die mit dem Kult der Indios der Hochebene von Chiapas eng verbunden sind, die Entstehung der Quellflüsse, die Gemüsegärten mit Kohl, Steckrüben und Salat, die Fruchtbarkeit des Bodens, die weitgehend Streuung und Ballung der Siedlungen bestimmt. Und schließlich die Heiligen der Tzeltal- und Tzotzilgemeinschaften in Chiapas...

»Jedes Indiodorf in der Hochebene des Bundesstaates Chiapas bildet eine religiöse Einheit um einen Schutzheiligen. Dieser Brauch sorgt überdies für den Zusammenhalt des Dorfes. Die religiöse Einheit nimmt nicht nur im Gotteshaus Gestalt an. In den Dörfern des Gebiets, in denen die Frommen zwei Gotteshäuser errichtet hatten, wurde eines von ihnen aufgelassen, weil es in einem Dorf nur ein einziges Gotteshaus geben darf. Zinacantán, Chamula und Teopizoa hatten je zwei Kirchen, eine für die Verehrung des Heiligen Sebastian und die andere für den Schutzheiligen. Im ersten Dorf wurde die Kirche des Heiligen Sebastian aufgelassen, in den beiden andern wurde die Kirche des Heiligen Sebastian zerstört. Allem Anschein nach ist dieser Heilige in keinem Dorf als Schutzheiliger angenommen worden, weil er auch in anderen Dörfern präsent ist und ein Schutzheiliger nur der Beschützer eines einzigen Dorfes sein soll.

Es gibt Dorfgruppen, die sich während der Feste ihres Schutzheiligen gegenseitig Besuche abstatten. Der Heilige Andreas, die Heilige Maria Magdalena, die Heilige Martha und der Heilige Jakob bilden eine dieser Gruppen, und die Einladung zum Fest eines von ihnen vollzieht sich nach dem Protokoll indianischer Bräuche.

Wenn die Bilder der Heiligen Maria Magdalena und der Heiligen Martha zu den Feierlichkeiten des Heiligen Andreas getragen werden, wird jedes von sechs Bewachern begleitet, denen es verboten ist, Schnaps zu trinken, damit sie die Jungfräulichkeit der weiblichen Heiligen beschützen können und verhindern, daß der Heilige Andreas sie mißbraucht. Die Jungfrauen nehmen nur einen Tag lang am Fest des Heiligen Andreas teil, aber nicht gleichzeitig, damit es keine Eifersüchteleien gibt. Zuerst kommt die Heilige Martha und am nächsten Tag die Heilige Maria Magdalena.

Wenn auch noch der Heilige Jakob den Heiligen Andreas besucht, kommt er erst, wenn die Jungfrauen gegangen sind, wenn also das Fest schon vorüber ist, ›denn der Heilige Jakob ist, wie sein Dorf, sehr arm, und möchte keine Demütigungen über sich ergehen lassen‹.

Es sind fleißige Leute, kräftig, in eine soziale und politische Gemeinschaft von strenger Tradition eingebunden. Es sind jene Indios, die den meisten Kontakt mit der ladinischen Bevölkerung von Ciudad las Casas gehabt haben.«

»Was bedeutet ladino?«

»Ladino ist eine Verballhornung des Wortes latino. Und sie nennen so alle, die keine Indios sind, die Weißen oder die, die nach europäischer Art gekleidet sind.«

»Wie kleiden sich die Indios innerhalb ihrer Gemeinschaft?«

»Sie müssen sich wie Indios kleiden. Ihr Gewand besteht aus einem grobgewebten Hemd, einer Hose aus dem gleichen Stoff, einem Wollponcho (den sie Chamarro nennen), der schwarz ist für feierliche Anlässe und weiß für den Alltag. Der Poncho ist ein Stück Stoff mit einer Öffnung in der Mitte für den Kopf, er ist rechteckig, und die Ureinwohner fertigen sie auf prähispanischen Webstühlen an. Ein breitkrempiger Hut mit einem hohen Kegel und Stiefel mit dicken Sohlen, ›caites‹ genannt, vervollständigen die Kleidung.«

(*Mexiko in der Kultur*, Nr. 440,
26.August 1957.)

Der größeren Klarheit zuliebe füge ich gleich noch ein anderes Zitat hinzu:
»Es ist eine der Legenden aus dem Zyklus des Heiligen Thomas von Oxtchuc. Darin wird aufgezeigt, was aus der Kirchengeschichte nach vier Jahrhunderten in Chiapas geworden ist.

Gott, sagen die Indios des Dorfes Oxtchuc, hat viele Kinder.

Das sind die Heiligen. Der beste ist der Heilige Thomas, der Schutzheilige des Dorfes. Und der schlimmste, das schwarze Schaf der Familie, ist Christus, der Verfluchte Heilige Christus. Daß er gekreuzigt wurde, ist der beste Beweis dafür, daß er verflucht ist. Christus, der die Menschen nicht liebte, wollte sich eines Tages ihrer entledigen. Er schüttelte seinen Umhang mit magischem Rohrzucker über der Erde aus und verursachte so eine riesige Überschwemmung, in der alle Menschen ertranken. Wir erkennen hier das Motiv der Sintflut wieder. Aber der Heilige Thomas, der die Menschen sehr wohl liebte, erreichte, daß Gott sie wiederauferstehen ließ. In seiner Wut beschloß Christus, eine neue Sintflut hereinbrechen zu lassen. Darauf hielt der Heilige Thomas mit Gott und der Heiligen Jungfrau Rat. Sie beschlossen, Christus betrunken zu machen und damit auszuschalten. Sie luden ihn zu einem großen Festmahl ein, und der Heilige Thomas begann ihm Chicha (Maisschnaps) anzubieten. Christus war argwöhnisch und wollte nicht trinken. Darauf zeichnete sich der Heilige Thomas einen magischen Kreis auf die Hand, und es erschien das erste Schnapsglas der Welt. Jetzt konnte Christus der Versuchung nicht länger widerstehen: Er trank, wurde betrunken und schlief ein. Während er schlief, stahlen ihm der Heilige Thomas und die anderen Heiligen seinen Zaubermantel, zerstückelten ihn und verstreuten ihn in die vier Himmelsrichtungen. Endlich erwachte Christus, mit ›dickem Kopf‹ und mißgelaunt. Darauf warf sich der Heilige Thomas über ihn, legte ihn in Ketten und brachte ihn ans andere Ende der Welt, um ihn an ein Kreuz zu ketten. Von Zeit zu Zeit versucht Christus freizukommen, worauf dann die Erde bebt, aber der Heilige Thomas eilt jedesmal herbei, um die Ketten fest anzuziehen.

Unter dem christlichen Deckmantel erkennt man unschwer einen manichäischen Mythos. Die Verwendung des christlichen Mythos ist ulkig. Dennoch macht einen etwas daran hellhörig, und zwar die Rolle, die der Branntwein, also der Schnaps aus Wein, dabei spielt. In Chiapas haben die Indios immer den Mais verehrt (sie verehren ihn bis heute). Alles, was aus Mais hergestellt wird, und ganz besonders der Chicha, hat bei ihnen eine fast sakrale Bedeutung. So weit, so gut, doch das Beeindruckende an der Geschichte, die wir gerade erzählt haben, ist die Feststellung, daß die Zauberkraft des Chicha gegenüber der des Branntweins wirkungslos bleibt. Zweifellos hat man darin eine symbolische Interpretation vom Sieg des Christentums, das die Religion des Weins ist, über die ältere Religion des Mais zu sehen.

Sieg? Verstehen wir uns richtig. In mageren Jahren gibt es in Chiapas Pilger, die manchmal Hunderte von Kilometern zu Fuß laufen, um im Gebirge den ›sprechenden Maiskolben‹ zu finden und ihn in die Dorfkirche zu bringen, wo ihn die Verehrer aufbewahren. Das Christentum ist hier nichts weiter als eine Formfrage, eine reine Bezugsgröße. In der Legende vom Heiligen Thomas zum Beispiel verschwindet der christliche Geist vollkommen, und die Bedeutung vom Opfertod Christi wird völlig verdunkelt. Es handelt sich tatsächlich um eine andere Religion.«

Robert Escarpit, *Mexikanische Gegenströmungen*, Antigua Librería Robredo, Mexiko 1957, S. 55.

[3] Wann war er in Italien? Oder erzählte er vom Hörensagen? Das glaube ich nicht. So war er nicht.

[4] Bis zu welchem Punkt, frage ich mich, scheint hier eine gewisse Verbitterung gegenüber Anne Marie Merkel durch?

[5] Ich verfüge hierzu über keinen anderen Hinweis als dieses halbherzige Geständnis. Ich halte es für falsch, wegen des Datums. Es sei denn, er hätte in Gerona sehr indirekt damit zu tun gehabt. Fünfzig Jahre sind für das Gedächtnis eines Menschen ein Maß, dem man nicht vertrauen sollte.

[6] Hier läßt sich die Wahrheit leicht herausfinden: es handelt sich mit Sicherheit um Domingo Foix, den Gepäckmeister des Bahnhofs.

[7] Ganz eindeutig ein Hinweis auf einige Ideen, die Roger Martin du Gard in seinem Buch *Jean Barois* dargelegt hat, und das er zum Zeitpunkt der Veröffentlichung, 1913, gelesen haben dürfte.

[8] Er stellte sich, vielleicht ohne sich dessen bewußt zu werden, sämtliche Fragen über den Ursprung der Kunst, mit denen sich Semper und Riegl Ende des vorigen Jahrhunderts auseinandergesetzt haben.

[9] »Ich habe mir hier einige Rezepte der Küche von Chiapa angeeignet. Ein Gericht, das Erfrischungsgetränk und Mahlzeit in einem ist, ist der Pozol. Ein echter Chiapaneke kann sich einen Tag ohne Pozol nicht vorstellen. Er wird aus einem Maisteig hergestellt, der aber anders zubereitet wird als der für die Tortillas verwendete. Der Mais wird angerührt, nur kurz gekocht und

dann etwas ruhen gelassen. Aus diesem Teig formt man einen Kloß, den man sorgfältig in Bananenblätter einwickelt, und schon ist das Essen für unterwegs fertig. Die weitere Zubereitung ist sehr einfach. Ein kleines Stück Teig wird in etwas Wasser aufgelöst, einige Körnchen Salz hinzugefügt und je nach Geschmack Rohrzucker oder Chili. Nach einigen Tagen beginnt der Mais leicht zu gären, wodurch das Gericht noch erfrischender wird.

In dem Dorf Chamula ist es Sitte, daß die Indios die Pozolklöße von der Decke herabhängen lassen, bis sich langsam Pilze bilden. Anschließend benutzen sie sie zur Behandlung von Darminfektionen. Es gibt Leute, die vermuten, daß sich in dem Teig Penicillin bildet, und sie behaupten, daß die Indios bereits seit Jahrhunderten den Gebrauch dieses Medikaments kennen.

Der Pinol ist ein weiteres Nahrungsmittel aus Mais, nur daß für seine Herstellung die rohen Maiskörner in einer Tonschale geröstet und anschließend grob gemahlen werden. Auch der Pinol wird mit kaltem oder lauem Wasser angerührt und mit Rohrzucker gesüßt oder auch mit Salz zubereitet. Dieses Gericht eignet sich bestens für Expeditionen, weil es gut haltbar ist. Gleiches gilt für den Tiste, den ich am schmackhaftesten finde. Man mischt geröstete Brösel, frischen Kakao, ebenfalls gemahlen, Zucker, Zimt und etwa geröstete Orleanblätter. Um ihn zu trinken, löst man ihn wie Pinol und Pozol in Wasser auf.

Die Tostada wird genauso zubereitet wie die gewöhnliche Tortilla, nur daß sie größer und dünner ist und lediglich auf einer Seite geröstet wird. Auf diese Weise hält sie sich über Jahre, ohne zu verderben.«

Aus Franz Blom und
Gertrude Duby, *La selva lacandona*
(Der lakandonische Wald),
Mexiko 1957, S. 332-333.

Alicia, meine Sekretärin, die aus Chiapa stammt, aber von der anderen Seite des Tabasco, ist nicht dieser Meinung. Sie sagt, der Pozol werde anders zubereitet, und zwar werde der Mais gegart, bis er vollständig aufgelöst sei. Er wird grober gemahlen als für den Tortillateig. Man kann ihn weiß lassen, das heißt ohne Kakao. Will man ihn mit Kakao zubereiten, gibt man beim Mahlen des Mais die Kakaobohnen hinzu. Er wird ohne alles serviert oder zusammen mit einer Orangensüßspeise. Wird er bitter, muß man ihn zuckern. Für den Pozol nimmt man gerösteten Kakao.

Wie immer glaube ich, daß alle recht haben.

[10] Eindeutig ein Verweis auf *Cherchez la femme*.

[11] Möglicherweise bezieht sich Romero Brest darauf, wenn er behauptet, daß Kandinsky »eine neue Sehweise einführt, die die Bewegung von den *materiellen Anhängseln* befreit, die in der Malerei seiner Zeitgenossen noch vorhanden sind, und ihr damit die Möglichkeit gibt, ein neues, subjektives Fundament zu schaffen.« *Hervorhebung von mir.*

J. Romero Brest, *La pintura europea contemporánea* (Die zeitgenössische europäische Malerei) (1900-1950), Fondo de Cultura Económica. Mexiko 1952.

[12] Ich hatte mir Hoffnungen gemacht, bis ich erfuhr, daß der ›Blindenstock‹ ein Stock ist, den die Maler an ihrem Kittel befestigen, um ihren Arm zu entlasten.

[13] Selbstverständlich respektiere ich die von Jusep Torres Campalans verwendeten Mexikanismen.

[14] Berühmte Konditorin in San Cristóbal.

VII
Katalog

Während sich die vorliegende Studie bereits im Druck befindet, bekomme ich von Esteban Salazar y Chapela aus Dublin ein Exemplar des Katalogs von Henry Richard Town, auf den mich Jean Cassou zwar schon aufmerksam gemacht, den er mir jedoch wegen seiner bekannten Abneigung gegen die Post, vielleicht aber auch, weil es sich um eine bibliographische Kostbarkeit handelt, nie geschickt hatte.

1942 bereitete der junge irische Kunstkritiker Town eine Ausstellung sämtlicher Bilder vor, die er von Jusep Torres Campalans' Werk hatte zusammenbringen können.

H.R. Town, wegen einer Kinderlähmung seit 1919 leicht körperbehindert, wurde 1911 in Ulster geboren. Er stammte aus einer recht wohlhabenden Familie, die ihn, als er das entsprechende Alter erreicht hatte, auf Reisen nach Frankreich, Spanien und Italien schickte. Er begeisterte sich für Malerei, brachte nach und nach eine beachtliche Sammlung zweitrangiger Werke – für mehr reichten seine Mittel nicht – zeitgenössischer Maler zusammen. So stieß er auf Torres Campalans. Unentwegt am Aufspüren, Herumschnüffeln, Auskundschaften, grub er schließlich alles aus, was heute von dem katalanischen Maler erhalten geblieben ist. Er bereitete eine Ausstellung vor, die in einem der Säle der Tate Gallery stattfinden sollte. Als dann der Krieg – der von 1940 – dazwischenkam, mußte er diese Ausstellung verschieben, bis die Zeiten günstiger waren. Den Katalog hatte er damals, bis auf die Einleitung, bereits drucken lassen. Bei einem der ersten Luftangriffe mit der V2 wurden alle Spuren von ihm und seinem Haus ausgelöscht. Offenbar hatte er eine Zusammenstellung der bereits gedruckten Seiten an Cassou und möglicherweise noch an andere Freunde und Bekannte aus Dublin geschickt.

Die bei einer Spedition eingelagerten Bilder wurden gerettet. Ein Beamter der Franco-Administration, ein aus dienstlichen Gründen in London lebender Katalane und eher ein Freund der Ruhe als der Kunst, erwarb sie unter nie ganz geklärten Umständen. Als er von meinem Interesse an dem Maler erfuhr, ließ er mir die Bilder zukommen, vielleicht, um damit ein früheres Unrecht wiedergutzumachen.

H.R. Town hatte während seines ganzen kurzen Lebens das Gesicht eines Kindes. Spärliches, weißblondes Haar, fast wie ein Albino, dazu graue Augen und eine feminine Nase, die ihm eine Lieblichkeit verlieh, die ein Mund mit heruntergezogenen Mundwinkeln und ein struppiges Spitzbärtchen vergeblich zu widerlegen versuchten. Seine langen Hände spielten ständig mit einer Metallkugel aus einem ägyptischen Grab, deren Hieroglyphen vom vielen Betasten schon fast veschwunden waren.

Er kannte besser als jeder andere die europäischen Spuren Jusep Torres Campalans'. Sein Tod löschte sie aus. Dies bleibt, wenn etwas bleibt.

HIER FRIEDE UND DANACH RUHM

CALLE (Straße) – 1906 – (49 x 32 cm.). *Gouache, Tusche auf Karton.* Das erste, was er in Paris gemalt hat. Straßenecke, die in der Nähe der Rue Rambuteau sein könnte oder konnte, wo er in jenem Jahr wohnte. Den genauen Ort vermochte ich nicht zu lokalisieren, möglicherweise gibt es ihn nicht mehr. Privatbesitz M. O. R.

RETRATO DE MUJER (Frauenbildnis) – 1906 – (34 x 23,5 cm.) *Gouache, farbige Tusche.* Seine Hauswirtin. Er malte auch das Bildnis ihres Mannes, verbrannte es aber, um zu zeigen, was für eine geringe Bedeutung er seiner eigenen Kunst beimaß. Aus der Zeit, bevor er sich am Montmartre niederließ. Señora Vicenta Guillén, verwitwete Balanzá, lebt heute in Cullera, Valencia.*

CATEDRAL DE GERONA (Kathedrale von Gerona) – 1906/07 – (34 x 23,5 cm.) *Gouache, gefirnißt.* Der Turm der Kathedrale von Gerona ist sicherlich aus dem Gedächtnis gemalt. Das erste Bild, für das er Firnis benutzte, um eine der Farben deutlicher hervorzuheben. Seine Technik ist noch sehr unsicher, vor allem der Gewitterhimmel hat wegen des strengen Aufbaus einen eigenartigen Reiz. Es befand sich im Besitz von Guillermo de Roser und wurde 1924 in der Salle Drouot für tausendachthundert Franc versteigert.

RETRATO DE ANA MARIA (Bildnis Anne Maries) – 1907 – (33 x 23 cm.) *Gouache, Tusche, Aquarell.* Die Zärtlichkeit, um nicht zu sagen die Liebe, die ansonsten im Werk des katalanischen Malers so gut wie immer fehlt, kommt hier voll zur Entfaltung.

Locker in der Ausführung, sind die nur schwer zu reproduzierenden Farbabstufungen so wunderbar gelungen wie bei kaum einem anderen seiner Bilder.

Anne Marie Merkel war die aufopferungsvolle Gefährtin J.T.C.' Ihr eigenes malerisches Werk ist kaum von Interesse. Im Besitz der Familie Merkel.

CABEZA DE CRISTO (Christuskopf) – 1907/08? – (34 x 23 cm.) *Gouache, farbige Tusche.* Eines der wichtigsten Bilder aus der ersten Periode. Undatiert und unsigniert. Deutlich von den kata-

---

* Sie starb 1945. (Anmerkung von E.S. Ch.)

lanischen Primitiven und den damaligen Bildern Picassos beeinflußt. Die Schraffierung der Nase ist charakteristisch für den damaligen Zeitpunkt.

Man beachte außerdem, wie er, nach iberischer Manier mit zwei Stierköpfen, die Darstellung der Wangen des Herrn gelöst hat.

Die Inversion der Augen ist ein Zeichen für das transzendentale Gefühl, das wir so oft in seinem Werk beobachten können: Tag und Nacht sind hier am genauen Ort und zum genauen Zeitpunkt behandelt. Hätte er nicht den von den Kubisten geöffneten Weg eingeschlagen, wohin wäre er dann wohl gelangt? Privatbesitz Jean Coulange.

NEPTUNO (Neptun) – 1907/08? – (34 x 23 cm.) *Aquarell, Tusche, Gouache.* Unsigniert und undatiert. Wegen der Machart bin ich geneigt, 1907 als Entstehungsjahr anzunehmen. Bei einer ganzen Reihe von Bildern J.T.C.' gibt es eine gewisse Vorliebe für Einäugige. Woher dieser Zyklopenkomplex wohl kommen mag?*

Die geballte Kraft des Blicks und die Komposition lassen den Schluß zu, daß es der freien Phantasie entsprungen ist. Privatbesitz A. A. M. Stols.

EL MARINO BIZCO (Der schielende Matrose) – 1907 – (49 x 32 cm.) *Öl.* Nach seiner Verbindung mit Anne Marie Merkel gemalt. Den Porträtierten hatte er eines Nachts in einer Kneipe in der Rue Lepic kennengelernt. Ein junger Ire – mein Landsmann – dessen Gesicht als Folge einer in Flammen aufgegangenen Schaufel Kohlen zur Hälfte verbrannt und entstellt war und der nach Paris gekommen war, um den angesparten Lohn von Jahren in Tagen durchzubringen. Er blieb Monate: Er hatte Glück beim Pferderennen, wie er sagte. Auf Weiler** machte das Werk großen Eindruck. Es ist in der »wilden« Technik gemalt, wie sie damals in diesem Milieu vorherrschte. Das Bild zeichnet sich durch den Ausdruck der Augen aus, der mit einfachsten Mitteln erreicht wird, vor allem durch die Darstellung der Nase mit

---

* Man erinnere sich an Domingo Foix, ohne jedoch gleich den intelligenten Hinweis auf die Kinder der Erde und des Himmels ganz zu verwerfen. (Anmerkung von M.A.)

** Von diesem Kunsthändler habe ich nicht die geringste Spur ausfindig machen können. (Anmerkung von M.A.)

einem einzigen Pinselstrich. Die Kühnheit der Kontraste kann man der Schule zurechnen, die Strichführung der Krawatte und der Mund offenbaren jedoch den geborenen Maler. Der Händler, auf der Suche nach jungen, noch nicht unter Vertrag stehenden Künstlern, irrte sich nicht. Er bot Campalans an, alles zu kaufen, was er in diesem und dem folgenden Jahr malen würde, vorausgesetzt, es seien mindestens fünfundzwanzig großformatige Gemälde. Angesichts der Unentschlossenheit ihres Freundes schaltete sich Anne Marie ein. Ihr war klar, daß der junge Katalane die Verpflichtung, ein so bedeutendes Werk zu schaffen, nicht eingehen konnte. Das Bild wurde nie ausgestellt. Über Delaunay landete es schließlich bei einem Trödler. Derzeit in Dublin.

¿COMO LO VES? (Wie siehst du das?) – 1907/08? – (26 x 23,5 cm.) *Gouache*. Stilleben. Unter diesem Titel schickte er es 1908 an Consuelo Bergés. Ein Teil des Bildes ist großartig, eine Art falscher *trompe l'oeil*: die Banane. Nun, der Titel erklärt sich durch die absurde Plazierung der Trauben (die am wenigsten geglückt sind). Hier ruht das Geheimnis des Gemäldes: Beunruhigung. Das heißt, daß er sich auf eine sehr unaufrichtige Weise dem Realistischen zugewandt hat, das Häßliche durch das Ungehörige erzeugt und damit im Betrachter ein Gefühl des Unbehagens hervorzurufen sucht, wie es zu jener Zeit auch einige Bilder seiner Mitstreiter tun. Es entspricht dem, wonach in jenen Jahren – mit einer anderen Begabung – auch Chagall suchte. Privatbesitz H.R.T.

ÍDOLO (Götzenbild) – 1908 – (21 x 13 cm.) *Tusche, Buntstifte*. Was brachte ihn dazu, 1908 dieses wahrscheinlich Matisse gehörende Götzenbild zu zeichnen? Es belegt, daß das Interesse von Picassos Freunden für die Negerkunst älter ist, als einige Historiker der zeitgenössischen Kunst annehmen. Privatbesitz Henry Grelly.

EL TABERNERO DE LA ESQUINA (Der Wirt aus der Eckkneipe) – 1908 – (25 x 18 cm.) *Gouache, Aquarell, Buntstifte*. Bildnis des Wirts einer Kneipe in der Rue Caulaincourt, mit dem er im Zusammenhang mit einem Mordfall zu tun hatte. Anne Marie Merkel hatte in einer leerstehenden Wohnung eine Leiche entdeckt. In dieser Epoche muß er noch andere Bilder in demselben, leicht karikaturistischen Stil gemalt haben. Privatbesitz Roger Mantluc.

San Lorenzo (Der heilige Laurentius) – 1908 – (34 x 23,5 cm.) *Aquarell*. Eindeutig von den Bildern Picassos aus diesem Jahr beeinflußt. Aber was für ein Einfall, einen glühenden Grill auf das Gesicht des Heiligen zu legen, dazu die Kühnheit des Halses, diese Entschlossenheit! Privatbesitz Max Aub.

Pierrot – 1908 – (28 x 21 cm.) *Öl*. Unter allen von Picasso beinflußten Bildern ist dieses späte eines der klarsten, heitersten. Picassos Interesse für den Zirkus ist schon in der Zeit vor 1908, dem Entstehungsjahr des Bildes, belegt. Es ist eine der wenigen Proben von J. T. C.' realistischer Meisterschaft. Der porträtierte Clown scheint der Vater einer jungen Zirkusartistin zu sein, die im Leben des Malers für kurze Zeit eine Rolle gespielt hat. Privatbesitz J. C. Petrus.

La Filla de la Carbonera (Die Tochter der Kohlenfrau) – 1908 (49 x 32 cm.) *Aquarell*. Schonungslose Skizze eines Mädchens, das äußerst häßlich zu sein scheint, es in Wirklichkeit aber wohl doch nicht gewesen ist, da sie der Grund für den Umzug des Malers und seiner Freundin in die Rue Caulaincourt war. Anne Marie Merkel kam hinter das Verhältnis, was auch zu einer Auseinandersetzung mit den Eltern des Mädchens führte.* Gegenwärtiger Verbleib unbekannt.

La Fábrica d'en Romeu (Die Fabrik von Romeu) – 1908 – (24 x 13 cm.) *Tusche und Aquarell*. Datiert auf den 5. Juli. Eine der ersten ›kubistischen‹ Zeichnungen. Außergewöhnliche Eleganz, rote Profile, leichte Blautöne, ein Hauch Grün verleihen dieser wegen des Datums wichtigen Komposition Leben. Privatbesitz Xavier de Salas.

Estudio XVI: el Rábano por las Hojas (Studie XVI: Wie man das Pferd beim Schwanz aufzäumt) – 1908 – (26 x 23,5 cm.) *Gouache*. Zweck: einem Gegenstand die Farben des anderen zu geben. Zum Beispiel: einer Weinflasche die eines Pferdes,

* Im Falle einer zweiten Auflage in die Biographie aufnehmen. (Anmerkung von M.A.)

einer Gitarre die der Socken. Nicht um zu sehen, ›was dabei herauskommt‹, sondern umgekehrt, wissentlich die Schönheit der Lüge suchen. Privatbesitz E. A.

Paisaje Semiurbano (Vorortlandschaft) – 1909? – (31,5 x 23 cm.) *Buntstifte.* Vermutlich eine baskische Ortschaft, hauptsächlich wegen der sanften Farbgebung, bei der Grün vorherrscht. J. T. C. war nie dort gewesen. In Besitz des Museums der Sorbonne.

La Lágrima Frente al Espejo (Die Träne vor dem Spiegel) – 1909 – (49 x 32 cm.) *Gouache auf Karton.* Eines der wenigen Werke J.T.C.', in dem der Einfluß Matisses* deutlich wird. Möglicherweise handelt es sich um ein Modell des Meisters von Cateau. Privatbesitz R. S. V. (Auf der Rückseite ein Satz von Leonardo da Vinci: Die Tränen, aus dem Herzen kommen sie, nicht aus dem Gehirn.)

A Boca de Jarro (Glatt ins Gesicht) – 1909 – (24 x 23 cm.) *Öl.* Unbeschwerte, leichte Skizze, die zeigt, wozu J. T. C. imstande war, wenn er sich ohne Hintergedanken mit der Wirklichkeit auseinandersetzte. Kahnweiler, der ihm nicht sehr zugetan war, wollte es kaufen. Er verlangte einen übertrieben hohen Preis von ihm: »Glatt ins Gesicht«. Daher der Titel. Im Besitz der Belgischen Nationalbank.

El Eterno Marido (Der ewige Ehemann) – 1909 – (49 x 32 cm.) *Öl.* Bildnis Louise Gallieras und ihres Ehemannes. Ein wichtiges Werk aus dieser Zeit. Aus zwei Gründen: wegen der Technik und wegen der Psychologie. Die Nase der Frau mit den abwechselnd blauen und roten breiten Streifen ist eine der letzten Manifestationen des »Neger«-Stils. Das Gesicht des Mannes wird fast vollständig von der Frau verdeckt. Ihr Gesicht, in dunkelvioletten bis schwarzen Tönen gehalten, ist das kühnste, das J. T. C. je gemalt hat. Das Ehepaar Galliera wohnte im ersten Stock des Hauses in der Rue Caulaincourt, in dem sich der Maler und

---

* H.R. Town fiel nicht auf, was Miguel Gasch Guardia (siehe Seite 96 ff.) im Hinblick auf eine mögliche Vorwegnahme surrealistischer Darstellungen in die Augen sprang. Offensichtlich verfügte er nicht über so viel Zeit, wie sie der katalanische Kritiker hatte. (Anmerkung von M. A.)

seine Freundin eingemietet hatten. Louise war eine der wenigen Vertrauten Anne Marie Merkels. Ich verdanke ihr viel von dem, was ich über den katalanischen Maler habe in Erfahrung bringen können.*

BOCETO PARA ›FRANCISCO FERRER‹ (Skizze für ›Francisco Ferrer‹) – 1909 – (28 x 18 cm.) *Gouache auf Karton*. Ohne jeden Zweifel hat die Erschießung Francisco Ferrers 1909 in Barcelona auf J. T. C., dessen anarchistische Vorstellungen uns wohlbekannt sind, großen Eindruck gemacht. So ist es auch nicht verwunderlich, daß er daran dachte, zum Gedenken an den berühmten katalanischen Anarchisten ein Bild zu malen. Rouvier konnte bezeugen, daß er es tatsächlich gemalt hat. Allerdings weiß man nicht, wo es sich befindet. Uns ist von diesem Bild nur diese beeindruckende Skizze erhalten geblieben: inmitten eines nächtlichen Unwetters ein gekreuzigter Mann, den Kopf mit einer schwarzroten Kapuze bedeckt, an der ein merkwürdiges Tier hochkriecht. Ein rotes Stück Stoff bedeckt seine Scham. Ein Bein grau, das andere schwarz. Die Hände werden von roten und schwarzen geometrischen Figuren dargestellt, und hinter dem Kopf ist der Strahlenkranz einer grünen Aureole. Besitz des Museums von Vich.

RETRATO (Bildnis) – 1909/10? – (33 x 26 cm.) *Öl*. Unsigniert und undatiert. Eine Karikatur Max Jacobs, der damals eine Zeit schmerzlicher Antriebslosigkeit durchmachte? Möglich, wenn nicht gar wahrscheinlich. Der sanfte Ausdruck der Augen in der keineswegs abstoßenden Häßlichkeit des Modells, die plastische Härte der Formen machen dieses gekonnt aufgebaute, seltsam unangenehme Werk besonders interessant. Privatbesitz Jean Cassou.

OCASO (Sonnenuntergang) – 1909/10? – (34 x 22,5 cm.) *Silberfolie, Aquarell, Gouache auf Karton*. Eines der wenigen querformatigen Bilder J.T.C.', im Gegensatz zu seiner Theorie der »notwendigen Vertikalität«. Eines seiner berühmtesten Gemälde, da es der »Collage« einen düsteren und poetischen Sinn verliehen hat, im Unterschied zu dem, den Braque und Picasso ihr in dieser Zeit

* Vergeblich habe ich versucht, dieses Ehepaar ausfindig zu machen.

gaben. Die SONNE, die in diesem Fall der MOND ist, wird mit Blattgold dargestellt, und das Firmament mit einem Stück blauem und silbernem Papier. Die tragische Dunkelheit des Himmels, die Tiefenwirkung der Erde in reinen Sienatönen, die dramatische Wirkung des unendlich weit entfernten Horizonts erklären die Berühmtheit, die es unter den wenigen Kennern, die es zu Gesicht bekommen hatten, erlangt hat.

Die Tatsache, daß es undatiert ist, hat Florent Raynouart an seiner Echtheit zweifeln lassen. Wie schon Martín Chaussan-Rochefort sagte, der das Bild kannte, ohne zu wissen, wer der Maler war (*N. R. F.*, Juni 1921): *»Allein die Tatsache des Sonnenuntergangs, der in seinen Wirkungen für den Menschen schon immer geheimnisvoll war, hinterläßt bei jedem, der dieses Bild einmal gesehen hat, und das ich als Meisterwerk dieses geheimnisvollen Malers einstufe, einen sehr großen Eindruck.« »Die Tiefenwirkung von Erde und Himmel ist übernatürlich, metaphysisch. Das Licht am Horizont kündigt eine Neue Welt an.«** Privatbesitz F. G. de los R.

CHIMENEAS Y CALOR (Schornsteine und Hitze) – 1910 – (16 x 9 cm.) *Tusche, Buntstifte.* Realistischer Vorläufer der Raster (außerhalb des Bildes signiert, geschlossene, rechtwinklig-vertikale Anordnung), noch an die frühere Technik angelehnt. Privatbesitz H. R. T.

BODEGON (Stilleben) – 1910 – (49 x 32 cm.) *Aquarell, Gouache, Öl.* Mit Sicherheit von Matisse beeinflußt. Doch die um den großen blauen und bleigrauen Kelch gruppierten Gegenstände geben der rohen Kraft der klaren Farben eine religiöse Weichheit. Privatbesitz Juan Ribadell y Closas.

CAFÉ – 1910 – (33 x 22 cm.) *Gouache auf Karton.* Irreführender Titel. Stellt möglicherweise ein Café in Südfrankreich dar, doch die vorherrschenden Farben sind kaffeebraun. Eine schwarze Sonne gibt zu erkennen, daß die Inspiration, die von 1907 bis 1908 von den schwarzen Augen des Christus ausgeht, fortwirkt. Die ungeheuer verdickten Gitarrensaiten gleichen Lichtstrahlen und sind ebenfalls schwarz. Schwarz ist das Innere des Instruments und der Wein. Privatbesitz P. B.

---

* Vgl. Biographie, S. 186 f.

GUILLAUME APOLLINAIRE – 1910 – (45 x 31 cm.) *Kohle*. Privatbesitz Jean Cassou.

EL PINTOR (Der Maler) – 1911 – (20 x 25 cm.) *Tusche*. Zweifellos aus der Zeit seiner Reise nach Banyuls. Picasso beim Zeichnen. Der Einfluß, den diese Skizze auf das Werk des Porträtierten hatte, ist verblüffend. In den Tönen schwarz und grau gehalten, geht eine eigenartige Kraft von ihm aus, die von der äußerst mutigen perspektivischen Verkürzung des monströsen Arms herrührt. Gehörte Picasso; derzeit in New York.

DIBUJO (Zeichnung) – 1911/12? – (25 x 18 cm.) *Tusche*. Die Bedeutung dieser Zeichnung liegt in der Verwendung der Buchstaben. Möglicherweise im Büro des Architekten Roger Argentin, eines Freundes von Apollinaire, entstanden. Privatbesitz Leopold Munch.

CANNES – 1912? – (33 x 25,5 cm.) *Gouache auf Karton*. Plakatentwurf. Schrille Farbkontraste, wie man sie von ihm nicht gewohnt ist. Abstufungen von gelb, violett, rot, grün bis blau. Die Raster kündigen sich bereits an. Obwohl unsigniert, besteht an der Urheberschaft kein Zweifel. Privatbesitz M. X. W.

PAISAJE ROJO (Rote Landschaft) – 1912? – (33 x 25,5 cm.) *Gouache auf Karton*. Obwohl signiert, zweifle ich an seiner Echtheit. Privatbesitz J. C.

RETRATO DE PICASSO (Bildnis Picassos) – 1912 – (35 x 25 cm.) *Bleistift auf Karton*. Privatbesitz André Malraux.

ELEGANTE (Modenarr) – 1912 – (35 x 26 cm.) *Öl auf Karton*. Köstliches kubistisches Divertimento zu Ehren Toulouse-Lautrecs. Privatbesitz A. M. I.

LOS PIRINEOS (Die Pyrenäen) – 1912 – (49 x ? cm.) *Kohle auf Karton*. Ein weiteres der an sich schon spärlich bei J. T. C. vertretenen Landschaftsbilder, die erhalten geblieben sind. Augenscheinlicher Eindruck tellurischer Kraft. Entstanden in Céret? Privatbesitz M. Henry Cremós, Dax.

CABEZA DE JUAN GRIS (Kopf von Juan Gris) – 1912 – (34 x

23,5 cm.) *Öl.* Zum endgültigen Zerwürfnis mit Juan Gris kam es 1912. J. T. C. konnte das, was er die »Pedanterie« des Madrider Malers nannte, nur schwer ertragen. Dessen Theorien, mit denen er den Kubismus zu rechtfertigen versuchte, störten ihn im höchsten Maße. Eines Morgens brachte er dieses realistische Ölgemälde, das auch als »kubistische« Skizze durchgehen kann, in Picassos Atelier und setzte, auf einem andern Karton, in großen Buchstaben den Titel darunter. Gris kam herein und wurde furchtbar wütend. Man trennte sie voneinander, sie wechselten nie wieder ein Wort miteinander. Privatbesitz Alfonso Reyes.

MONTAJE IV (Montage IV) – 1912 – (25 x 17,5 cm.) *Öl.* Schrille Farbzusammenstellung – blau, grün, ocker. Wirkungsvolle Komposition, die er nach der Rückkehr von einer Kirmes schuf. Einziges Stück einer verschollenen Serie. Privatbesitz J. D. C.

HOTEL – 1912 – (28 x 21,5 cm.) *Gouache auf Karton.* In Banyuls gemalt. Wegen der vielen, immer wiederkehrenden Türen und Schlüssellöcher möglicherweise in einem Zimmer gemalt, in dem er sich nicht sehr wohl fühlte. Privatbesitz H. R. T.

RETRATO CORTO DE PICASSO (Kleines Bildnis Picassos) – 1912 – (26 x 18 cm.) Dieses sehr ausdrucksstarke Bildnis wurde, genau wie das auf denselben Tag datierte *Retrato de hombre* (Bildnis eines Mannes), in einer Technik gemalt, die ich nicht einzuordnen wage. Natürlich Tusche, Buntstifte; die Augen lasiert. Aber die »Grundierung«? Privatbesitz Picasso.

RETRATO DE HOMBRE (Bildnis eines Mannes) – 1912 – (26 x 18 cm.) Siehe oben. Privatbesitz Jorge Guillén.

EL SABIO (Der Weise) – 1912 – (48 x 42 cm.) *Bleistift auf Papier.* Dichte Zeichnung, die auf den Schenkeln der Winkel aufbaut. Die Figur erscheint entsprechend der Koordinaten. Der traurige Blick, der traurige Mund Sebastián Mirandas – auf der *Butte* als »Miranda, *Le Sage*« bekannt, und von den Spaniern *El Sabio* genannt – haben mit Sicherheit der Dramatik zuliebe etwas Verstörtes. J. T. C. besaß eine gewisse Neigung zu einer genau festgelegten Charakterisierung, der Stolz der Besten. Wie mir ein Schüler Veblens berichtete, ist *El Sabio*, der auch Mathematiker war, Autor einer merkwürdigen *Elementalísima historia del arte* (Höchst einfache Geschichte der Kunst), in der versichert wird, daß die Geschichte unserer Welt in zwei Teile zerfällt: die Zeit, als Gott sich außerhalb des Menschen befand, und die, als er in ihn eindrang. Das heißt, als äußere Gottheit, ein unbestechlicher Richter vom Anbeginn der Zeiten bis zu Thomas von Aquin (von Aquisí, wie er sagte), mit dem die grundlegende Neuorientierung einsetzte, als er behauptete, Gott sei in allem. Unfreiwillig ein großer Meister des Pantheismus. Seitdem hält sich der Mensch für göttlich und keiner darf ihn, leider, anfassen. Sebastián Miranda hat sich später erhängt. Privatbesitz Janos Miller.

HOMENAJE A VAN GOGH (Hommage an van Gogh) – 1912 – (33 x 22,5 cm.) *Öl auf Karton.* Sicherlich hat das letzte Gemälde des holländischen Malers J. T. C. sehr beeindruckt. Der obere Teil des Bildes, gewiß stärker herausgearbeitet als andere Teile, wenn auch mit zweifelhaftem Ergebnis, erinnert auch wegen der Farben an van Gogh. Wirre, kaum ausgewogene Komposition, vielleicht weil das Bild nicht in einem Stück entworfen und ausgeführt worden ist. Wie Palomino, Lebensläufe von Malern – *Das Malermuseum und die optische Skala* auf Seite 356 sagt: »*Gute Skulpturen sind vergeudet, wenn sie schlecht ausgearbeitet werden.*«

Die Maske in der Mitte ist meiner Meinung nach der Versuch eines Selbstbildnisses. Privatbesitz José Medina.

RETRATO DEL DOCTOR RAYNAU (Bildnis Doktor Raynaus) – 1912 – (48 x 32 cm.) *Kohle.* Hals-Nasen-Ohrenarzt, der über die Familie seiner Frau, die eine Schulkameradin der Berliner Künstlerin gewesen ist, mit Anne Marie Merkel befreundet war. Er half dem Paar stets bereitwillig bei allen Beschwerden. Ein wortkarger Mensch, unfähig in allem, was nicht seinen Beruf betraf. Eines der besten Bildnisse von J. T. C. Privatbesitz Madame Reynau.

PROYECTO DE CARTEL (Plakatentwurf für den Karneval von Nizza) – 1912 – (34 x 23,5 cm.) *Öl auf Karton.* Wichtiger Karton. Dieser Entwurf kombiniert die in der Stadt traditionellen Farben rosa und grün miteinander. Im oberen Teil scheinen Sonne und Mond vorherzusagen, wie sehr Matisse den Ort einmal schätzen sollte. Zum andern kündigen die vertikalen Elemente der Seiten, die für unseren Maler so charakteristisch sind, die Raster an. Ich weiß nicht, ob der Entwurf bei dem Wettbewerb eingereicht wurde, dessen Anlaß er gewesen ist. Als Plakat ist es hervorragend, es sticht in die Augen. Privatbesitz Isabel Cassou.*

PAISAJE GRIS (Graue Landschaft) - 1913 - (31,5 x 23 cm.) *Buntstifte und Bleistift.* Datiert in Céret. Heitere und freundliche Landschaft, die eine in seinem Werk selten zutage tretende Ausgeglichenheit und Fröhlichkeit zum Ausdruck bringt. Sammlung des Museums von Newcastle.

LA CREACION (Die Schöpfung) - 1913 - (26 x 23,5 cm.) *Aquarell.* Sonderbares Aquarell, vielleicht von Kandinsky beeinflußt. Gelber Hintergrund, eingefaßt von blauen Klecksen, dazu Sienatöne, bilden ein explosives Gemisch im eigentlichen Sinn des Wortes. J. T. C. bringt hier seine physische Idee der Schöpfung zum Ausdruck, in einer Art Schnecke, die zweifellos von der Hand des SCHÖPFERS gehalten wird. Diesem eigenartigen Bild wohnt eine Kraft inne, die der Russe später noch besser zum Ausdruck bringen sollte, ohne allerdings je die von dem Katalanen in diesem Augenblick erreichte Tiefe zu erlangen. Privatbesitz Alfonso Reyes.

RETRATO DE RAINER MARIA RILKE (Bildnis Rainer Maria Rilkes) - 1913 - (25 x 18 cm.) *Öl, Gouache.* J. T. C. bedient sich hier aus der Mode gekommener Techniken (mehr oder weniger schraffierte Schatten) und macht sich gleichzeitig andere zu eigen, die den deutschen Expressionismus berühmt machen werden. Das Ergebnis ist verblüffend. Mit der Zeit hat es an Leuchtkraft verloren. Besitz des Rilke-Museums.

RETRATO DEL PIANISTA MALDONADO (Bildnis des Pianisten Maldonado) - 1913 - (34 x 23,5 cm.) *Öl.* Als Pertman, der sich damals mit dem Auftrag in Paris aufhielt, für einen begeisterten Londoner einige Werke von Maillol zu kaufen, das Bildnis Braulio Maldonados sah, eines im selben Jahre verstorbenen Pianisten, sagte er: »*Das ist mit Absinth gemalt.*« Er wußte nicht, daß er recht hatte. Maldonado stammte aus Soria und hatte an den

* Hier nicht wiedergegeben.

Konservatorien von Madrid und Barcelona Klavier studiert. Dort schloß er Freundschaft mit Granados.

»Er spielt meine Stücke besser als ich selber«, sagte der Komponist immer wieder. Ende 1913 fand man ihn auf der Straße liegen; er war mit dem Kopf auf den Asphalt gefallen und hatte sich die Stirn an der Bordsteinkante aufgeschlagen. Wie jeden Morgen lief das Wasser durch die Straßenrinne. Der spanische Pianist war ein Haufen Lumpen, umspült von dem schnellen, plätschernden Wasser, das zwei Schritte weiter unter lauten Schlürfgeräuschen von einem Gulli geschluckt wurde. Alles, was von diesem Musiker überdauert, ist dieses düstere und traurige Bildnis, das wegen seiner gedämpften Farbgebung ungemein schwer zu reproduzieren ist.

Selten ist es einem Maler geglückt, den Niedergang eines intelligenten Menschen eindringlicher darzustellen. Die ebenmäßige Stirn kontrastiert mit den asymmetrischen Augen und den eckigen Wangen. Vor allem aber die Farbe, strahlend in ihrer Düsterheit: Gelb- und Grüntöne vermischt mit dunklen Siena- und Rottönen, bieten ein geeignetes Klima für das bereits entstellte Gesicht. Es bezeichnet den Untergang einer Epoche: der des Montmartre, des harten Lebens des frühen Kubismus und so vieler anderer Dinge. Privatbesitz Joaquín Díez-Canedo.

TRAMA PERSA (Persisches Raster) – 1913 – (17 x 9 cm.) *Farbige Tusche.* Sämtliche Raster verdanken ihren Titel der Grundfarbe des Bildes und den vertikalen Streifen. Dieses hier, rosafarben, nur durch ein grünes Dreieck gebrochen, als einziger Lichtfleck. Wenn nicht das erste überhaupt, ist es eines der ersten dieser berühmten Bildserie. Privatbesitz A. R. C.

TRAMA AZUL (Blaues Raster) – 1914 – (18 x 9 cm.) *Farbige Tusche.* Das klassischste. Auf der Linken von oben nach unten ausgeglichen, auf der Rechten horizontal angelegt. Privatbesitz A. R. C.

TRAMA VERDE (Grünes Raster) – 1914 – (17 x 8 cm.) *Farbige Tusche.* Grünes Raster, grüne, gelbe und blaue Farbtöne; zwei rote Quadrate, eines leuchtend, das andere gedämpft, geben ihm Leben. Züngelnde Flammen in einer untergehenden Welt? Privatbesitz Mondrian.

TRAMA PARDA (Braunes Raster) – 1914 – (18 x 9 cm.) *Farbige Tusche.* Kaffeebraune Linienführung, pointillistische Applikation in Grün, Rot und Kaffeetönen. Eines der schwerer zugänglichen Raster. L. M. deutete mir gegenüber an, man müsse es horizontal betrachten. Dann würde es nämlich zu einer Landschaft werden (das Blau auf der linken Seite, der Himmel). Der Hinweis ist interessant, aber ich verwerfe ihn aufgrund der Plazierung der Signatur, und weil sich der Maler in jenen Jahren entschieden und besonders unnachgiebig zur Vertikalität bekannte. Es sei denn, es handelt sich um eine weitere Verschleierung seiner verdeckten Absichten. Privatbesitz Pablo Picasso.

TRAMA MORADA (Dunkelviolettes Raster) – 1914 – (22 x 11 cm.) *Farbige Tusche.* Hier taucht zum ersten Mal der »rote Faden« auf, der zum *Prisionero* (Der Gefangene) führt.

SUPERFICIE CALCÁREA (Kalkoberfläche) – 1914 – (16 x 7 cm.) *Gouache auf Karton.* Zur gleichen Zeit entstanden wie die Raster, mit denen es die äußere Form und das Format gemein hat. Eindeutig die Nachbildung eines farbenfroh gedachten Fossils. Suche nach einer verlorenen oder ersehnten Welt? Privatbesitz Jaime Torres Bodet.

TRAMA MORADA: Pancho Villa (Dunkelviolettes Raster: Pancho Villa) – 1914 – (16 x 7 cm.) *Gouache auf Karton.* Eines seiner letzten Bilder. Nie ist das Bedauern über das Verschwinden J. T. C.' und fast seines gesamten Werks so groß wie angesichts dieses Bildes. Hier sieht man, wohin ihn die Kraft, die die Serie seiner *Raster* bestimmt hat, hätte führen können.

Das Nicht-Figurative geht hier in einer anthropomorphen Haltung auf, bei der die Gestalt des berühmten mexikanischen Generals eine Kraft gewinnt, die selbst dem unkundigsten Betrachter sofort auffällt. Die Schulterklappen und der Brustbesatz in Gelb, die roten Hosen, ferner die sonnenverbrannten Sienatöne des Gesichts, das Schwarz des Schnurrbarts, die geschickte Umsetzung der Knopfreihen in einem einzigen Quadrat, vielleicht ein schematisierter Dominostein, verleihen dem Gemälde die notwendige Ausstrahlungskraft, um als außergewöhnlich gelten zu können. Hinzu kommt das Blau des Himmels, das zwischen den Militärstiefeln hindurchscheint und dem Bild eine Tiefe gibt, die in den Werken des Mannes, der ein katalanisches Malergenie geworden wäre, nie fehlt. Privatbesitz Boris K.

El Prisionero (Der Gefangene) – 1914 – (34 x 23,5 cm.) *Gouache auf Karton.* Wir wissen von der Bedeutung, die der Maler diesem Bild beimaß. Der tragische Gesichtsausdruck des in dem Raster eingesponnenen Mannes gibt eine klar Vorstellung von dem Labyrinth, in das sich J. T. C. damals verstrickt hatte.

Braun und Blau sind die Farbtöne. Bedrückend die Traurigkeit des Ganzen. Privatbesitz R. M.

Retrato de Alfonso Reyes (Bildnis Alfonso Reyes') – 1914 – (34 x 23,5 cm.) *Aquarell und Firnis.* Seltsames Zeugnis alten Stils und wahrhafter Freundschaft. Wahrscheinlich im Juni oder Juli gemalt. Privatbesitz Madeleine Regard.

Jeanne (Hanna) – 1914 – (25 x 18 cm.) *Tusche.* Zusammen mit dem vorherigen Bild eines der wenigen realistischen Bildnisse, die er in jener Zeit gemalt hat. Oder zumindest eines der wenigen, die uns erhalten geblieben sind. Es ist auf kleinstem Raum und mit sparsamsten Mitteln voller Leben. Hanna war Anne Marie Merkels Schwester. Privatbesitz der Familie Merkel.

Sol y Luna (Sonne und Mond) – 1914 – (25 x 17,5 cm.) *Aquarell.* Sicherlich Mondrian, doch vielleicht auch schon die Idee, nach Mexiko zu gehen. Privatbesitz X. V.

Trama, Última. (Raster, das letzte) – 1914 – (48 x 32 cm.) *Bleistift, Aquarell, Gouache.* Nach meinem Dafürhalten eines der letzten Bilder, die er malte, und eines der beachtlichsten, die uns erhalten geblieben sind. Die *Raster* entwickeln sich allmählich (vgl. *Der Gefangene*). In Schwarz und Grauabstufungen gemalt, manchmal mit einer leichten Grünfärbung, ist das Bild um einen blütenweißen Raum zentriert. Zur Rechten erscheint eine Reminiszenz: eine stilisierte Pfeife. An derselben Stelle, an der in *Der Gefangene* das tragische Gesicht des Mannes auftaucht, findet sich hier ein geschlossenes Fenster. Die verschiedenen Werte der Farbe Schwarz verleihen dem Bild eine Tiefe, die die Reproduktion nicht wiedergeben kann. Wenn es je eine *entzauberte* Malerei gegeben hat, dann diese, die tot ist. Sammlung des Museums von Valencia.

Wie kann es Wahrheit ohne Lüge geben?
Max Aubs Jusep Torres Campalans

Nachwort von
Mercedes Figueras

»Und was ist nun wahr von all dem?« fragte sich der namhafte spanische Professor und Literaturkritiker Juan Luis Alborg nach der Lektüre von *Jusep Torres Campalans*. Sein Kollege Soldevila Durante, der große Max-Aub-Spezialist an der UNIVERSITÉ LAVAL in Québec, erklärte, bei Campalans handele es sich um einen »imaginären Maler«: »Die Bilder hat Max Aub selbst gemalt«, behauptete er. Alborg stellte Nachforschungen an: »Der Eindruck der Authentizität jedoch ist so stark, daß ich an Max Aub schrieb, um ihn danach zu fragen. Aber er gab mir keine konkrete Antwort [...]. Er verwies mich nur auf einen Text, den Jean Cassou für eine Werbebroschüre zum Erscheinen der französischen Ausgabe verfaßt hatte, der aber meine Zweifel immer noch nicht klärte.« Der Text von Jean Cassou, dem damaligen Leiter des Museums für Moderne Kunst in Paris, lautet: »Nun aber liegt hier das wahre, ursprüngliche Universum Picassos. Dank an Max Aub, der es uns in der Biographie dieses großartigen Campalans' zurückerstattet. Und alles erhellt sich, sobald wir zugeben, daß Campalans genauso möglich ist wie Picasso, und Picasso genauso hypothetisch wie Campalans.« »Wenn ich ehrlich sein soll«, schrieb Alborg, »wäre es mir sehr viel lieber, wenn es sich bei diesem Buch von Anfang bis Ende um eine vollständige Mystifizierung handelte –, ich glaube, so ist es auch. Denn dann fände ich es noch großartiger.«[1] – Die Leserinnen und Leser dieses Buches werden inzwischen wohl ihre eigenen Schlüsse gezogen haben.

Als *Jusep Torres Campalans* 1958 in Mexiko erschien, war die mexikanische Presse begeistert: Max Aub, so schien es, entriß mit seiner Monographie über Campalans und der parallel dazu stattfindenden Ausstellung seiner Bilder in der GALERÍAS EXCELSIOR in Mexiko Stadt einen der wichtigsten Maler aus der Frühphase des Kubismus der Vergessenheit: einen Weggefährten Picassos, der nicht nur der Epoche des »Kubismus« ihren Namen gegeben hatte[2], sondern darüber hinaus die Entschlüsselung jenes Bildes von Picasso ermöglichte, das inzwischen als Auftakt der Malerei der Moderne gilt: *Les Demoiselles d'Avignon* (Vorbild war demnach eine Gruppe von Prostituierten, deren Bekanntschaft Pablo und Jusep anläßlich eines gemeinsamen Bordellbesuchs gemacht hatten). Als GALLIMARD in Paris 1960 die französische Ausgabe des Buches publizierte – zwei Jahre darauf folgte die englische Ausgabe bei Doubleday in den USA, begleitet von einer weiteren Ausstellung der Bilder Campalans' in der New Yorker BODLEY GALLERY –, erreichte die sensationelle Entdeckung die Feuilletons der Weltpresse. Zwei der wichtigsten literarischen Stimmen Lateinamerikas, Octavio Paz und Carlos Fuentes, meldeten sich begeistert zu Wort und erwiesen Campalans ihre Reverenz. Paz verglich Campalans und sein Werk gar mit Blake, Novalis, Nerval, Baudelaire und Rimbaud:

> Erschaffen heißt für Torres Campalans die neuen Räume bewohnen, welche die Einsamkeit und die Gleichgültigkeit entvölkert haben: Farbe, Gottheit der Sterne, Saat der Auferstehung. Torres Campalans befragt die Welt, um sie dann sofort mit einer Antwort zu verewigen, die bereits ein Projekt zur *kommunizierenden* Rettung, zur Einfügung in eben diese befragte Welt ist: Blake, Novalis, Nerval, Baudelaire, Rimbaud. Die Kunst ist das andere Antlitz der Welt, geblendete Befragung, Wappen und Zahl der Lebenslust und des

> Todesstaunens. Das Kunstwerk setzt alles in Brand, was es berührt; wenn es etwas benennt, bringt es die Welt zum Bersten. In der Mitte des Feuers findet der Künstler die versteinerte Quelle des Ursprungs: vereiste Sonne. [...] Torres Campalans, ein Künstler, ein Schloß in Flammen, macht den Schritt ohne Wiederkehr, den Schritt rückwärts, zum Ursprung hin, der gleichzeitig der Sonnenflug vorwärts ist: Paradoxie der Einbildungskraft, in der die Sehnsucht den Wunsch nährt, und dieser die Sehnsucht.

Carlos Fuentes beschreibt in seinem *Fragment eines Romans* eine Begegnung mit dem verschollen geglaubten katalanischen Maler:

> Mit bereits müden Pupillen richtete Onésimo Dávalos den Blick auf einen Mann, der ihm entgegenkam. Es war ein Ausländer. Hier in Zinacatán, dachte Onésimo, sehen die Menschen nicht so aus. Und er sagte, ja er schrie fast, er, der Mann, solle sich aus dem Staub machen, verschwinden, der Hurensohn, sonst würde er ihm den Schädel einschlagen. Der Mann antwortete nicht, er blickte traurig in die Ferne, jenseits der Wüste, jenseits aller Stimmen. Gerade noch zur rechten Zeit erklärte Margarito der Zwerg: er jedenfalls würde ihn kennen; er wäre Don Jusepe, der Katalane, der bei den Chamulas Zuflucht gefunden hätte. Es gäbe keinerlei Gefahr, zum Teufel noch mal, er wäre ein sanftmütiger Kerl und hätte einen leichten Stich.

Auf dem Umschlag der 1970 beim Verlag LUMEN in Barcelona erschienenen spanischen Ausgabe, auf dem auch die beiden Zitate von Paz und Fuentes wieder auftauchen, findet sich auch eine Klarstellung Max Aubs, mit der er den Vorwurf der Fälschung noch einmal zurückweist:

Die spanischen Verleger wollen, daß ich in diesem Buch den Stand der Dinge über die Existenz von J.T.C. klarstelle, nach alledem. Ich tue es ohne jede Freude. Vor zwölf Jahren, anläßlich der mexikanischen Ausgabe, wurde eine Broschüre veröffentlicht, in der Jaime García Terrés (später mexikanischer Botschafter in Griechenland) und Carlos Fuentes die Ansichten vieler Menschen darüber zusammengetragen hatten; einige von ihnen hatten den Betroffenen persönlich gekannt. David Alfaro Siqueiros, der berühmte Maler und erfolglose Mörder Trotzkis, behauptete in der wichtigsten Zeitung Mexikos, daß er den Protagonisten meines Romans kennengelernt hatte (jedem, der es wünscht, kann ich eine Photokopie dieses Artikels zusenden). Als die hervorragende französische Ausgabe herauskam, schrieb Jean Cassou, damals Leiter des Museums für Moderne Kunst in Paris, in einer Broschüre des Verlags GALLIMARD, daß nur ich diese Biographie hätte schreiben können. Später sind Zweifel aufgekommen. Ich bedaure, daß Rirette Maitrejean, die Lebensgefährtin von Victor Serge tot ist, die ihn dank Pierre Laval aus den sowjetischen Gefängnissen befreien konnte. Aber wer neugierig ist, kann die französische Ausgabe konsultieren, wo man auf der letzten Seite, ohne einen Punkt und ein Komma geändert zu haben, den Brief abgedruckt findet, den mir diese berühmte Frau schrieb (und wäre sie auch nur berühmt wegen ihrer Teilnahme an der Bonnot-Bande), in dem sie die historische Richtigkeit der Fakten nachdrücklich bestätigte.

Allen Klarstellungen, Beglaubigungen und Rechtfertigungen zum Trotz, Max Aub war mit seinem Buch vor allem eines gelungen: Er hatte mit einer erfundenen Figur – denn Campalans hatte es nie gegeben – die Realität ganz manifest verändert. Schriftsteller, Künstlerkollegen und Freunde Max Aubs – wie Cassou, Paz und Fuentes hatten diesen geistreichen Streich unterstützt, was sicherlich seinen Teil zu der außerordentlichen Wirkungsgeschichte des Buches beitrug. Seit der Erstveröffentlichung im Jahre 1958 bis heute sind die Stellungnahmen und Kommentare zur möglichen Existenz des Malers nicht abgerissen. Kunstkritiker sprachen den tatsächlich von Aub selbst gemalten Werken des von ihm erfundenen Malers hohen künstlerischen Wert zu. Einige Übereifrige veröffentlichten Artikel, in denen sie behaupteten, frühere Ausstellungen der Bilder Campalans' besucht zu haben, Sammler meldeten sich, die Bilder des vermeintlichen Freundes Picassos kaufen wollten. »Wir kennen einige aufgeklärte Kunstliebhaber, die für diese Bilder Millionen gegeben hätten, wenn Campalans und sein Werk nur die Chance gehabt hätten, zu existieren«, meldete die PARIS-PRESSE. Im Bibliothekskatalog der YALE UNIVERSITY befindet sich noch heute eine Karteikarte mit Angaben über den Maler Campalans, und in dem verschlafenen katalanischen Städtchen Mollerusa fragen Touristen nach dem Geburtshaus von Campalans . . .

Um Jusep Torres Campalans ranken sich unzählige Legenden – Mythos und Wirklichkeit haben sich nahezu untrennbar ineinander versponnen. Lange Zeit ging man davon aus, daß Siqueiros wirklich behauptet hatte, Campalans zu kennen; daß Campalans' vermeintliche Bilder tatsächlich verkauft wurden, bis Max Aub deren Käufer öffentlich bloßstellte, indem er den Betrug offenlegte.[3] Zur Legende gehört auch die immer wieder vorgebrachte Behauptung, Picasso habe sich über diese ganze Farce köstlich amüsiert. Nirgends findet sich dies belegt, dementiert hat Picasso allerdings auch nie. In einer Sendung des Spanischen Fernsehens über das Thema »Betrug in der bildenden Kunst des 20. Jahrhunderts« sprach Joan Gaspar, der berühmte Galerist aus Barcelona, auch über den »Fall Jusep

Torres Campalans«. Als Gaspar Picasso bei einem Besuch in Frankreich fragte, was es nun mit Jusep Torres Campalans auf sich habe, ob er ihn denn tatsächlich gekannt habe, lautete Picassos Antwort: »Ich weiß nicht. Ich kenne so viele Leute!«[4]

Aub ist es gelungen, mit dem Wort die Wirklichkeit umzuwerten und damit eines, wenn nicht das große Grundthema der modernen Kunst auf eine neue, überraschende Weise in Szene zu setzen: die Spannung zwischen Fiktion und Realität. Von der Auflösung, Fragmentierung oder Vervielfältigung des menschlichen Subjekts im Spiegel der Literatur handeln eine Vielzahl seiner Apokryphen, seiner Pseudo-Biographien – oder welcher Gattung auch immer man diese bestechend brillanten Montagen zurechnen mag. Die beiden bekanntesten sind *Antología Traducida* (Übersetzte Anthologie) und *Luis Alvarez Petreña*. In *Antología Traducida* (Mexiko 1963) schlüpft Aub in die Rolle eines polyglotten Übersetzers von Prosa und Lyrik aus den unterschiedlichsten Sprachen und Zeiten – von den alten Ägyptern bis heute –, »Übersetzer« und Schöpfer sind freilich ein und dieselbe Person. Bezeichnend auch das Vorwort zu seiner »Anthologie«: Akribisch listet Aub all diejenigen auf, die ihm behilflich gewesen sein sollen, die verschollenen Texte aufzustöbern. Bei den meisten der in der Danksagung Genannten handelt es sich um Menschen aus Fleisch und Blut, bei einigen anderen allerdings sind Zweifel erlaubt...

Luis Alvarez Petreña, erschien in drei Teilen zwischen 1934 und 1970, erzählt die Geschichte eines frustrierten Schriftstellers, der – von seiner Mittelmäßigkeit überzeugt – ausführlich über die Notwendigkeit und den Nutzen von Literatur und Kunst für die Gesellschaft reflektiert. Der Biographie sind Texte beigefügt, die aus seiner Feder stammen sollen. Nach einem erfolglosen Selbstmordversuch trifft Petreña in einer Londoner Klinik – nach über dreißig Jahren – Max Aub wieder, der sich dort von einer Herzattacke erholt. Sie führen ein langes Gespräch, erinnern sich an alte Zeiten – und an einen katalanischen Maler namens Jusep Torres Campalans. *Luis Alvarez Petreña* ist ein schillerndes Spiel um die Beziehung zwischen Autor und literarischer Figur und darüber hinaus spannende Literatur über die Welt der Literatur und des Literaturbetriebs. Im vielfach gebrochenen Spiegel des fiktiven Schriftstellers Petreña lesen wir Aubs Reflexionen über die Entwicklung der spanischen Literatur von der Avantgarde und den Theorien von Ortega y Gasset bis zum Ende der sechziger Jahre – nicht ohne Distanz, Witz und Abgeklärtheit gegenüber seiner Figur, aber auch voller Verständnis und Sympathie. Kaum verwunderlich, daß sich Petreña auch in die Monographie über Jusep Torres Campalans eingeschlichen hat: in den »Annalen« ist unter dem Jahr 1897 die Geburt des Schriftstellers verzeichnet.

Im Jahre 1964 – sechs Jahre nach dem überraschenden Auftritt Campalans' auf der Bühne der Malerei und der Literatur – taucht der katalanische Maler noch einmal auf: als vermeintlicher Schöpfer und Illustrator eines Kartenspiels (*Juego de Cartas*), das auf 108 Spielkarten die Antwort auf die Frage sucht: »Wer war Máximo Ballesteros?« Auf der Rückseite der Karten finden sich 108 verschiedene Einschätzungen und Würdigungen von Menschen, die den angeblich kürzlich verstorbenen Ballesteros gekannt hatten. Die *eine* verbindliche Antwort auf die Leitfrage des Kartenspiels läßt sich aus dem vielstimmigen Konzert der Stellungnahmen freilich nicht herauslesen. Es sind die jeweiligen Verfasser, die sich in ihren Zitaten widerspiegeln. Aber – so fragen sich die Leser Aubs – hat es Máximo Ballesteros und seine 108 Bekannten wirklich gegeben?

In seinem Werk *Jusep Torres Campalans* freilich hat Aubs Vorliebe für die literarische Trompe-l'œil ihren entschiedensten Ausdruck gefunden. Mit einer Vielzahl raffinierter

Kunstgriffe erzeugt Aub die Illusion, der katalanische Autor habe tatsächlich gelebt: Da sind die »Notwendigen Vorbemerkungen«, in denen der Leser von dem zufälligen Zusammentreffen Aubs mit Campalans in Mexiko erfährt, das ihn erst auf die Idee gebracht haben soll, ein Buch über den Maler zu verfassen; dann die Liste der Danksagungen, mit der Aub eine Vielzahl der Größen der Zeit aufruft, die ihm geholfen haben sollen, das biographische Puzzle von Campalans zusammenzufügen – darunter Georges Braque, Alfonso Reyes, André Malraux (dem das Buch überdies gewidmet ist) und Daniel-Henry Kahnweiler –, und dadurch die Existenz Campalans' beglaubigen; da sind die »Annalen«, mit deren Hilfe die Biographie des Malers in ein Netz von historischen, politischen, technischen und künstlerischen Fakten eingeflochten wird – bekräftigt durch den quasi-dokumentarischen Anhang, der neben längeren Lexikonzitaten auch verschiedene Zeitungsartikel über Campalans enthält, mitsamt peniblen bibliographischen Nachweisen; da sind weiterhin Campalans' Notizbuch, »Das Grüne Heft«, das Aub dem Leser als »Herausgeber« mit detaillierten editorischen Hinweisen und Kommentaren präsentiert, Aubs »Protokolle« seiner beiden Gespräche mit Campalans und schließlich der Ausstellungskatalog mit den Bildern Campalans', deren Herkunft und Verbleib minutiös beschrieben werden. Und mußten nicht die der Biographie beigegebenen Photos die allerletzten Zweifel ausräumen? – Campalans' Eltern Vicenta Campalans Joffre und Genaro Torres Moll (in Wirklichkeit zwei katalanische Bauern aus der Umgebung von Prat del Llobregat, in der Nähe von Barcelona, die aufgenommen wurden, als Aub 1938 Statisten für seinen zusammen mit Malraux gedrehten Film *Sierra de Teruel* suchte) und Campalans zusammen mit Picasso im Jahre 1902 in Barcelona (eine Photomontage von José Renau aus einem Bild, das Picasso und Ramón Raventós in Barcelona zeigt; der kahlretuschierte Kopf scheint einem in der Zeitung abgebildeten Fußballfan zu gehören, vielleicht handelt es sich aber auch um Max Jacob).

Allerdings arbeitet Max Aub mit einer raffinierten Doppelstrategie, gibt er doch eine ganze Reihe von Hinweisen, welche die eben erzeugte Illusion der Authentizität im nächsten Augenblick wieder zerstören.[5] In die Chronologie der »Annalen« beispielsweise sind bewußt Fehler und Retuschen eingebaut: Nicolás Guillén wird zweimal geboren (1902 und 1904), der Stierkämpfer Lagartijo stirbt zweimal (1900 und 1910), 1913 ist nicht, wie zu lesen, das Todesjahr des nicht existierenden Schriftstellers Isaak Bebel (wohl aber das von August Bebel!) – »Wie kann es Wahrheit ohne Lüge geben?« – das dem Buch vorangestellte Motto von Santiago de Alvarado entpuppt sich als die Poetologie von *Jusep Torres Campalans*, das in den einzelnen Kapiteln in unzähligen Varianten durchgespielt wird. Das gilt besonders für das »Grüne Heft« mit seiner schillernden Fülle von ästhetischen Maximen, etwa wenn es heißt: »Lügen, nicht betrügen; so tun, als ob, nicht fälschen, tarnen (was sonst?), nicht falsifizieren, erfinden, nicht plagiieren; vorspiegeln, wenn man will, aber nur vorspiegeln, nicht beschwindeln, faszinieren, nicht täuschen, und wenn nötig, uns über uns selber lustig machen«. (S. 310 f.) Hinter dieser Poetologie steht eine moderne Auffassung von der Befindlichkeit des menschlichen Subjekts: »In Wahrheit sind wir nichts weiter als Bilder, Ähnlichkeit, Spiegelung, Verstellung, Trugbild, Kopie, Echo, Erfindung, Bildnis, Kunst, Falschheit.« (S. 310) Und trägt nicht auch der »Biograph« Max Aub deutlich einige Züge seines künstlerischen Geschöpfes? Oder wie sollte man sonst die Szene am Ende der Gespräche in San Cristóbal verstehen, in der – wenn auch nur für einen Augenblick – Erfinder und Erfindung, Autor und literarische Figur eins werden. Als Aub in seine Pension zurückkehrt, sieht er in den Spiegel seines Garderobenschranks und erblickt dort das Antlitz seiner Romanfigur.[6]

In Mexiko reichten die Auswirkungen des »Spiels« *J.T.C.* wohl am weitesten. Fernández macht in ihrem Aufsatz auf die immense Popularität aufmerksam, die Jusep Torres Campalans damals in Mexiko genoß und die so weit ging, daß einige der vermeintlichen Bilder Campalans', allen voran *Der Kopf von Juan Gris*, jungen Malern als Vorbild für Buchillustrationen dienten.[7] Campalans löste eine regelrechte Debatte um die Bilder der »Pariser Schule« aus, jenes kosmopolitischen Kreises von Künstlern um Picasso, Gris, Braque, Léger, Modigliani, Brancusi und Max Ernst, aus dem prägende Kunstströmungen wie der Fauvismus, der Kubismus und der Surrealismus hervorgingen. Aub wurde vorgeworfen, die »Pariser Schule« mit seinem Buch zu verspotten. Dem ist mit Entschiedenheit widersprochen worden:

> Man muß in Rechnung stellen, daß der Roman die Pariser Schule und die Pariser Kunstwelt der ersten Jahre dieses Jahrhunderts vor dem Vergessen rettet und daß er [...] eigentlich eine heftige Abneigung gegen die mexikanische Schule bedeutet (vor allem für Siqueiros und seine Schüler, die sich bereits im Niedergang befanden), die in der Schule von Paris die Verkörperung des »kapitalistischen« Feindes gesehen hatte. Aus diesem Grund hatte *Campalans* einen außerordentlichen Erfolg unter den Jüngeren.[8]

Max Aub selbst hat sich zu dieser Frage – zu seiner Haltung zur modernen Kunst im *Jusep Torres Campalans* – sehr deutlich geäußert. In einem Interview mit Claude Couffon entgegnete er: »Mein Roman [ist] eine leidenschaftliche Verteidigung der modernen Kunst, in ihrer Reinheit, natürlich.«[9] Auch wenn Aub alles andere beabsichtigte, als die Kunst der Moderne in Frage zu stellen, ein Angriff auf den zeitgenössischen Kunstbetrieb, auf die Leichtgläubigkeit und andächtige Verehrung, mit der moderne Kunst betrachtet und gekauft wird, auf das Niveau der gegenwärtigen Kunstkritik ist *Jusep Torres Campalans* in jedem Falle. Aubs Bewunderung für den Kubismus ist zeit seines Lebens nicht erloschen. In dem 1954 erschienenen Aufsatz *La poesía española contemporánea* (Die zeitgenössische spanische Dichtung) schrieb er: »Der Kubismus ist zur Malerei das, was die Relativität zur Auffassung des Universums ist; er bedeutet die Zerstörung einer einzigen Sichtweise.«[10] Legt man diese Definition zugrunde, ließe sich *Jusep Torres Campalans* ohne weiteres als ein »kubistischer Roman« bezeichnen. Ja, gründen nicht alle literarischen Texte Max Aubs – wenn auch in unterschiedlich starker Ausprägung – auf dieser Maxime, von seinem »realistischen« großen Fresko über den Spanischen Bürgerkrieg, *Das magische Labyrinth*, bis hin zu seinem letzten unvollendeten Text (eine Biographie? eine Roman-Biographie? ein Roman?) *Gespräche mit Luis Buñuel*? Sie alle fügen sich zu einer »Sprachschöpfung, die versucht, die Grenzen der Kunst als Institution zu durchbrechen, den Text an die Lebenserfahrung anzunähern, Autor und Figur auf unumkehrbare Weise zu vermischen«.[11]

Allzu oft war man freilich der Versuchung erlegen, die Ansichten von Jusep Torres Campalans mit denen von Max Aub zu identifizieren, insbesondere was die konfliktreiche Beziehung zwischen Campalans und Juan Gris anbetrifft. Es ist abwegig, Campalans' Aversion gegen den kubistischen Maler aus Madrid, der beispielsweise von Daniel-Henry Kahnweiler und Carl Einstein sehr geschätzt wurde[12], auf Aub zu projizieren. Sicherlich, Gris ist als Gegenfigur zu Campalans angelegt. In den aggressiven Disputen der beiden Künstler spiegelt sich jedoch vor allem ein Stück des spanischen Regionenkonflikts, der Reibungen zwischen Katalonien und Madrid. Zu weit entfernt scheinen die beiden Milieus, denen Campalans und Gris entstammen: hier das mit dem Katholizismus verwachsene Bauernkind aus

Lérida, der ärmsten Provinz Kataloniens, dort der Sproß des großstädtischen Bürgertums. Und vergessen wir nicht, daß Campalans seine Verbundenheit mit der katalanischen Heimat zeit seines Lebens nicht abzuschütteln vermag, auch wenn sich diese bisweilen nur in vermeintlichen Nebensächlichkeiten – etwa seiner Vorliebe für heimische Pilzgerichte – niederschlägt; den Chamulas bringt er beispielsweise bei, wie man die »Muixarnons«, die kleinen dunklen, in Katalonien sehr beliebten Pilze zubereitet.

Campalans' Hinwendung zum Anarchismus erscheint angesichts der inneren Entwicklung der Figur durchaus glaubwürdig. Sie wird darüber hinaus eingebettet in Aubs – an realen Begebenheiten orientierte – Zeichnung des Pariser Boheme-Milieus der Jahrhundertwende, eine lebendige Szene, in der sich Künstler und Anarchisten zusammenfanden.[13] Die »Bonnot-Bande« galt als eine der bekanntesten anarchistischen Gruppen. Geleitet von Jules Joseph Bonnot (1876–1912), gingen eine ganze Reihe von Banküberfällen auf ihre Rechnung. Um eine reale Figur handelt es sich auch bei dem mehrfach erwähnten katalanischen Pädagogen und Anarchisten Francisco Ferrer Guardia (1849–1909). Nachdem sich der engagierte Republikaner in Spanien als Bahnangestellter durchs Leben schlug, ging er nach Frankreich und arbeitete dort als Sprachlehrer und Weinimporteur. Nach Spanien zurückgekehrt, hob er die ESCUELA MODERNA aus der Taufe, eine nichtkonfessionelle Schule (die übrigens Max Aub und seine Schwester in Valencia zu Beginn ihrer Schulzeit besuchten). Ferrer Guardia reiste durch Europa, gründete Schulen und wurde zunehmend populär. Er war ein glühender Verfechter des Anarchismus als Gesellschaftsprinzip, lehnte aber jede Form der Gewaltausübung ab. 1909 verweigerte die Bevölkerung Kataloniens, allen voran Barcelonas, der spanischen Regierung ihre Gefolgschaft im Krieg gegen Marokko. Im Zuge der blutigen Auseinandersetzungen mit den Regierungstruppen, die als »Semana trágica« (Tragische Woche) in die spanische Geschichte eingingen, wurde Ferrer Guardia verdächtigt, die »antipatriotische Bewegung« angeführt zu haben, und daraufhin erschossen. In *Jusep Torres Campalans* wird ihm mit der in den Ausstellungskatalog aufgenommenen Skizze, die ihn als Märtyrer am Kreuz zeigt, ein Denkmal gesetzt.

Durch die meisterhafte Einbettung der Figur Campalans in das Pariser Künstlermilieu und nicht zuletzt auf Grund seiner ausführlich geschilderten menschlichen Marotten – wie etwa sein permanenter Reinigungszwang, den er ohne weiteres mit seiner verbissenen, prinzipientreuen Hochschätzung des Anarchismus in Einklang bringt – erscheint der katalanische Maler dem Leser als plastische, glaubwürdige Figur. Wie ließen sich auch sonst die Irritationen erklären, die das Buch auszulösen vermochte? So ist Gustav Siebenmann zuzustimmen, wenn er schreibt:

> Die Größe dieses Romans von so ungewöhnlicher Form liegt in der Fabel. [...] Die Wirklichkeit schildern, so wie sie tatsächlich war, ist so schwierig, daß ganze Dichtergenerationen daran gescheitert sind. [...] Als [...] Möglichkeit ist [...] jene zu bedenken, die zwar mit der Wirklichkeit rechnet, sie aber nicht so gestaltet, wie sie zufällig war, sondern wie sie ebensogut hätte sein können. [...] Wenn man sich [...] an die Vergangenheit hält, wie in unserem Falle Max Aub, dann braucht es nicht Glück, sondern Kenntnisse, Einfühlungsvermögen und viel Verstand. Es bleibt der schöpferischen Phantasie nur ein bestimmter, von den historischen Gegebenheiten genau eingegrenzter Spielraum offen. Wer diesen nutzen möchte, der hat sich zunächst über eine zuverlässige Kenntnis der historischen Wirklichkeit auszuweisen. Im Falle von *Jusep Torres Campalans* geschieht dies in so hohem Maße, daß man aus der Lektüre einen höchst lebendi-

> gen Eindruck jener europäischen Kunstepoche gewinnt. Max Aub ist durch sein bewegtes Leben zwischen Spanien und Paris, durch seine künstlerische Aufgeschlossenheit, durch waches Dabeisein ein begünstigter Zeuge dieses Kunstwandels geworden. [...] Vor allem aber hat er eine Gestalt geschaffen, vor deren Dichte und Originalität die Frage nach leibhaftiger Wirklichkeit sinnlos wird.[14]

Joaquina Rodríguez Plaza, eine mexikanische Literaturwissenschaftlerin und Freundin der Familie Aub, führte mit Max Aub ein sehr aufschlußreiches »Gespräch post mortem« über die Entstehungsgeschichte des Romans und der literarischen Figur Campalans. Die Antworten auf ihre Fragen entnahm sie bisher unveröffentlichten Schriften aus dem Privatbesitz der Familie Aub, zu denen sie dank ihrer engen Beziehung zur Familie Zugang hatte:

> J.R.: Wie ist die Figur des Jusep Torres Campalans entstanden?
> M.A.: An einem 9. Januar 1955, um 7 Uhr morgens, wird Jusep Torres Campalans geboren, gestiefelt und gespornt. Alles schreiben wie eine Monographie »über ...«. Interviews. Das Leben (unwirklich). Die Ästhetik (unwirklich). Das ganze herausgeben mit Reproduktionen. Maler, Katalane, Freund von Picasso. Großgewachsen, stark, mit einem roten Gesicht, kahlgeschoren – das Gesicht von Miguel Hernández[15], die gute Figur von José Gaos[16] –, immer mit Cordkleidung angezogen. Große Hände, katholisch. Den Roman wie eine Monographie konstruieren. Es soll wie ein Buch von Skira erscheinen. Die großen Vorteile dabei: einerseits die Annalen, die es ermöglichen, die Epoche darzustellen, dann die Biographie, in einem Guß, alles Fiktion. Die Zeichnungen: es kostet mich doch nicht viel Mühe, sie anzuferti-

gen! Ich muß nur versuchen, Picasso oder Braque nachzuahmen. Mein Ungeschick wird den Rest tun.«[17]

In der Tat lehnen sich Gestaltung und Aufbau der mexikanischen Ausgabe des Buches an die aufwendigen, sorgfältig edierten Kunstmonographien des Schweizer Verlegers Albert Skira an, die unter dem Reihentitel *Le goût de notre temps* publiziert wurden. Wie bereits Soldevila Durante bemerkte, orientieren sich Format und Einband des *Campalans* an Skiras Reihe, ebenso die Gestaltung der Abbildungen. Aubs »Annalen« entsprechen dem in den Künstlermonographien obligatorischen Kapitel »dates et concordances«. Wenn man sich die Bücher jedoch genauer betrachtet, stellt man fest, daß von einer bloßen Kopie keine Rede sein kann.[18] Auch hier folgt Aub mithin Campalans' im »Grünen Heft« dargelegten Credo: »so tun als ob, nicht fälschen; [. . .] erfinden, nicht plagiieren«.

Wie kann es Wahrheit ohne Lüge geben? – Umberto Eco gibt eine Definition dessen, was einen Text zu einer Fälschung macht: »Die gängige Vorstellung von ›Fälschung‹ setzt ein ›echtes‹ Original voraus, mit dem man die Fälschung vergleichen müßte.« Und weiter: »Die Beweise mittels des Inhalts sagen, daß ein Text eine Fälschung ist, wenn seine Begriffskategorien, seine Taxonomien, seine Argumentationsmodi, seine ikonologischen Schemata usw. nicht zur semantischen Struktur (der Inhaltsform) der kulturellen Umgebung des angeblichen Autors passen.«[19] Wenn wir von diesen Kriterien ausgehen – und alle späteren Erklärungen Max Aubs für einen Augenblick vergessen –, kommen wir nicht umhin zuzugeben, daß die Figur Campalans und ihr »Grünes Heft« sehr wohl echt, oder doch zumindest ein »falso perfetto«, eine »perfekte Fälschung«[20] sind.

Lassen wir noch einmal Jean Cassou zu Wort kommen:

> Alles ist imaginär. Die Spanier wissen das gut, insbesondere Miguel de Unamuno, der dachte, daß Don

> Quijote, eine imaginäre Figur und selbst Erfinder imaginärer Kreaturen, die ganze Wahrheit der Welt besessen hatte. Infolgedessen war Don Quijote wahrhaftiger als dieser arme Mann, der sich für real hielt: Miguel de Cervantes. Campalans, vom spanischen Schriftsteller Max Aub erfunden, ist nicht weniger wahrhaftig.[21]

Max Aub ging in dem bereits erwähnten Gespräch mit Claude Couffon auf Cassous schmeichelhaften Vergleich ein:

> Leider verfüge ich nicht über die Fähigkeiten von Cervantes. Als er den Ritterromanen den Todesstoß versetzen wollte, was ihm durchaus gelang, schuf Cervantes eine unsterbliche Figur. Torres Campalans, bescheidener, wird viele anmaßende Malermonographien nicht für alle Zeit der Lächerlichkeit preisgeben [...]. Aber ein Vergleichspunkt mit Cervantes kann sehr wohl aufrechterhalten werden. Sie werden sich an das berühmte Kapitel im *Don Quijote* erinnern, in dem der Pfarrer beauftragt wird, die Ritterromane aus der Bibliothek des Junkers zu entfernen, die seinen Wahn ausgelöst hatten. Ich sage Ihnen, wäre Torres Campalans die gleiche Aufgabe in einer Bibliothek für moderne Kunst zuteil geworden, er hätte eine ganze Menge Bücher zur Vergessenheit verdammt, Bücher, die eigentlich nichts anderes sind als Werbebroschüren, die den Verkauf einiger gefälschter Produkte ankurbeln sollen, aber sicherlich hätte er beispielsweise die Bücher gerettet, die Picasso gewidmet sind...[22]

Kein Zweifel, Max Aub mochte seinen Helden Jusep Torres Campalans: Im »Gespräch« mit Joaquina Rodríguez Plaza erklärte er Weihnachten 1963: »Durch die Welt ist ein derartiger Ruck gegangen, sie hat sich so verändert, daß die Probleme, die uns früher so leidenschaftlich interessierten, jetzt tote Buchstaben sind; es bleibt Don Jusepe, ich grüße ihn in Freundschaft.«[23]

ANMERKUNGEN

[1] Juan Luis Alborg, Hora actual de la novela española, II. Madrid: Taurus 1962, S. 127 f. Zit. in: Ignacio Soldevila Durante, La obra narrativa de Max Aub (1929–1969). Madrid: Gredos 1973, S. 153 f.

[2] Vgl. S. 108: »Die Entwicklung der Fliegerei hatte Jusep Torres Campalans schon seit langem beeindruckt. ›Damit habe ich eine neue Perspektive: die Häuser werden wie Kuben aussehen, die Felder wie Rechtecke‹, hatte er einige Monate zuvor gesagt. Diese neue Sichtweise führte zur Entstehung des Wortes ›Kubismus‹.«

[3] Zur Wirkungsgeschichte vgl. die wertvolle Arbeit von Dolores Fernández Martínez (Universidad Complutense de Madrid), La leyenda de »Jusep Torres Campalans«, in: Actas del Congreso Internacional »Max Aub y el laberinto español« en Valencia-Segorbe del 13 al 17 de diciembre de 1993. A cargo de Cecilio Alonso, Universidad de Valencia, Valencia, Ayuntamiento de Valencia 1996, hier S. 833.

[4] Televisión Española. Circuito de Cataluña 1989.

[5] Vgl. hierzu Christoph Rodiek, Jusep Torres Campalans und die Authentizität des Fiktiven, in: Romanistik als vergleichende Literaturwissenschaft. Hrsg. v. Wilhelm Graeber, Dieter Steland und Wilfried Floeck, Frankfurt a. M. u.a.: Peter Lang 1996.

[6] Vgl. hierzu Ignacio Soldevila Durante, S. 153.

[7] Influencia de un cuadro de Torres Campalans (Einfluß eines Bilds von Torres Campalans), in: Excelsior, 5. Juni 1960. Die erwähnten Maler sind Vicente Rojo und Tísner. Zit. in: Dolores Fernández, S. 835

[8] María Embeitia, Max Aub und seine Generation, in: Insula, Nr. 253, Dezember 1967, S. 1 und S. 12. Zit. in: Dolores Fernández, S. 835.

[9] Claude Couffon, Um Jusep Torres Campalans kennenzuler-

nen (Interview mit Max Aub), in: Les Lettres Nouvelles, 11. März 1961. Zit. in: Dolores Fernández, S. 841

[10] Max Aub, Poesía española contemporánea, México: Ediciones Era 1969, S. 35. Auch in: Joan Oleza Simó, Max Aub, entre vanguardia, realismo y postmodernidad, in: Insula, Nr. 569, Mai 1994, S. 2.

[11] Joan Oleza Simó, S. 27.

[12] Carl Einstein, Daniel-Henry Kahnweiler, Correspondence 1921–1939, Marseille: André Dimanche Editeur 1993. Die meisten Brieforiginale sind auf deutsch, eine deutsche Ausgabe liegt bislang jedoch nicht vor.

[13] Vgl. Robert Tombs, Bombe surprise. Rezension v. Alexander Varias: Paris and the Anarchists, London: Macmillan 1997, in: The Times Literary Supplement, 4. April 1997, S. 28.

[14] Gustav Siebenmann, Jusep Torres Campalans. Max Aubs Denkmal für einen unbekannten Kubisten, in: Neue Zürcher Zeitung, 30. September 1961.

[15] Miguel Hernández, der jüngste Dichter der »Generation von 27« stammte aus der Provinz Alicante und war Schafhirte. In Madrid haben sich vor allem Pablo Neruda und Vicente Aleixandre seiner angenommen und ihn gefördert. Bekannt sind vor allem seine leidenschaftlichen Liebesgedichte, seine volkstümlichen Oden (z.B. »Wiegenlieder der Zwiebel«), Gedichte wie das von Paco Ibáñez vertonte »Andaluces de Jaén« (»Andalusier aus Jaén«) sowie sein »Teatro de guerra« (Kriegstheater). Hernández starb 1942 als 31jähriger in einer Besserungsanstalt in Alicante an einer Lungenentzündung.

[16] José Gaos, einer von Max Aubs engsten und langjährigen Freunden, war Philosoph und lebte ebenfalls in Mexiko im Exil.

[17] Joaquina Rodríguez Plaza, Alejandra Herrera, Relatos y Prosas Breves de Max Aub, México: Universidad Autónoma Metropolitana 1993, S. 51 f.

[18] Soldevila Durante, S. 151.

[19] Umberto Eco, Die Grenzen der Interpretation, München: Deutscher Taschenbuch Verlag 1995, S. 252 f. Vgl. Rosa María Grillo, Escritura de una vida: Autobiografía, biografía, novela, in: Actas del Congreso Internacional Max Aub (Valencia–Segorbe, 13–17 de diciembre de 1993) I. Valencia, Ayuntamiento de Valencia 1996, S. 167.

[20] Umberto Eco, S. 250. María Grillo, S. 167.

[21] Jean Cassou, Cet homme est le héros du canular le plus ver-

tigineux du siècle: toute la réalité est peut-être imaginaire, in: Arts, 15.–21. März 1961. Zit. in: Dolores Fernández, S. 840.

[22] Claude Couffon, 1961. Zit. in: Dolores Fernández, S. 841.

[23] Joaquina Rodríguez Plaza, Alejandra Herrera, S. 50.

Inhalt